国家自然基金项目(批准号:71473179)支持
同济大学经济与管理学院资助出版

土地市场对地方政府性债务风险压力与系统性传染效应研究

何　芳　滕秀秀　陈　熙　著

内容提要

本书针对当前地方政府性债务规模不断膨胀、债务风险不断累积以及土地财政制度弊端,系统研究了土地市场风险、地方政府性债务风险及其关联效应。全面综述了国内外学者关于土地市场风险与地方政府性债务风险的研究成果;梳理了地方性债务风险分析的相关理论和方法;对土地市场风险和地方政府性债务风险的内涵、发展、识别和评估进行了理论和实证分析;探讨了土地市场对地方政府融资平台、城投公司债务风险和地方政府债券信用风险的传染机理,分别运用 PVAR,DAG,CPV,KMV,CCA,PFM 等模型进行了风险压力实证测试;探讨了土地市场波动对原地方融资平台债务和地方政府债券的系统性风险传染机理,并运用复杂网络模型进行了系统性风险传染仿真试验,识别我国地方政府性债务系统性风险的重要性机构和重要性地区。研究成果有利于丰富土地市场风险理论、地方政府性债务风险识别与系统性风险传染理论,为我国防范地方政府性债务风险提供依据。

本书理论分析与实证分析相结合,体系完整、内容丰富、数据翔实,模型方法具有创新性。适合于科研与咨询机构、大专院校师生以及政府管理者等所有土地风险与地方政府债务风险问题的关注者阅读。

图书在版编目(CIP)数据

土地市场对地方政府性债务风险压力与系统性传染效应研究 / 何芳,滕秀秀,陈熙著. —上海:同济大学出版社,2019.1
 ISBN 978-7-5608-8502-5

Ⅰ.①土… Ⅱ.①何… ②滕… ③陈… Ⅲ.①土地市场－影响－地方财政－债务管理－风险管理－研究－中国 Ⅳ.①F321.1②F812.7

中国版本图书馆 CIP 数据核字(2019)第 015901 号

土地市场对地方政府性债务风险压力与系统性传染效应研究

何芳　滕秀秀　陈熙　著

责任编辑 姚烨铭　**责任校对** 徐春莲　**封面设计** 钱如潺

出版发行	同济大学出版社　www.tongjipress.com.cn
	(地址:上海市四平路 1239 号　邮编:200092　电话:021-65985622)
经　销	全国各地新华书店
排　版	南京新翰博图文制作有限公司
印　刷	江苏凤凰数码印务有限公司
开　本	787 mm×1 092 mm　1/16
印　张	20.25
字　数	505 000
版　次	2019 年 1 月第 1 版　2019 年 1 月第 1 次印刷
书　号	ISBN 978-7-5608-8502-5
定　价	120.00 元

本书若有印装质量问题,请向本社发行部调换　　版权所有　侵权必究

序

自1994年国家实施分税制以来,地方政府面临财权与事权不匹配的困境,在面对大量财政支出责任时,预算内财政收入无法满足日益扩大的财政支出,举债投资渐渐成为地方政府弥补财政缺口用于加快基础设施建设、推动地方经济发展的重要手段,并最终导致地方政府性债务规模不断增长。尤其为应对2008年金融危机,中央实施了4万亿元的经济刺激计划后,地方政府通过城投公司举债、地方融资平台融资、发行地方政府专项债券及一般债券等方式融资,使得地方政府性债务规模更是急速膨胀。据国家审计公报数据,2010年末,地方政府性债务余额规模达10.7万亿元;根据申万宏源研究,截至2017年底,估算地方政府性债务规模达51.6万亿元。地方政府性债务风险若不加控制,将危及国家财政与金融安全。为此,我国地方政府性债务的快速积累与风险聚集已经引起广泛关注。

此外,我国独有的土地财政制度使得地方政府性债务过度依赖土地市场发展。如果土地市场下行,出现土地价格波动风险和土地流动性风险,则以土地资产作为信用抵押、土地出让收益作为偿债来源的地方政府性债务偿还面临信用违约风险,威胁银行信贷资产质量与金融安全,甚至引发系统性风险。

因此,亟需深入研究我国土地市场风险及其对我国地方政府债券和地方城投公司债券等显性和隐性地方政府性债务风险的影响机理、压力测试、风险传染效应;分析我国地方政府性债务发生机制与债务风险,基于复杂网络,研究土地波动对地方政府性债务系统性风险的传染机理及传染效应,识别我国地方政府性债务系统性风险的重要性机构和重要性地区,以丰富土地市场与地方政府性债务风险理论,为我国中央和地方政府防控债务风险提供有益参考和建议。

本书是国家自然科学基金项目与政府相关政策咨询项目的研究成果汇总,系统性地研究了我国土地市场风险及其对地方政府性债务风险压力测试与系统性风险传染效应。具体包括六大方面内容:全面综述了国内外学者关于土地市场风险与地方政府性债务风险的研究成果,梳理了地方债务风险分析的相关理论和方法;对土地市场风险内涵、识别和评估进行了理论和实证分析;全面系统阐述和分析了我国地方政府性债务内涵、结构、发展历程及现状、成因,探讨了地方性政府债务风险内涵和风险识别要素指标,并运用PSR方法对我国地方政府债券风险进行实证评估;深入研究土地波动对地方政府性债务风险传染机理,并运用PVAR、DAG进行了实证分析,在此基础上,分别运用CPV、KMV、CCA、PFM等模型探讨了土地市场对上海城投公司债务风险、全国上市城投公司债务风险、地方政府债券信用风险及风险压力测试;研究了土地市场波动对原地方融资平台债务系统性风险传染机理,并运用复杂网络模型进行了系统性风险传染仿真试验;运用复杂网络模型,研究了土地市场波动对地方政府债券系统性风险传染效应。

本书具有以下三方面特色:

(1) 全面的研究范畴。地方政府性债务多集中对总债务风险的定性研究和对地方融资平台债务、地方政府债务等单项风险的定量研究;土地风险研究主要集中在土地市场对地方政府性债务风险传染的定性研究或单一研究土地供求和价格风险。本书尝试将融资平台、城投债以及地方政府债券等地方政府性债务违约风险研究放在一个框架里;尝试从土地供求流动性风险和土地价格波动风险两个层面对地方政府性债务风险传染机理和压力测试进行理论和实证研究;考虑地方政府性债务风险的复杂性及系统性,尝试运用复杂网络模型对地方政府性债务的系统性风险传染机理和传染效应进行理论和实证研究。

(2) 系统的研究逻辑。一是研究土地市场风险识别与评估,以及地方政府性债务风险识别与评估;二是运用多种计量模型分别研究土地风险对地方城投公司债务风险和地方政府债券风险等地方政府性债务的风险影响机理和风险压力;三是通过复杂网络理论,分析土地市场对地方政府性债务的系统性风险传染机理,运用"土地—融资平台"二分网络模型进行土地风险对原融资平台债务违约风险传染效应和地方债务债券的违约风险传染效应进行了实证研究。实现了对地方政府债务由点、到线、到网络的风险研究路径。

(3) 创新的研究方法。将金融风险识别与评估的最新方法如 PVAR,DAG,CPV,KMV,CCA,PFM 等运用到地方政府性债务风险传染机理和压力测试的定量研究上;将复杂网络模型方法运用到地方政府性债务系统性传染效应研究。创新性从时间和截面两个维度研究土地风险对地方融资平台系统性风险传染效应。基于系统重要性机构违约风险冲击,运用"融资平台—银行""地方政府—银行"二分网络的级联失效模型和 DebtRank 方法,完成了地方政府违约风险对银行体系的系统性风险传染效应测度、重要性机构和企业识别以及各省份的债券违约风险对全国性的系统性风险贡献度。

本书是课题组全体成员辛苦努力的结果。何芳参与了全部章节的撰写和指导,完成了全书框架调整、研究任务的安排和全部内容的梳理组织;滕秀秀完成了将课题组成员独立成果在本书框架里的统一整理、删减、补充和完善;陈熙提供了本书系统性债务风险研究的主要研究方法;范徽参与了多个章节专题研究的辅导。具体为:第一、第二章滕秀秀组织整理;第三章主要由易媛完成;第四章第一、二、三节主要由滕秀秀完成,第四章第四节主要由谭敏完成;第五章第一节主要由宋瑞完成,第五章第二节主要由李文颖、陈文正完成,第五章第三节主要由张青松完成;第六章主要由陈熙完成,其中第四节由李云完成;第七章主要由王斯伟完成。刘嘉容、瞿世欣、谭敏参与了全书校核工作。

本书适合于科研与咨询机构、大专院校师生以及政府管理者等所有土地风险与地方政府债务风险问题的关注者阅读。

由于作者的学术水平和能力有限,书中不足之处在所难免,敬请读者给予批评指正。

何　芳

同济大学经济与管理学院教授

2018 年 10 月 24 日

目 录

序

第 1 章　绪论 ··· 1
  1.1　研究背景与意义 ·· 1
  1.2　研究目的 ·· 3
  1.3　研究内容 ·· 4
  1.4　研究思路框架 ·· 6

第 2 章　文献综述与理论基础 ··· 9
  2.1　文献综述 ·· 9
  2.2　理论基础 ·· 20
  2.3　风险评估方法 ·· 28

第 3 章　土地市场波动与风险评估 ·· 39
  3.1　土地市场风险内涵与风险要素 ··· 39
  3.2　土地价格波动风险要素识别 ·· 43
  3.3　土地市场风险评估与实证 ··· 53
  3.4　本章小结 ·· 60

第 4 章　我国地方政府性债务与债务风险分析 ··· 62
  4.1　地方政府性债务内涵与形成原因 ·· 62
  4.2　地方政府性债务发展历程与现状 ·· 65
  4.3　基于单指标的我国地方政府性债务风险识别 ······································· 81
  4.4　基于 PSR 的我国地方政府债券风险评估实证 ····································· 93
  4.5　本章小结 ·· 112

第 5 章　土地市场波动对地方政府性债务风险传染机理及压力测试 ················· 113
  5.1　基于 PVAR 与 DAG 的土地市场对城投公司信用风险传染机理分析 ·········· 113
  5.2　基于 CPV 与 CCA 的土地市场对城投公司风险压力测试 ···················· 145

5.3 基于CPV与KMV的土地市场对地方政府债券违约风险压力测试 ……… 188
5.4 本章小结 ……………………………………………………………… 209

第6章 土地市场波动对城投公司债务系统性风险传染效应与实证 …… 211
6.1 原地方融资平台复杂网络构建 ……………………………………… 211
6.2 样本选择与数据来源 ………………………………………………… 212
6.3 地方融资平台网络特征及系统性风险特征 ………………………… 213
6.4 宏观审慎框架下地方融资平台的系统重要性 ……………………… 218
6.5 土地市场对融资平台违约风险传染效应的情景分析 ……………… 242
6.6 地方融资平台对银行体系的系统性金融风险传染效应 …………… 248
6.7 本章小结 ……………………………………………………………… 261

第7章 土地市场波动对地方政府债券系统性风险传染效应与实证 …… 263
7.1 地方政府债券复杂网络构建 ………………………………………… 263
7.2 数据采集与说明 ……………………………………………………… 263
7.3 地方政府债券网络静态特征分析 …………………………………… 265
7.4 地方政府债券网络降维分析 ………………………………………… 278
7.5 地方政府网络动态结构与土地冲击风险效应 ……………………… 279
7.6 本章小结 ……………………………………………………………… 298

参考文献 ……………………………………………………………………… 301
后记 …………………………………………………………………………… 317

1 绪 论

1.1 研究背景与意义

1.1.1 研究背景

自 1994 年国家分税制改革以来,地方政府面临财权与事权不匹配的困境,在面对大量财政支出责任时,预算内财政收入无法满足日益扩大的财政支出,举债投资渐渐成为地方政府弥补财政缺口用于加快基础设施建设、推动地方经济发展的重要手段,并最终导致地方政府性债务规模不断增长。尤其为应对 2008 年金融危机,中央实施了 4 万亿元的经济刺激计划后,地方政府通过城投公司举债、地方融资平台融资、发行地方政府专项债券及一般债券等方式融资,使得地方政府性债务规模更是急速膨胀。据国家审计公报数据,2010 年末,地方政府性债务余额规模达 10.7 万亿元;根据申万宏源研究,截至 2017 年底,估算地方政府性债务规模达 51.6 万亿元。地方政府性债务风险若不加控制,将危及国家财政与金融安全。为此,我国地方政府性债务的快速积累与风险聚集已经引起广泛关注。

此外,我国独有的土地财政制度使得地方政府性债务过度依赖土地市场发展。如果土地市场下行,出现土地价格波动风险和土地流动性风险,则以土地资产作为信用抵押、土地出让收益作为偿债来源的地方政府性债务偿还面临信用违约风险,威胁银行信贷资产质量与金融安全,甚至引发系统性风险,危及国家财政与金融安全。随着地方政府债务问题浮出水面,国家出台了一系列政策措施。从 2014 年国务院发布《国务院关于加强地方政府性债务管理的意见》(国发〔2014〕43 号)文到 2015 年新《预算法》出台,地方政府债务管理进入了一个全新管理阶段。然而,地方政府财政缺口在较短时期内不会有效缩减,举债动机依然强烈。同时,地方政府偿债能力在较短时期内不能得到长远改善,没有从根本上解决地方政府的资金压力问题。我国地方政府性债务仍面临着诸多风险,并备受政府与各界人士关注:

(1) 土地财政的"庞氏融资"模式导致债务庞大,风险加剧。土地要素在地方政府性债务发展中扮演着重要角色,逐渐演变形成以土地为核心的地方政府性债务形成机制,并成为具有中国特色的地方政府性债务积累的主要原因。土地作为撬动银行资金获取银行贷款的主要抵押物,推动地方政府性债务规模的急剧膨胀。2007—2017 年我国地方政府债务平均年增长 13.83%,比同期名义 GDP 平均增长率约高 0.97 个百分点。

(2) 偿债能力不足,债务到期的违约风险凸显。一方面,受国际国内双重因素影响,我国经济已进入缓慢下行轨道,宏观经济下行,地方财政缺口规模不断扩大,而政府融资平台普遍自有资本不足，且以投资非收益性项目为主，自身盈利能力较弱，政府性债务违约风险凸显。另一方面，Wind 数据显示，2018—2022 年，地方债到期规模在短时间内呈逐年上升趋势，并在 2022 年达到高峰。2018 年全国地方债到期规模将达到 8 389 亿元，2019 年、2020 年地方债到期规模分别上升为 13 036 亿元及 20 376 亿元，2022 年全国现有地方债到期规模将达到地方债务到期最高峰 25 318 亿元。与此同时，2018—2021 年，到期城投债规模也呈现逐年上升趋势。2018—2022 年，5 年内城投债到期总规模达 58 661 亿元，债务到期的违约风险凸显。

（3）偿债来源单一，土地风险已成为政府融资平台的主要风险源。截至 2015 年前三季度末，我国 84 个城市土地抵押贷款总额 11.02 万亿元，相当于同期全国土地出让价款的 80%，地方政府融资平台庞大债务融资主要来源于土地抵押、土地信托和土地收益担保（公司债券、BT 等模式），还款高度依赖土地财政为主的财政补贴和土地出让收入。截至 2010 年底，我国地方政府财政收入中来自土地出让的相关税费已经达到 71.7%，地方政府承诺用土地收入作为偿债来源的债务占总偿债责任的比例高达 37.96%[5]。更严重的是，房地产与土地价格持续攀升，市场风险不断累积。土地市场供求变化和价格波动引发的土地出让收益和土地财政收入变动，将直接影响到地方政府偿债能力。

（4）关联传导，地方政府性债务系统性风险加剧。一方面，一些地方政府自身可能存在金融脆弱度，一旦出现不正常或过度波动等偶发或覆盖一定范围的异常事件，地方政府偿债脆弱度猛增或偿债能力丧失，偿债风险的爆发将形成债务网络的初始风险冲击，并将可能沿着各种关联关系传导到其他金融机构和地区。另一方面，作为资金主要供应端的银行等金融机构受到政府违约及伴随着房地产泡沫带来的冲击，可能导致金融系统出现多米诺效应，银行等金融系统主体会自动提高信贷、风控级别等要求，进一步缩减杠杆，减少信贷投放，进而推动经济周期进入衰退甚至经济的整体萧条。由此，会形成风险的传染。

2008 年美国房地产市场泡沫破裂引发的国际金融危机，使系统性风险得到广泛关注，而以系统重要性机构为主的宏观审慎监管框架更是在全球范围得到广泛接受和实施。根据国际金融危机爆发过程和我国经济金融实际状况，国内发生系统性金融风险的过程可能并非仅由系统重要性机构经营失败引发，更主要的可能是由系统重要性机构分支、地方机构、地方政府融资断裂和房地产泡沫破裂等原因引发区域性金融风险，再经区域间传染进而形成全国性的系统性金融风险。当前，我国地方政府性债务的快速积累与风险聚集亦引起广泛关注。过度依赖土地财政的政府债务，如果土地市场面临下行压力，其流动性风险极易表现为系统性风险，威胁银行信贷资产质量与金融安全。金融风险具有"自下而上"积累和引发的特点，总体数据可能掩盖了系统隐藏的真正风险，难以揭示系统的复杂性特征。

因此，亟需深入研究我国土地市场风险及其对我国地方政府债券等显性和隐性地方政府性债务风险的影响机理、压力测试、风险传染效应；分析我国地方政府性债务发生机制及其风险，基于复杂网络，分析土地波动对地方政府性债务系统性风险的传染机理及传染效应，识别我国地方政府性债务系统性风险的重要性机构和重要性地区，为我国中央和地方政府防范债务风险提供有益参考和建议。

1.1.2 研究意义

1) 实践意义

实践中迫切需要识别和评估土地风险对地方政府性债务风险特别是系统性风险压力和传染效应,并在此基础上建立地方政府性债务风险监管制度。一方面,本书的研究成果还有利于构建合适的土地市场调控目标,有效控制土地市场和房地产市场风险的跨部门、跨区域扩散和外溢。另一方面,本书的研究成果可为地方政府性债务风险识别与评估提供理论基础和方法工具,有利于中央政府、地方政府和城投公司识别和测试土地风险对政府性债务的风险压力传导。在中国政府和金融监管部门宏观审慎政策构架下,本书对分析土地风险对地方性债务的系统性风险传染效应,识别地方政府债务的系统重要性机构与企业识别、节点省份及地区,加强债务风险的监管,防范金融系统性风险具有重要意义。

2) 理论意义

目前关于地方政府性债务的研究,多以整体债务风险定性研究和平台单体企业风险和单家银行风险为主,但基于地方政府和融资平台风险复杂、传染、关联视角,进行政府和平台信贷主体间的系统性风险研究极其缺乏。本书将拓展政府融资风险的研究领域。从单一主体风险研究拓展到多主体复杂网络系统性风险研究,从定性分析土地风险与地方政府或平台风险关系拓展到仿真定量研究土地风险对地方政府性债务系统性风险传染效应,从识别地方政府性债务的简单风险拓展到运用级联失效模型的仿真实验研究地方政府性债务的系统性风险传染效应测度,从而丰富和完善融资风险理论。

本书还将拓展土地风险的研究领域。从侧重整体土地市场风险因素识别拓展到分阶段分析不同时期土地市场风险因素的时变性,从侧重土地供求和价格风险研究拓展到土地风险传染研究,从侧重土地风险对土地储备、土地财政关系的定性研究拓展到土地风险对地方政府和融资平台风险传染效应的定量研究。

1.2 研究目的

(1) 通过运用市场风险理论,针对土地出让市场自身特征,探讨土地市场风险要素、识别与评估,并以上海市土地市场波动做量化实证分析。

(2) 运用政府举债理论、资产负债表理论对地方政府性债务内涵、结构、发展历程及现状、成因进行分析,阐述地方性政府债务风险内涵,并进行债务性风险识别与评估。

(3) 探索土地市场对城投公司债务风险、地方政府债券信用风险的传染机理,运用PVAR,DAG,CPV,KMV,CCA,PFM等模型分别进行风险压力测试分析。

(4) 将复杂网络模型引入到我国地方政府性债务系统性风险研究领域,构建并分析地方政府性债务的复杂网络结构;基于土地市场价格波动风险和供求流动性风险,探求土地市场对地方政府性债务风险传染机理及效应;通过地方政府性债务复杂网络级联失效的风险传染仿真试验,识别我国地方政府性债务的系统性风险的重要机构与重要地区。

1.3 研究内容

1.3.1 土地市场波动与风险评估

1) 土地市场风险内涵与风险要素

根据风险理论,从土地价格波动风险和土地流动性风险两个方面研究土地市场风险内涵。从经济(经济、金融、市场状况、建设与规划)、社会(人口、政策制度、政府治理)和自然(经管、生态)三大要素对土地市场风险要素进行汇总,并着重从经济、金融、社会和市场四个方面对土地风险要素进行分析。

2) 土地价格波动风险要素识别

基于地价决定机制周期嬗变特征的理论分析,运用偏最小二乘回归模型对土地价格波动风险要素进行分周期实证检验。

3) 土地市场风险识别与实证

通过运用市场风险理论,针对土地出让市场自身特征,并基于土地出让市场的三维分析框架,提出了风险识别的指标。其中,衡量价格波动风险的核心要素有:土地溢价率、用途地价差异和金融环境;土地出让结构风险核心评价指标有:商、住、办用地比例和工业用地比例;土地出让的流动性风险核心评价指标有:供给条件苛刻程度与受制于影响要素的开发商拿地意愿;最后对上海土地出让市场风险进行评估。

1.3.2 我国地方政府性债务及债务风险

1) 我国地方政府性债务概况

全面分析我国地方政府性债务内涵,提出政府性债务主要存在形式,即地方政府债券显性债务和融资平台隐性债务,分析了财政分权、官员晋升、预算软约束及权责不匹配对我国地方政府性债务的影响,并从融资平台、城投债及地方政府债券三个方面入手介绍地方政府性债务的发展和现状。

2) 我国地方政府性债务风险分类

研究分析地方政府性债务风险内涵,归纳总结债务风险指标,按债务表现形式,研究了我国地方政府性债务的偿债风险、规模风险、流动性风险、效率风险、结构风险和隐形风险等。根据政府责任主体划分,研究了地方政府债券风险和城投债券风险。

3) 基于PSR的我国地方政府债券风险评估

在对我国地方政府债务进行全面认识的基础上,分析政府性债务信用风险评估指标和评估方法。并将举债压力纳入债务风险分析框架中,借鉴资源环境领域中的重要评价模型,即压力-状态-响应(PSR)模型构建地方政府债务风险分析的概念框架,并进一步选取能够全面评价地方政府债务风险的指标体系,应用差异系数法为指标赋予权重,给出测算地方政府举债压力、债务水平、偿债能力三个子系统得分的具体方法和步骤,并从"状态-响应"匹配度和"响应-压力"协调度两个方面综合衡量地方政府债务风险水平及对高风险地区的高债务风险产生原因进行探究。

1.3.3 土地市场波动对地方政府性债务风险传染机理及压力测试

1) 土地市场对城投公司信用风险传染机理

城投公司大部分债务与地方政府债务存在显性和隐形关联。本节从融资信用结构、偿债资金来源和资金提供端三个维度建立土地风险对城投公司风险传染机理的分析框架;在此基础上,运用 PVAR 和 DAG 模型基于土地价格波动和供求流动性两方面讨论土地市场对融资平台违约风险的传染渠道,提出并运用实证数据检验研究假设,分析土地风险的传染特征。

2) 土地市场对城投公司债务信用风险压力测试

选取上海主要城投公司和全国上市城投公司数据,分别利用 CCA、PFM 方法计算上市公司和非上市公司的违约概率,并基于 CPV 方法构建宏观影响因素和地方融资平台违约概率间的风险传染模型,运用系统性假设情景分析法进行压力测试,研究土地市场波动对融资平台(城投公司)信用风险的影响程度。

3) 土地市场对地方政府债券信用违约风险传染机理及压力测试分析

首先探究土地市场对地方政府债券风险的直接和间接影响,凝练出传导路径。其次在 CPV 模型的整体框架下,运用计量经济学方法,建立地方政府债券违约风险与宏观经济变量之间的风险传导模型。基于风险传导模型,选择系统性假设情景分析方法假设极端情景,运用蒙特卡洛模拟对地方政府债券违约风险进行了压力测试。

1.3.4 土地市场波动对城投公司(原融资平台[①])债务系统性风险传染效应与实证

本节对地方融资平台系统性风险的内涵进行界定;阐述本研究的数据来源及收集、整理过程,并对样本数据进行描述性的统计与分析,分析土地资产在融资平台中的占比。基于自下而上的视角构建公司层面的地方融资平台信贷数据库,我们得以基于资产负债表渠道构建地方融资平台的复杂网络模型。首先构建由融资平台企业和对应的贷款银行构成的二分网络信贷系统,进而由二分网络映射到融资平台企业间的单模网络。

1) 地方融资平台系统性风险特征

基于无标度性和小世界性研究融资平台网络结构的复杂性;基于网络匹配形式和富人俱乐部系数研究融资平台企业间的异质性。进一步基于时间和截面维度探讨融资平台的系统性风险特征。

2) 宏观审慎框架下地方融资平台的系统重要性

基于系统性风险的截面维度研究地方融资平台系统重要性企业、地区,以及系统性风险传染路径。我们首先辨析系统性风险、宏观审慎与系统重要性的相关概念,然后基于规模和关联度因素探讨研究方法的选择。基于融资平台系统的完整网络,只考虑关联度因素的改进 PageRank 方法识别融资平台系统重要性企业及地区。

进一步运用综合考虑规模及关联度因素,运用亚超度量空间方法建立基于信贷关联的

---

① 2014 年 43 号文以后,国家逐渐将地方政府与融资平台债务进行切割,关闭了融资平台。本节内容研究时融资平台尚存在,研究对象就是融资平台。考虑城投公司大部分都是融资平台,融资平台基本都具城投公司性质,为确保研究的时效性和准确性,本节还是沿用原有融资平台的概念成文,特此说明。

相关性网络;基于最小生成树(MST)和分层树(HT),对地方融资平台系统重要性企业及地区以及系统性风险传染路径进行研究。首先基于度分布描述了融资平台信贷关联的分布特征,然后基于关联度及规模两个因素来描述"关联而不倒"(too connected too fail)和"大而不倒"(too big to fail)政策视角下的信贷相似性度量距离;在此基础上,计算了融资平台共同融资网络的最小生成树和分层树,比较了不同 MST 和 HT 的统计特征。进而探讨"关联而不倒"和"大而不倒"政策的监管差异。

3) 土地市场对融资平台违约风险传染效应的情景分析

运用"土地-融资平台"二分网络的级联失效模型讨论土地市场对融资平台违约风险的传染效应。研究不同流动性水平下土地价格波动对融资平台违约风险的传染效应,分析地方融资平台系统在不同土地价格及流动性水平的风险分布,探讨不同救助程度对融资平台违约风险的影响。

4) 地方融资平台对银行体系的系统性金融风险传染效应

运用 DebtRank 方法构建"融资平台-银行"二分网络的级联失效模型。通过定义节点的风险水平,基于网络相互关联来量化风险损失的传染,用以评估每家融资平台对系统性风险的贡献度,以及各地区的区域性风险对全国系统性风险的贡献度。

基于系统重要性平台企业违约分析融资平台信贷网络在随机性风险冲击和选择性风险冲击下的稳定性;检验基于网络中心性、最小生成树(MST)和分层树(HT)及改进 PageRank 方法等得到的系统重要性企业在抵御选择性风险冲击时的有效性。

1.3.5 土地市场波动对地方政府性债券系统性风险传染效应与实证

1) 地方政府债务网络静态结构与系统性风险特征

根据(二分)网络模型的设定标准,构建债务网络结构框架,并结合地方政府债券实证数据构建地方政府债务网络,根据复杂网络拓扑性质分析的相关理论,梳理网络静态结构分析框架,对债务网络静态结构(规模大小、结构特征、降维分析等方面)进行分析,在此基础上分析债务网络中系统性风险的特征。

2) 地方政府债务网络动态结构分析和土地冲击风险效应

对于债务网络的动态结构,主要从债务网络的级联失效以及土地市场波动冲击的典型相关分析两方面出发。首先,在网络静态拓扑结构分析以及复杂网络传播动力学研究方法的基础上,建立债务网络的级联失效模型,结合 DebtRank 算法,在以土地出让收入的偿债来源基础上,分析特定地方政府节点的失效,通过节点间的级联效应导致的整体网络的失效水平,并识别和分析其中具有系统性重要性的节点省份;其次,应用典型相关分析方法,分析土地市场波动对债务网络的冲击影响,主要从土地市场指标组波动对政府节点和债务连线的间接冲击和对网络整体级联失效水平 DebtRank 和政府节点初始脆弱度的直接冲击两方面分析冲击结果和机理。

1.4 研究思路框架

地方政府性债务存在显性与隐形债务特征,2014 年国家 43 号文虽然将地方政府与融资平台债务进行了切割,关闭融资平台。但城投公司仍然作为地方政府控股或参股企业承担着政府的城市基础设施与公益设施的投资建设与运营职能,而地方政府也仍为城投公司的隐形信用担保。城投公司债务与地方政府债务存在千丝万缕的联系。地方政府债务主要主体构成源自地方政府债券和城投公司债务。因此,本书将政府债券风险和城投公司债务风险作为主要研究对象。

地方政府性债务与土地融资和土地财政密切关联。土地价格波动对政府性债务产生信用违约风险;同时,由于土地市场具有与宏观经济周期性波动紧密关联、债务风险存在银行与非银行机构存在紧密信用关联,土地市场波动亦可对地方政府性债务产生系统性风险传染。因此,本书将基于四条线展开研究。

首先,针对土地出让市场自身特征,探讨土地市场风险要素分析、识别与评估,为后续进行土地波动传染机理的理论分析和实证研究提供支持。

其次,以地方政府债券和城投公司债务为具体研究对象,深入研究地方政府性债务内涵、结构、发展历程及现状、成因;阐述地方性政府债务风险内涵,并进行债务性风险识别与评估,为进一步研究地方政府性债务系统性风险传染路径和传染效应奠定基础。

第三,研究土地市场波动对地方政府性债务风险的传染机理和压力测试。借鉴国内外学者先进的研究方法和模型,分别以上海市城投公司、全国上市城投公司及全国地方政府债券为对象,分别进行土地市场波动对政府债务风险压力测试的实证分析。

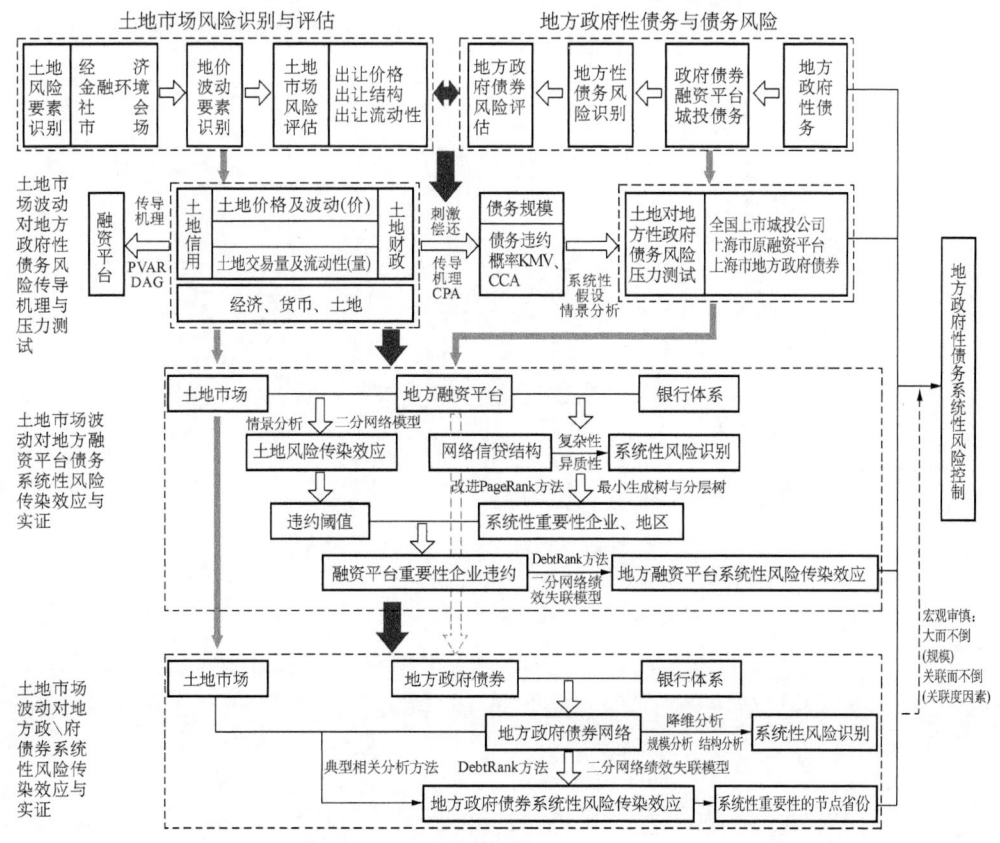

图 1-1 本书研究结构与思路的总体框架

第四,研究土地市场波动对地方政府性债务的系统性风险传染机理和传染效应。将复杂网络模型引入到我国地方政府性债务系统性风险研究领域,构建并分析原融资平台(城投公司)和地方政府债券的复杂网络结构;基于土地市场价格波动风险和供求流动性风险,探求土地市场对地方政府融资平台和地方政府债券的风险传染机理及效应;在此基础上,运用复杂网络模型进行复杂网络级联失效的风险传染仿真试验,测度我国地方政府债券和原融资平台系统性风险的重要性机构和重要性地区。

本书研究结构与思路的总体框架见图1-1。

2 文献综述与理论基础

2.1 文献综述

2.1.1 地方政府性债务风险研究

1) 融资平台风险研究

地方政府融资平台是我国体制下特有的产物,经 WoS, ABI, Emerald, Elsevier 等数据库检索,国外学者鲜有涉及。经过中国学术期刊网、万方数字资源系统和维普中国科技期刊网检索,国内研究地方政府融资平台风险的文献,分别从平台企业风险、银行风险和政府债务风险的独立视角对融资平台风险的识别、成因、评估和控制等方面进行了广泛研究[1-4]。如梅建明等(2013)通过对上市类平台企业风险的实证研究,认为融资平台存在一定的违约风险[5];刘畅(2011)和张智威等(2013)通过对金融机构数据分析,认为平台存在不良贷款,风险凸显[6,7];朱相平等(2012)通过政府债务风险研究,提出融资平台存在财务风险[8]。但众多研究并未对平台企业间、企业与金融机构间、金融机构间风险的关联性进行深入研究。近些年有学者开始关注平台系统性风险问题。张智威等(2013)基于 869 家融资平台数据分析,认为平台面临的流动性风险或引发系统性风险[7];刘立峰(2013)通过分析融资平台的风险成因,认为平台风险不是自身问题,要从财政、金融甚至全局考虑平台的风险防范[9]。吉伦奇(2013)认为,我国商业银行对平台信贷业务仍以监控单个平台企业风险为主,对整体风险关注少[10]。可见,目前学者研究还停留在平台系统性问题的提出上,尚未形成深入、系统的研究成果。

对地方融资平台的风险研究,学者们普遍关注债务总体风险,这一研究主要是基于风险要素对平台的微观债务风险[11-14]及土地融资的过度依赖风险[15-18]进行总体层面的定性讨论或统计性描述。巴曙松(2009)认为,地方投融资平台由于过度负债而形成的风险呈现多元化、多角度的特征[1]。刘煜辉、张榉成(2010)认为,缺乏充足的固定资产且高负债率的融资平台公司具有很高的偿付风险[19]。许成钢(2010)认为,当前地方融资平台债务的基本风险是以土地预期价值为支撑、高杠杆率的地方融资高度依赖中央政府的土地调控政策,这给金融系统带来极大风险[16]。

有学者开始关注融资平台的系统性风险及区域性风险。龚强(2011)等认为,仅讨论融资平台的微观债务风险,对于中国而言并不充分[20]。时红秀(2010)认为,我国需要考虑融资平台债务积累引发的宏观层面风险[21]。对于系统性风险,学者们认为土地收益的不确定性给融资平台带来的偿付风险在商业银行"长贷短存"的资产负债期限错配问题下集中表现为流动性风险,一旦土地价格发生剧烈波动,地方融资平台风险将表现为系统性风险(肖耿等,2009;许成钢,2010;魏加宁,2010;巴曙松等,2014;刘煜辉,2014)[13,14,16,17,22],威胁银行信贷资产质量和金融系统安全(刘煜辉,2010;龚强等,2011)[19,23]。对于区域性风险,巴曙松等(2014)基于地区财政收入结构、经济实力、转移支付结构等因素及债务负担率分析,认为地方融资平台债务在区域维度存在四类局部风险[13]。巴曙松、陈剑(2010)认为,区域集中度风险是信贷风险管理与监管的关键因素[24]。在研究方法上,龚强等(2011)认为,由于研究者难以获得相关数据,使得国内研究大多集中于宏观层面的讨论与统计性描述,缺乏定量或实证分析[20]。国内学者仅张智威等(2013)运用公司层面数据,采用自下而上的方法分析了融资平台债务的金融风险,但并未基于网络理论分析信贷关联风险[7]。刘堃、巴曙松、任亮(2009)关注并认为,我国信贷风险的最新和最大特征是关联风险,但地方融资平台的风险研究并未基于信贷关联风险这一视角[25],导致地方融资平台信贷系统的复杂结构尚处于未知状态,无法定量识别系统重要性机构和地区,深入分析系统性风险的传染。

2) 地方政府债券风险研究

国内学者对地方政府债券风险问题的研究,主要包括地方政府债券风险识别、评估和发行限额研究。地方政府债券在地方政府的信用背书下,以地方财政收入为担保,信用等级堪比国债。但作为融资工具,地方政府债券的信用风险也必然存在。Hempe(1972)就曾指出,即使有地方政府的税收作担保,但是由于国家经济的波动和宏观调控政策滞后等原因,市政债券仍有可能出现无法按时到期偿还本息而发生违约的风险[26]。Kenneth(2010)从发行人的信用质量、资产期限角度分析了市政债券债务期限的影响因素。研究结果表明,在信息不对称的条件下,市政债券发行者的信用等级越高,发行人的信用风险越小,其债务期限就越长[27]。Chung(2015)的研究成果还证实了单一险种保险人存在的信用风险能够显著影响市政债券保险收益率,这也表明交易对手的信用风险是影响市政债券保险定价的一个重要因素[28]。由于我国地方政府自主发行债券的时间较短,发行人、承销商、投资者对地方政府债券存在的各种风险没有深刻的认识,而且监管机构也还没有制定出完善的监管体系和风险防范机制。因此,我国市政债券市场蕴含一定的信用风险。万莎(2010)基于经济学维度思考,指出我国地方政府存在囚徒困境的情况,过度发债从而引起地方政府债券的发行风险[29];杨大楷等(2014)对发达国家和发展中国家发展地方政府债券的经验进行了全面分析,指出地方政府对收益债券提供的保证可能导致市场扭曲,而中央政府对地方政府债务的信用担保可能会导致地方政府主动违约和投资者忽略地方政府信用特征的问题[30]。

随着我国地方政府自主发债权的逐步下放,国内很多学者就如何度量地方政府债券的信用风险及如何确定最优发债规模进行了研究。马亭玉(2012)以国际标准(0.2%)作为违约概率的临界值,对上海、浙江、广东和深圳四个试点省市的安全发债规模进行了测量[31]。马德功、马敏捷(2015)在KMV模型基础上加入了债务由地方转移至中央这一因素,对四川省2013年、2014年的地方债券风险进行评估,并提出地方政府债券三年期和五年期情况下的适度举债规模[32]。刘亚(2015)引入奈特不确定性因素期权定价理论的相关思想,构建了市政债券信用风险模型。实证结果表明,在考虑奈特不确定性因素的背景下,违约率与奈特不确定性因子存在正相关关系,市政债券的规模需要严格控制[33]。王桂花(2015)通过建立中央政府、地方政府和金融机构的博弈矩阵,从博弈论的角度探讨了地方债务融资及其风险管理[34]。朱洁(2016)运用改进后的KMV模型对地方政府发行债券的信用风险进行测算,得到了不同期限内地方政府债券的安全发行规模与违约概率[35]。方来、柴娟娟(2017)在测量地方政府可担保财政收入时创新性地引入了上级政府补助收入和当前到期债务两个指标,使预期违约率的计算更加科学,发债规模更加准确[36]。周海赟、王晓芳(2015)基于改进的KMV模型构建了我国地方政府债券信用价差影响因素模型,考察了我国地方政府债券信用风险的影响因素,并从债券的发行规模出发,计算地方政府债券的安全发债规模,进而提出在需求方面对地方政府的发债规模进行控制等观点,防范地方政府债券信用风险的产生[37]。孙东升、徐志伟(2016)将地方政府的可偿债财政收入和可出售资产作为覆盖风险的"资本",基于CreditMetrics模型,利用银行间债券市场的国债利率和信用风险溢价调整远期贴现率,采用国内评级机构提供的信用风险转移矩阵计算单只城投债的VaR,引入Copula函数估计相关系数矩阵,并通过MonteCarlo模拟得到城投债组合的VaR[38]。

2.1.2 系统性风险及其方法研究

1) 关于系统性风险研究

金融危机的爆发引起各界对系统性风险的关注,虽然目前学界对系统性风险内涵的界定有所不同,但关注的对象都是金融体系全部或重要部分,而不是关注单体机构,都强调了系统性风险的全局性、隐蔽性、外部性和传染效应[39-41]。迄今为止,国内外学者从不同的角度对系统性风险进行了解释[42]:Bartholomew and Whalen(1995)认为,系统风险指的是在整个或是大部分经济体系中,由于某种巨大的、总体性的冲击(big shock and macro shock),而产生了几乎是同时的、严重的且对整个经济有反面效果的情况,在这里"systemic"指的是整个银行业或多数金融机构,而非少数几家[43]。Mishkin(1995)定义系统性风险为"一个突如其来的而且通常是未能预期的突发事件,而这事件会扭曲(disrupts)金融市场的资讯,最后金融市场无法以有效率的方式来分配其资源"[44]。美国芝加哥大学经济学教授Kaufman(2008)认为,系统性风险是一个事件在一连串机构和市场构成的系统中引起一系列连续损失的可能性,银行业系统性风险是指由于银行系统的一个参与者不能履约,从而引起其他参与者违约,进而引发链式反应导致广泛金融困难的可能性[45]。美国联邦储备银行对金融机构因支付清算机制的违约而发生系统风险有如下解释:假使任何一个大型货币支付清算系统中的任一成员无法清算它的净负债部分,则系统风险将因此发生,而清算制度的功能一旦失灵,整个系统的其他成员将无法完成彼此之间的委任义务,导致的结果亦将连锁反应至系统中的每一个成员,最后造成整个金融系统的溃散。国际清算银行对系统风险的定义为"金融机构的任一成员,因为无法完成契约上的义务,而使得其他成员之间产生一连串的负面反应,最后使得整体金融体系陷入困境的一种危机"[46]。金融稳定委员会(Financial Stability Board FSB)给出的定义:系统性风险是指由经济周期、国家宏观经济政策的变动、外部金融冲击等风险因素引起的一国金融体系发生激烈动荡的可能性,这种风险具有强力的隐匿性、积累性和传染性,对国际金融体系和全球实体经济都会产生巨大的负外部性效应,并且系统性风险不能通过一般的风险管理手段相互抵消或者削弱,即系统性风险只能防止其积累乃至爆发,但是不能根本消除。从以上的定义可以看出,Bartholomew和Whalen强调系统性风险是发生在整个银行产业或整个金融机构内的,而非少数几家;Mishkin 从资源配置的角度对系统性风险进行了定义;而美国联邦储备银行、国际清算银行、国际货币基金组织等国际组织则是从风险传染性的角度定义系统性风险。虽然各个定义的角度不同,但都强调了系统性风险最终会影响整个金融体系的稳定,并冲击经济体系使之产生重大的损失。

系统性风险的理论基础主要包括金融脆弱假说、货币主义的金融危机理论、信息不对称理论和金融资产价格波动论等[10],对系统性风险的主要研究成果包括系统性风险界定、识别、传染效应、度量及控制与防范等方面[47-49]。银行系统性风险识别的研究集中在成因、技术手段、预警指标体系的构建等方面[50,51];银行系统性风险控制主要集中在银行风险管理及监管等方面[52,53]。章仁俊和马晓冬(2009)认为,应深化投资体制和金融体制改革,提升商业银行风险管理能力来防范系统性风险[54]。高志勇(2010)指出,为控制系统性风险,监管部门应提高风险测度与预警水平,应强化风险管理能力[55]。张宗新(2010)认为,应加强信用评级机构监管等来控制系统性风险[56]。

在研究维度上,2008 年金融危机前,大多集中在时间维度的系统性风险研究[57-60]。时间维度是指从时间演变的角度来定义系统性风险,认为系统性风险是投资者的行为高度趋同导致不可分散的风险增加,随着时间的不断积累,最终释放(从而)形成对实体经济的冲击[61]。"时间维度"风险管理则主要通过减少顺周期性,建立逆周期的资本缓冲机制,应对危机要求[62]。

金融危机后,特别是《巴塞尔协议Ⅲ》(2010)提出重视系统性风险和银行机构的关联性,引入了应对时间维度和横截面维度系统性风险的宏观审慎监管框架,使得横截面维度的系统性风险研究得以在世界各国引起广泛关注和实施[63]。横截面维度是从银行之间风险敞口"共同暴露"或"相互关联"而引起风险连续性和传染性的角度来定义系统性风险,也称为"关联风险",主要关注系统内具有系统重要性的金融机构。也因此,学者们对系统性风险研究经历了从单个机构风险研究,到整体系统性风险研究,再到系统重要性机构研究这三个阶段[64]。系统重要性机构的识别在系统性风险衡量过程中引起了学界及业界的广泛重视[65]。在实践层面,随着宏观审慎监管框架的提出,对系统性风险及系统重要性的识别和评估方法的应用也逐步深入。针对"规模和关联而不能倒"的金融稳定监管缺失(这一问题),监管机构认识到监管重点必须从市场转向系统重要性机构[64,66]。

在系统性风险的横截面维度,国外学者侧重以银行为对象来展开系统性风险及重要性机构的研究,其具体路径主要沿着银行间市场、银行与企业构成的信贷市场两方面展开。Bandt 和 Hartmann(2000)认为,从银行间市场和信贷市场展开的网络分析对于量化系统性风险至关重要[67]。对于银行间市场,学者们主要从拓扑结构[68-71]、鲁棒性和风险传染性[72-75]等角度研究了银行体系的系统性风险问题。对于银行与企业的信贷市场,学者们主要从银行共同贷款网络角度研究了银行失败对企业的影响[76,77]。

地方政府融资平台信贷主体众多、主体间存在相互借贷和交叉互保现象,融资平台风险呈现复杂性和系统性特征。但国内学者仅针对地方融资平台、地方债务和银行信贷等单体风险的研究取得较多成果,对融资平台信贷主体间风险的复杂性与系统性、系统性风险传染与控制的研究几乎少有涉及。

2）关于系统性风险的研究方法

基于数据来源，系统性风险的研究方法主要有四种模型。众多学者分别对股票市场数据模型、债券市场数据模型、多市场数据模型和资产负债表数据模型进行了大量研究[60,78-80]。关于资产负债表数据模型运用，以2008年金融危机为界，形成两种流派。金融危机之前，基于资产负债表数据的模型主要沿着综合指数法和早期预警方法展开[81-84]。金融危机之后，网络模型法成为基于银行间的资产负债表相互敞口数据研究系统性风险的主流方法[85-87]。

复杂网络是具有自组织、自相似、吸引子、小世界、无标度中部分或全部性质的网络。有关复杂网络的研究，众多学者相继作出了很多贡献[88-91]。Newman(2003)总结目前分为三个分支：①网络统计特性的实证研究；②网络自身演化动力学研究；③网络上的动力学过程研究，尤其是复杂网络上的网络故障和传染过程[92]。国内外利用复杂网络模型开展的系统性风险研究主要集中在对银行系统性风险的理论研究、实证研究和仿真研究[86,93-95]。

学界对系统性风险及系统重要性机构衡量理论和方法的研究，主要可分为三大类，即指标模型、市场模型和网络模型。指标模型法尽管考虑了"关联度"因素，但无法从风险的传染性角度识别系统性风险的传染路径及网络特征；市场模型法主要适用于金融市场较发达、市场有效性较高的国家，该方法要求上市银行样本多、时间跨度长、数据质量高，同时缺乏必要的理论基础[96-97]，而且忽视了银行相互间的网络结构联系[98]及金融网络效应的影响。在我国的运用更是由于数据的缺失受到有效性和适用性方面的限制[66]。

金融危机使学者们发现金融机构间相互作用的复杂网络结构对系统性风险的形成、累积和传染起着决定性的作用[40,99-101]。学者们聚焦于运用网络理论分析金融市场的系统性风险问题[68,71,99]。网络模型因其较好的理论基础[73,100,101]，能够充分反映金融机构的反馈作用，确定哪些机构可能成为系统性危机的诱发因素以及该机构的负向影响而得到广泛应用。

网络模型可将系统性风险的传染与市场主体间的资产负债关系相联系，避免了只分析单个市场主体的局限，同时有助于监管者对网络中首个发生违约的主体进行判别并对其进行监管，适时控制系统性风险[49]；并基于银行之间的实际业务往来，能够直接给出银行间的传染效应和风险传染地图[41]；还可以进行压力测试、合理配置稀缺的监管资源、对监管进行收益成本分析以及危机管理[102]等。因此，许多国家央行开发了基于网络模型的系统性风险监测系统，如奥地利央行的 SRM，墨西哥银行、荷兰银行开发的系统性风险监测模型，英格兰银行的系统性机构风险评估模型等。网络法特别适用于资本市场不太发达的国家和金融业务不太复杂的金融机构。

在网络模型运用中，近年来取得重要进展的是相关性网络(correlation based networks)研究。随着研究的深入，人们发现实际的金融网络还具有典型的层级性等复杂网络结构特征，忽略这些特征会影响结论的外部效度和实用价值[103]。通过相关性网络分析可以降低系统复杂性、提取系统中最重要的信息，有助于识别系统性风险传染路径、系统重要性机构。

相关性网络的研究方法有阈值法和层次法。运用阈值法时，阈值的确定带有主观意愿，构建的网络不具有唯一性；并且阈值网络往往只包含部分节点，忽略了其他节点对网络的影响。在层次法中，最常见的构建分层结构的方法是最小生成树法；由最小生成树构建的网络具有唯一性,包含网络的所有节点。在层次法(hierarchical methods)的研究中,Mantegna(1999)首次运用超度量空间方法描述了股票投资组合的分层结构,认为基于股价收益率得到的分层树与经济意义上的分类具有很好的关联[104]。这一分析方法被广泛运用到股票市场、外汇市场等。

相关性网络分析时,网络相似性度量的因素选择是关键。Mantegna(1999)首次将层次法运用到股票市场,选择股价收益率之间的线性相关系数作为股票投资组合的相似性度量。在信贷市场,Masi(2008)选择银行与企业间的贷款合同数量作为信贷关联的相似性度量[76]。欧阳红兵、刘晓东(2014)选择银行间同业拆借市场交易量的对数增量作为相似性度量[105]。Fujiwara等(2009)也指出,Masi(2008)在考虑信贷相关性度量因素时忽略了贷款金额信息[106]。FSB、IMF及BIS(2009)认为,系统重要性的度量因素需要同时考虑"关联度"因素和"规模"因素[107]。

关联度因素用于评价机构或企业的反馈作用、网络效应对风险外溢性的影响;规模因素用于评价机构的资产规模或信贷规模对网络风险传染的影响。在识别系统重要性机构时,仅考虑了关联度因素,即基于包含贷款合同数量信息设定度量距离,则会忽视规模因素;仅考虑规模因素,基于包含贷款金额信息设定度量距离,则会忽视关联度因素。因此,在度量银行与企业的信贷关联相似性时,有必要全面考虑贷款合同数量和贷款金额信息。

地方融资平台企业以非上市公司为主;同时,我国债券市场尚未完善。出于数据来源考虑,选用基于资产负债表数据的模型方法进行研究。复杂网络模型法将系统性风险的传染与市场主体间的资产负债关系相联系,避免了只分析单个市场主体的局限,同时有助于监管者对网络中首个发生违约的主体进行判别并对其进行监管,适时控制系统性风险。因此,地方政府融资平台系统性风险传染和控制可以运用复杂网络模型法进行定量研究。

2.1.3 风险传染及系统性风险传染研究

1) 关于风险传染研究

国内外对风险传染的研究很多,主要集中在银行等金融领域。研究内容主要包括风险传染界定、传染原因、传染渠道、传染源和风险传染度量等。对风险传染界定,虽然研究角度和内容有所差异,但众多学者都强调了风险的传染渠道和溢出效应。在传染原因方面,国外学者认为,银行危机传染的原因主要包括:银行持有资产具有相关性、银行同业拆借市场和银行间市场中彼此之间关联[67,108]。在传染渠道方面,研究认为银行系统性风险传染分为有形传染渠道和无形传染渠道[109,110]。在传染源方面,国内外学者从资产价格波动和抵押品流动性两个角度,研究了抵押资产对违约风险的影响[111-113]。在风险传染识别与测度方面,国内外学者主要是基于矩阵法和网络法等多种方法对银行间市场风险传染度量进行了研究[114,115]。周再清(2012)等对传统矩阵法进行了改进并构建银行风险传染测度模型[116]。王倩(2008;2009)比较了不同的信用违约风险传染模型对信用期权定价和对冲产生的影响[117,118]。

2) 关于系统性风险传染机制研究

关于金融系统性风险的传导机制,学术界从多个角度进行了理论探讨,如资产负债表渠道、流动性渠道和信贷渠道等,下面针对不同风险传导渠道进行梳理和归纳。

(1) 基于资产价格波动—抵押品价值渠道的金融系统性风险传导机制研究

Kiyotaki 和 Moore(1997)认为,资产的抵押价格与其市场价格紧密相关,市场价格在很大程度上代表了抵押价格,并证明了受信用约束的企业对资产的需求是资产价格的增函数[119]。Bernanke、Gertler 和 Gilchrist(1996)认为,资产价格越高,借款企业的资产负债表中资产与负债的价值越高,状况越好,越容易以较低的利率成本获得贷款;而如果资产价格下跌,则由于借款企业的资产负债状况不佳,信用等级下降,信贷紧缩,借款企业将面临很高的筹资成本,甚至难以获得贷款,导致金融系统性风险的发生与扩散[120]。Brunnermeier 和 Pedersen(2007)也指出,抵押品价格波动对信贷的影响在次贷危机的传导中十分鲜明[121]。因此,资产价格波动可以经由抵押品价值—信贷渠道传导金融系统性风险。该渠道具体描述的是资产价格波动通过影响抵押物价值进而直接影响金融体系中的信贷量:资产价格上升使所对应的可供抵押的资产价值上升,提高了借款者获取银行贷款的能力。当借贷市场上资产的价格受到某种冲击而出现下跌时,借款人可供抵押的资产价值下降,导致其获取信贷的能力下降,减少投资,银行贷款进一步减少。当抵押物价值下降幅度较大,借款人甚至可以放弃抵押物而违约时,各部门的损失可能性将大范围地传导[122]。

(2) 基于资产价格波动—资本金渠道的金融系统性风险传导机制研究

Kiyotaki 和 Moore(1997)认为,资产价格的下跌不仅影响当期受信用约束企业的净资产价值,而且还会因资产收益流量的减少使企业期初发行在外的债务存量相对于收益流量更大,产生杠杆效应而加速影响其以后各期的净资产价值。而净资产价值体现了企业资产负债表的状况,也是企业信用评级的重要变量,它的改变意味着企业资信等级的变化,由此强调企业净资产价值相应发生变动的传导过程[119]。Goetz(2004)基于银行资本金变动解释了资产价格波动对金融系统性风险的传导[123]。资产价格下跌会使企业经历一个未预期到的资产出售时的损失,并通过负向财富效应使支出减少,从而消费物价水平下降。物价水平的下降会使固定的名义债务发生违约,并在企业间传递。当贷款损失较多时,银行资本金就会受到蚕食,从而在资本金约束之下引起整个系统的反馈,即信贷紧缩,资产价格进一步下跌,贷款利率升高,使在资产价格高涨时期埋下损失的可能性变为现实。Shin(2006)在研究中以房地产作为唯一的资产,认为一旦房地产价格下跌,借款人和银行的净资产价值都会随之下跌,违约的产生也会侵蚀银行的资本金存量。当银行资本金存量触及资本充足约束时,更会加剧贷款收缩,从而金融系统性风险不仅会继续蔓延而且还会加剧损失的实现[124]。Chen(2001)构建了家庭、企业、银行三部门动态一般均衡模型,通过银行资本金和企业资本金的变动,资产价格和银行信贷间存在一个相互作用的机制[125]。

(3) 基于流动性渠道的金融系统性风险传导机制研究

2008 年的金融危机爆发后,金融机构的资产负债表调整和去杠杆化引起了广泛的关注,很多学者以流动性为切入点,从金融机构资产负债表的视角对金融危机被放大的原因和机制进行了分析。

学者研究发现,资产负债表放大机制对于金融危机的放大效应主要是通过减少流动性实现的。Krishnamurthy(2009)将金融危机中的金融放大机制分成了两类:一类是资产负债表放大机制,另一类是奈特不确定性(Knightian Uncertainty,不能用一个确定的客观概率加以描述的不确定性)放大机制。其中,资产负债表放大机制是指资产价格下跌与金融机构资产负债表约束收紧之间的正反馈机制。对金融机构资产负债表的负向冲击迫使它们变现资产,从而降低了资产价格,而这会进一步损害它们的资产负债表,出现多米诺现象[126]。Sarkar 和 Shrader(2010)通过研究也得出了相似的结论。根据他们的实证分析,这种机制主要是在危机的早期阶段(2008 年 3 月之前)降低了流动性,从而放大了危机[127]。

  Brunnermeier 和 Pedersen(2008)关于市场流动性(Market Liquidity)与融资流动性(Funding Liquidity)之间的正反馈假说,进一步解释了资产负债表放大机制会导致或加剧流动性危机[128]。市场流动性是指资产的交易价格与其基本价值的差额,也可以理解为通过出售资产获得资金的难易程度。当出售资产压低资产价格时,市场流动性下降。融资流动性是指交易者的影子成本,或者说是交易者从资金所有者手中借入资金的难易程度。当保证金上升(杠杆率降低)时,融资流动性下降。假如金融机构持有大量资产头寸或面临不稳定保证金,那么,当负向资产价格冲击使市场流动性突然下降时,金融机构的资本损失和市场流动性缺乏会引起保证金提高,使融资流动性下降;融资流动性下降会引发许多金融机构同时抛出所持资产头寸,进一步压低资产价格,使市场流动性进一步下降,从而形成市场流动性下降与融资流动性下降之间的正反馈[129]。

  上述研究均是以公司外部流动性为视角,分析外部流动性影响融资企业的信贷可得性和融资能力所造成的风险传染;同时,还有学者以公司内部流动性为切入点,进一步充实基于资产负债表放大机制的风险传染理论研究。以资产负债表流动性(表现为公司资产负债结构)为视角研究金融系统性风险传染,发现资产负债结构不匹配导致的期限错配对危机传染具有放大作用。股权资本可被视为其资产负债表流动性(Balance Sheet Liquidity),因为金融机构可以卖掉资产偿还债务,资产与债务的差额亦即股权资本代表了其本身的流动性资源(Krishnamurthy,2009),因此金融机构的资产负债表构成可以反映其资产负债表流动性或流动性约束(Liquidity Constrain)[126]。

  如果金融机构资产负债表资产项中的现金资产和其他易于出售的资产较多,债务项中短期债务的比例较低,股权资本较多或者杠杆率较低,则其资产负债表流动性就较高,一般不会受到流动性约束。如果金融机构资产负债表的资产项中主要是长期资产,而债务项中主要是短期债务,不是依靠传统意义上的发行股票和债券以及向商业银行贷款等渠道进行融资,因此造成了期限错配,则其资产负债表流动性就低,就容易受到流动性约束。因此,负向冲击可能会触发金融机构挤兑,同时通过资产变现与资产价格下跌之间的相互作用所形成的放大机制,加速危机的传染。

3) 关于系统性风险传染机制的方法研究

  关于金融系统性风险传染机制的研究,内容上已经取得了相当丰硕的成果;从方法论的角度,国内外学者对于资本市场、金融危机、银行危机中风险传染的实证分析方法都值得借鉴。在资本市场中,大量的实证文献对传染的过程进行了检验,计量方法主要包括跨市场相关系数、Logit、Probit、ARCH 和 VAR 模型等。对系统性风险传染机制实证分析的主要研究方法,简要梳理和归纳如下。

  基于跨市场相关系数的检验是指对两个国家或者市场之间资产回报率的相关系数检验,其显著性的增加就是一种传染性的表现。部分学者运用 Probit 模型和面板模型进行实证分析。Van Rijekeghem 和 Weder(1999)、Kaminsky 和 Reinhart(2000)运用 Probit 模型检验了对外贸易和银行业关联对基本面的风险传染影响[130, 131]。Hernandez 和 Valdes (2001)对17个新兴国家通过面板检验进行了相似的风险传染研究[132]。部分学者运用 Logit 模型进行实证分析。Gropp 和 Moerman(2004)使用 Logit 模型估计在某一国家的多家银行在同一时期的大震荡与其他国家的共同效应与滞后效应[133]。谭福梅(2009)选择离散 Logit 模型来对银行危机传染进行预警[134]。董青马(2008)运用 Panel Logit 模型对不同开放程度、不同金融发展程度国家的系统性风险生成机制进行了实证分析。这种方法不但可以对传染的存在性进行检验,还可以同时检验银行系统性风险的传染渠道。还有学者通过事件分析法对系统性风险进行实证检验[135]。

相比上述一般性系统性风险传染机制的实证分析方法,更加广泛使用的系统性风险传染研究方法是向量自回归方法(VAR)。VAR 系统将所考虑的经济变量纳入一个系统,能够反映系统的完全信息,并且解决了以回归分析为基础的研究方法的潜在的内生性问题,适合研究系统中各经济变量在受到结构冲击之后的动态反应路径,以及变量的变动受其他变量冲击的影响程度,被广泛运用于系统性风险的传染途径及效应检验的研究当中。张志波和齐中英(2005)运用 VAR 系统的方法,提出了通过分析危机前后各国市场波动性之间的因果关系的变化以及被传染国家对危机发源国的冲击响应的变化,来检验金融危机传染效应的新方法,并运用此方法,实证分析了亚洲金融危机的传染效应[136]。赵新泉等(2015)借鉴已有的金融危机传导理论,分析欧洲债务危机通过贸易途径、FDI 途径、资本市场途径和债权人途径这四个途径影响中国经济,然后使用结构 VAR 模型进行实证检验,从定性和定量两方面研究欧洲主权债务危机对中国经济的影响以及传导路径[137]。张宝林和潘焕学(2013)基于结构 VAR 模型,探讨了房地产泡沫是如何引起系统性金融风险的机制,在考虑影子银行、出口增长率、广义货币增长率和地方政府性债务等内生变量后,房地产泡沫膨胀对系统性金融风险增加具有显著影响[138]。

综上,现有研究或是聚焦于风险传染机理的理论研究层面,对资产价格波动以及流动性变化与违约风险的内在关联性进行了理论与经验分析;或是从实证检验的研究角度出发,主要以金融危机、债务危机等事件为背景进行展开,研究往往以 VAR 模型及其拓展模式为工具。但目前尚无直接以土地为视角,研究土地资产价格波动和流动性变化对违约风险的影响机理。

2.1.4　土地市场对地方政府性债务风险传染研究

1) 关于土地融资研究

土地融资指的是围绕土地开发、经营、利用而进行的货币资金的筹集、运用等融资活动的总称。土地融资具有一般的融资活动的共有属性,但由于土地是这种融资活动的标的物,地上的附着物和附属物是这一融资活动的关联要素,土地融资还具有区别于一般融资的特殊性,主要表现为:土地资产的可担保属性和以抵押权为基础的土地融资属性。

学术界关于土地融资的研究多以地方政府财政视角展开,分析土地融资与城市建设、地方政府财政的关系。学者们将地方政府"土地融资"概括为资产(资源)融资和债务性融资两种主要方式,其中资产(资源)融资指的是土地直接出让的方式;而关于债务性融资,由于政策限制,地方政府不能通过直接借贷的方式进行融资,必须通过建立融资平台的方式进行间接融资,主要包括政策性银行打捆贷款和发行平台公司债券的方式。刘守英、蒋省三(2005)通过理论和实证研究表明政府财政预算内靠城市扩张带来的产业税收效应,外靠土地出让收入,土地融资成为地方政府财政和城市化资金的重要来源[139]。郑思齐等(2014)认为,一方面,作为土地红利的直接体现,地方政府土地出让收入伴随着土地价格的持续上涨而屡创记录,已经成为地方政府预算外财政收入的最主要组成部分;另一方面,作为土地红利的间接体现,土地储备是多数地方政府拥有的最重要资产,其价格上涨可以通过"抵押品"效应转化为地方政府债务融资能力的提升[140]。孙建飞、袁奕(2014)通过对土地出让、城市建设和土地价格三者之间互动机制的分析,描述了一种以"土地融资城市基础设施投资"间的正反馈关系为核心的中国式城市建设投融资模式,形成了"以地生财、以财养地"的正反馈循环机制[141]。

除了上述对于土地融资和地方财政的定性关系描述性研究,学术界也普遍关注现行土地融资对于地方政府财政风险的影响研究。刘守英、蒋省三(2005)认为,政府储备土地已远离盘活城市存量土地的初衷,追求土地收益最大化及以土地抵押融资已经成为政府储备土地的真实宗旨[139]。葛扬、朱弋(2013)分析表明,我国的土地融资由于缺乏监管,土地的出让和抵押在实际运行过程中常常出现违约、寻租等情况,政府信用下降,具有不可持续性的特点[142]。

目前,仅少数学者从定性角度分析了土地融资带来的潜在金融风险。刘守英、蒋省三(2005)分析表明,由于新一轮的城市扩张主要由银行资金投放支撑,而银行贷款又是通过土地撬动,因此土地融资在城市扩张过程中扮演着杠杆的角色;一旦土地市场出现问题,由于金融体系的高杠杆特征,损失往往被放大,甚至可能影响整体经济的运行[139]。张玉新(2013)认为,由于土地抵押和担保贷款交易中存在大量的不规范行为,其所累积的财政风险和土地市场风险经由土地间接融资的杠杆化进一步放大,地方政府的土地间接融资成为地方财政风险向金融体系扩散进而影响宏观经济的主要渠道[143]。曾海舰(2012)基于上市公司房地产价值,检验和识别资产价值波动对公司投融资变动的影响,证明了我国存在显著的抵押担保渠道效应[144]。

由上,学术界已经开展较多关于土地融资的研究,但研究往往以土地财政为切入点,与地方财政关联度较高。土地融资中的债务性融资与银行等金融机构关系密切,金融体系中高杠杆的特征使得土地融资的风险进一步加剧。但目前学术界对土地融资中债务性融资的关注较少,尚未有从金融视角,系统性探讨土地融资对金融风险的影响以及相关的风险溢出研究。

2) 关于土地风险对融资平台风险传染研究

经过数据库检索,国内外学者关于土地市场风险的研究主要集中在土地租赁融资、土地投资、土地银团贷款、土地期权风险以及土地市场风险结构等领域。何芳(2010)进行了上海市土地出让市场风险评价和房地产项目风险测度研究[145]。

因为体制原因,国外少有学者研究土地风险与平台风险的关系。国内土地风险对地方政府融资平台风险传染研究主要侧重在土地风险与融资平台风险的关系描述和原因初步分析上。众多学者从不同角度研究认为,土地风险对平台风险存在影响关系。王雅龄(2010)基于财政风险矩阵的角度,分析了土地财政对地方政府融资造成的风险[146]。俞瑶(2010)、冯兴元(2011)通过对地方融资平台贷款实际数据的调查,认为平台贷款与土地风险存在直接关系[147,148]。荆宝洁(2010)分析了土地财政缩水现状,认为地方融资平台风险敞口即将彰显[149]。张毅(2004)认为,我国土地储备存在金融风险、资源风险、制度风险和操作风险相混合的态势[150]。张玉新(2013)将土地融资所涉及的房地产市场风险、金融市场风险和政府财政风险的特性引入到传统的地方债风险管理体系中,设计出土地融资风险管理框架[146]。部分学者进一步分析了土地引发平台风险原因。唐在富(2012)认为,风险来源于土地出让收入的不可持续性[151];洪源(2012)认为,风险来源于土地收益的不可持续性和政府土地抵押融资规模的失控[152];张玉新(2013)认为,风险来源于土地价格波动和土地过度融资[143]。

可见,土地风险对融资平台风险传染研究已经有较多文献,但主要是描述两者的风险影响关系,少有在深入研究土地风险特征的基础上,从土地价格波动和土地供求流动性变化视角研究地方融资平台风险传染。

3) 关于土地风险对政府债券风险传染研究

自1995年《预算法》实施以来,从制度层面禁止地方举借债务。2009年地方政府开始发行少量债券。直到2014年5月,财政部发布的《2014年地方政府债券自发自还试点办法》,地方政府开始大量发行地方政府债券进行融资,地方政府债券规模急剧增长。国内学者开始对地方政府债券进行相关研究。目前国内学者主要针对地方政府债券风险问题进行相关研究,主要包括地方政府债券风险识别、评估和发行限额研究,如2.1.1小节内的第2)部分。但尚未有关于土地风险对政府债券风险传染的研究。

2.1.5 研究述评

现有地方政府性风险研究普遍关注风险要素分析、债务规模及土地依赖风险分析,少有文献深入研究地方政府、融资平台企业间的信贷关联与风险传染;对于区域性风险问题,也少有文献进行定量识别。可见,在定量分析上,国内对地方政府性债务系统性风险及其重要性机构的研究远远不够。而国外对金融系统性风险研究的前沿思想和方法可以借鉴到我国地方政府性债务的系统性风险研究上。特别是基于网络理论和模型来描述地方政府间、融资平台间信贷系统复杂结构,揭示地方政府与银行、平台企业与银行的信贷关联风险,识别系统性风险传染路径、系统重要性节点和地区。

国外系统性研究理论和网络分析方法多集中于对银行间市场的研究。对"银行-企业"信贷市场的研究,也仅侧重于对银行共同贷款网络的分析,鲜有文献从地方政府违约及平台公司违约对银行系统的风险传染问题进行研究。而我国地方政府性债务的风险现状,主要风险并非来自银行体系(风险并不是由银行破产传染到地方政府和融资平台企业),而是风险更有可能由地方政府和融资平台企业传染到金融系统,所以更需要以地方政府和融资平台信用风险作为风险暴露和传染的根源来考察我国地方政府性债务潜在的系统性风险问题。

综上可知,国内外学者针对地方融资平台、地方债务和银行信贷等单体风险研究取得较多成果,但对具有复杂关联性的地方政府性债务系统性及其传染与控制的研究少有涉及;对抵押品的资产价格波动以及流动性变化与违约风险的内在关联性的定量研究较多,土地市场对地方政府和融资平台风险传染的定性研究较多,但从土地价格波动和土地供求流动性风险两个视角进行风险传染的系统性、定量研究少,更缺乏运用系统方法探讨具有复杂网络特征的地方政府性债务系统性风险传染机理、阈值评估、传染效应及控制策略的研究。

2.2 理论基础

本书引入地方政府性债务理论、信用风险理论和债务融资理论来探讨地方政府性债务(地方政府债券、地方政府融资平台、城投债等)及其信用风险,运用 PVAR,DAG,CVA,KMV 等模型,探讨土地市场风险对债务风险的压力测试;基于融资风险理论和资产负债表理论研究土地风险的传染机理及效应;引入网络理论来研究地方融资平台及地方政府债务的系统性风险问题,基于无标度和小世界网络特性分析融资平台信贷网络结构特征和地方政府债券的网络结构特征;基于宏观审慎理论研究系统重要性债务地区、系统重要性融资平台企业及地区的风险识别及风险监管。

2.2.1 政府举债理论

1) 委托代理理论

委托代理理论可以看作是在信息不对称的前提下,委托人与代理人之间存在的一种契约关系,代理人相对于委托人掌握更准确全面的信息。基于我国实际情况及本书研究方向,发现地方政府性债务中存在两层委托代理关系,地方政府具有双重代理人身份,其一是中央政府委托地方政府作为代理人管理地方事务,其二是社会公众委托地方政府作为代理人管理地方事务。然而由于地方政府处于代理人的位置,在信息不对称的条件下所掌握的信息更加准确全面,因此中央政府对于地方政府提出的财政预算支出难以准确地判断真伪性;此外在不科学的政绩考核制度下,地方官员为美化政绩,举债冲动更为强烈,导致地方债务总量不断高涨,债务风险不断累积。另一方面,社会公众虽然对地方政府拥有监督权,但事实上作为这层委托代理关系中的弱势方,由于信息不对称,其监督权被严重弱化,地方政府的道德风险将导致地方政府性债务风险的进一步恶化。综上所述,可以看出委托代理理论为研究地方政府性债务风险成因提供了重要理论基础。

2) 公共物品理论

政府负有提供公共物品的职能,首先以税费形式让社会民众缴纳一定收入,再将其根据经济发展需求进行二次分配,使得社会福利水平得以提高。就基本特征而言,公共产品具有非排他性、非竞争性和效用的不可分割性。所谓非排他性是指公众之间对于公共产品的消费互不干扰,从公共产品中受益也互不影响,如国防;非竞争性指的是产品消费中所产生的收益不会被某些人所专有,也不可能把一些人排斥在消费产品外,致使其无法获得收益,如消除空气污染;所谓效用的不可分割性是指在效用函数加总形式上,公共物品的效用加总函数是纵向加总运算法则,私人物品的消费效用加总函数则是常见的横向加总运算法则。即,公共物品是全社会成员提供,每一个社会成员均能享受到消费该公共物品的效用,而不能像私人物品一样分割为若干部分,满足部分社会成员的消费。此后,又有学者将公共物品进行细分,分为纯粹公共物品和准公共物品。纯粹公共物品是指在面向全社会成员提供的、具有完全非竞争性和非排他性的产品;准公共物品则介于纯粹公共物品和私人产品之间,具有有限的非竞争性和非排他性,具体又分为具有非竞争性但非排他性不充分的准公共物品和具有非排他性但非竞争性不充分的准公共物品两类,有学者又将前者称为俱乐部产品,将后者称为公共资源。

然而因为公共产品建设期长、债务期短的特点,往往造成债务期限错配、短贷长用的问题,一个周期内的财政收入往往无法负担公共产品的成本,进而产生资金缺口。根据公共产品理论可以看出,地方政府的举债行为具有合理性,财政资金主要流向公共产品领域,这为监督地方政府性债务资金使用和防范地方政府性债务风险提供了方向。

3) 财政分权理论

关于财政分权的讨论始于20世纪50年代,Tiebout在1956年的论文《地方支出的纯理论》标志着传统财政分权理论的诞生。在该篇论文中,Tiebout构建了一个不同政府通过提供公共物品来吸引选民,最后在均衡状态下达到帕累托最优的模型,以此来说明地方政府提供公共服务的动机。之后,Musgrave(1959)讨论了政府财政的三种职能,即资源配置、收入分配和宏观经济稳定,并认为由于不同地方居民的偏好不同,出于对地方居民偏好的了解,最好由地方政府承担资源配置的职能,由中央政府来负责全国范围内的收入分配和调控宏观经济的稳定[153]。Oates(1999)对此进行了补充,认为不同地区居民的偏好差异越大,相对于中央政府,地方政府提供公共物品的效率优势就越大[154]。Musgrave和Oates的这一洞见将中央与地方政府间的职能层次划分与公共财政之间建立了联系,同时提出上述职能分配可以通过税种划分来实施,为我国的分税制改革提供了理论基础。

此后,机制设计理论的发展促使人们重新思考政府一词的含义,许多学者试图深入探究政府的决策机制,将传统的财政分权理论推进到第二代财政分权理论,他们的主要观点是在财政分权的过程中各级政府官员同样有自己的利益诉求,如果没有考虑这一点,那么被个人利益驱动的寻租行为可能导致整体经济无法达到帕累托最优。因此,在讨论整体最优的同时,必须让可行解对于各级政府官员是激励相容的。此外,第二代财政分权理论还认为,财政政策的持续性对于维护市场稳定预期至关重要,为了财政分权顺利进行,需要建立中央政府对于地方政府的监督机制。第二代财政分权理论打开了政府的暗箱,对中央政府与地方政府之间的信息不对称进行了更为深入的讨论,是机制设计理论在公共财政理论领域卓有成效的应用。

随着财政分权的实践经验的愈发丰富,对于财政分权的理论研究也越来越多样化。这些研究集中在财政学与发展经济学的交叉领域,如研究财政分权对于经济发展的影响以及对于区域增长的作用,对于人力资本积累的影响等。许多学者采用计量方法对各个国家和地区的数据进行分析,研究方法呈现出明显的定量化趋势,这部分研究成果可以看作现代经济学的发展与第一、第二代财政分权理论的结合。Akai和Sakata(2002)通过采用支出、收入等指标维度进行实验,得出了美国财政分权对其经济增长具有正面效果[155]。与之相对的,张涛和邹恒甫(1996)利用中国的数据,认为在1985年到1989年间,财政分权与中国的经济增长之间有明显的负相关关系。这启示我们,财政分权对于经济增长的效果不能一概而论,发展中国家与发达国家的分权作用机制很可能是不同的[156]。Arikan(2004)讨论了财政分权对于腐败行为的影响,与人们直觉相符的是,财政分权对腐败有一定的抑制作用[157]。

"财政分权理论"是地方政府行使发债权的理论基础。该理论认为,地方政府应在财政、税收等收支项目上拥有更多的自主管理权,以便其更好地实现经济社会管理和城市建设等责任。"分税制"是财政分权理论在我国经济发展过程中实际运用的具体体现,1994年的分税制改革是我国财政分税管理制度的分水岭,对我国财税体制的发展具有十分深远的意义。虽然,1994年的分税制改革对提高我国当时的经济发展水平发挥了巨大作用,但是,此次税制改革并不彻底。改革后,中央"上收"了地方政府的大量财权,同时,也向下"转嫁"给地方政府大量事权,制约了地方政府发挥配置市场资源的权利,地方政府的收入来源被严重压缩,财政缺口不断加大;再加上多年来受《预算法》的限制,地方政府并不具有自主发债融资的权利,这使得本就已经入不敷出的地方财政处境更为艰难。

2.2.2 融资风险理论

1) 融资风险内涵

融资是指企业作为资金需求者进行的资金融通活动。广义的融资是指资金在持有者之间的流动,以余补缺,是资金双向互动的过程,包括资金的融入和融出,既包括资金的来源,又包括资金的运用。狭义的融资主要是指资金的融入,即企业从自身生产经营现状和资金运用情况出发,根据未来发展需要,利用内部积累或向企业外部的投资者和债权人筹集资金,以获取生产经营活动所需资金的一种经济行为。本书的融资主要是指负债融资,即企业通过债务性融资方式筹集和使用资金的融通活动,具体企业融资过程见图2-1所示。

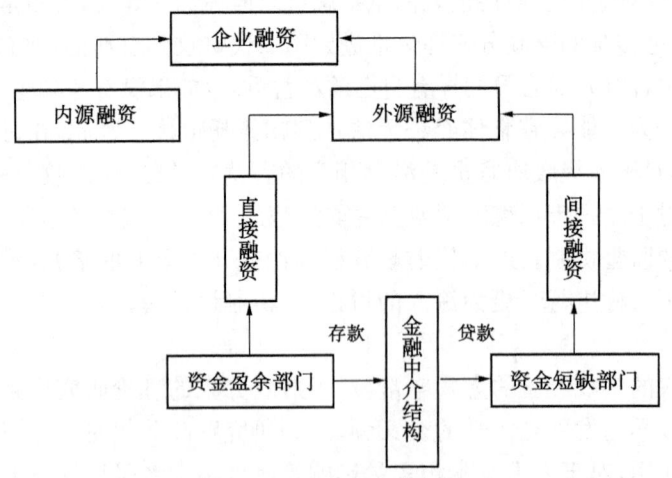

图2-1 企业融资过程示意图

融资风险是指企业负债经营后,不能按时偿还到期债务本息或使股东权益遭受损失的可能性。它包括两个层次:第一层次的风险为支付风险,是指企业负债经营后,因收不抵支或现金流量不足,导致企业不能够按时支付到期债务本息的风险;第二层次的风险为财务杠杆风险,是指企业负债经营后,没有合理利用财务杠杆效应,使股东权益遭受损失的风险。

2) 融资风险的分类

融资风险的第一层次,根据支付风险产生的原因不同,可以进一步细分为现金性支付风险和收支性支付风险。融资风险的第二层次就是指财务杠杆风险。

(1) 现金性支付风险

现金性支付风险是指企业负债经营后,在特定时期内因现金流出量超过流入量,导致企业没有现金或没有足够的现金偿还到期债务本息的可能性。它是企业在特定时期内暂时性的现金短缺引起的,具有以下特征:①是一种个别风险,表现为某一项债务在特定时点不能及时偿还,这种风险对企业以后的融资活动影响不大。②与企业收支是否盈余无直接关系。企业的支出中有些当期不能付现,企业的收入中也有些当期不能收现,因此,即使收支相抵有盈余,也并不等于企业有现金净流入。③可能是由于企业理财不当引起的,表现为现金预算与实际不符而出现支付危机,也可能是由于资本结构安排不当引起的,如在总资产报酬率较低时安排了利率较高的债务、债务的期限结构与现金流入的期限结构不相匹配等。

(2) 收支性支付风险

收支性支付风险是指企业负债经营后,因收不抵支导致企业不能按时偿还到期债务本息的风险。收支性支付风险具有如下特征:①是一种集体风险,对企业全部债务的偿还都会产生不利影响,与特定时点具体债务的偿还无关。②主要是由于企业理财不当或盈利能力降低引起的。③出现这种风险后,意味着企业处于收不抵支的财务危机状态,债权人的权益将很难得到保障,而企业所有者承受的风险及压力更大。如果企业不能及时扭亏为盈,会导致企业陷入财务困境甚至破产。

(3) 财务杠杆风险

企业适度负债,不仅可以带来节税利益和财务杠杆效用,还可以降低企业的总资本成本率,优化企业的资本结构。但是,随着负债比率的不断增加,债权人在贷款时要求的报酬率不断上升,就会导致债务资本成本不断提高。当债务资本带来的收益小于其成本时,负债就会给股东权益带来损失。可见,如果对负债的财务杠杆效应利用不当,就会引发财务杠杆风险。

本书中,我们主要关注的是融资平台公司对于债权人的支付风险。

2.2.3 资产负债表理论

资产负债表理论源于系统性金融风险传导机制的研究,其中心思想是指,经济冲击和波动通过影响企业财务状况发挥作用。资产负债表传导机制假设借款人所要面临的外部融资溢价的大小取决于其资产净值的多少:企业的资产净值越高,所要支付的外部融资溢价越小;企业的资产净值越低,所要支付的外部融资溢价就越高。所以,企业的资产净值通过影响其面临的风险溢价从而影响到其所面临的信贷条件,这样企业的资产净值波动就会引起投资和消费需求的波动。

目前已经有大量文献对这一现象进行了经验研究,其经验性研究结果表现为以下三个特征:①企业外部融资的成本高于内源融资成本;②内部融资与外部融资的成本差与借款人的净资产价值/贷款总额这一指标成反向变动关系;③借款人净资产价值遭受到负面冲击时,其外部融资的成本将上升,使其更加难以获取资金,进而削弱借款人实施其存货、就业及生产等计划的能力。从对这一现象的简单归纳中可以看出,资产负债表渠道主要是建立在由信息不对称所引起的内外部融资成本差的基础上的。

在此基础上,Bernanke, Gertler 和 Gilchrist(1996)提出了"金融加速器"理论[123]。他们

明确指出,在信贷市场存在信息不对称的情况下,现金流量和资产净价值就成为影响融资成本与数量以及投资支出水平等宏观经济变量的重要因素。因此,来自宏观经济的衰退会削弱厂商的内部融资渠道,就在内部融资下降导致外部融资成本上升的同时,厂商只能更多地依赖成本较高的外部资金,造成"金融加速器"效应:引起经济下滑的外部冲击将导致企业现金流量和利润的下降,而这又会通过信贷约束进一步加剧企业外部融资溢价的上升,这种情况下,由外部冲击导致的融资成本的上升就会削减企业投资水平并最终产生整个经济的紧缩效果。由此可见,在信息不对称的情况下,资产负债表渠道经由信贷因素可放大整个宏观经济的波动性,并起到推动宏观经济周期发展的作用。

上述研究从资产负债表渠道影响企业信贷融资成本的角度进行探讨,同时,资产负债表渠道也存在以流动性视角对金融系统性风险的放大机制。金融市场中不完全信息比较严重,金融机构过度杠杆化以及金融机构之间存在"关联而不倒"(Too-Connected-to-Fail)等问题,相对小的初始冲击可能会通过金融机构资产负债表调整所形成的正反馈机制被放大为金融市场的系统性冲击并对实体经济产生严重的后果。资产负债表放大机制是指金融机构融资约束收紧与资产价格下跌之间的正反馈机制[121, 127]。通过学者的研究表明,资产负债表约束或融资约束实际上是债务融资约束或者说杠杆约束,金融危机期间融资约束收紧与资产价格下跌之间的正反馈降低了流动性,从而放大了金融系统性风险。

除此之外,资产负债表流动性是资产负债表理论的重要内容,资产负债表流动性描述的是企业的资产负债结构;学者通过研究发现,资产负债结构不匹配导致的期限错配对危机传染有放大作用。金融机构的资本是由市场均衡决定的高风险、低流动性长期资产构成,同时负债是由货币市场的短期融资为主,而不是依靠传统意义上的发行股票和债券以及向商业银行贷款等渠道进行融资,因此造成了期限错配,因此(进而)负向冲击可能会触发金融机构挤兑。同时通过资产变现与资产价格下跌之间的相互作用所形成的放大机制,更加加速危机的传染。就特定金融机构而言,股权资本可衡量其资产负债表流动性(Balance Sheet Liquidity),因为金融机构可以卖掉资产偿还债务,资产与债务的差额亦即股权资本代表了其本身的流动性资源(Krishnamurthy, 2009)[129]。

2.2.4 宏观审慎与系统性风险理论

1) 系统性风险

系统性风险是指单个或少数几个金融机构的破产或巨额损失,导致整个金融系统崩溃的风险以及对实体经济产生严重负面效应的可能性。其具有如下几个特征:①系统性风险对整个系统的功能构成影响,而不是对某一个单纯的局部;②它使不相干的第三方也被动地介入其中,并承担一定的成本;③它具有级联效应,即系统性风险较为明显的蔓延特性和传染性,能使金融危机从银行业传染到整个金融业,从虚拟经济传染到实体经济,从一国传染到世界各国。

系统性风险可以分为时间维度和空间维度。在时间维度中,系统性风险与经济周期相关,其主要关注的是金融体系的顺周期性,即金融体系的脆弱性和风险随着时间的推移而建立并演进。在空间维度上,金融系统中的风险暴露和相互联系使得一个特定的冲击在其他领域中传播并演变成系统性风险。同时,系统性风险的触发因素也很多,包括经济基本面的较大变动、大型金融机构的倒闭、金融投资者与消费者信心的变化以及外部系统性风险的传染等。防范系统性金融风险的首要任务是准确甄别、正确认识和合理评估当前金融体系的系统性金融风险。

对与系统性风险有关的若干概念进行辨析,主要包括:金融稳定、金融脆弱性、金融网络弹性等,为下一节对地方融资平台系统性风险界定奠定基础。

(1) 系统性风险与金融稳定

金融稳定是金融市场呈现出的一种稳定状态。金融系统性风险与金融稳定密切相关,准确定义系统性风险,是制定金融稳定政策的重要前提,也是避免金融危机爆发、维护金融稳定的重要工具。部分学者甚至认为金融系统性风险就是金融不稳定,是金融稳定的对立状态(Schinasi,2004)[158]。虽然金融体系处于不稳定状态时必然存在一定程度的系统性风险,但并不能认为金融不稳定就是系统性风险(翟金林,2001)[159]。实际上,金融不稳定意味着金融体系内已经累积了一定程度的风险,可能会导致系统性风险,或者说,金融不稳定是系统性风险发生的温床(温博慧,2010)[122]。然而,系统性风险不可能仅仅来源于金融体系的不稳定,稳定的金融体系也可能发生系统性风险,从而变得不稳定。例如,新加坡和中国香港的金融体系相当稳定,但在1997年亚洲金融危机中,在泰国等国家和地区的危机冲击下,这两地也爆发严重的系统性风险。另一方面,不太稳定的金融体系也可能永远不会出现系统性风险。金融体系的稳定是金融监管部门长期追求的目标,而系统性风险的监管则是实现这一目标的必然要求。从长期看,只有尽可能地降低和化解金融系统性风险,金融体系才能长期维持稳定状态。综上,系统性风险一定会危害金融体系的稳定性,但金融不稳定并不意味着一定存在系统性风险。

(2) 系统性风险与金融脆弱性

目前学术界已就此达成共识:"金融内在脆弱性"是一种狭义的金融脆弱性概念,而广义的金融脆弱性实际上指的是包括金融市场融资和信贷融资在内的一切融资领域的风险积聚,是一种高风险的金融状态。对于金融脆弱性与系统性风险的关系,黄金老(2001)、伍志文(2002)等认为,虽然系统性风险与金融脆弱性的含义相近,但并不等同[160,161]。

首先,系统性风险并不仅仅强调潜在的损失,它同样可能包括已经发生的损失,只要这种已经发生的损失有引起进一步损失的可能,那么这种损失就应当属于系统性的风险的损失范畴。如果已经发生的损失不会引致进一步的损失,那么研究已经发生的损失就毫无意义,因此,金融脆弱性强调已经发生的损失,实际上也是关注其可能引发进一步的损失。从这个意义上来说,金融脆弱性与系统性风险强调的损失范畴实际上是一致的。其次,系统性风险所强调的风险主要体现在"系统"上,它不仅能够影响整个金融体系,还一定能够对实体经济产生不利影响,否则就不能称之为系统性风险。而金融脆弱性则仅仅着眼于金融领域,并不涉及实体经济部门。一旦金融脆弱性涉及实体经济,那么此时的金融脆弱性必定已经演化为系统性风险。

综上,虽然系统性风险与金融脆弱性难以明确区分,但仍能辨析出二者的区别:金融脆弱性是金融体系与生俱来的特性,金融体系脆弱性并不能够说明存在系统性风险,但一旦存在系统性风险,金融体系一定变得更加脆弱。或者说,系统性风险包含了金融脆弱性,但金融脆弱性并不包括系统性风险。

(3) 系统性风险与金融网络弹性

弹性指的是一个系统在出现故障后回到原始或者新的更理想状态的能力(付芸等,2012)[162]。一般用节点删除对网络连通性的影响来度量网络弹性。节点删除有两种方式,随机删除和选择性删除,将随机删除下的网络弹性称为鲁棒性(Newman,2003),选择性删除下的网络弹性称为网络的脆弱性[92]。网络的弹性越强,意味着网络在遭受冲击后恢复正常状态的能力越强。

从定理来看,网络弹性有以下几个特征:①网络在受到外部冲击时才会表现出弹性特征;②网络弹性要在网络对原始状态出现偏离时才会体现;③网络要恢复至原始状态的程度。因此,金融系统性风险与金融网络的弹性之间存在一定的关系,但又有所区别。二者都是由外部冲击引起的金融系统对正常状态的偏离,但网络弹性要求网络必须恢复到正常状态,而系统性风险则没有这一要求。因此,网络弹性反映了在外生冲击下,网络系统从稳定状态到不稳定状态最后又回到稳定状态的能力,弹性越高的金融网络,发生系统性风险的可能性越低,系统性风险的危害也越小,这是金融网络弹性与系统性风险之间的联系。

2) 系统性风险特征

与一般风险(如信用风险、市场风险、流动性风险、操作风险和信誉风险等)相比,系统性风险呈现出许多独特的特征。系统性风险平时很隐匿、较难察觉和评估,当系统性风险累积到一定程度时则会急速暴露,迅速变为系统性危机,而且极具传染性和破坏力。

(1) 系统性风险具有明显的负外部性

系统性风险是一种"负外部性"风险,因为单个机构(类银行金融机构)陷入困境或倒闭会强加于全社会,形成高于其实际价值的成本,而且系统性风险波及范围不仅仅局限于一国的经济、金融领域。尤其是20世纪80年代以来,全球经济一体化和金融全球化的趋势使各国经济极易受到国际经济环境变化的冲击;股票市场、外汇市场价格联动的特征则使金融系统性风险的连锁反应速度加快;现代通信技术及金融交易的高科技程度也为信息的传播及风险的溢出创造了条件,某个市场的动荡结果会通过计算机网络体系迅速得到蔓延,影响到世界其他地区的经济和金融局势。

(2) 系统性风险具有极度的传染性

经济金融全球一体化的重要特征就是虚拟经济的飞速发展以及虚拟经济与实体经济的交织程度日益加深。实体经济与虚拟经济互动关系的增强使得不同机构或不同市场之间的风险溢出和传染性大大增强,传染和溢出的速度大大提高,传染和溢出的范围和影响力度也大大增加。如1994年的拉美金融危机、1997年的亚洲金融危机、1998年的俄罗斯金融危机、2007年的美国次贷危机和2008年的世界金融危机,都是具有极度传染性的系统性危机。系统性风险的传染渠道很多,而金融全球化和自由化是最重要的传染渠道,近年来金融衍生品泛滥和放松监管,则是系统性风险传染的直接渠道。

(3) 系统性风险具有风险和收益的不对称性

按照一般的风险与收益关系来说,所谓高风险对应的是高收益,风险与收益是对称的,但在系统性风险面前,风险的传播呈现交替的态势,对所有的机构和市场都是一种威胁。经济金融全球一体化使得银行机构进一步增强了风险和收益的不对称性。系统性风险的发生虽然在一定程度上能够"纠错",但风险发生的危害性特别大,可能会在整个金融体系中引发"多米诺骨牌"式坍塌的危险,导致国民财富的净流失,往往产生较大的真实经济成本损失或经济效率降低。

(4) 系统性风险具有长期隐匿性和积累性

由于政府债务信用及虚拟经济的特点,可能会掩盖系统性风险不确定性损失的实质。一方面因为政府信用损失可能会被政府信用循环所掩盖,使得即期债务风险可能因通货膨胀、借旧还新、贷款还息而掩盖事实上的金融损失;另一方面,虚拟经济的膨胀与实际经济不相符导致资本市场与房地产市场的虚假繁荣也掩盖了债务系统性风险。尽管隐匿性可以在短期内为地方政府提供一些缓冲和弥补的机会,但是它可能会带来严重的系统性风险或系统性危机。此外宏观经济失衡和监管不力加速了系统性风险积累的进程,引发系统性危机的可能性越来越大。

(5) 系统性风险具有较大的监管难度

与个别风险的监管相比,对系统性风险的监管更艰难、更复杂,需要监管理念、监管方式的一些根本改变。系统性风险监管困难的原因首先表现在对系统性风险评估的困难。监管者的工作必须包括禁止特定风险转化为系统性风险,在这两种风险之间充当"警卫",并且为了防止市场信心丧失造成的金融恐慌,中央银行通过注入流动性资金履行最后贷款人的职责是极其重要的。但在很多情况下,当个别金融机构处于困境时,中央银行可能不容易找到适当的渠道注入流动性资金,从而不能很好地履行最后贷款人的职责,这是系统性风险监管的又一困难。尤其是当金融衍生品的场外交易发生问题时,中央银行可能无法动用自己的自有资源注入资金来提供援助。因此监管当局有必要通过组织私人部门注入资金来进行援助,避免和减少系统性风险带来的损失。

3) 宏观审慎与系统性风险

Crockett(2000)首次界定了微观审慎与宏观审慎,并明确区分了宏观审慎的时间维度和空间维度[62]。此后,许多研究都集中在时间纬度,即对金融体系周期性的研究和对金融体系脆弱性的监测。直到 2008 年经济危机后,空间维度才逐渐受到重视,人们开始关注那些具有系统重要性的金融机构。

宏观审慎监管的核心是理解系统性风险。系统性风险有两个主要来源:一是大型金融机构的相互关联和共同行为引发的风险,即空间维度的网络风险(network risk);二是随时间不断积累的失衡引发的风险,即时间维度的总体风险(aggregate risk)。

时间维度描述的是风险随时间的演变过程,即风险的顺周期性(BIS,2001;Shin,2006;Brunnermeier,2009)[121, 124]。截面维度关注的是某一时点金融体系内的风险分布,尤其是由于资产负债表关联性产生的共同风险暴露或关联行为的反馈。对截面维度的分析较多,如关于风险管理的系统层面研究(Hellwig,1995)或系统性风险理论(Acharya,2009),其中市场失灵和传播渠道为关注的重要方面[111, 166]。

危机后的全球金融监管改革,一个重大进步是加强对系统重要性银行监管。本次危机的演变历程表明,金融机构间的相互关联性在系统风险的形成、累积与扩散过程中均起到了重要的助推作用。尤其是那些"大而不倒"的、对系统具有重要影响力的金融机构,由于其具有规模大、网络关联性强、业务复杂、涉及面广以及功能不可替代等特点,使得其单一机构的风险会迅速通过各种渠道影响到其他机构,进而危及整个金融及经济体系的稳定与安全。正因如此,在宏观审慎政策的构架下,防范系统风险,加强对系统重要性金融机构的识别与监管,解决"大而不倒"等问题便成为本轮金融监管体系改革的重要组成部分。

已有关于金融机构系统重要性问题的研究,主要是在宏观审慎政策框架的范畴内逐步展开,其关注的焦点也大多集中于对系统重要性金融机构的识别与认定方面。

2.3 风险评估方法

国内学者对地方政府债务风险的定量评价方法基本有三种,第一种是单指标独立评价法,即选取某个或某几个通用债务指标,直接客观地描述我国地方政府债务风险状况。第二种是多指标综合评价法,选取多个指标全面反映地方政府举债情况和债务状态,然后利用指标加权得出反映地方政府债务风险水平的综合指标,以此评价地方政府债务风险程度以及是否可控。第三种是构建结构化模型,大致包括基于宏观经济变量的 CPV(Credit Portfolio View)模型、基于期权定价的 KMV 模型、基于在险价值的 Credit Metrics 模型和基于保险精算的 Credit Risk+模型。沈沛龙等(2002)、程鹏等(2002)等对几种信用风险度量方法进行了对比分析[167,168]。

2.3.1 单指标独立评价法

以指标直接评价地方政府债务状况是国际通用方法,负债率、债务率、逾期债务率及政府外债与 GDP 的比率是最常用的四个指标,也是全国和各地方政府债务审计报告中对债务风险的评价指标,通过与国际参考标准值的对比得出我国政府债务的风险状况。如 2013 年《全国政府性债务审计结果》以负债率、政府外债与 GDP 的比率、债务率和逾期债务率等指标,对 2012 年底我国政府性债务负担状况进行分析,结果表明,全国政府性债务各项风险指标均处于国际通常使用的控制标准参考值范围内,风险总体可控,都没有突破红线,处在相对安全的范围之内。

2.3.2 多指标综合评价法

郭宇、庄亚明(2014)基于系统工程视角,从社会经济、举债程度和偿债能力三个子系统构建地方政府性债务风险系统的多层次预警指标体系,提出基于 AHP 和 Theil 指数主客观综合权重赋值法的可拓预警模型[166]。模型以国际警戒线为基础、结合我国实际情况和相关专家意见,为每个风险指标设置预警界限和警戒区间,在此基础上以某省 2001—2006 年地方经济、财政数据展开实证分析,得出该省 2001—2006 年间地方政府债务状况较好、风险等级始终属于安全区间的结论。林巧龙(2014)在资产负债管理方法的框架下,构建地方政府债务矩阵和地方政府资产矩阵,借鉴国际经验并参考国内文献构建了地方政府债务风险预警指标体系,并确定指标临界值。利用因子分析法建立了地方政府债务风险预警系统,对 2002—2012 年间我国地方政府债务风险进行了实证分析,根据风险的大小将风险分为无风险(绿灯)、中风险(黄灯)和高风险(红灯)。实证结果表明,我国地方政府债务风险暂不会导致债务危机和经济危机[167]。许争、戚新(2013)采用模糊综合判断法和层次分析法按照"借债—用债—偿债"的思路构建债务预警模型,对地方政府性债务风险进行整体量化。同时参考国际上对地方政府债务指标的经验值划定风险区间,确定地方政府性债务风险等级。选取东北地区某市 2009—2011 年的样本数据,通过设计针对借债、用债和偿债三个环节的风险预警指标体系,对该市地方政府性债务风险预警系统的可操作性进行实证分析与效果验证。实证结果显示:该市政府性债务风险等级为危险,债务风险预警的综合风险系数处于轻度危险区。谢保鹏(2017)根据我国地方政府债务的特点,提出基于"压力—状态—响应"模型的地方政府债务风险评价方法,从举债压力、债务状态、偿债能力三个方面构建地方政府债务风险评价指标体系,采用层次分析法(AHP)和变异系数法主客观结合确定指标权重,在此基础上实证分析我国 30 个省份地方政府债务风险[171]。裴育、欧阳华生(2006)主张从财政收支、财政赤字、政府债务三方面入手,将风险预警指标体系分为短期偿债和长期偿债能力指标两部分,提出了垂直组织体系、横向组织体系和交叉组织体系三种模式,并对指标体系构建、指标值风险区设置、指标权重确定、风险值测度和综合风险评价方法进行了理论探讨[172]。杨林和侯欢(2015)从城镇化与地方债务风险耦合关系的角度,从地方债务的规模风险、结构风险、管理风险和偿债风险四个方面构建了相应的指标体系,并利用熵值法进行了测度[173]。

2.3.3 结构化模型评估法

1) 风险价值(VaR)模型

风险价值(VaR)模型是由 J.P.摩根提出的。其中,VAR 模型是在 1994 年提出的,主要是用于复杂投资组织风险量化的一种方法。具体来说,是在市场给定条件下,通过设定一个置信区间下,来评估风险组合在未来一定时间范围内,可能面临的风险和潜在损失金额。目前世界各主要金融机构,包括银行、保险、信托、证券和期货机构,以及企业和金融监管机构广泛运用风险价值(VaR)模型来进行风险计量。

2) Credit-metrics 模型

Credit-metrics 模型(信用计量模型)是继风险价值(VaR)模型之后,也是由 J.P.摩根在 1997 年 4 月推出的另一种风险计量模型。Credit-metrics 模型是在 VaR 的信用风险测算量化模型上,通过将资产信用数据纳入考量,并通过构建信用评级调整转移矩阵(Credit Migration Matrix)等对信用风险的大小进行计量评估。Credit-metrics 模型认为债券的价值与其信用结果以及评级结果调整有密切联系,并通过在险价值(VaR)来衡量风险大小,而这一在险价值即在指定置信水平下的资产组成潜在损失的比例。

3) KMV 模型

KMV 模型(也被称为 Expected Default Frequency 模型)是美国旧金山市 KMV 公司于 1997 年建立的,基于 Black-Scholes 期权定价模型,用来估计借款企业违约概率的方法。根据 KMV 模型,公司的股权价值是其公司资产标的一个看涨期权,因此,公司股权的信用风险实际上就表现为公司资产价值变化,认为信用风险实质上是由公司股权价值的变化,在给定公司当前的资本结构,即负债构成、权益、短期和长期债务、可转债等,并赋予公司资产价值或者资产变动服从某种概率分布后,就可以通过 Black-Scholes 期权定价模型,计算出给定时期内的实际违约概率,从而计算出债务信用风险大小。

4) Credit Risk+模型

Credit Risk+模型是在 Credit-Metrics 模型基础上演变发展的另一种风险评估模型。最初是由瑞士信贷第一波士顿银行(CSFB)于 1996 年提出的,该模型最初是通过保险精算学方法,对信贷风险进行衡量。Credit Risk+模型衡量的信贷资产违约风险的大小,主要通过信贷资产组合的违约概率、违约损失率来衡量信贷风险的大小。

对于信贷风险,Credit Risk+模型只考虑其违约和没有违约两种情况,不会针对其信用评级调整,特别是下调,进行专门的考虑。在 Credit Risk+模型中,将违约率作为外部变量,并假定其服从泊松分布随机变量。而且 Credit Risk+模型认为违约频率的不确定性和损失严重性的不确定性都会影响信贷组合的损失的分布。由于 Credit Risk+模型中,信贷组合损失概率可以通过模型求解出来,无须借助信贷组合的历史违约率进行统计,使得模型相对比较简单,应用推广比较容易,这个成为 Credit Risk+模型相比 KMV 模型的一个重要优点。

5) 信用组合观点(CPV)模型

信用组合观点模型(Credit Portfolio View,CPV)是由麦肯锡公司于 1998 年研发出来的,主要基于计量经济学理论,通过蒙特卡罗模拟法对信贷组合信用风险的多个因素进行量化处理,而开发出了一个信用风险量化模型。CPV 模型是基于 Credit-Metrics 模型,通过对影响资产组合信用风险的周期性因素进行调整,将信用评级调整迁移数据纳入进来,通过构建信用风险与经济增长、市场利率、居民消费和政府财政支出等经济指标量化模型,并通过蒙特卡罗模拟方法对不同周期性下这些因素对信用风险的冲击和影响进行模拟,从而得到信用水平调整和违约概率的大小。需要说明的是,通过用 CPV 模式得出信贷风险大小和信贷资产组合损失分布是非连续的。

6) CCA 模型

CCA 模型(Contingent Claims Analysis,CCA)起源于 Black 和 Scholes(1973)[174]、Merton(1973)对期权定价理论模型的开创性研究[172]。Gray、Merton 和 Bodie(2007)将期权定价理论引入资产负债表,拓宽了该方法的应用范围,以衡量金融风险[176]。CCA 方法的核心在于提出未定权益的概念,结合资产负债表数据和市场数据,对风险进行研究。

7) PFM 模型

PFM 模型认为属于相同地区和行业的上市公司和非上市公司,如果拥有相似的盈利能力和资产规模,那么外部因素变动对这些公司产生的影响也是相似的,两者的资产价值及其波动率的变化有较强的关联性。因此,非上市公司就可以根据和它类似的上市公司的财务数据和股票价格来估计能够影响其违约概率的重要指标。

由于风险评估方法较多,因此在地方政府债务风险评估中各位学者采取了不同的模型对风险进行量化,具体哪种评价方法更好,目前在学术界还未见分晓。单指标评价法直接而客观,同时操作上也简单明了,一般多采用债务率、负债率、逾期债务率等指标与国际安全水平进行比较。但这种方法比较片面,选取的指标无法全面反映地方政府债务状况,因此无法综合评价我国地方政府债务在各方面存在的风险;同时,采用指标值与国际警戒线对比也存在适用性问题,我国有特殊的制度环境,导致我国地方政府债务及其风险有其自身特点。相对而言,多指标综合评价法对债务风险的描述更加全面,选取的多指标能够更加完整地呈现地方政府债务状况,得出的结论可靠性相对更高。但综合评价必须建立在准确界定债务风险内涵的基础上,会因指标体系的不同而出现结果上的偏差。当前对地方政府债务风险指标体系的建立差异化较大,对于指标的选取没有统一的意见,因此建立全面、科学、合理的指标体系首先是一大难点和重点。当前很多学者将债务规模的扩大和债务风险等同起来,认为债务规模扩大就会伴随着债务风险的增长,其实不然。研究表明,一定规模的政府债务有助于地方发展,有助于缓解地方财政压力,对于促进地方经济增长、改善民生等方面有一定帮助。而经济增长本身能够缓解偿债压力,因此,地方政府债务规模扩大并不绝对带来更高的风险水平。

2.3.4 复杂网络评估法

1)理论概述

根据国际货币基金组织(IMF)发布的《全球金融稳定报告》,目前研究金融机构之间内部关联性的方法大致可分为四种:分别是基于金融机构之间业务往来数据为基础构建的复杂网络模型、基于金融市场数据为基础的 Co-Risk 模型和 Distress Dependence 矩阵模型、基于金融机构历史违约数据为基础的违约强度模型。复杂网络模型在处理问题时有全局性、直观性等方面的优点,成为金融危机之后的主流模型。

复杂网络是介于规则网络和随机网络之间的一种网络,能较好地认识和揭示自然和社会中存在的各种实际网络的内在联系和规律。复杂网络最早起源于 1736 年瑞士数学家 Euler 解决哥尼斯堡七桥问题,之后 Watts 和 Strogatz(1998)提出了小世界网络模型[88](WS 模型),Barabasi 和 Albert(1999)提出了无标度网络模型[89](BA 模型),很大程度上推广了复杂网络,之后复杂网络便被广泛地运用在社会学、经济学等各个领域。复杂网络的拓扑特征主要有小世界效应、无标度、鲁棒性等。

复杂网络也被用来研究金融系统间的风险问题。学者主要研究了不同的模型网络结构、节点特性、冲击因素等对系统性风险的传染行为和演化机制,并针对不同网络拓扑结构下随机冲击和选择性冲击对复杂网络结构的影响进行了复杂网络抗毁性研究。Wang 和 Chen(2001)研究发现,无标度网络遭受随机性冲击时很稳定,但对高度连接的节点受到冲击时表现出脆弱性[174]。Iori(2006)研究了随机网络结构下,银行节点为异质或同质的情况下银行网络系统的稳定性,发现银行节点为同质的情况下银行网络系统更稳定[81]。王晓枫(2015)等采用随机模拟法分析了具有无标度特征的复杂网络结构对银行风险传染效应的影响[175]。Allen 和 Gale(2012)研究发现,不完全的网络结构比完全的网络结构更具有传染的风险[179]。Caccioli(2013)等研究发现当银行网络中的某一个节点遭受随机冲击时,无标度网络结构比随机网络结构产生系统性风险小;当冲击选择连接度高的节点时,无标度网络结构比随机网络结构产生的系统性风险大[176]。

2)几种常见的金融网络

现有研究表明,金融系统的网络结构对系统性风险的传染具有决定性的作用。因此,在研究网络中的危机传染及系统性风险问题时,需要将研究聚焦于对网络结构的考察。在小世界网络(Watts & Strongatz,1998)和无标度网络(Barabasi & Albert,1999)提出以后,网络模型被广泛应用于对现实世界的研究,例如对互联网、发输电网的研究等。在现有的网络研究中,广泛运用了规则网络(regular network)和完全网络(complete network)概念。本小节将对规则网络、随机图、小世界网络和无标度网络这四种网络进行辨析。

(1) 规则网络

图论中,规则网络或者说规则图(regular graph)是指每个节点都拥有相同节点度的一种网络。有向图中,规则网络中的节点入度与出度一定相等。一个节点度为k的规则网络称之为k-规则图(k-regular graph)或者说度为k的规则图。

星形网络、最近邻耦合网络、全局耦合网络是三种最常见的规则图,见图 2-2 所示。

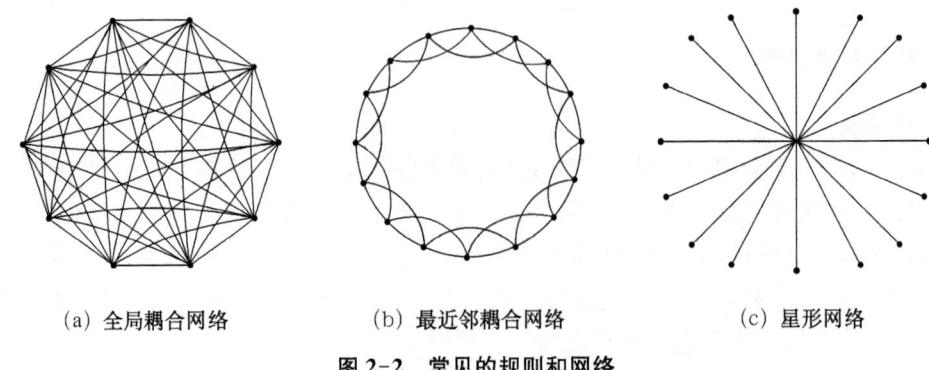

(a) 全局耦合网络　　　　(b) 最近邻耦合网络　　　　(c) 星形网络

图 2-2　常见的规则和网络

如果网络中任意两个节点都互相连接,那么这种网络就是全局耦合网络(globally coupled network,图 2-2(a))。一个拥有 N 个节点的全局耦合网络拥有 $N(N-1)/2$ 条边,全局耦合网络具有最大的聚类系数 1 和最小的平均路径长度 1。然而,由于现实中的网络往往很稀疏,它们最多只有 $O(N)$ 条而不是 $O(N^2)$ 条边,因此,全局耦合网络在刻画显示网络时存在明显缺陷。

最近邻耦合网络(nearest neighbor coupled network)是一种典型的稀疏规则网络,它的每个节点只和该节点附近的若干邻居节点(一般是周围的 $K/2$ 和邻居节点)连接(图 2-2(b))。这类网络的聚类系数为 $3(K-2)/4(K-1)$,如果 K 值较大,那么最近邻耦合网络将是一个聚类系数近似于 3/4 的高度聚类网络。最近邻耦合网络的平均路径长度近似等于 $N/2K$,当节点数 N 趋向于无穷时,平均路径长度也将趋向无穷,因此该网络不具备小世界特征。

另外一种典型的规则网络是星形耦合网络(star coupled network),该网络只有一个中心节点与其他全部节点相连,其他节点之间不存在相连的边(图 2-2(c))。星形网络的聚类系数和平均路径长度分别为 $N/(N-1),2-2(N-1)/N(N-1)$,因此当 $N\rightarrow\infty$ 时,星形网络的聚类系数趋向于 1,而平均路径长度趋向于 2。星形网络是一种特殊的规则网络,因为它的中心节点的度并不为 1,而是 $N-1$。

(2) 随机网络

与规则网络相对的是随机网络,一般将这一网络模型称为 ER 随机图模型。ER 随机网络由两个参数定义:初始不相连的 N 个节点和任一两节点之间形成连接的概率 p,一个典型的 ER 随机网络见图 2-3 所示。随机网络的平均度 $\bar{k}=p(N-1)\approx pN$,度分布服从下述的二项分布:

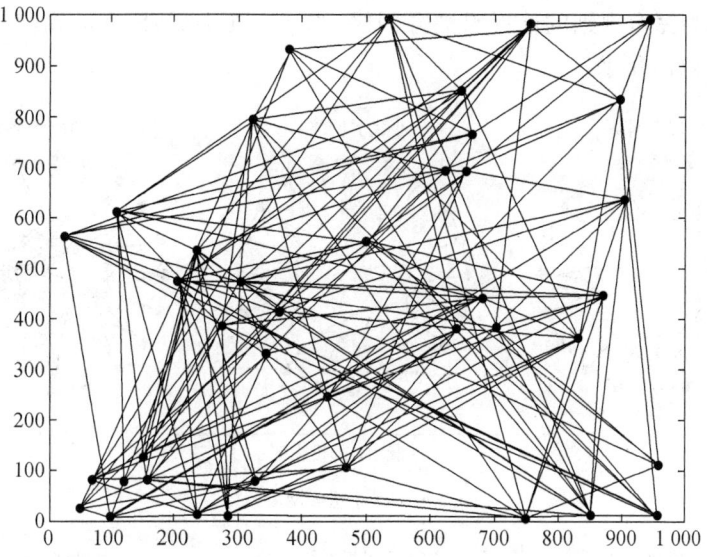

图 2-3　ER 随机网络($N=40$, $p=0.25$)图

$$p(k) = \binom{N}{k} p^k (1-p)^{N-k} \quad (2\text{-}1)$$

如果 $N \to \infty$,则随机网络的度分布趋向于如下的泊松分布:

$$p(k) \approx \frac{e^{-\bar{k}} \bar{k}^k}{k!} \quad (2\text{-}2)$$

因此,ER 随机图也称为泊松随机图。随机图中链接的形成过程独立同分布的,而且节点之间的异质程度较小,每个节点的节点度近似相等(因此 ER 随机图是一种均匀的网络)。

ER 随机图具有相当短的平均路径长度,并且平均路径长度是网络中节点数的对数增长函数,这种特性说明 ER 随机图具有典型的小世界特征。此外,ER 随机图具有较小的聚类系数,其值为 $C=p$,表明这种网络不存在聚类特征。然而,一般的实际网络都存在较高的聚类特征,因此,随机图在刻画现实复杂网络时也存在一定的缺陷。

(3) 小世界网络

如前所述,随机图呈现出较短的路径长度和较小的聚类特征,而最近邻耦合网络则具有较高的聚类系数和较长的平均路径长度。这两种网络都与显示网络不完全相符,因为现实中的网络往往具有较高的聚类特征和较短的平均路径长度,既不是完全规则的,也不是完全随机的。

为更好地刻画现实世界中的网络,Watts 和 Strogatz(1998)提出小世界网络模型,这是一种介于完全随机网络和完全规则网络之间的网络模型,通常称之为 WS 小世界模型。小世界网络的典型特征是较短的平均路径长度和较高的聚类系数[88]。WS 模型是将最近邻耦合网络的节点进行随机化重连而得到。具体来说,WS 模型的构造过程是:首先考虑一个具有 N 个节点的环状最近邻耦合网络,该网络中每个节点与它最近的 $K/2$(K 为偶数)个节点相连;然后,进行随机化重连,即将每条边中的一个节点保持不变,以概率 p 随机选择一个节点与这一节点相连,并且节点不能与自身路相连,这样就能得到 WS 小世界网络模型。当

$p=0$ 时,网络仍为完全规则的最近邻耦合网络;当 $p=1$ 时,WS 小世界网络则变为完全随机网络,见图 2-4(a)所示。

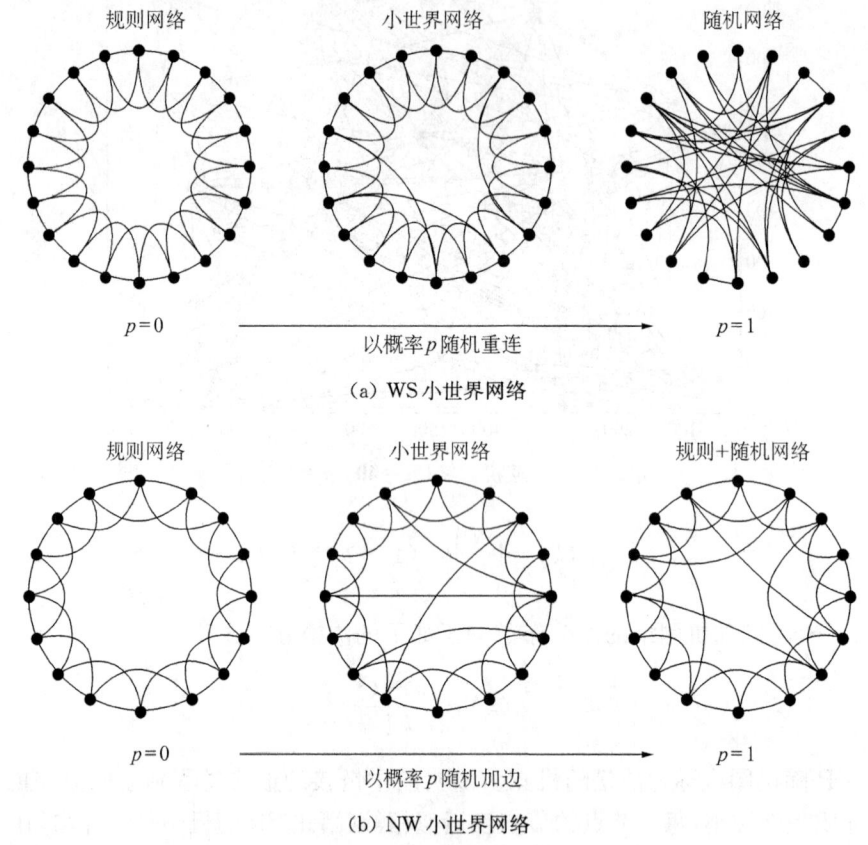

图 2-4 小世界网络图

(资料来源:Watts & Strogatz,1998;Newman & Watts,1999)

通过随机化重连得到的 WS 小世界网络的平均路径长度 $L(p)$ 和聚类系数 $C(p)$ 都是重连概率 p 的函数。图 2-5 揭示了平均路径长度和聚类系数与重连概率之间的变化关系,显然,当 p 较小时($0<p\ll1$),平均路径长度下降较快,而聚类系数的变化较小。因此,当 p 较小时,随机化重连使得网络的聚类系数较高,而平均路径长度较小,呈现这样两种特征的网络就是小世界网络。

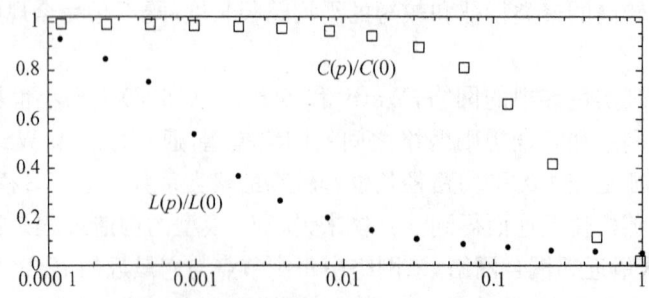

图 2-5 WS 小世界网络的平均路径长度和聚类系数示意图

(资料来源:Watts、Sreongatz,1998)

根据 WS 网络的构造过程及图 2-4(a)不难发现,这种构造小世界网络的方法剔除了原本节点之间形成环的边,破坏了网络的连通性。针对这一不足,Newman 和 Watts(1999)通过随机变化加边的方法提出了另一种小世界网络,简称 NW 小世界网络[178]。随机化加边不改变原来节点之间已存在的边,而是通过一个随机概率 p 增加节点之间的边,具体算法如下:第一步与 WS 小世界网络构造方法相同,即从一个最近邻耦合网络出发;第二步,以概率 p 在随机选择的两个节点之间形成一条边,且每个节点不能与自身相连。NW 小世界网络如图 2-4(b)所示。此时,当 $p=0$ 时,最近邻耦合网络,但当 $p=1$ 时,网络则变为全局耦合网络。典型的小世界网络如图 2-6 所示。

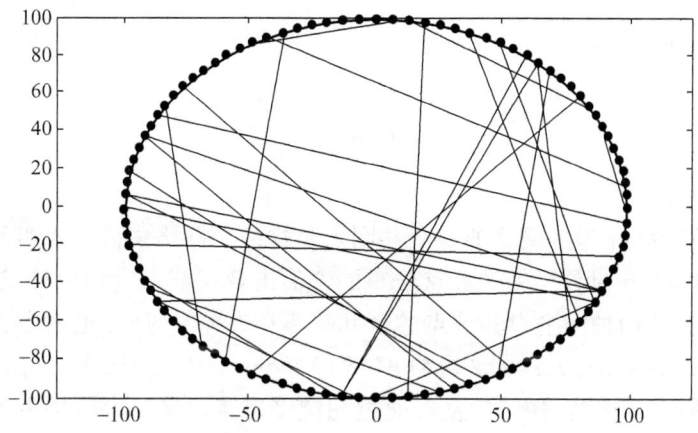

图 2-6　WS 小世界网络图($N=100$, $K=3$, $p=0.05$)

小世界网络具有如下的统计性质:

① 度分布。

当 $k \geqslant K/2$ 时,WS 小世界网络的度分布为

$$P(k) = \sum_{n=0}^{\min\left(k-\frac{K}{2},\frac{K}{2}\right)} (1-p)^n p^{\left(\frac{K}{2}\right)-N} \frac{\left(\frac{pK}{2}\right)^{k-\left(\frac{K}{2}\right)-n}}{\left[k-\left(\frac{K}{2}\right)-n\right]!} e^{-\frac{pK}{2}} \quad (2\text{-}3)$$

当 $k < K/2$ 时,$P(k)=0$。WS 网络与 ER 随机网络类似,其所有节点的度近似相等,因此它也是一种均匀网络。

NW 小世界网络中任一节点的度至少为 K,所以,当 $k<K$,度分布 $P(k)=0$;当 $k \geqslant K$ 时,度分布为

$$P(k) = \binom{N}{k-K} \left(\frac{Kp}{N}\right)^{k-K} \left(1-\frac{Kp}{N}\right)^{N-k+K} \quad (2\text{-}4)$$

② 聚类系数。

WS 小世界网络的聚类系数为

$$C_{WS}(p) \approx \frac{3(K-2)}{4(K-1)}(1-p)^3 \quad (2\text{-}5)$$

NW 小世界网络的聚类系数为

$$C_{NW}(p) = \frac{3(K-2)}{4(K-1)+4Kp(p+2)} \tag{2-6}$$

③ 平均路径长度。

WS 小世界网络的平均路径长度，还没有精确的解析式。Newman 和 Watts(1999)指出，WS 小世界网络的平均路径长度是 N，K，p 的一个函数[178]，即

$$L(p) = \frac{2N}{K} f\left(\frac{NKp}{2}\right) \tag{2-7}$$

其中，函数满足条件：

$$f(u) = \begin{cases} c, & u \leqslant 1 \\ (\ln u)/u, & u \geqslant 1 \end{cases} \tag{2-8}$$

(4) 无标度网络

ER 随机图和 WS 小世界网络的一个共同点是这两个网络中的节点度近似服从泊松分布，ER 随机图和 WS 小世界网络的节点分布的峰值出现在节点度均值处，当超过这一均值时呈现指数衰减。这两种网络中各节点的度几乎不存在差异，所以通常称这两类网络为均匀网络(homogeneous network)或指数网络(exponential network)。然而，Barabasi 和 Albert(1999)在研究万维网网络时，发现通过超链接连接起来的万维网的节点度分布并不是均匀的，而是由少数节点度十分高的页面连接起来。大多数节点(80%以上的网页)的节点度低于 4，而极少数节点(不到总网页数的万分之一)却拥有超过 1 000 个超链接。Brabasi 和 Albert(1999)将这种形式的网络称为无标度网络[89]。

Brabasi 和 Albert(1999)研究发现[89]，无标度网络的显著特性是其节点度分布服从幂律分布(也称帕累托分布)，即节点的度 d 是自然数 k 的概率：

$$P(d=k) \propto \frac{1}{k^\gamma} \tag{2-9}$$

不难发现，节点度 $d=k$ 的概率下降速度较为缓慢：在随机网络和小世界网络中，下降速度都是呈指数下降，而无标度网络中只是以多项式类速度下降。

为解释复杂网络的无标度特性，Brabasi 和 Albert(1999)提出了一种无标度网络的模型，此后一般将该模型称为 BA 无标度网络模型(图 2-7)[89]，认为此前的各类网络模型忽视了实际网络形成过程中的两个重要性质：增长模式和优先连接模式。增长(growth)模式：即显示网络往往是不断增长的，例如航空网络中新机场的建造，金融网络中新机构的成立，人际网络中新朋友的加入，互联网中新网页的出现等。优先连接(preferential attachment)模式：也称偏好依附模式，即新节点在加入网络时倾向于同连接更多的节点建立连接。这种现象也成为"马太效应"(Matthew effect)或"富者更富"(rich get richer)。例如，新加入银行网络的银行倾向于与"大"银行连接，新论文倾向于引用被广泛引用的经典文献等。

基于增长与优先连接假设，BA 无标度网络的生成过程如下：

① 增长：从一个包含 n_0 个节点，E_0 条边的较小网络开始，逐渐加入新节点，每次加入一

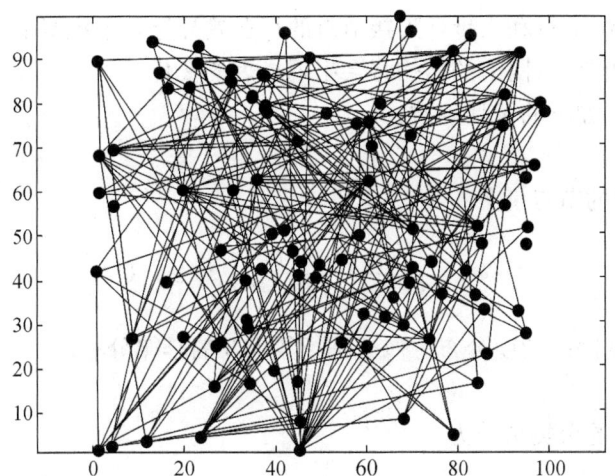

图 2-7　BA 无标度网络图(初始节点为 3,最终节点为 100,新增边数为 3)

个,并与原有网络中 m 个节点相连,这里 $m \leqslant n_0$。

② 优先连接:新节点加入网络优先与节点度高的节点链接。若节点 i 的节点度为 d_i,那么新节点与该节点相连的概率为

$$P_i = \frac{d_j}{\sum_{j=1}^{n} d_j} \tag{2-10}$$

这样重复 t 步后,将得到一个具有 n_0+t 个节点,E_0+mt 条边的新网络。一个典型的 BA 无标度网络及其分布如图 2-8 所示。

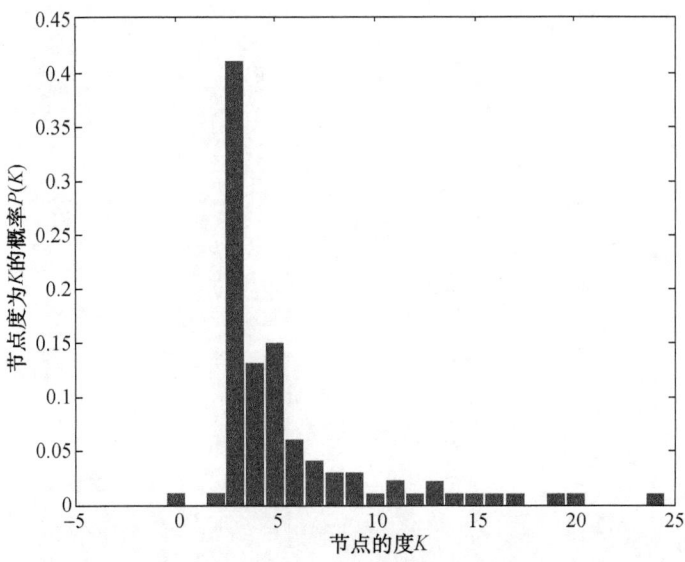

图 2-8　BA 无标度网络的度分布图

无标度网络结构在遭受随机性攻击(random attack)时,具有较高的稳定性;而在遭受目标攻击(targeted attack)时,则表现出更高的脆弱性。这种现象正是无标度特性所造成的。

实际上，少数高连接的节点和大量低连接节点的存在差异导致系统具有较好的恢复能力，但是如果移除一个枢纽节点，网络的结构将会出现显著的变化。

无标度网络具有如下的统计性质：

① 度分布。

BA 无标度网络的节点度分布为

$$P(k) = \frac{2m(m+1)}{k(k+1)(k+2)} \propto 2m^2 k^{-3} \tag{2-11}$$

上式表明无标度网络的度分布近似于幂指数为 3 的幂律分布。

② 聚类系数。

BA 无标度网络的聚类系数为

$$C = \frac{m^2 (m+1)^2}{4(m+1)} \left[\ln\left(\frac{m+1}{m}\right) - \frac{1}{m+1} \right] \frac{(\ln t)^2}{t} \tag{2-12}$$

当网络规模充分大时，BA 网络的演化时间 t 将趋于无穷，此时无标度网络的聚类系数接近于 0，因此，无标度网络也不存在明显的聚类特性。

③ 平均路径长度。

无标度网络的平均路径长度的表达式为

$$L \propto \frac{\log N}{\log\log N} \tag{2-13}$$

根据无标度网络平均路径长度表达式，不难发现无标度网络具有小世界的特征。

3 土地市场波动与风险评估

3.1 土地市场风险内涵与风险要素

3.1.1 土地市场风险内涵

学者在风险理论的研究中,由于认知程度和研究角度不同,所以关于风险的内涵没有统一的定义。总的来说,风险的定义主要有两类:一是在既定条件既定时期内,未来结果发生变化的不确定性,这种不确定性不仅考虑收益也包括损失,我们称之为广义风险;二是风险只表现为未来发生损失的不确定性,称为狭义风险。风险体现出来的不确定性分为模糊性和随机性两类,因此也决定了解决问题的方法是用模糊数学或是用概率论与数理统计。

根据风险理论,土地市场风险包括两方面:一是土地价格波动风险,指由地价超过预期的上下波动而引起的收益或损失的不确定性,即未来可能的价格收益或损失发生的概率。可以将概率值低于某水平(如10%,5%,2.5%)的波动称为异常波动,用尾部风险表示;而发生概率大于该值的波动称为正常波动,也即预期波动范围之内;二是土地流动性风险,是指土地供求关系变化或土地价格下降致使土地交易产生障碍的风险。价格向下波动时,价格波动风险与流动性风险会相互螺旋叠加,加剧土地市场风险。

地价增长和宏观经济的增长一样并非一直平稳发展,二者都具有波动性。长期来看,地价发展呈现出波动式上涨的趋势。这种长期趋势平滑地向上增长,而地价波动就是围绕这样的长期趋势上下起伏。若假定地价增长的趋势值为 Y_Y,实际增长值是 Y_t,两个变量值在时间 t 内的差值 $\Delta Y_t = Y_Y - Y_t$,当 $\Delta Y_t = 0$ 时,地价增长趋势线与实际增长线互相重合,地价处于稳定状态;当 $\Delta Y_t \neq 0$ 时,实际增长值与趋势增长值出现偏离,地价增长便处于波动状态,见图 3-1。

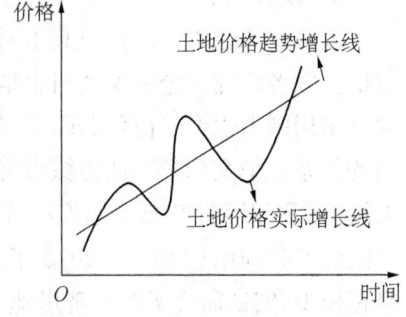

图 3-1 土地价格增长与波动

图 3-1 中体现两层意思,一是城市土地价格整体呈上升趋势,由于土地的稀缺性,土地需求因经济增长和人口增长呈上升趋势,导致土地供不应求,地价长期呈上升趋势;二是城市地价变动具有周期性,由于经济发展的波动性、土地供给的滞后性等原因,加剧了这种周期波动性,地价不会一直上升,而是会随着经济波动呈现周期性下降、上升的波动特征。

3.1.2 土地风险要素一般分析

影响土地市场的风险要素与土地投资环境影响要素具有一致性。通常,概括为经济因素、社会因素和自然因素三大要素,具体细分见表3-1。

表3-1 土地市场风险要素一览表

分类		要素
经济	经济	GDP及增长、财政收入、居民可支配收入、固定资产投资及增速、产业结构、消费结构等
	金融	利率、M2\M1、开发贷款、个人住房贷款、汇率等
	市场状况	土地供应、土地需求、土地价格等土地市场要素;房地产投资、房地产竣工量、房地产供求(销量)、价格、结构、去化率与周期、空置率、收益率等房地产市场要素
	建设与规划	城镇体系、城市规划、城市建设、基础设施、公益设施
社会	人口	城市化水平;人口总量、结构;人口增量;人口收入、购买力、消费倾向;教育水平、风俗习惯、价值观念等
	政策制度	税收政策、房地产行业政策、财政政策、金融政策、土地政策与制度、规划政策等
	政府治理	社会秩序、服务效率与信誉、政治
自然	景观	气候、地质地貌、自然资源(山河海湖)、历史文化等
	生态	绿地、环境污染、生态安全等

置于不同的宏观经济环境、经济发展周期以及房地产市场环境下,土地市场风险要素影响程度和方向具有极大的不确定性。不同学者运用不同的数据研究的结论不尽相同。

1) 经济因素

经济发展包含着总量及其增长、财政收入、国民收入、投资增长和产业结构等因素。目前很多学者研究了经济发展与土地价格及市场的关系。张石磊等在研究影响地价水平的因素时采用国内生产总值(GDP)等经济指标来反映城市的经济发展程度,发现二者存在正相关的关系。华文(2005)认为城市经济水平决定城市的实力,从而影响地价水平。作者选取人均GDP和第三产业占比等经济因素,研究表明经济发展对地价的影响较为显著[179]。肖国荣(2014)利用从1993—2013年这10年的时间序列数据,先进行协整检验,进而构建误差修正模型,实证研究了对经济增速、产业结构和城镇化与地价之间的互动关系,实证结果同样表明经济的增长、城镇化对地价都存在显著的正向影响[180]。岑树田(2013)对比中国、日本和美国的地价增长与经济增长之间的关系,研究表明地价增长率与GDP增长率的长期变化趋势相同。作者建立包含有地价在内的拉姆齐扩展模型,结论表明土地价格增长与经济增长之间存在长期均衡,而经济增长决定地价增长[181]。

事实上,当经济快速发展时,土地需求增长会带动地价高涨。经济发展意味着经济规模增长,土地总量需求也会相应变化。土地作为一种基础性的生产资料,属于经济发展中的生产性投入，土地需求价格曲线随着经济规模的扩大而向外移动。

2) 金融环境因素

Michael(1994)在研究日本土地市场时得出结论，地价与货币供应量和折现率等因素之间存在显著的关联性[182]。Kazuo(1995)利用日本1970—1980年时间序列研究得出利率、货币供应量对土地价格产生重要影响，且从长期来看，货币政策对地价的影响比信贷政策对地价的影响更为显著[183]。Eunkyung(1998)认为货币政策对地价有持续显著的影响[184]。Asabere(1985)对加拿大Halifax和Dartmouth市123个土地市场交易样本进行实证研究，研究表明利率对地价有反向影响，但显著度不高。利率每上升1％会使城市土地价格下降0.35％，而同时用Halifax和Dartmouth两个城市的数据进行回归的结果是0.29％[185]。从我国近年来的经济发展中很容易看到，在经济快速增长的背后，货币流动性过剩和土地价格高涨的问题也愈发凸显。无论是20世纪90年代日本泡沫经济的破灭还是东南亚金融危机，大家越来越看清一个事实：过剩的流动性会引发资产价格泡沫膨胀，同时实体经济也会出现高速扩张。但是，一旦资产价格泡沫破灭，经济危机将会爆发，实体经济会受到巨大打击。

对于消费者来说，在通货膨胀预期和收入固定的情况下，消费者会根据利率的变化调整用于现期支出的比例。当利率上升，消费者会更愿意将收入用于储蓄和投资，而消费部分的比例则会下降；当利率下降，消费者会愿意把收入中更大比例投向消费或其他渠道，例如当贷款利率较低时，消费者倾向于贷款购买房地产，扩大现期消费。

对开发商来说，在竞买土地过程中需要大量资金投入，需支付的资金及利息比较多，企业的自有资金难以保证连续投入的资金的需要。房地产行业属于资金密集型的行业，长期需要募集大量资金，因此开发商的主要融资渠道是银行贷款。当利率下降时开发商拥有更强的还本付息能力，房地产需求增长后开发商会倾向于竞买更多土地，致使地价的增长；当利率上升时，房地产消费降低，开发商付息能力降低，土地需求减少，会导致地价降低。

货币政策对地价及成交量影响显著。以上海地价为例，2004年央行9年来首次加息，并上调准备金率，加强土地出让价格和开发期限管理，地价增速下降1％；2005年房地产调控政策"国八条"出台，地价增速下降2％；2008年央行降息降准，启动4万亿元财政刺激计划，并免征住房用地城镇土地使用税，2009年地价增速提高15％，成交量增速提高88％；2013年央行收紧房地产信贷政策，地价增速下降6％，成交量下降13％；2014年"930"政策超预期放宽限贷；2015年，央行实行宽松货币政策，维持低息低准，"330"政策放松房地产信贷，但地价增速仍小幅下降1％，土地成交量降幅则扩大5％，原因在于2015年上海市土地供应量同比大幅缩减42.4％。2016—2017年，购地资金限制、基金投资限制等融资政策出台，土地需求仍然高涨。

3) 社会因素

社会因素主要指城镇化水平、人口及其导入、人均收入水平、政策和制度等因素。Rose和Croix(1989)认为影响地价水平的因素有人口、收入和宜人居住性等。更多的人口意味着对土地和居住的需求也越大，造成地价上涨[186]。此外，随着居民收入的增长，房屋的支付能力同样上涨，获取更高额利润的房地产开发企业也相应能拥有更高地价的支付能力，使得土地市场需求上升，假定土地供给不变，土地价格将会相应上涨。Manning(1992)在关于居民收入研究的基础上拓展了衍生需求模型,将对于居民收入的衡量细分为货币化收入和非货币化收入,实证研究得出模型对城市间土地价格差异具有较好的解释度,货币收入中的税前货币收入和城市生活成本两个因素均十分显著,非货币收入的两个变量也较为显著,均能进入回归方程,说明居民的货币收入和非货币收入均对城市土地价格存在着显著影响[187]。

调控政策可以分为金融政策(限贷、利率、限首付)、房地产行业政策(限购、限售、限贷、限价、限商)、土地政策(供地方式、供地条件、购地限制、土地限价、融资政策)、规划政策(供地结构、物业比例与限制、户型限制、商住房)及财税政策等。房地产政策调控因素对土地市场影响直接且显著。比如,税收政策在市场不同发展阶段发挥着相应作用。

2005—2006年,国税局明确二手房交易需交纳个人所得税,《国家税务总局关于个人住房转让所得征收个人所得税有关问题的通知》(国税发〔2006〕108号)文强制征收二手房转让个人所得税,并出台二手房营业税政策,着手整顿二手房市场,进一步打击房地产投资;2008年金融危机"救市",免征出租廉租住房租金收入的营业税、房产税,住房用地城镇土地使用税和免征廉租房和经济适用住房的印花税;2009年12月,个人住房转让营业税征免时限由2年恢复到5年,旨在对炒房现象进行遏制;同时,发布营业税减免细则,政策收缩幅度小于预期,对普通和非普通住宅营业税减免进行了区分:5年以上普通住房免征营业税,非普通住宅差额征收;5年以内,普通住宅差额征收,非普通住宅全额征收,市场呈观望局面,二手房成交量下降;2011年,限购政策下税收政策也趋紧,"新国八条"要求个人购买住房不足5年转手交易的,按销售收入全额征税;对定价明显超过周边房价水平的房地产开发项目,进行土地增值税清算和稽查;2011年1月,财政部明确上海和重庆正式实施房产税;2015年3月30日出台了刺激政策:个人将购买2年以上(含2年)的普通住房对外销售的,免征营业税。2016年契税新政,调整契税减征细则。对个人购买家庭住房(家庭成员范围包括购房人、配偶以及未成年子女,下同),面积为90 m²及以下的,减按1%的税率征收契税;面积为90 m²以上的,减按1.5%的税率征收契税。对个人购买家庭第二套改善性住房,面积为90 m²及以下的,减按1%的税率征收契税;面积为90 m²以上的,减按2%的税率征收契税。

政策对土地成交溢价短期表现影响显著。2004—2016年,政府一系列宏观调控政策对土地成交溢价有立竿见影的效果,抑制性政策对土地溢价有打压效果,刺激性政策对土地溢价有推升作用。2004年,央行9年来首次加息,上调准备金率,严格约束土地出让违规行为,土地溢价率增速下降;2007年,央行施行紧缩的货币政策,年内6次加息,10次提高存款准备金率,政府加强土地供应调控,土地溢价率同比大幅下降85.7%;2008年,受金融危机影响,政府启动4万亿元经济刺激计划,放松银根,降息降准,土地溢价同比增加近9.6倍;2009—2011年,政府加快土地增值税征收清算工作,并加强土地出让收支管理,清理出让后闲置土地,严厉打击囤地行为,土地溢价率降幅达76.4%;2015年,央行施行宽松货币政策,降息降准,政府出台"330"系列楼市利好政策,大幅下调住房贷款首付比例,减免营业税,土地溢价跳高,同比增加约2倍。

4)市场因素

Oikarinen(2006)等认为房价对于地价存在引致作用。土地需求作为商品房的引致需求,地价显然会被房地产价格影响。如果房地产市场繁荣,商品房的需求量增长,土地需求相应大涨,若商品房的需求下降则土地需求下降[188]。Nicholsa(2013)等采用美国的数据实证研究得出,房屋需求的突然变化会直接影响地价。学界还有大量关于房价与土地价格之间关系的讨论,多数研究结论表明,房价升高会引起企业土地需求的增加,致使地价高涨[189]。

不管从长期或是短期的角度来看,房价都对地价有相应的影响。严金海(2006)的研究表明,在短期内,房价对于地价的作用为正向[190]。黄静和屠梅曾(2009)的研究表明,房价对土地价格存在长期影响[191]。Rossini 和 Kupke(2013)采用澳大利亚阿德莱德地区的数据实证研究得出结论,短期内的房价波动会导致地价的波动,长期来看,当期地价上涨和后期房价的上涨具有相同的趋势,即地价的变化相对滞后于房价的变化[192]。

土地作为一种稀缺的自然资源,随着经济发展和人口增加,对土地的需求不断攀升。但土地供给存在限制,在某区域内,土地供给的总量长期来看是固定的,其供给曲线完全没有弹性。但微观来看,土地多级市场中,土地的供给量仍然具有弹性。当地方政府以"经纪人"的角色供给土地时,会根据土地价格的变化来控制土地供给数量。当政府供给过少的土地时,土地的供不应求会导致地价上涨;土地价格上升后,政府认为有利可图则会选择供给较多土地。

土地是社会生产中一种极为特殊的生产要素,由于区位的不可变动性和农用地流转的不通畅等原因,土地市场的供给是缺乏弹性的,土地价格的形成决定于土地之上产品的价格。另外,随着城镇化的脚步越来越快,居民的住房需求也会随着经济的发展不断增加,房地产价格也相应高涨。高涨房价给开发商带来了高额利润,对利润的追求使得开发商竞相购买土地来满足规模扩大的房地产市场,一旦越来越多的开发商进入土地一级市场的竞价比拼,土地需求不断增加抬升了地价。相反,当国家出台严厉的房地产调控政策,房价存在下降预期,开发商获取的利润将会降低,土地需求也会降低,这时地价就会向下变动。叶贵等研究发现,重庆市房价对地价的弹性系数处于1.4~1.5之间,表明整体上房价的变动对地价波动有很大的影响,房价上涨的1个百分点在短期内将会导致地价上涨1.4~1.5个百分点,实证结果体现了当房价出现波动,土地价格也会出现同一方向的明显波动。

3.2 土地价格波动风险要素识别

3.2.1 土地价格波动要素识别

根据土地经济学和土地价格决定理论,城市住宅用地价格水平的影响因素包括社会因素如人口状况和土地制度等,经济因素如GDP增速、投资和消费水平等,金融财税因素如利率、货币供应与土地税收等,行政因素如城市规划、土地利用规划与管制等,以及房地产市场因素等(吕萍 & 周涛,2008;丹尼斯·迪帕斯奎尔与威廉·C.惠顿等,2002;Tse R Y C,2011)[193-195],相互博弈并构成价格决定机制。伴随城镇化推进和土地制度沿革,土地与房地产市场快速发展,房地产发生从耐用消费品到兼具金融资产属性的转变(周建成,2007)[196],土地亦历经从单一生产要素属性向资源、资产和资本"三位一体"属性的内涵延伸(杨雪锋、史晋川,2010)[197],在此过程中地价决定机制和核心要素呈现周期嬗变特征。

1)土地生产要素属性的供求非均衡定价机理

伴随城镇化进程从启动到加速,土地市场从无到有迎来快速发展,该阶段土地主要体现生产要素属性,发挥满足真实居住需求的生产功能,地价表现为供求非均衡驱动的自然性增长(彭俊、殷红梅,2005)[198]。

宏观经济高速发展,流动人口向城市加快聚集,人口收入水平提高,住宅居住需求快速增加,引起土地真实需求持续增长。特定时间段内,土地经济供给弹性很小,使得土地市场具有典型的供求非均衡特征。根据非均衡市场短边规则,交易量由市场供给量与需求量的较小者决定(式 3-1),交易价主要取决于供需价格弹性中的较大者。土地市场中土地需求者需通过提高竞标价格,获得政府供给的有限土地用于满足自身的真实需求。在市场总体非均衡向局部均衡的调整过程中,地价呈现自然性增长(式 3-2)。促使政府在下一轮供地中加大供应量以满足人口导入和经济增长引致的不断增长的土地需求。供求非均衡定价机理可表示为:人口经济↑→住宅销量↑→土地需求↑→土地价格↑→土地供应↑→土地需求↑→土地价格↑。供求非均衡定价模型可表示为

$$D^* = \sum_{i=1}^{n} d_i^* = \sum_{i=1}^{m} s_i^* = S^* = \min(\bar{D} = \sum_{i=1}^{n} \bar{d}_t, \bar{S} = \sum_{i=1}^{m} \bar{s}_t) \quad (3\text{-}1)$$

$$\begin{aligned} P_{t+n} &= (X \cdot \beta + 1) P_{t+n-1} = \left(\frac{D_{t+n} - S_{t+n}}{S_{t+n}} \beta + 1 \right) \cdot P_{t+n-1} \\ &= \left[\frac{D_t \cdot N_t (1+w)^n (1+g)^n - s_t (1+u)^n}{s_t (1+u)^n} \right] P_t (1+v)^{n-1} \end{aligned} \quad (3\text{-}2)$$

其中,P_{t+n} 为第 $t+n$ 期土地价格;β 为供求非均衡因子 X 的价格调整系数;N_t,P_t,D_t,S_t 分别为第 t 期的人口数量、土地价格、土地真实需求和土地供给;w,g,u,v 分别为从第 t 期到第 $t+n$ 期的人口增长率、经济增长率、土地供应增长率和地价增长率。

2005—2009 年,上海 GDP 年均增长 11.5%,常住人口复合增长 4%,处于城镇化进程加速与经济、人口高速增长时期,同期宅地价格从 451 元/m² 上涨到 12 130 元/m²,年复合增长 91%,土地溢价从 0% 提高到 122%;2010 年初—2011 年末,上海 GDP 增速从 10.3% 降至 8.2%,人口增速降至 2%,同期地价下跌至 2011 年的 6 972 元/m²,同比下降 30%。可见地价与人口和经济走向表现出较强一致性,反映 2005—2011 年末土地需求以人口增长、经济发展驱动的真实居住需求为主,土地主要体现生产要素属性,地价由供求非均衡价格机理决定。

由此提出研究假设 1:城镇化进程加速期人口和经济高增长,土地需求以真实居住需求为主,土地主要体现生产要素属性,地价由供求非均衡价格机理决定。地价核心影响因素是需求端人口增长和经济发展;而因土地短期供应缺乏弹性,长期供应由需求引领,供应端并非核心因素。

2) 土地资产资本属性的杠杆收益定价机理

伴随城镇化从加速期向后期推进,资本市场与房地产市场关联度提高,充裕流动性和资本逐利动机驱使各路资金大量涌入房地产和土地市场。房地产、土地财政与国民经济和资本市场的复杂紧密关联,使市场需求从对土地生产要素的真实需求主导转变为对土地资产资本的金融需求主导,发挥满足投资性需求的收益功能。地价表现为金融杠杆收益驱动的投资性增长。

在市场发生结构性变化过程中,宏观经济和人口增速放缓,人口年龄结构开始老化。经济和人口增长带来的真实居住需求增速下降,基于真实需求的供求非均衡定价机理逐渐衰减。与此同时金融市场高速发展,与土地市场相互渗透日益增强,银行信贷、债券、股票、信托和资产管理计划等金融工具规模迅速扩张,催生土地投资性需求快速增长,不断增强土地资产资本属性。与真实居住需求受经济和人口增长约束不同,投资性需求几乎没有约束边界,理论上可以是零到无穷大。无论前期地价和房价多高、本期人口增速和土地供应是否提高,只要存在资金成本和投资回报差额形成的杠杆投资收益,投资性需求将不断膨胀并推动地价持续走高。鉴于土地的优质抵押资产属性,信用扩张和地价还将产生加速器效应而相互强化。土地资产资本属性逐渐超越生产要素属性,杠杆收益定价机理逐渐取缔供求非均衡定价机理。

杠杆收益定价机制可通过传统货币渠道、信贷渠道以及近年来因金融创新和监管套利而壮大的影子银行渠道发挥作用,土地投资者利用金融杠杆撬动高额投资收益。货币渠道表现为:货币供应量↑→利率下降↓→资金成本↓→土地投资需求↑→地价↑(图3-2)。货币宽松、利率下降,居民购房成本下降,住宅销量和价格攀升,开发企业预期收益增加、资本成本下降,土地投资需求增加,导致地价上涨。信贷渠道表现为:信贷约束放松→信贷供给↑→土地投资需求↑→地价↑→土地抵押价值↑→融资贴水↓→信贷供给↑→土地投资需求↑→地价↑(图3-2)。银行信贷供给能力增强,企业和居民贷款能力增强,借贷成本下降,土地投资需求增加,导致地价上涨。影子银行渠道表现为:银行资金、社会理财资金→影子银行通道融资↑→土地需求↑→地价↑(图3-3)。影子银行渠道不受信贷限额、存贷比、资本充足率等信贷约束限制,银行通过银信合作、同业交易、自有资金操作等模式,开展委托贷款、理财产品、资管计划、通道业务等各种表外业务绕开监管,源源不断地向受信贷约束限制的企业提供资金支持,扩大土地投资需求边界。凭借充裕资金支持,企业得以高价争夺稀缺土地资源,使得地价和信贷规模、影子银行规模螺旋式上升。

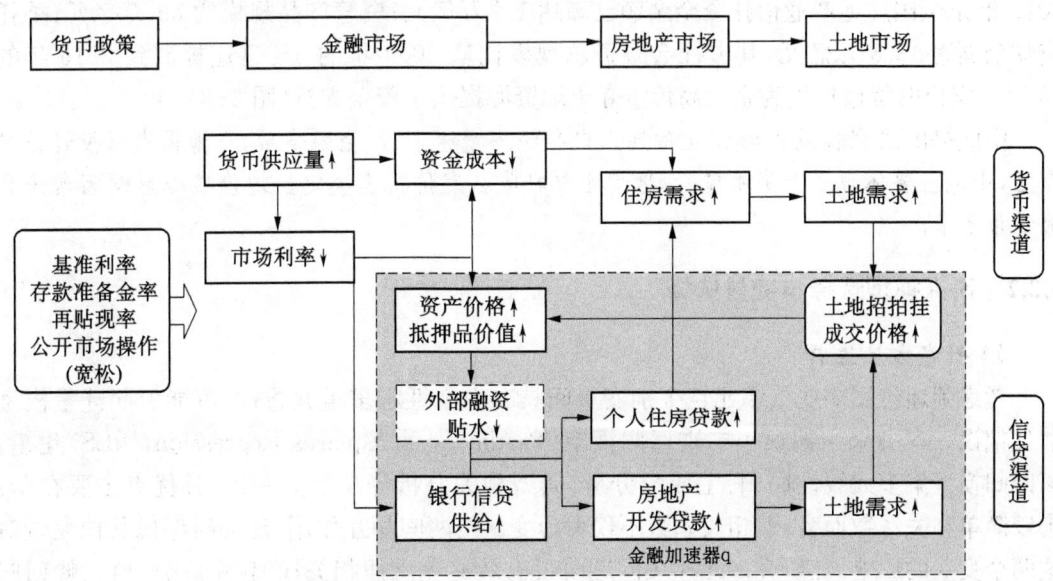

图3-2 地价波动杠杆收益定价机理的货币渠道和信贷渠道示意图

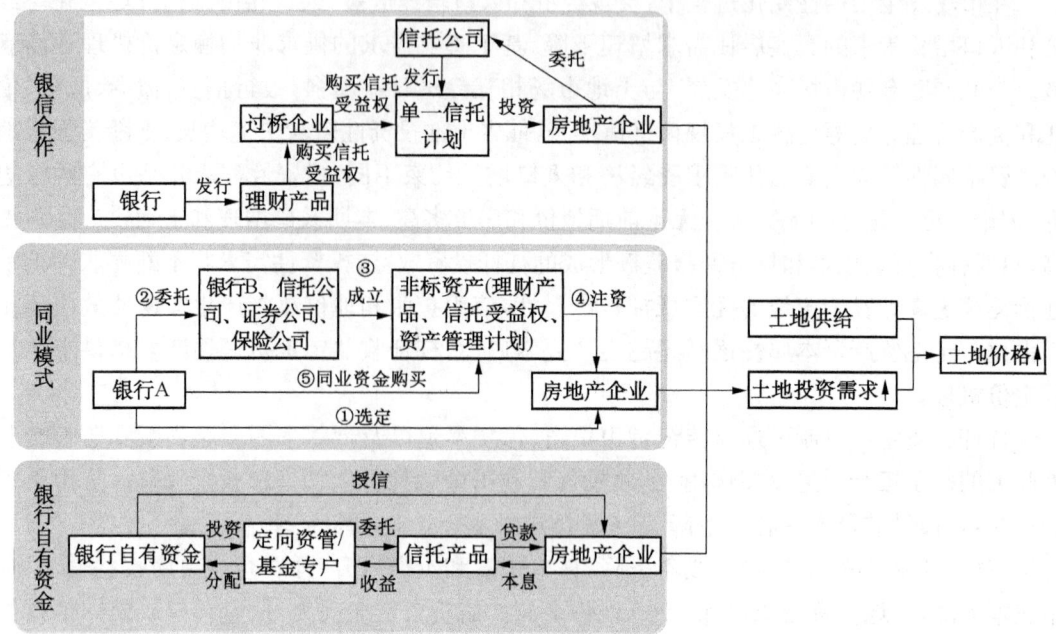

图 3-3　地价波动的杠杆收益定价机理影子银行渠道示意图

2012 年至 2016 年,上海 GDP 年均增速从上一阶段 11.5% 降至 7.2%,同期常住人口复合增速从 3.8% 降至 0.4%,而宅地价格从 6 972 元/m² 上涨到 32 743 元/m²,年复合增长 47%,地价增速已逐渐脱离经济和人口增速,而与货币政策由紧向松密切相关(Aoki K & Proudman J & Vlieghe G,2004)[199]。在货币渠道,中长期贷款基准利率从 6.4% 下调到 4.75%,M2 从 85 万亿元增加到 156 万亿元,年复合增长 16%;在信贷渠道,房企开发投资资金来源中,国内贷款从 975 亿元增加到 1 517 亿元,年复合增长 12%;在影子银行渠道,2016 年末全国房地产业信托资金余额已高达 1.5 万亿元;资管产品规模约 88 万亿元;委托贷款余额达 13.8 万亿元,其占社会融资总规模比从 2009 年的 5% 迅速提高到 2016 年的 15.5%,宽松的货币环境为企业高价争夺土地资源提供了资金支持(图 3-3)。

由此提出研究假设 2:城镇化后期人口和经济增速下行、金融发展,土地需求以投资需求为主,土地主要体现资产资本属性,地价由杠杆收益定价机理决定。地价核心影响因素是金融货币因素。

3.2.2　研究模型选择与变量选择

1) 研究方法选择

考虑到地价影响变量多元且个别变量间具有内生性和多重共线性,可能引起计量模型估计偏误。本书采用偏最小二乘回归模型(Partial Least-Squares Regression,PLS)建模,该回归模型集多元线性回归、主成分分析、典型相关分析等功能为一体,其优点主要在于:①较简单相关系数而言,偏相关系数不仅考虑变量两两间相互作用,还同时考虑其他变量对这两个变量的影响,在研究多元相关问题时可有效避免虚假相关;②较主成分分析、岭回归等方法而言,在多重共线性问题处理上,PLS 最终模型中包含全部自变量,能携带最多的数据变异信息,对原始变量系统有最佳的反应能力,建模效果更优,尤其适用于变量多重共线性、变量个数较多、样本个数较少等情形(王惠文,2006)[200]。近年来,经济领域王攀(2014)[201]、汪新(2010)[202]等人将 PLS 模型应用到住宅供需及价格影响因素等多元回归研究问题中,为本书提供了参考。

1) PLS 模型算法原理

对单因变量 PLS 模型,设对因变量 y 和自变量矩阵 $X=(x_{ij})_{n\times p}=[x_1,\cdots,x_p]$,$x_j=[x_{1j},\cdots,x_{nj}]^T$,有 E_0 是 X 的标准化矩阵,F_0 是 y 的标准化变量,T 是 $x_1,\cdots,x_p$ 的线性组合集,即变量的成分矩阵 $T_h=[t_1,\cdots,t_h]=X\cdot a_h$。

运用交叉有效性原则确定提取的主成分数量,先进行 E_0 和 F_0 对成分矩阵 T 的回归,即

$$E_0 = t_1 p_1 + E_1 \tag{3-3}$$

$$F_0 = t_1 q_1 + F_1 \tag{3-4}$$

其中,p_1,q_1 是回归系数;E_1,F_1 是回归残差向量。

然后用 E_1,F_1 替代 E_0,F_0 进行迭代回归。定义交叉有效性如下:

预测误差和 $PRESS_h = \sum_{l=1}^{n}[y_l - \widehat{y_h}(-i)]^2$ 最小时停止迭代,此时 m 个主成分携带的原变量系统变异信息最大。对提取的 m 个主成分 $t_1, t_2, \cdots, t_m$,进行 F_0 对其的回归,可得

$$F_0 = q_1 t_1 + q_2 t_2 + \cdots + q_m t_m + F_m \tag{3-5}$$

将变量的成分矩阵代入式(3-5),可得标准化因变量 F_0 关于标准化原变量矩阵 E_0 的回归方程,运用变量的均值和标准差进行逆标准化,可最终计算得到因变量 y 对原始变量矩阵 X 的回归方程。

2) 变量投影重要性准则

PLS 模型中变量投影重要性(Variable Importance In Projection,VIP)反映了每一个自变量在解释因变量时的重要性程度,其定义公式为

$$VIP_j = \sqrt{\frac{p}{R(y, t_1, t_2, \cdots, t_m)}\sum_{h=1}^{m} R(y, t_h) w_{hj}^2} \tag{3-6}$$

其中,p 为自变量个数;m 为提取的主成分个数;t_h 为第 h 个主成分,偏相关系数 $R(y, t_h)$ 的平方代表主成分对因变量的解释能力;w_{hj} 指代轴 w_h 的第 j 个分量。VIP 指标是本书辨识地价核心影响因素的重要指标。

2) 研究变量选取

土地价格波动影响因素主要选择了 9 个相关指标,包括:GDP 增速、住宅开发投资额、常住人口、M2、中长期贷款基准利率、房地产开发投资资金来源国内贷款余额、土地供应面积、住宅销售面积和住宅销售价格,地价表征指标选择上海市住宅用地成交均价。关于金融因素代理变量的选择,早期研究多使用货币供应量,后来考虑到货币供给具有内生性,有国外学者选择存款准备金率和利率作为代理变量,国内冯科(2011)指出,中国货币政策以利率为操作工具,以货币供应量为中介目标,应同时选用利率和货币供应量[203]。借鉴现有研究

基础,选择利率、货币供应量和信贷余额作为货币政策的代理变量。模型变量描述性统计见表 3-2 所示,数据为上海市或全国 2005—2016 年季度数据,取自《上海市统计年鉴》、人民银行统计数据、Wind 数据库、CREIS 数据库。

表 3-2 变量描述性统计

代码	变量名称	单位	均值	标准差	最小值	最大值	范围
Y(LDP)	住宅用地成交均价	元/m²	10 547.79	10 827.55	98.69	54 142.21	上海
X1(GDP)	GDP 增速	%	9.18	2.69	3.41	15.63	上海
X2(INV)	住宅开发投资额	亿元	324.08	114.46	169.48	590.89	上海
X3(POP)	常住人口	万人	2 247.92	1 890.00	2 426.00	185.17	上海
X4(M2)	广义货币供应量	亿元	791 692.61	400 284.10	262 683.69	1 559 144.36	全国
X5(R)	中长期贷款基准利率(3~5 年)		5.99%	0.73%	4.75%	7.56%	全国
X6(LOAN)	房地产开发投资贷款余额同比		11.94%	19.84%	−19.99%	69.18%	上海
X7(LDS)	土地供应面积	万 m²	273.10	207.17	0.00	913.46	上海
X8(HS)	新建商品住宅销售面积	万 m²	322.40	134.31	140.52	652.02	上海
X9(HP)	新建商品住宅销售价格	元/m²	21 614.99	8 806.39	9 445.88	44 623.04	上海

3) 样本区间分段

样本区间依据土地市场周期分段,我们借鉴巴曙松(2012)研究观点,以土地均价和土地溢价率作为土地市场周期的划定标准[204],见图 3-4。2005 年初—2011 年末为第一轮周期,2012 年初—2016 年进入第二轮周期。我们将样本划分为两个区间,即:2005Q1—2011Q4、2012Q1—2016Q4,分周期建立偏最小二乘回归模型,研究不同阶段地价决定机制和核心影响因素的周期嬗变规律。

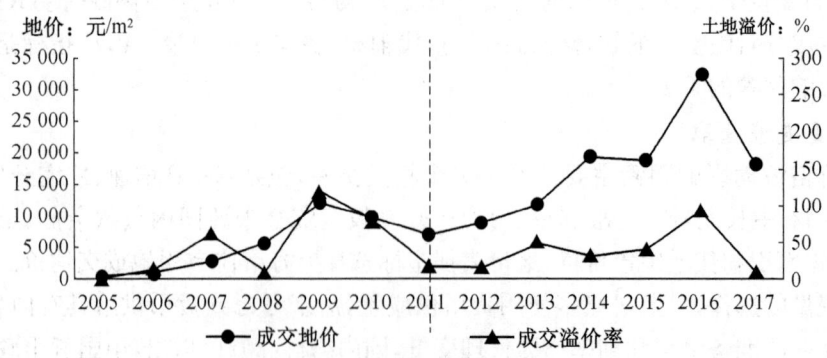

图 3-4 2005—2017 年上海住宅用地成交价格与同比走势

3.2.3 模型结果与分析

根据 PLS 模型分析结果,按返回的 VIP 值大小对变量影响重要性分级,如表 3-3 和图 3-5 所示。

表 3-3 上海地价周期性波动影响因素 PLS 回归重要性结果

	2005—2011 年	VIP		2012—2016 年	VIP
核心	$X3$-人口	1.50	核心	$X4$-货币供应	1.31
	$X9$-房价	1.48		$X5$-利率	1.26
次要	$X4$-货币供应	1.41	次要	$X9$-房价	1.18
	$X5$-利率	1.00		$X8$-新房销量	1.12
	$X2$-开发投资	0.96		$X1$-GDP	0.99
	$X1$-GDP	0.65		$X3$-人口	0.88
	$X8$-新房销量	0.45		$X6$-国内贷款	0.84
非重要	$X6$-国内贷款	0.15	非重要	$X2$-开发投资	0.61
	$X7$-土地供应量	0.10		$X7$-土地供应量	0.47

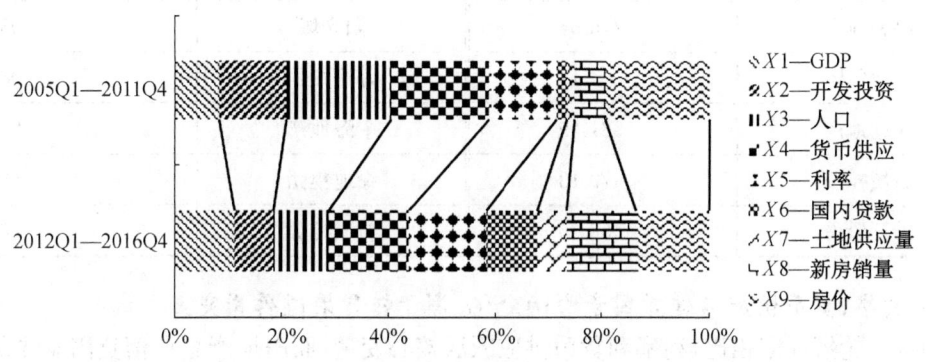

图 3-5 上海地价水平影响因素重要性权重时变图

1) 2005—2011 年末土地市场真实需求主导,地价由供求非均衡定价机理决定

基于 PLS 回归的相关性分析显示,2005—2011 年末上海地价与人口相关系数①最大(0.72),与利率、信贷余额和货币供应量相关系数较小,分别为 -0.48,0.34,0.68;同时变量 VIP 排序显示(表 3-3),地价核心影响变量是人口和房价;次要变量是 GDP 增速、货币供应、利率、开发投资和新房销量;非重要变量是房地产企业国内贷款和土地供应,假设 1 成立。

2) 2012 年初—2016 年土地市场投资需求主导,地价由杠杆收益定价机理决定

相关性分析显示,2012—2016 年末地上海与金融因素相关性最强,与货币供应量和利

---
① 此处未展示 PLS 模型对全部变量的相关系数分析结果,如有需要可联系作者索取。

率相关系数分别为 0.70，－0.67，而与常住人口相关系数降为 0.47；同时变量 VIP 值显示（表 3-3），地价核心影响变量是货币供应、利率及房价；次要变量是新房销量、GDP 增速、人口、房地产企业国内贷款和开发投资；非重要变量是土地供应，假设 2 成立。2012 年启动新一轮降息降准的货币宽松政策背景下，房地产企业利用较低的资金成本，充分运用融资杠杆进行规模扩张，扩充土地储备，谋求高额投资收益。尤其在 2014 年 9 月进一步的货币宽松刺激下，具有较强融资能力的大型民营房企、国有控股房企和金融控股房企，将土地投资视为最佳资本投资标的，凭借远低于市场影子利率的资金成本优势，占据大量金融信贷资源。如，近年来在土地市场挥金如土、攻城略地，催生多起高总价、高地价、高溢价的"地王"交易。表 3-4 为 2016 年购地支出和新增土地储备前十大房企名单。

表 3-4　2016 年 TOP10 房企购地支出和新增土地储备排名

2016 年 TOP10 房企购地支出		2016 年 TOP10 房企新增土地储备	
企业	购地支出（亿元）	企业	土地建面（万 m²）
万科地产	1 854.75	碧桂园	7 446.18
碧桂园	1 481.17	中国恒大	4 991.99
中国恒大	1 150.47	万科地产	2 980.67
融创中国	1 025.55	融创中国	1 967.26
招商蛇口	772.30	保利地产	1 661.53
保利地产	745.64	阳光城	1 036.27
绿地集团	654.13	万达集团	985.65
龙湖地产	581.49	中海地产	892.36
新城控股	479.13	绿地集团	889.57
首开股份	458.75	新城控股	801.60

3）利率、货币供应与信贷因素影响分化，影子银行渠道作用突显

与第一轮短周期相比，利率和货币供应跃居核心变量，而房地产企业信贷因素虽从非重要影响变量上升至次要变量，但其影响远不及利率和货币供应。由图 3-6 房地产开发投资资金来源结构变动可见，2012 年以来国内贷款平均占比下降，自筹资金来源占比处于历史高位（最高达 51%），说明房地产信托融资、非标融资等影子银行体系对房企融资影响显著。伴随金融自由化加深、金融创新加快，银行和社会资金绕开金融监管，通过委托贷款、信托、投资基金和资产管理等各类影子银行通道，向土地和房地产市场加速聚集，催生出庞大的影子银行体系，为土地市场提供大量流动性，也使得杠杆收益定价机理的传统信贷渠道作用不及货币渠道和影子银行渠道。2016 年以来，金融监管大力整顿了金融机构非标、资产管理等业务，房企从资本市场融资能力受挫，行业整体自筹资金比例下降、信贷比例上升。随着金融监管力度加大和银行缩表，进入房地产市场的资金量下降，土地成交溢价有望下挫。

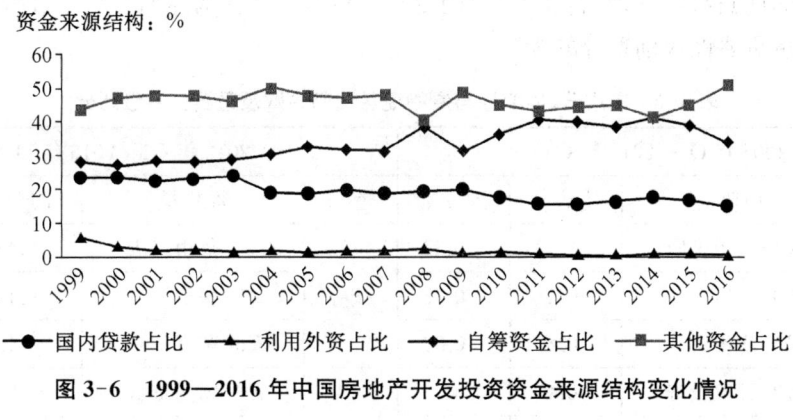

图 3-6 1999—2016 年中国房地产开发投资资金来源结构变化情况

(数据来源:Wind)

3.2.3 模型稳健性测试

已掌握的文献表明,在多元变量相关性问题研究中,多元线性回归、主成分回归和偏最小二乘回归等计量方法是被选用的主流方法。本书基于相同变量和样本区间,进一步构建主成分回归模型,以检验并增强上述 PLS 模型回归结果的稳健性。主成分回归可通过主成分提取,将具有多重共线性的多元变量降维成为若干互不相关的主成分变量,再对因变量在主成分变量上进行回归,最后经联立方程计算还原,实现因变量在原始变量上的回归。下面本书同样将样本区间划分为 2005 年初—2011 年末和 2012 年初—2016 年末,对 $X1$—$X9$ 共 9 个变量进行主成分分析,再以主成分为因子对地价进行回归分析。

1) 主成分回归结果

主成分回归模型首先计算主成分特征值和累计载荷平方和[①],通常需在保证主成分特征值大于 1 的前提下累计载荷平方和,该值越大表示主成分对原始变量变异信息的保留程度越大,信息损失越小,回归结果可信度更强;然后再分析得到主成分对原始变量的载荷矩阵,根据公式:主成分的得分系数＝主成分载荷/主成分特征值的平方根,可计算得到各主成分对原始变量的回归系数,见表 3-6 列"主成分"所示。由于各主成分间互不相关,因此可对各主成分与因变量进行向后逐步回归,回归系数见表 3-5 所示。最后通过联立方程可计算还

表 3-5 因变量与主成分向后逐步回归系数与显著性

	2005 年 Q1—2011 年 Q4				2012 年 Q1—2016 年 Q4			
	系数	标准错误	t 值	显著性	系数	标准错误	t 值	显著性
常量	178	.147	1.209	.240	−1.72E−16	164	.000	1.000
主成分 F1	.669	.150	4.456	.000***	.700	.168	4.162	.001***

说明:***,**,* 分别表示 1%,5%,10% 的显著水平;此处仅展示向后逐步回归的最终结果。

---

① 为行文简洁起见,此处省略了计算主成分特征值、提取累计载荷平方和、计算主成分载荷矩阵的中间过程结果,如有需要可向作者索取。

原因变量对的回归系数①,如表3-6列"因变量"所示,以此作为原始变量主成分回归模型中地价影响变量重要性级别划分的标准。

表3-6 主成分、因变量与原始变量回归系数及重要性层级划分

系数 β_i	2005年Q1—2011年Q4			系数 β_i	2012年Q1—2016年Q4		
	原变量	主成分	因变量		原变量	主成分	因变量
核心	X4-货币供应	0.48	0.32	核心	X4-货币供应	0.43	0.30
	X3-人口	0.47	0.32		X9-房价	0.43	0.30
	X9-房价	0.47	0.32		X5-利率	−0.42	−0.30
次要	X2-开发投资	0.40	0.27	次要	X6-国内贷款	−0.34	−0.24
	X8-新房销量	−0.27	−0.18		X1-GDP	−0.34	−0.24
	X1-GDP	−0.23	−0.15		X2-开发投资	0.30	0.21
	X5-利率	−0.16	−0.11		X3-人口	0.25	0.17
非重要	X7-土地供应量	−0.06	−0.04		X8-新房销量	0.22	0.15
	X6-国内贷款	−0.04	−0.03	非重要	X7-土地供应量	−0.15	−0.10

注:原变量和因变量均经标准化处理,故可按原变量回归系数绝对值划分地价影响因素重要性级别。核心:$|\beta_i| \in [0, 0.10]$;次要:$|\beta_i| \in (0.10, 0.30]$;非重要:$|\beta_i| \in [0.30, \infty)$;PLS回归与主成分回归存在差异性的变量用加粗斜体字展示。

2)回归结果异同分析

(1)共通性结果

2005—2011年末,城镇化进程加速期,人口和房价均是地价核心影响变量;GDP增速、利率、开发投资和新房销量均是次要影响变量;房地产企业国内贷款和土地供应量均是非重要变量。2012年初—2016年,城镇化进程迈入后期,货币供应、利率两个金融指标以及房价均是地价核心影响变量;房地产企业国内贷款、GDP增速、人口、新房销量和开发投资均是次要影响变量;土地供应量均是非重要变量。

(2)差异性结果

与PLS回归结果比较,2005—2011年末,主成分回归结果中货币供应量从次要变量升级到核心变量之一,但金融因素的另外两个表征变量利率和房地产企业国内贷款均保持一致判断。2011年初—2016年末,主成分回归结果中各个变量的重要性级别划分均与PLS回归保持一致,但同一级别中个别变量的排序不完全一致。原因主要有三,一是主成分回归模型算法在主成分提取时对原始变量的变异信息有损失(此处主成分累计载荷为76.85%,存在约23%的信息损失),回归结果拟合优度和可信度不及PLS回归模型。二是早前我国货币政策以数量型调控工具为主,货币供应量是重要的数量型调控中介目标,同期金融市场与土地市场的关联度和渗透性处在由弱到强的渐进过程中,反映出相较于利率和信贷变量,城镇化加速时期货币供应量变量对地价有重要影响。三是对于PLS回归的VIP值和主成

---

① 此处回归系数均针对经标准化后的因变量和原始变量,由于本文仅需通过对回归系数数值的比较分析原始变量对因变量的影响层级,故未再做逆标准化处理。

分回归的变量系数,其重要性级别临界值的选取存在一定的主观性,而货币供应量变量的VIP值处在本书判定的核心与次要层级临界线附近。

总体而言,建立主成分回归模型对PLS回归结果的检验表明,本书实证研究结果具有较好的稳健性,对其中存在的个别差异结果能予以合理解释。

3.2.4 结论分析

基于上述研究,我们认为:

(1)土地价格决定与波动随人口、经济和金融发展呈现周期性嬗变。与当前多数研究从静态视角分析地价驱动因素不同,本书立足宏观经济和土地市场的不同周期,从动态视角研究证实地价决定机制具有周期嬗变特征。

(2)在城镇化加速时期,地价由供求非均衡价格机理决定。人口和经济快速增长,住宅用地需求主要来自真实居住的引致需求,土地发挥生产要素功能。

(3)在城镇化后期,地价由杠杆收益定价机理决定。人口和经济增速下行,金融自由化进程深化,土地市场与资本市场渗透显著增强,宅地需求以投资需求为主,土地主要发挥资产资本功能。

(4)近年货币流动性充裕,土地和房地产市场成为资金蓄水池,驱使投资性需求膨胀。在宏观经济下行,实体经济利润衰减,货币政策宽松环境下,资金脱实向虚。土地的杠杆收益定价由利率渠道、信贷渠道,进一步拓展到缺乏金融监管的影子银行渠道,一定程度上破解企业信贷约束,加剧地价上升,扩大市场风险敞口。

3.3 土地市场风险评估与实证

3.3.1 土地出让市场风险类型

我国土地市场分为土地一级市场即土地出让市场和土地二级市场。按照法律规定,土地转让必须达到投资25%的比例,所以,我国土地二级市场并不纯粹,准确说是在建工程转让。土地二级市场的各种限制,使得土地二级市场的交易常常通过企业股权交易方式实现。此外,新增土地的垄断供应,使得我国土地市场风险主要体现在土地出让市场风险。

知网数据库检索发现,关于土地储备风险、土地财政风险、土地抵押风险、土地估价风险、土地利用规划风险的研究以及关于土地价格影响因素与地价趋势的预测研究均很多,而直接研究土地出让市场风险的文献很少,仅十几篇。路倩(2015)从房产市场的相关性、地方政府对土地的垄断及依存性的角度建立土地一级市场的风险因素指标体系,以房价与地价水平、房价与地价变动偏离度、土地供应消化程度和地方财政土地依存度四个指标通过综合评价研究江苏各地市的土地一级市场风险程度[205]。邵挺(2014)通过定性分析,认为土地出让收入净收益占比持续下降、土地低价形成的债务风险和土地供应不合理的结构性矛盾是目前土地市场的三方面风险[206]。李元恒等(2010)从居民对地价高涨的承受能力的角度,研究唐山市住宅地价泡沫风险,采用BP神经网络模型来预测土地价格走势[207]。宋海鹰等(2007)以成都市中心城区为例建立地价监测体系,将合理地价和市场地价的偏离程度作为预警指标,设立50%,100%,200%为警度界限,衡量成都市的地价风险程度[208]。

与土地出让市场风险研究偏少形成反差的是,知网数据库有247篇房地产市场风险的相关研究文献。内容涉及风险影响因素、风险评估与风险预警等。可见,目前学者更多研究的是房地产产品市场的风险,缺少对要素市场风险的关注。土地要素市场与房地产市场紧密关联,土地出让市场的风险不仅关系到房地产开发商的投资收益,还与政府土地财政、政府债务风险和土地储备投资风险直接相关。

土地出让市场是政府垄断下的土地一级市场。土地出让不仅涉及土地价格、土地交易,还涉及土地的供应结构。因此,土地出让市场风险的完整分析除了土地价格波动风险、土地流动性风险外,还应包括土地供应结构风险,形成三个维度分析框架。

地价波动过大,尤其是地价不断上涨将导致城市营商环境质量下降、城市可持续发展面临风险、房地产调控目标和金融去杠杆的政策难以实现。土地流动性下降,则可能引致土地财政风险和地方政府债务偿还风险。土地出让供应结构失调将导致土地资源合理配置损失,也会产生土地细分市场的发展失衡。

3.3.2　出让价格波动风险评估指标

招拍挂的定价制度导致土地出让的价格波动风险特征与一般商品市场价格风险具有很大的差异。首先,拿地定价的缘由林林总总,导致竞拍行为具有个性化特征,出让价格亦具极大的个别性、波动性、不可预测性和不确定性;其二,土地出让市场还细分住宅用地市场、商办用地市场、工业用地市场等若干子市场。土地的各分类子市场具有强的关联性,土地子市场的价格及其价格波动会相互影响。因此,土地出让价格风险可以通过细分市场的价格差异程度和表现分析;其三,土地作为最大货币容量的虚拟性资产,其价格波动显著受制于货币投放带来的地产投机投资需求的扩大。为此,价格波动风险可以通过土地溢价率、不同类别地价差异以及利率要素进行识别和评估。

1) 土地溢价率

土地溢价率是评估土地出让价格波动风险的最核心指标。土地出让竞价的个别性,必将产生地价高波动性。土地竞标价格等于预期房地产价格扣除建筑安装成本、配套费用、财务费、管理费、税费及利润等。通常,建安成本、配套费用、管理费用和税费对于开发商而言,虽有不同但差异并不显著。影响土地竞标价格差异的主要因素为房地产预期价格、财务费用和利润。房地产预期价格受两方面影响,一是对未来房地产价格走势的判断;一是对自己产品价值的判断。财务费用在正常的金融环境下,通常也不会有很大差异。但在2015—2016年,国家实施房地产去库存、货币宽松的情况下,导致开发商融资成本存在巨大差异。具有强大基金背景的开发商通过与基金公司合作,甚至资金成本只有2.8%,而小开发商通过信托等渠道的资金成本甚至高达18%,差异巨大。

竞标地价测算时,房地产开发利润率一般在15%左右。但是,特殊市场环境下,开发商对利润的诉求迥异,愿意高溢价拿地的开发商,大多数并不是为了获得确定性的未来利润回报。他们可以出于各种理由容忍负利润。比如,有些公司为了企业生存与持续发展容忍负利润。所谓"拿地是死,不拿地也是死",不如拿地博取可能的企业生存机会。只有有了土地,才能让公司和员工存活下去;还有的公司为了区域发展战略,宁可亏损也要抢占区域土地;还有的公司为了公司购并战略,获得购并话语权,容忍负利润竞得土地等。由此可见,溢价率不仅体现了开发商的个别意愿,也反映出市场发展的冷暖,是市场综合要素的综合体现。溢价率也是衡量土地与房地产市场发展的关键先行指标。

2) 商办住地价差异

特定区域住宅价格高于商办价格有其合理的土地经济学解释。然而,城市各区域住宅地价都高于商办地价,违背用途价格规律的现象,则风险堪忧。理论上,商办用地价格支付能力来源于企业的盈利能力,住宅用地价格来源于员工工资的支付能力。商办企业支付地价的能力高于企业员工,因此,商办地价合理情况下应高于住宅地价。而在房地产投机性市场中,由于商办房地产交易额大、首付比例高、持有成本高和交易税费高,导致商办物业买卖交易门槛高、交易流动性差,其投机性远不如住宅。因此,如果住宅价格快速上涨超越商业地价,或者住宅用地价格远超过商办用地价格,恰恰从另一个层面反映了住宅地产投机性程度及其风险程度。

3) 利率

学术界关于地价波动影响的研究很多,一些学者认为地价波动受经济因素和人口影响。岑树田(2013)对比中国、日本和美国的地价增长与经济增长之间的关系作了研究,研究表明,地价增长率与 GDP 增长率的长期变化趋势相同[209]。Zhang(2015)认为将财富积累和地价这两个内生变量的两部门增长模型能够较好地阐述地价波动以及其与经济增长的关系[210]。柯善咨(2008)同样认为中国的城市地价是市场和政府作用相结合得到的结果,而人口及其收入水平是影响地价的重要因素。更多学者研究认为,地价波动受金融因素影响[211]。公云龙(2012)等认为金融发展水平是土地价格的显著影响因素,其中住宅和商业地价受金融发展总量规模的影响很明显,金融结构优化目前对地价暂无影响;宽松信贷与足量货币是地价增长的重要支撑面[212]。何鑫、朱宏(2012)认为货币供应量是地价变动的显著影响因素,他提出用合理的货币政策来管理土地价格[213]。宋勃(2007)等实证研究利率冲击对房地产价格波动的影响,实证结果显示短期和长期各项利率因素对房价波动影响有明显差别[214]。Edwin S.Mills(1989)等分析地价变化和利率变化趋势之间的相关关系并揭示了其内在联系[215]。一部分学者认为地价波动与政策调控相关。Monkkonen(2013)基于对严格管制的菲律宾土地市场的研究,认为土地利用管制政策的灵活性和土地市场信息对称性等关键因素能够维持地价平稳[216]。Nils Kok(2014)等认为地价波动与建筑许可证和分区调整的独立审查存在重要联系[217]。Eddie C.M. Hui(2014)等采用计量经济学模型进行不对称分析,研究宏观调控对地价波动和成交量的影响程度[218]。

还有学者认为参与主体的预期也是地价的重要影响因素。孔煜(2013)研究得出房地产预售与市场投资之间存在显著的正相关关系[219]。高波(2013)等研究了城市房价租金比的所有影响因素,认为居民人均可支配收入的变化和市场预期的影响最为显著[220]。高金龙(2014)等采用特征价格模型,采用南京市 2001—2010 年的土地出让数据来实证研究地价影响因素,结论显示需求层面为经济、人口和区位配套,供给方面为地质地貌与自然景观,供需两方面均对地价造成影响[221]。Yukio Noguchi(1994)实证研究日本 47 个区域土地价格的影响因素,证明了过度的预期将造成大量投机需求致使土地价格快速攀升[222]。何芳(2018)等则通过研究认为,地价波动影响因素不同阶段会发生嬗变:上海地价 2012 年以前与经济与人口发展密切相关;但 2012 年以后,地价与 GDP、人口走势发生背离,与 M2 货币发行和利率高低密切相关[223]。

理论上,影响地价波动的要素就是地价波动风险的影响要素。通常人口、GDP、人均收入水平和城镇化等要素主要影响土地的实际需求,属于刚性需求范畴。而货币政策引致的需求具有投机投资属性,为地价波动风险源。利率作为货币政策的重要调控指标,直接反映资金供求状况,也是资产价格贴现的重要依据。利率下行,收益贴现率下行,资产价格必然上涨;利率升高,收益贴现率上行,资产价格必将受到抑制下降。利率与地价呈现显著的负相关关系(图3-7)。可以说,利率波动是地产市场风险的晴雨表。

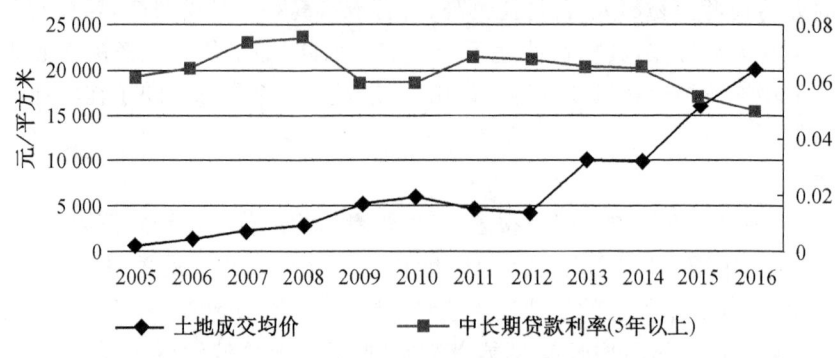

图 3-7　上海历年地价指数与利率走势关系图

3.3.3　出让结构性风险评估指标

土地出让市场是政府垄断市场,供应主体只有地方政府。因此,土地供应量的波动性更多呈现出计划经济的特征。土地供应量及供应结构的配置以及各类用地的供求关系,都是土地出让市场风险的另一个表现层面。识别土地出让结构性风险,可从各子市场的供求状况、各类用地出让结构的合理性展开。

1) 商住办用地比例

从政府角度,为了提升城市功能,推进第三产业发展,获取税收增长,建设形象工程,获取官员晋升资本,普遍会偏向非理性规划和扩大城市商务中心和办公楼聚集区规模,造成我国商办用地过量供给,空置率居高不下。其直接后果是,众多开发商在规划的商办用地上开发住宅,建设类住宅的项目,甚至国家出台新政策鼓励商办转型为租赁住宅。大量的类住宅造成房地产市场畸形、土地管理畸形、规划管理畸形和物业管理畸形,房地产市场的结构性风险显现。

2) 工业用地占比

工业用地更是城市产业发展的基础,是城市发展的生命线。工业用地极易出现无限制供给。各地方政府为了招商引资,成片推进开发区建设。开发区单个规模能达几十甚至几百平方公里。我国大量工业园区土地供给过剩,闲置低效,粗放利用,产生土地配置失控风险,且未来存量土地再开发利用也存在较大的不确定性。

3.3.4　出让流动性风险评估指标

市场的流动性风险通常取决于供给端、需求端及供求关系状况。土地出让市场的垄断性、招拍挂条件的设立以及房地产市场的调控政策等供给端因素,会直接影响需求端拿地决策与意愿。

1) 招拍挂供地条件

2018年1—8月,全国800多地块呈现流标现象,地价上涨风险瞬间转为土地的流动性风险,土地市场呈现极大的不确定性。上海内环内地块居然流标,究其供应方面原因,主要是土地招拍挂方式发生了变化。价高者得的简单供地方式,各开发商均可参与竞价。在"房住不炒"、房地产调控政策不断加大的背景下,地方政府为了降低溢价率,开始提高土地招拍挂底价,同时附加限房价、竞持有、竞配套和竞业绩等多个条件,致使开发商拿地压力过大,放弃竞标。可见,土地出让条件的设定,会相当大程度直接影响土地市场流动性。

2) 开发商拿地意愿

按照经济学理论,土地价格波动方向取决于土地供求关系。但由于土地稀缺性及我国土地收储供应制度与政府对土地供应的垄断性,土地实际供应量往往受制于需求。市场需求强,地价增长,于是政府加大和加快土地供应;市场不好,减缓供地速度。上海土地供应与土地成交(需求)几乎完全一致,且用地供应波动与价格波动呈现一致的方向(图3-8)。也就是说,土地价格波动及交易量多取决于需求端。需求对土地价格的影响大于供给对价格的影响,土地出让价格呈现出需求驱动的显著特征。出让地价波动更多源于需求驱动,土地流动性风险主要源于需求波动。为此,可以用开发商拿地意愿作为衡量流动性风险的关键要素,开发商拿地意愿取决于对未来房地产市场价格走势判断、房地产政策影响、房地产现金流状况。2018年大量土地流标的需求方面原因:一是房地产销售价格限制致使开发商不敢高价拿地;二是在金融去杠杆房地产资金受控的情况下,开发商缺乏拿地资金。

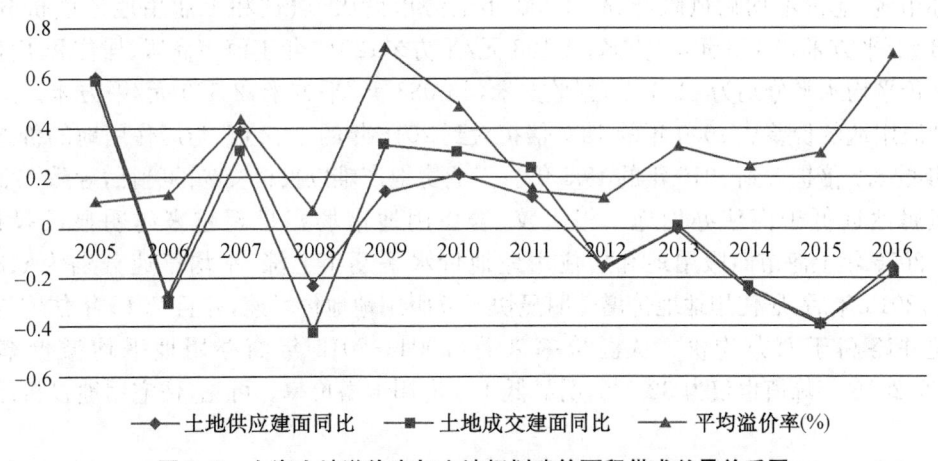

图3-8 上海土地溢价率与土地规划建筑面积供求总量关系图

3.3.5 上海土地出让市场风险评估

自2000年土地市场走出低谷以来,起起伏伏,但地价总体趋势一路上涨。特别是2015年"330"贷款刺激以及2015年8月再次降息后,房地产企业抢地现象严重,土地市场高烧不退,从一二线城市至三四线城市,土地溢价率居高不下。然而,在政策调控背景下,2018年1—7月全国又有近800个地块流标。可见,土地出让市场波动巨大,土地出让市场风的识别与控制成为政府与开发商迫切关注的问题。

以上海为例,通过中指数据库、Wind数据库、上海地价监测数据库,采集上海市历年土地监测地价数据、土地成交地价与溢价数据、土地供应与交易量数据和利率贷款等金融数据,运用统计分析、趋势分析和综合分析方法,对土地出让市场风险进行定性识别与评估。

1）土地出让市场风险评估

风险评估是在风险识别基础上,通过对风险项进行全面详细的调研、量化测算和排序测度的过程。由于土地出让市场的垄断性、强政策干预性和土地配置的复杂性,用各种模型定量分析土地出让市场风险都存在一定的不适用性。作者也尝试运用各种模型如VaR在险值以及改进的CoVaR方法、蒙特卡洛方法对土地出让市场风险进行定量分析,但结果的解释性和合理性都不佳。本书拟基于土地市场风险的理论分析,以上海为例,通过中指数据库、Wind数据库、上海地价监测数据库,采集上海市历年土地监测地价数据、土地成交价与溢价数据[①]、土地供应与交易量数据和利率贷款等金融数据[②],运用统计分析、趋势分析和综合分析方法,综合分析土地出让市场的风险特征,进行土地出让市场风险的识别与评估探讨,为政府和开发商科学实施土地风险管控提供参考。

（1）土地出让价格波动性风险凸显

首先,土地出让溢价率呈现高波动特征。以上海为例,2004—2008四年间,住宅地块溢价率略有起伏但尚处于较低水平。2009年因为4万亿元的经济刺激,导致121.84%的高溢价率。同样,因为降低利率放宽货币,2012年至今出让溢价率加速上升,至2016年平均达到92.4%,地块最高溢价率近200%。

其次,住宅市场高投机性,加大地价不均衡波动风险。宅地价格水平、增速及波动均赶超商办用地,地价不均衡风险凸显。2000年上海市商服、居住和工业用地地面价分别为14 638元/平方米,9 439元/平方米,1 153元/平方米;2016年上海市商服、居住和工业用地市场地价平均水平分别为41 834元/平方米,46 083元/平方米,2 360元/平方米。工业用地与商服用地的价差从2000年的12.7倍扩大到2016年的17.7倍、与居住用地的价差则从2000年的8.2倍扩大到2016年的19.5倍。工业房地产难以投机交易的特征,导致工业用地的投机属性远低于商住办用地。相比较,居住用地市场则显现越来越明显的投机性。2000—2016年上海市商服用地和居住用地地价水平逐年上涨,平均增速分别为6.8%和10.8%。2013年后,居住用地地价增速明显快于商服用地地价增速,并且2016年住宅均价已经赶超并略高于商办均价。从溢价率来看,2004—2012年商办用地平均溢价率仅为12.32%,2015年峰值也仅为32.9%,明显低于住宅用地溢价率。可见,住宅用地投机品属性显著。

第三,货币宽松已经成为地价上涨的核心要素,而不是土地供应的不足。从货币增值视角看,M2与GDP比值自2008年由1.5上升至2016年2.1,远远大于美国0.67(2015年)的水平。2004—2016年间,M2供应量增加5.1倍;与此同时,上海市土地价格同样增长

---

① 土地监测地价是监测样点土地评估价格;土地成交价指招拍挂市场的土地出让价格;土地溢价率是土地招拍挂溢价超过土地评估价格的比例。

② 本文图表所用数据来源若没有特别说明的均来自中指数据库、上海统计年鉴、Wind数据库和上海土地监测数据库。

5.1倍。土地价格与M2走势高度一致。国家货币发行过大,货币边际效应递减,经济下滑,投资下降。2012—2014年中国制造业投资和民间投资增长中枢仍保持在接近20%的高位,2015年以来却一路下滑,甚至在2016年6月首次出现了负增长。超量资金面临严重资产荒,具有虚拟特征的土地与房地产成为资金的蓄水池和资金避险工具。

需要高度关注是,2012年7月至今,资金利率一直在下行通道。目前的利率则是房地产市场发展以来的最低点。在经济难以承受去杠杆压力的背景下,2018年国家又开始下调准备金率、增加政府债券发行、继续投放棚改PSL、继续加大基础设施投资力度和继续加大政府债务。新债还旧债,充其量只是延迟债务危机,继续利用土地财政归还债务的老路似乎难以阻止,地价风险仍然高悬。

(2) 土地市场存在结构性配置风险

商办用地供应规模过大。如2004—2016年间,上海年均商办用地供应300.2公顷,建筑面积570.6万平方米,年均商办供应相当于每年提供一个大型CBD的量。上海12年间商办用地供应总量已经大大超过东京5 100万平方米、纽约3 100万平方米和巴黎2 900万平方米,按第三产业人口计,人均办公面积达20平方米,高于纽约14.8平方米和东京6.4平方米水平[①]。可见,商办用地供应总量非常大。从商办用地供求比看,最大达1.62,平均供求比为1.13,供过于求。

工业用地供应规模过大。2004—2016年间,上海住宅用地、商办用地和工业用地年均供应量分别为1 171.1公顷、300.2公顷、828公顷。住宅用地:商办用地:工业用地的供应比例为50.9%:13.1%:36%。其中工业用地比重在2007—2014年间占比最大,为40.7%~50.3%,远高于商办、住宅用地供给量。实际上,加上2006年以前大量协议出让和划拨的工业用地,上海2012年建成区工业用地总规模已达761平方公里、占比11.2%,远大于东京36.4平方公里、占比1.7%,纽约30.2平方公里、占比1.9%,新加坡30.3平方公里、占比4.2%的水平。

(3) 土地流动性风险尚未显现

市场的流动性风险通常源于价格不断下跌引致交易预期发生改变,所谓买涨不买跌。价格越跌,交易预期越差,交易流动性越弱。土地出让交易的完成不仅取决于需求端的需求程度,还受土地出让条件设立的门槛设置程度。因此,导致土地出让市场的流动性受阻不一定源于价格下行的螺旋现象。上海2018年地块拍买流标主要是出让条件的提高,并不说明市场出现流动性风险。

2) 土地出让市场风险控制

(1) 实施招拍挂供地弹性策略,均衡地价调控与土地流标

从土地出让的科学管理视角,政府已建立和推行以出让合同为核心的土地全寿命周期管理制度。通过在出让合同中设立标准化合同管理要素,实施土地批前、批中和批后的全寿命周期管理。土地出让条件的设立直接关系合同要素的拟定。通常情况下,土地出让的合同要素包括项目开竣工时间、全装修标准、装配式建筑等建设条件,项目功能定位、业态要

---

① 数据源自上海土地供应数据、相关各国产业人口数据、以及源自世联地产《楼宇经济—都是商务的造场运动》(M)一书中数据整合。

求、产业类型等功能业态条件,项目持有比例、经营比例、经营方式等运营管理要求,土地利用绩效、投资强度等利用绩效条件(工业用地)、土地二级市场交易限制要求以及节能环保要求等。土地出让条件设定除了明确与合同要素有关的条件外,还需要进一步把控入口,通过新增条件设定确保地块中后期运营的顺利实施,具体概括为以下几个方面:经济实力、技术资格、项目经验、经营要求、自持比例要求、保障性住宅配给要求及其他配套建设要求等。但具体到招拍挂供地条件设置时,需要根据市场需求状况,严格或弹性设定竞拍企业资质条件、土地持有及运营条件、保障性住宅配置比例,甚至租金、售价限制等,以确保土地价格调控与土地交易行为的平衡。

(2) 严格资金监管,避免土地投机

住宅用地出让溢价高企的根本原因源于宽松货币背景下低成本资金的过度"抢地"。为此,必须加强资金监管,阻隔资金进入土地招拍挂市场:①限定和审核自有资金;②规范和严查购地资金来源,限制银行贷款、信托资金、资本市场融资、资管计划配资和保险资金等各路资金参与土地炒作。

(3) 稳定住宅供应节奏,控制商办供地总量,避免商办物业过度配置风险

土地市场波动更多来源于货币流动性产生的需求增长。从城市土地资源合理配置与集约节约利用视角,住宅用地供应量应该基于城市人口导入流出及总量需求确定,以此保障城市土地的最优化配置和可持续发展。避免被金融和投机市场绑架,在经济下滑与资金收缩的逆周期环境下,出现房地产过剩,加大系统性风险的形成。

综上,通过运用市场风险理论,针对土地出让市场自身特征,分析得出土地出让市场的三维分析框架,并提出了风险识别的指标。这些指标不同于一般的经济社会环境要素,具体结论如下:

① 土地出让市场风险可以从土地出让价格波动风险、出让结构风险和出让流动性风险三个方面进行识别和评估。

② 土地出让价格波动风险通常高于一般要素价格波动风险。衡量价格波动风险的核心要素有:土地溢价率、用途地价差异和金融环境。

③ 土地出让结构风险不仅可以衡量资源配置的合理性,还可以衡量土地子市场的均衡性。现有机制易导致商办与工业用地过量供给。核心风险评价指标有商住用地比例、工业用地比例。

④ 土地出让的流动性风险更多源自需求端拿地意愿和供给端拍地条件。核心评价指标有供给条件苛刻程度与受制于影响要素的开发商拿地意愿。

⑤ 上海土地出让市场风险实证表明,上海土地价格波动风险凸显、土地市场结构性配置风险存在,但土地流动性风险尚未显现。

⑥ 作为土地垄断供应的主体采用科学合理方式有针对性、多手段调控出让市场的风险尤其重要。

3.4 本章小结

本章基于市场风险理论,对土地市场风险内涵和风险要素进行分析,运用偏最小二乘法

对土地价格波动风险要素进行识别,提出土地出让价格波动风险、出让结构风险和出让流动性风险三维土地出让市场风险分析框架,并对上海土地出让市场风险进行评估。

首先,根据风险理论,提出土地市场风险包括土地价格波动风险和土地流动性风险两个方面。从经济、社会和自然三大要素对土地市场风险要素进行汇总,并着重从经济、金融、社会和市场四个方面对土地风险要素进行分析。

其次,基于地价决定机制周期嬗变特征的理论分析,运用偏最小二乘回归模型对土地价格波动进行分周期实证检验,发现住宅用地从生产要素功能为主发展到资产资本收益功能为主,地价核心影响要素具有时变性,从人口增长、经济发展演替为金融货币因素;地价决定机制随之呈现周期嬗变特征,从真实居住需求主导的供求非均衡定价演变为投资投机需求主导的杠杆收益定价;为完善土地市场化调控机制,地价调控须以资金端为靶向,严控土地市场资金规模和流动性,有效抑制土地投机需求,而不宜简单限制土地价格与住宅销售价格、盲目增加土地供应。

最后,通过运用市场风险理论,针对土地出让市场自身特征,并基于土地出让市场的三维分析框架,提出了风险识别的指标。土地出让价格波动风险通常高于一般要素价格波动风险。衡量价格波动风险的核心要素有:土地溢价率、用途地价差异和金融环境;土地出让结构风险不仅可以衡量资源配置的合理性,还可以衡量土地子市场的均衡性。现有机制易导致商办与工业用地过量供给。核心风险评价指标有商住办用地比例、工业用地比例;土地出让的流动性风险更多源自需求端拿地意愿和供给端拍地条件。核心评价指标有供给条件苛刻程度与受制于影响要素的开发商拿地意愿;上海土地出让市场风险实证表明,上海土地价格波动风险凸显、土地市场结构性配置风险存在,但土地流动性风险尚未显现。

4 我国地方政府性债务与债务风险分析

4.1 地方政府性债务内涵与形成原因

4.1.1 地方政府性债务内涵

财政部把地方政府性债务定义为:地方政府为履行政府职能、提升地区经济发展水平、满足公共产品需求,在地方财政收入不足以承担事权支出的情况下,以政府公信力作为担保,所筹措的负有按期还本付息责任的债务[224]。其中债务资金会纳入地方政府的预算收入中,由其进行调度安排。

2013年审计署发布全国政府性债务审计结果第32号公告,对政府债务和政府性债务的概念进行了区分。"政府性债务"包括政府负有偿还责任的债务、政府负有担保责任的债务和政府可能承担一定救助责任的债务三种类型债务。其中:政府负有偿还责任的债务是指需由财政资金偿还的债务,政府及其组成部门是法律意义上的负债主体,属于"政府债务";政府负有担保责任的债务是指由政府提供担保,当某个被担保人无力偿还时,政府需承担连带责任的债务;政府可能承担一定救助责任的债务是指债务人为公益性项目举借,由非财政资金偿还,政府不负有法律偿还责任,但当债务人出现偿债困难时,政府可能需给予一定救助的债务。政府负有担保责任的债务和政府可能承担一定救助责任的债务均由债务人以自身收入偿还,正常情况下无需政府承担偿债责任,属"政府或有债务"。相应地,地方政府性债务包括地方政府债务和地方政府或有债务(图4-1)。

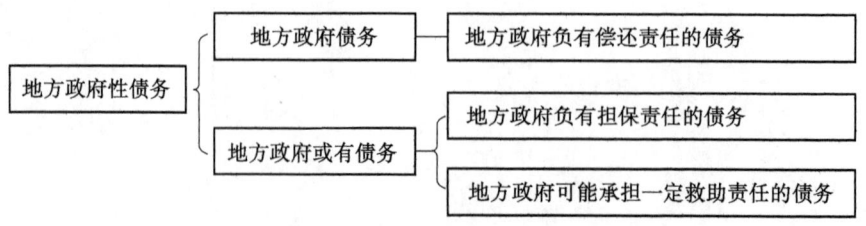

图4-1 "地方政府性债务"与"地方政府债务"概念甄别

根据2013年审计结果,存量地方政府性债务来源主体包括融资平台公司、政府部门和机构、经费补助事业单位以及国有独资或控股企业等;债务形式包括银行贷款、BT、一般债券和专项债券等。2015年新《预算法》实施后,地方政府性债务在来源主体和形式上只能是由政府及其部门通过发行政府债券的方式,即新增地方政府性债务只能以主体为政府及其部门的地方政府债券的形式产生,不再有通过企事业单位承接的政府性债务(包括或有债务)。

地方政府存量债务是新《预算法》实施之前形成的。通过发行地方政府债券进行债务置换,是规范预算管理的有效途径,可妥善处理存量债务和在建项目的后续融资。2014年9月,国务院印发的《关于加强地方政府性债务管理的意见》明确,纳入预算管理的地方政府存量债务可以发行地方政府债券置换。从债务置换的额度来看,针对2014年底非债券形式的地方政府存量债务(地方政府负有偿还责任的债务)14.34万亿元,国务院计划用3年左右的时间进行置换。2016年1月11日,财政部下发的《关于对地方政府债务实行限额管理的实施意见》指出,部分或有债务确需转化为政府债务的,在不突破限额的前提下,报经省级政府批准后转化为政府债务。2014年底地方政府或有债务余额为8.6万亿元,未来各省将有可能对部分或有债务进行置换转化为地方政府债务(图4-2)。

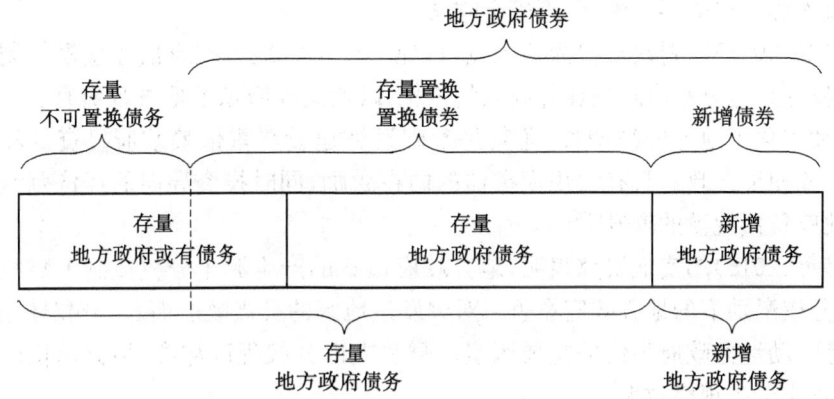

图4-2　地方政府存量和新增债务关系梳理

新《预算法》实施之后,切断了地方融资平台的政府融资功能,但考虑城投债务(包含原融资平台债务)一定意义上具有政府隐性债务性质,因此,本文地方政府性债务是指地方政府债务和城投债务。

4.1.2　地方政府债务结构

根据申万宏源研究,截至2017年底,估算地方政府性债务规模达51.6万亿元。其中,地方债14.7万亿元,城投债务30万亿元(Wind口径城投债统计7.3万亿元,信贷21.5万亿元,非标1.3万亿元),PPP和政府投资基金5万亿元左右,如图4-3所示。因此,地方政府性债务的举债主体主要是地方政府部门和城投类公司。目前只有我国地方政府债券和城投债的发行规模和要素在债券一级市场上公开可获得,而其他类的地方政府性债务因为没有在公开市场上统计和交易,而且并未对公众开放查询,所以很难获取。

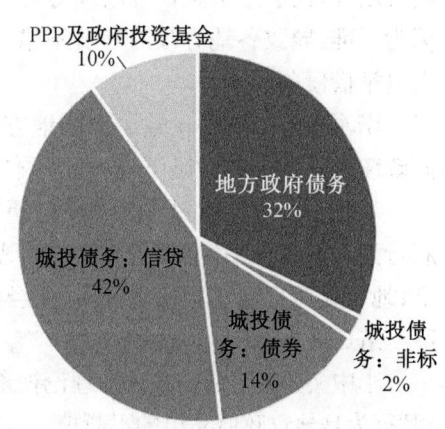

图4-3　2017年底地方政府性债务构成及规模

4.1.3　地方政府债务形成原因

地方政府债务增长与当地经济增长之间具有一定联系,同时债务规模扩张可能会导致债务风险上升。为了平衡增长与风险之间的关系,在保证地方财政稳定健康的基础上,科学、合理进行债务融资发展经济,需要对地方政府性债务规模扩张的影响因素进行探讨。

对于地方政府性债务扩张的影响因素,国内有许多学者进行了分析。

1）财政分权说

1994年我国实施了分税制改革,通过重新划分中央和地方的财政收支,使得当年中央财政收入占全国财政收入的比例从22%快速上升至56%,中央财政支出占全国财政支出的比例却一直维持在30%上下。分税制改革使中央财政实力大大充盈的同时,也造成了地方政府财政收入和支出的不匹配,预算资金吃紧。

杨十二等(2013)以财政分权为切入点,构建一个决定地方政府债务规模的制度解释框架:财政分权导致地方政府对预算外收入的依赖;政治集权激励了地方政府官员举债发展经济,并形成和固化了地方经济增长,尤其是基础设施建设严重依赖政府投资的经济发展模式。财政分权使地方政府具有大规模举债的内在激励,同时投资导向的经济刺激政策等加速了地方政府负债规模的攀升[225]。

邱栎桦等(2015)的实证研究表明,地方政府债务的产生源于分权体制下财权和事权不匹配,以及分权激励下的地方政府竞争。对欠发达地区的县级政府而言,分权体制下的财政支出压力是驱动地方政府举债的重要因素。财政支出分权程度越高,地方承担的支出责任越大,地方政府债务规模越大[226]。

陈菁等(2015)从城投债的视角研究地方政府的债务融资行为,实证研究结果表明,在控制了固定资产投资、财政转移支付等潜在影响因素后,财政分权程度和晋升激励强度对我国各省区的城投债规模均存在显著正向影响[227]。

2）官员晋升激励说

李吉栋等(2017)从激励理论出发,认为地方政府官员在接受地方政府的委托满足公共利益之外,也会追求金钱和政绩等自身利益。而政绩考核主要以GDP为代表的经济增长指标为标准,导致各地方政府官员不惜一切代价追求经济的增长,因而会选择加大投资规模,大量举借债务[228]。

李军杰等(2004)论述了中国地方公共选择过程中现实存在的"铁三角"关系,以及在片面政绩评价标准的激励下地方政府本身固有的有限理性和追求垄断租金最大化的冲动[229]。

王柏杰(2015)通过深入比较分析中美两国政府债务积累的制度基础,构建了"制度、政府行为与债务积累"的理论框架,发现在中国垂直集中的政治体制及中国特色的财政联邦下,地方政府自身不但有促进地方经济发展的巨大激励,而且地方政府间存在"竞争锦标赛",造成地方政府债务风险巨大[230]。

李中义(2013)从公共选择理论视角,提出了地方官员的政绩导向、风险转移、"设租"与"寻租"行为是导致政府支出的不断扩大,进而使地方政府债务规模不断膨胀的深层次原因[231]。

3）预算软约束说

马骏和刘亚平(2005)从逆向软预算约束的角度分析,认为行政体制问题,如淘汰制和年龄限制的干部晋升机制,促使地方政府突破预算约束,导致债务积累和财政风险增大[232]。

李吉栋等(2017)基于预算软约束理论对地方政府债务形成机理进行梳理,认为地方政府是预算软约束体,中央政府是支持体。地方政府官员为了追求政绩,有比较强烈的意愿来通过举借政府债务加快地方经济发展。由于我国地方政府没有破产机制,地方政府出现财政风险,最终还要由中央政府"兜底"[228]。

方红生等(2009)认为"扩张偏向的财政政策"是中国式分权的治理模式和预算软约束相互作用的一个可以解释的结果[223]。

4) 权责不匹配说

刘尚希和于国安(2002)认为地方政府财政收入减少,任务加重,同时地方政府行政机构繁杂是地方政府负债规模不断扩大的原因之一[234]。

李吉栋等(2017)通过对我国制度变迁进行梳理,认为我国中央与地方政府的财权事权不匹配问题日益突出,地方政府的财政收入占总收入的比例下降了,但地方政府事权却不断增加,支出责任并没有随着财政收入占比的减少而减少,导致地方政府需要举债融资[228]。

4.2 地方政府性债务发展历程与现状

4.2.1 融资平台债务分析

地方政府融资平台是指由地方政府及其部门或机构通过财政拨款或注入土地、股权、规费和国债等资产设立,以向政府投资市政建设、公用事业等项目融资为目的,并在必要时提供财政补贴、担保等作为还款来源,拥有独立法人资格的经济实体[235]。地方政府融资平台的种类及具体载体主要有市政建设投资公司、城市资产经营公司、土地储备中心等多种形式[236]。融资平台设立时出资为财政拨款或注入土地、股权、规费和国债等资产,实践中以注入土地最为普遍。

地方政府投融资平台是中国现行经济和政治体制下的特殊产物,对我国经济的高速发展起到重要的支撑作用。20世纪90年代是我国城镇化进程的关键时期,由于实行分税制改革,地方政府财政收入少,建设任务重,融资需求巨大。在地方政府受原《预算法》约束不得发行地方政府债券的背景下,加之《担保法》和《贷款通则》分别限制了地方政府为贷款提供担保和直接向银行贷款的能力,地方政府在资金供给严重不满足需求的情况下,不得不开始通过融资平台实现融资。地方政府投融资平台在地方政府事权财权不匹配和土地财政不可持续的背景下,对过去很长一段时间中国城市建设的高速发展发挥了资金供给方面的基础性功能,其重要的经济和社会贡献均不容忽视。

1) 发展历程

(1) 初步发展阶段

城投公司产生的大背景是20世纪80年代末至90年代初,当时我国政府开始着手对城市进行经营。当时,国务院对原来的政府融资体制进行了改革,将基础设施建设投资的主体由地方政府变为公司,在这种情况下城投公司便应运而生。同时,城投公司也随着政府经营城市理论和实践的不断深化、完善而发展壮大。

城投公司刚开始设立时,主要是通过银行的信贷体系来实现对外融资,少部分尝试发债融资的方式。在这一时期的城投公司主要由地方财政部门、建委共同组建,公司的资本金和项目资本金通过财政拨款方式筹集,其余资金以财政担保由公司向银行贷款。1995年,国家《担保法》出台后,使得财政不能继续实行该类担保,这种模式难以为继,而这类公司没有自己的资产,债务上升,举步维艰。

(2) 繁荣发展阶段

各地方政府开始大量组建自己的融资平台公司,但融资平台的融资渠道并未有效扩展,仍主要通过银行信贷系统实现对外融资。融资平台尤其用来承接政策性的贷款,发行债券的融资方式发展却相对比较缓慢。其中,一些城市的融资平台开始进行转型,试图寻找一种好的经营模式。2009年,在中央政府应对全球经济危机的4万亿元投资刺激政策出台后,各商业银行也纷纷高调宣布,积极支持国家重点项目和基础设施建设,融资平台融资迅速增加,银行贷款和城投债的规模均大幅增长。

2009年3月,央行和银监会联合提出:"支持有条件的地方政府组建融资平台,发行企业债、中期票据等融资工具,拓宽中央政府投资项目的配套资金融资渠道。"推动城投公司的发展进入快速扩张的新阶段。但此时的城投公司多数并不具备自主盈利能力,而是通过政府补贴的方式实现盈利。2010年发改委《国家发展改革委办公厅关于进一步规范地方政府投融资平台公司发行债券行为有关问题的通知》(发改办财金〔2010〕2881号)明确规定,城投公司的主营收入中需有至少70%源自自身经营,政府补贴部分不得超过30%。这一规定对于限制地方政府财政支出、避免中央财政赤字具有重要意义。

(3) 转型发展阶段

2014年9月21日,国务院《国务院关于加强地方政府性债务管理的意见》(国发〔2014〕43号)(以下简称"43号文")中明确规定:剥离融资平台公司政府融资职能,融资平台公司不得新增政府债务。地方政府新发生或有债务,要严格限定在依法担保的范围内,并根据担保合同,依法承担相关责任。"43号文"旨在防范风险和强化约束,牢牢守住不发生区域性和系统性风险的底线,同时硬化预算约束,剥离平台的政府信用,抑制成本不敏感的融资,引导信贷流向,从而降低社会融资成本。"43号文"的推出,使城投公司进入了转型发展的新阶段。这一阶段,在地方政府形成债务及融资平台发展的过程中产生诸多问题,致使政策频繁调整,融资平台的经营运作模式也受到了相应的限制。虽然城投公司通过银行信贷体系进行融资受到了严格监管,但与此同时,城投债、信托等其他融资方式的发展,拓展了城投公司融资渠道,融资平台对外融资规模整体增长的趋势并未发生改变。

2) 发展现状

根据Wind端口统计,最新地方融资平台总计有11 567家。其中,浙江省比例最高,占12.9%;其次为四川、江苏、广东,占比分别为6.7%,6.5%及6.1%;青海、宁夏、海南及西藏平台数量最少,分别为91,70,32,1家。如图4-4所示。由此可见,沿海大省城投公司最为活跃,融资力度最强;西部内陆地区融资力度最弱,融资能力最弱。

城投公司的主要融资方式包括四种。银行贷款:城投公司向政策性银行(如国家开发银行、农业发展银行等)和商业银行等金融机构获得贷款支持,但一般申请贷款时需要政府信用、抵质押等信用担保。经营性转让:城投公司通过转让在建或已建成的基础设施来获取资

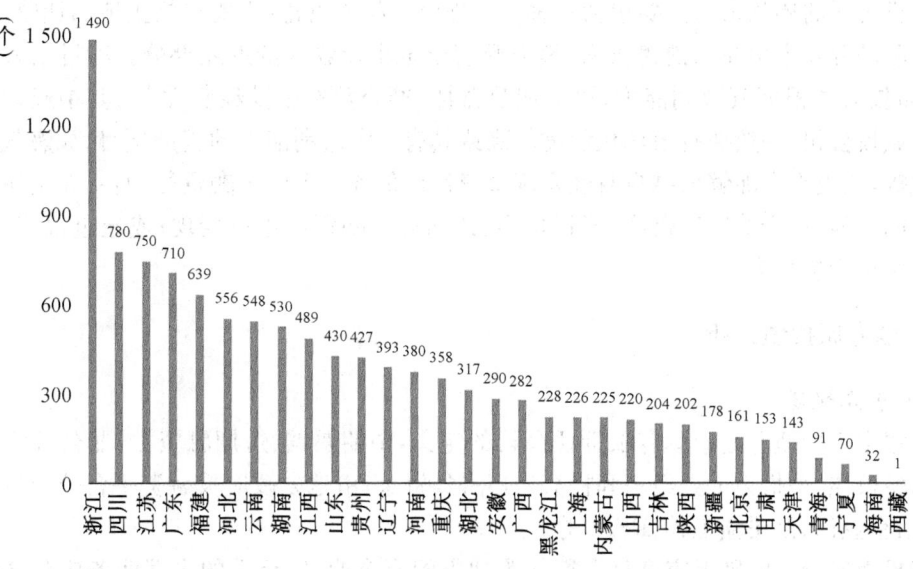

图 4-4　各省地方融资平台数量统计（Wind）

金。资本市场融资：包括股权融资、债券融资、基金信托等融资渠道。项目融资：包括 BOT，TOT，ABS，PPP 等融资模式。在上述的融资方式中，银行贷款和债券融资是目前平台公司主要的融资渠道。并且，由图 4-3 可以看出，我国城投融资结构呈现信贷为主、债券为辅、非标救急的特征。城投公司在进行银行贷款、债券融资时，主要采用抵押、质押、保证等方式来确保债务资金的安全，如土地一级开发应收账款质押、土地使用权抵押、企业或项目资产抵押、政府信用作为增信、担保兜底（显性和隐性担保）等。

另一方面，地方政府通过地方融资平台借助土地抵押从银行获得贷款，成为地方政府债务的重要组成部分。2010 年以来，全国 84 个城市处于抵押状态的土地面积不断扩大，5 年间翻了近 2.5 倍，地方政府通过抵押土地获得的贷款总额处于逐年增长的状态（图 4-5）。2015 年全国 84 个城市土地抵押贷款总额超过 11 万亿元，相当于 2015 年地方政府负有偿还责任债务余额的 69%，其中净增土地抵押贷款 1.5 万亿元，相当于同期全国土地出让价款的 80%。

图 4-5　2010—2015 年全国 84 个城市政府土地抵押情况

资料来源：2009—2015 年中国国土资源公报整理。

城投公司的还款来源主要包括三种。土地资产相关收益:主要包括土地出让收益、土地一二级联动开发中房屋的销售收入、地方政府土地出让收入的返还部分。项目未来经营现金流:城投公司根据其盈利能力,可分成公益性、准公益性以及经营性[43],其中经营性和准公益性城投公司,一般拥有市场化程度较高或具有一定盈利能力的资产项目,如燃气、电力、自来水等,该类平台能够依靠自身经营现金流偿还债务。平台再融资行为:主要指城投公司将所持的土地、房产等固定资产,通过债券、票据等金融资产进行变现;或通过银行借贷、债券等发生再融资行为。

4.2.2 地方城投债分析

1) 总体概述

根据中央国债登记结算有限责任公司的定义,中期票据、短期融资券、非公开定向融资等所谓城投债,是指为地方经济和社会发展筹集资金,由地方政府投融资平台公司发行的债券,包括企业债、公司债工具(PPN)等。

城投债发行人原则上应满足发行人为地方国有企业、发行人的主营业务应包含但不限于公益性或准公益性项目两个标准,其中公益性项目是指为社会公共利益服务、不以盈利为目的,资金来源主要为财政补贴,且不能或不宜通过市场化方式运作的政府投资项目。公益性项目包含但不限于城市开发、基础设施建设项目、土地开发项目、公益性住房项目和公益性事业等四类。准公益性项目是指为社会公共利益服务,虽不以盈利为目的但可产生较稳定的经营性收入的政府投资项目,包括但不限于公共服务项目、公共交通建设运营项目等两类。

从事公益性项目的发行人,其发行的债券可直接认定为城投债;从事准公益性项目,但不从事任何公益性项目的发行人,如其经营性指标满足以下两个条件任意之一,则其发行的债券可被认可为城投债:①自身现金流无法完全覆盖债务本息;②比较依赖地方政府财政性补贴。

因此,城投债是以城投公司为发行主体,以地方政府为隐性担保人,为地方基础建设项目筹集资金,缓解地方政府的财政压力而发行的债券。长期以来,城投债因政府的隐性担保而受到市场的青睐,但是随着国家对地方政府融资的规范化,城投公司被逐渐剥离地方政府融资职能,隐性担保逐渐消失。但从某种程度上讲,地方政府对平台公司依然存在隐性担保问题,投融资平台仍然具有隐性政府信用的特征。为了保障基础设施的有效运行和经济的稳定发展,地方政府势必不会袖手旁观[237]。因此,本书中仍将其纳入地方政府性债务。

城投债券发行额、发行只数、偿还量和净融资额见图4-6和图4-7,城投债存量额度与只数见图4-8。

2) 发展历程

整体来看,我国地方政府城投债主要经历了起步、发展、高速发展和规范发展四个阶段。

(1) 起步阶段(1992—2004年)

1992年,为支持上海浦东开发,上海城市建设投资总公司受市政府委托发行了首期5亿元浦东建设债券,是我国最早的城投债。囿于当时金融工具发展相对薄弱,所以未有其他形式的针对城市基础设施建设和公共服务项目开发而发行的债券。

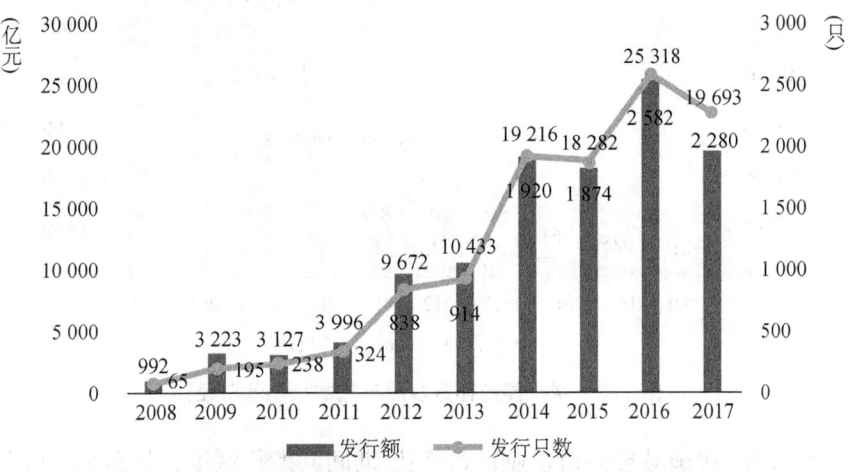

图 4-6 城投债券发行额与只数（Wind 口径）

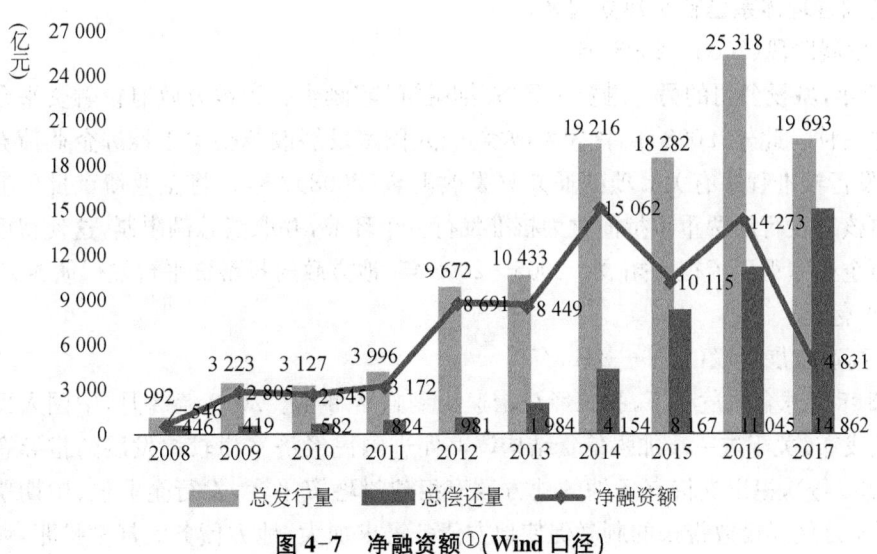

图 4-7 净融资额①（Wind 口径）

---

① 总偿还量逐年增加，总发行量与净融资额趋势相似。
  净融资额＝总发行量－总偿还量[即应偿还量，非实际偿还量（即到期偿还量）]。
  到期未偿还量＝总偿还量－到期偿还量。

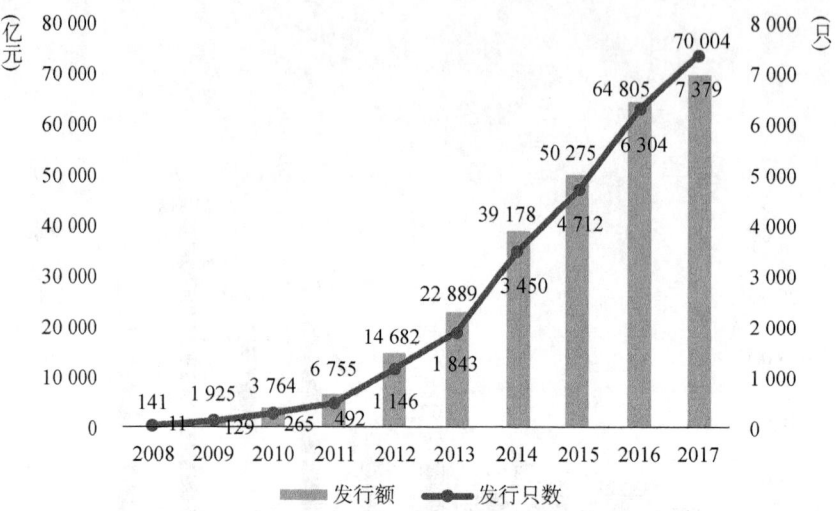

图 4-8　城投债券存量余额与只数(Wind 口径)

1997—2004 年,我国城投公司企业正式普及,期间共发行城投类债券 25 只,合计 239 亿元,债券形式都是企业债。2004 年,发改委印发《关于进一步改进和加强企业债券管理工作的通知》(发改财金〔2004〕113 号),企业发行债券的募集资金投向应符合国家产业政策和行业发展规划,用于本企业的生产经营,用于固定资产投资项目的。该项目应符合国家有关固定资产投资项目的管理程序,不得用于地产买卖和股票、期货交易等风险性投资。至此,城投债的基础管理体系已初步建立起来。

(2) 发展阶段(2005—2008 年)

2005 年,城投公司的另一融资工具"短期融资券"诞生。为地方政府投融资平台提供了新的债券品种。此外,2008 年,国家发改委发布《国家发展改革委关于推进企业债券市场发展、简化发行核准程序有关事项的通知》(发改财金〔2008〕7 号),将企业债审批环节由先核定规模再核准发行的两重审批简化为核准发行一个环节,并取消总额限制,这使得政府融资平台发行企业债得到了很大拓展。2005—2008 年,地方政府投融资平台发行债券 199 只,共发行 2608 亿元。

(3) 高速发展阶段(2009—2014 年)

2008 年全球金融危机下,我国经济增速受到显著冲击。2009 年 3 月,中国人民银行联合银监会发布《关于进一步加强信贷结构调整促进国民经济平稳较快发展的指导意见》(银发〔2009〕92 号),提出支持有条件的地方政府组建投融资平台,发行企业债、中期票据等融资工具。4 万亿元投放带来的刺激促使地方债务需求加大,地方债务大规模扩张,城投债的净融资额上升了一个台阶。在国家高层的大力推动下,2009 年政府融资平台总计发行 195 只债券(Wind 口径),为 2008 年的 3.00 倍,发行债券规模总计 3 223 亿元,为 2008 年的 3.25 倍(图 4-6、图 4-7、图 4-8)。

2009 年爆发式增长后,地方政府融资平台债务受到监管层高度重视,2010 年国务院发布《关于加强地方政府融资平台公司管理有关问题的通知》(国发〔2010〕19 号),要求地方政府对融资平台进行清理规范。2010 年、2011 年融资平台发行债券只数和规模增速均显著放缓,分别为 238 只、324 只和 3 127 亿元、3 996 亿元。

2012 年 3 月,银监会下发了《关于加强 2012 年地方政府融资平台贷款风险监管的指导意见》(银监发〔2012〕12 号),要求各银行原则上不得新增融资平台贷款规模。但政府基础设施和公共服务建设需求很大,且正值地方政府债务到期高峰期,得益于债券监管部门政策放松,发行城投类债券成为地方政府极为重要的融资渠道。2012 年政府融资平台发行 838 只债券,总计 9 672 亿元,分别为 2011 年的 2.59 倍和 2.42 倍,发行规模创历史新高。2013 年,融资平台发行债券 914 只,共计 10 433 亿元,城投债发行超过万亿元,与 2012 年相比增长不显著。此后,城投债呈现井喷式发展态势,2014 年城投债发行 1 920 只,共计 19 216 亿元,净融资额高达 15 062 亿元,债券余额高达 39 178 亿元。

(4) 规范发展阶段(2014 年末—至今)

2015 年新预算法公布之前,我国法律没有授予地方举债融资的权限,在地方发展的巨大融资需求下,城投公司是地方政府性债务的第一大举债主体。2014 年 15.4 万亿元地方政府性债务中除去近 1.06 万亿元为政府债券外,14.34 万亿元为非规范举债,其中城投公司发行的城投债占全部债务总额的 37.45%。

2014 年 9 月,国务院《关于加强地方政府性债务管理的意见》(国发〔2014〕43 号)明确:经国务院批准的省、自治区、直辖市政府可以适度举债,市县确需举债的只能由省、自治区、直辖市政府代为举借,政府债务只能通过政府及其部门举借,不得通过企事业单位等举借;融资平台公司不得新增政府债务。但是,随后中国经济下行压力加大,稳增长任务更为迫切,城投公司转型暂时搁置,城投债发行限制有所放松,净融资额逐渐恢复。

2015 年末,地方政府融资再度受到监管重视,从 12 月颁布的《关于对地方政府债务实行限额管理的实施意见》(财预〔2015〕225 号)文规定城投债三年置换过渡期,到 2016 年 10 月的《国务院办公厅关于印发地方政府性债务风险应急处置预案的通知》(国办函〔2016〕88 号)文对政府债务进行甄别分类,再到 2016 年 11 月公布的具体处置指南,频繁的监管政策体现了监管层对防控地方债务风险的态度和决心。在保持经济稳增长和防控地方债务风险过高的博弈中,城投债的净融资量在波动中下行,2017 年以来的某些月份已经开始出现负的净融资额。2015 年融资平台净融资额下降为 10 115 亿元,2016 年融资平台净融资额增长为 14 273 亿元,2017 年平台净融资额仅为 4 831 亿元。截至 2017 年底,地方政府城投债 7 379 只,余额高达共计 70 003 亿元。

由图 4-6 看出,2008—2017 年期间,一方面,城投债券发行中省级城投公司债券发行规模最大,其次是市级城投公司债券,而县级城投公司发行债券占比最小。另一方面,地方政府城投债总偿还量逐年增加,城投债净融资额与总发行量趋势相似,表明城投债到期偿还压力逐年增加,地方政府不得不发行更多城投债以满足逐年增加的到期债务及满足地方政府日益增长的融资需求。

3) 发展现状

从城投债券类型看(图 4-9),2017 年短期融资券占比最高,达 26.20%;其次是中期票据,占比为 22.35%;企业债

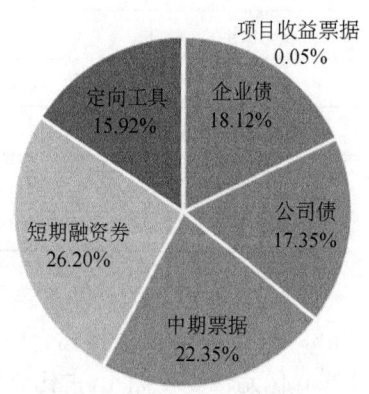

图 4-9 2017 年城投债券类型

与公司债占比分别为 18.12%,17.35%,定向工具债占比为 15.92%。

从城投债发行期限看(图 4-10、表 4-1),2017 年 4～5 年期城投债规模占比最高,为 34.00%;一年期以内城投债规模次之,占比 26.67%;2～3 年期与 6～7 年期城投债规模占比相当,分别为 17.45%,17.34%。从城投债发行期限看出,3 年期内发行债券占比高达 45%,债券发行期限较短。

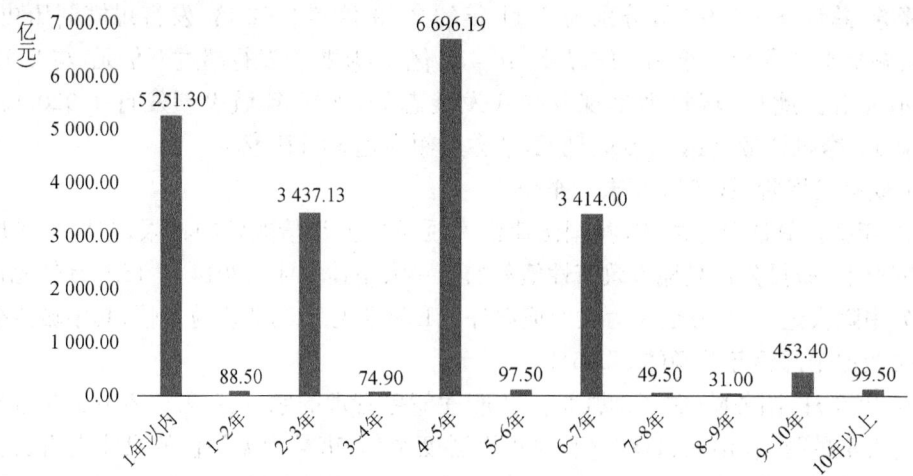

图 4-10　城投债券不同发行期限的发行总额(Wind 口径)

表 4-1　城投债券不同发行期限发行只数、总额及占比(Wind 口径)

类别	发行期数(只)	期数比重(%)	发行总额(亿元)	金额比重(%)
1 年以内	606	26.58	5 251.30	26.67
1～2 年	15	0.66	88.50	0.45
2～3 年	453	19.87	3 437.13	17.45
3～4 年	6	0.26	74.90	0.38
4～5 年	780	34.21	6 696.19	34.00
5～6 年	10	0.44	97.50	0.50
6～7 年	351	15.39	3 414.00	17.34
7～8 年	6	0.26	49.50	0.25
8～9 年	3	0.13	31.00	0.16
9～10 年	44	1.93	453.40	2.30
10 年以上	6	0.26	99.50	0.51
合计	2 280	100.00	19 692.92	100.00

从行业来看,2017 年建筑类城投债发行规模最高(表 4-2),为 8 589 亿元,占比高达 43.63%;综合类、交通运输仓储及邮政业、房地产业城投债年发行规模分别为 5 673 亿元、1 980 亿元、1 201 亿元,占比分别为 28.82%,10.06% 及 6.10%。居民服务、修理和其他服务业城投债发行规模最低,仅为 17 亿元。

表 4-2　城投债券发行行业分类

行　业	发行只数	占比（％）	发行金额（亿元）	占比（％）
建筑业	1 080	47.39	8 589	43.63
综合	600	26.33	5 673	28.82
交通运输、仓储和邮政业	183	8.03	1 980	10.06
房地产业	157	6.89	1 201	6.10
电力、热力、燃气及水生产和供应业	100	4.39	935	4.75
水利、环境和公共设施管理业	35	1.54	321	1.63
金融业	25	1.10	260	1.32
批发和零售业	33	1.45	260	1.32
租赁和商务服务业	30	1.32	218	1.11
制造业	16	0.70	141	0.72
采矿业	3	0.13	24	0.12
农、林、牧、渔业	4	0.18	23	0.12
文化、体育和娱乐业	5	0.22	23	0.11
住宿和餐饮业	5	0.22	21	0.11
居民服务、修理和其他服务业	3	0.13	17	0.09
合　计	2 279	100.00	19 683.92	100.00

从城投债评级来看（图 4-11），2017 年，有评级的城投债（非公开发行的城投债一般无评级）中，AAA 债券规模占比最高，为 20.50％，发行规模为 4 033 亿元；AA 债券发行规模为 3 003 亿元，占比为 15.25％。

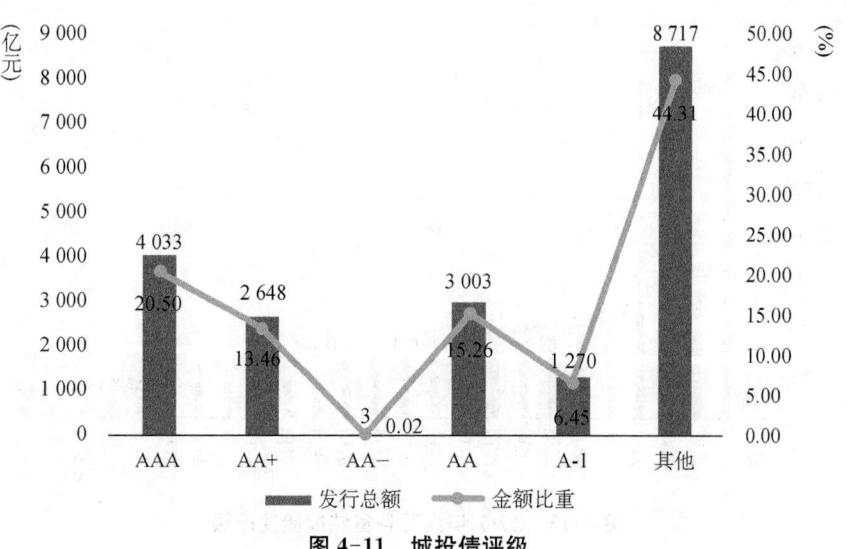

图 4-11　城投债评级

根据 Wind 端口统计,2017 年度城投公司债务发行主体数目,对活跃度较高的城投公司进行区域结构统计(图 4-12),得知 2017 年共有 1 022 家城投公司发行债务,其中江苏省比例最高,占 21.33%;其次为湖南、浙江、四川,占比均在 7.8%左右;青海、宁夏、西藏债务发行最少,分别为 3,2,1 家。由此可见,沿海大省城投公司最为活跃,融资力度最强;西部内陆地区融资力度最弱,发行债券最少。

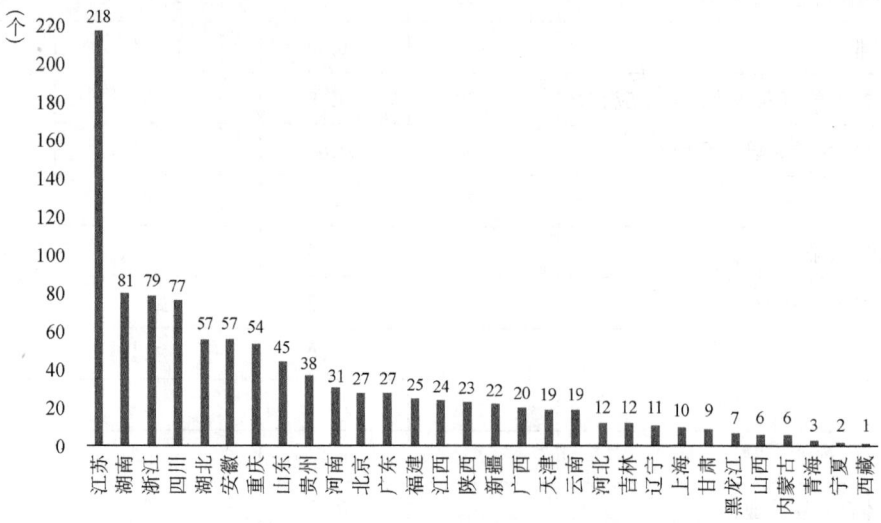

图 4-12　2017 年全国各省城投债发行主体数

(数据来源:Wind)

从城投债 2017 年发行增量来看(图 4-13),总计发行 19 692.92 亿元债务额,其中江苏省发行量最大为 4 333 亿元,占比 22%;第二为湖南省,发行量为 1 402 亿元,占比为 7.12%;最后为西藏,发行量为 10 亿元,占比为 0.05%;青海、宁夏、西藏三省之和不足 1%。由此可以看出,沿海大省发行量最高,融资能力最强,西部内陆地区发行量最少,融资能力最弱。

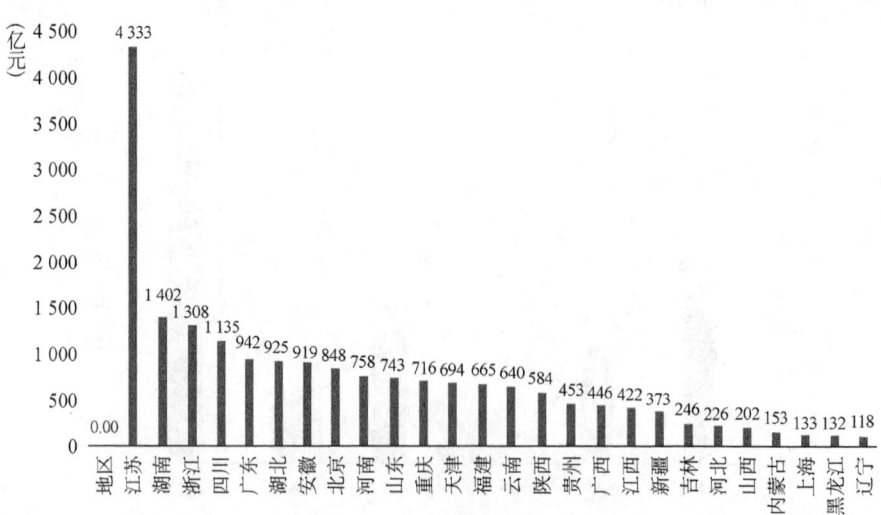

图 4-13　2017 年全国各省城投债发行额

(数据来源:Wind)

从城投债总体存量来看(图4-14),总计存量为70 003.77亿元,占比最高为江苏省,为12 359亿元,占比17.65%;其次为湖南省,为4 673亿元,占比6.68%;最后为青海、宁夏、西藏,三者之和占比为0.42%。由此可以看出,城投债存量与增量的区域结构基本一致,与地区的经济特性成高度相关关系。

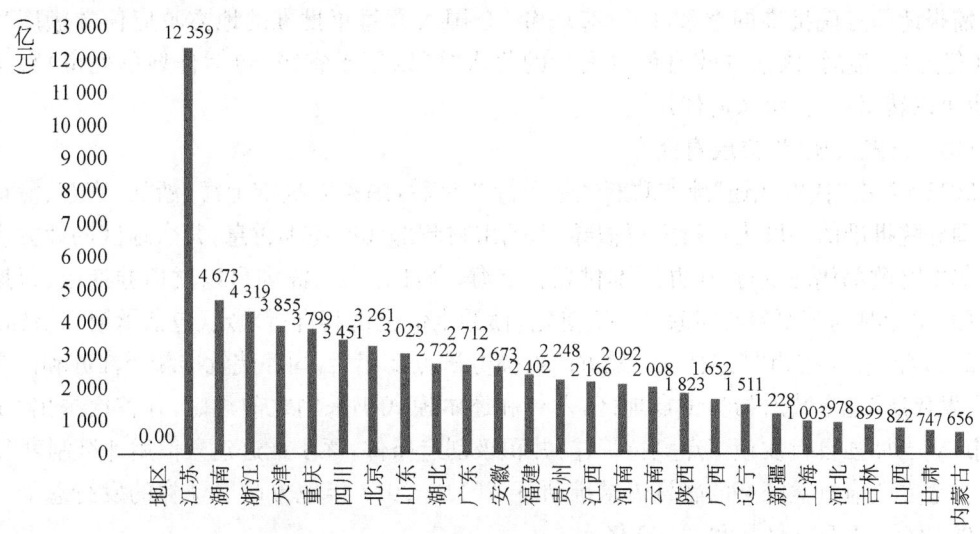

图4-14　2017年全国各省城投公司存量债务

(数据来源:Wind)

4.2.3　地方政府债券分析

地方政府债券(Local Treasury Bonds)是地方政府债务的一种具体细分,是地方政府面向社会发行的一种需按时还本付息的债权债务凭证,用于平衡财政收支、履行提供公共产品的职责。地方政府举借的债务,只能用于公益性资本支出和适度归还存量债务,不得用于经常性支出。经国务院批准,省、自治区、直辖市政府可以适度举借债务;市县级政府确需举借债务的由省、自治区、直辖市政府代为举借。政府债务只能通过政府及其部门举借,不得通过企事业单位等举借。

地方政府债务规模实行限额管理,地方政府在国务院批准的分地区限额内举借债务,必须报本级人大或其常委会批准。地方政府债务分为一般债务、专项债务两类,分类纳入预算管理。一般债务通过发行一般债券融资,纳入一般公共预算管理。专项债务通过发行专项债券融资,纳入政府性基金预算管理。

1) 发展历程

2008年底,国务院推出4万亿元投资计划,其中中央安排资金1.18万亿元,其余由地方政府配套解决。2009年《政府工作报告》中首次提出安排发行地方政府债券2 000亿元,以期部分缓解4万亿元投资计划中地方政府的配套资金压力,我国地方政府债券开始发展(表4-3)。

(1) "代发代还"地方政府债券

2009年2月,财政部发布的《2009年地方政府债券预算管理办法》明确,"地方政府债券是指经国务院批准同意,以省、自治区、直辖市和计划单列市政府为发行和偿还主体,由财政部代理发行并代办还本付息和支付发行费的债券"。

此种模式下的地方政府债券实质上是国债转贷的延伸。首先,地方政府债券的发行主体只能是省一级(含计划单列市)地方政府。其次,债券的发行和还本付息均由中央财政进行。再次,全国地方政府债券发行的总额度必须经全国人大批准,而各地方政府发行债券的额度需报请国务院批准同意(2009—2011年,全国人大每年批准的地方政府债券额度均为2 000亿元)。最后,该地方政府债券发行的收入"可以用于省级(包括计划单列市)直接支出,也可以转贷市、县级政府使用"。

(2)"自发代还"地方政府债券

2011年,在"代发代还"地方政府债券运行2年后,国务院批准上海、浙江、广东、深圳试点在国务院批准的额度内自行发行债券,但仍由财政部代办还本付息;其余地区的地方政府债券仍由财政部代理发行、代办还本付息。上海、浙江、广东、深圳可以就债券期限、每期发行数额、发行时间等要素与财政部协商确定,债券定价也由其自行确定(包括承销和招标)。

2013年,在4省市"自发代还"地方政府债券试点2年后,国务院批准新增江苏和山东成为"自发代还"地方政府债券试点地区,发行和还本模式仍采用之前规定,并首次提出"试点省(市)应当加强自行发债试点宣传工作,并积极创造条件,逐步推进建立信用评级制度"。

在地方政府日益旺盛的融资需求推动下,2011—2013年地方政府债券的发行总额分别为2 000亿元、2 500亿元和3 500亿元。

(3)"自发自还"地方政府债券

2014年5月,财政部发布的《2014年地方政府债券自发自还试点办法》规定:第一,在前期自行发行的基础上,在还本付息方面从财政部代行突破至发债地区自行还本付息;第二,在前期6个试点地区的基础上,增加直辖市北京、计划单列市青岛以及江西、宁夏为试点地区;第三,将债券期限由2013年的3年、5年和7年拉长至5年、7年和10年;第四,明确提出"试点地区按照有关规定开展债券信用评级"。

从2015年1月1日起实施的新修订的《中华人民共和国预算法》规定,经国务院批准的省、自治区、直辖市的预算中必需的建设投资的部分资金,可以在国务院确定的限额内,通过发行地方政府债券用举借债务的方式筹措。地方政府债券的自发自还完全放开。

表4-3 地方政府债券发行方式变化

	发行主体	发行方式	还本付息	关键政策法规
2009年代发代还	省级地方政府(含计划单列市)	财政部代理发行	财政部代办还本付息	《2009年地方政府债券预算管理办法》
2011年自发代还	上海、广东、浙江、深圳、江苏和山东6个试点地区	6个试点地区自行组织	财政部代办还本付息	《财政部关于印发2013年地方政府自行发债试点办法的通知》
2014年自发自还	上海、北京、广东、江苏、山东、浙江、江西、宁夏、深圳和青岛10个试点地区	10个试点地区自行组织	试点发债地区自行还本付息	《2014年地方政府债券自发自还试点办法》
扩大后的自发自还	省、自治区、直辖市政府	自行组织	自行还本付息	2015年开始实行的《中华人民共和国预算法》

2) 发展现状

2015年3月在2014年地方债务审计基础上宣布地方债务置换至今,置换类地方债券的发行带动地方债券存量快速上行。截至2017年底,地方政府债券达14.7万亿元,占地方政府负有偿还责任的债务的89.52%,成为地方政府债务的主要形式(图4-15)。

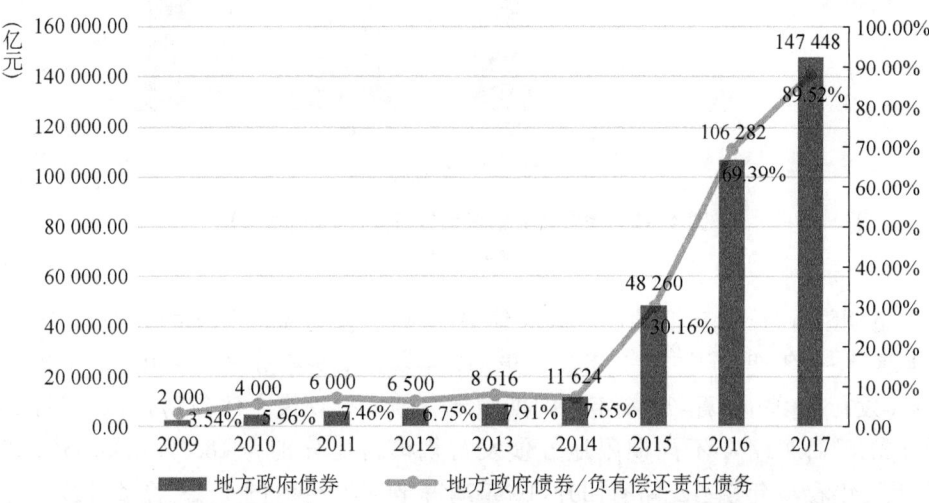

图4-15　地方政府债券(存量)与地方政府债券/地方政府负有偿还责任的债务

2017年发行和净融规模均比2016年大幅回落。自2016年增量达到高点后,2017年增量小幅回落。2015年全国地方债发行规模为38 350亿元,净融额36 637亿元;在2016年发行规模与净融资额分别达到了60 458亿元与58 022亿元,2017年发行规模及净融资额回落到43 464亿元和41 050亿元。从月度数据的角度分析可以看出,地方债发行规模与净融量具有一定的周期性规律,在每年一季度末以及二季度时进入债券发行高峰期,年末与年初地方债发行规模相对较小(图4-16、图4-17)。

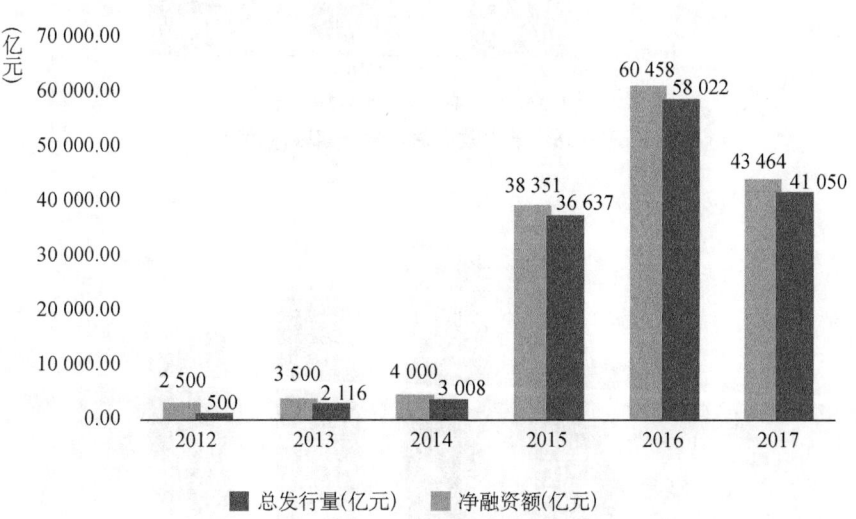

图4-16　地方政府债券(存量)

(数据来源:Wind)

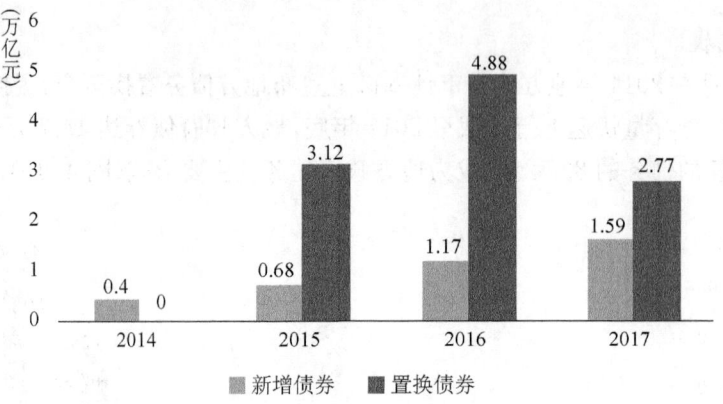

图 4-17　地方政府新增债券与置换债券(发行)

(数据来源：Wind)

从发行期限看,4~5 年期的地方政府债最为常见,发行量居其次的分别是 6~7 年期、9~10 年期、1~3 年期,其中 1~3 年期与 9~10 年期在某些年份发行量相当。从 3 年、5 年、7 年、10 年发行规模占比看,2016 年不同期限地方债发行规模占比分别为 18.7%,31.8%,27.7% 与 21.8%;2017 年不同期限地方债发行规模占比分别为 18.6%,33.9%,27.4%,20.1%。近两年看,5 年期占比略有回升,10 年期占比略有下降(图 4-18、图 4-19)。

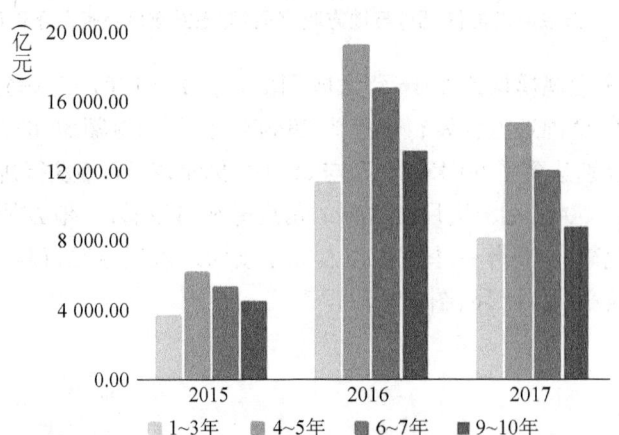

图 4-18　地方政府债券发行期限(规模)

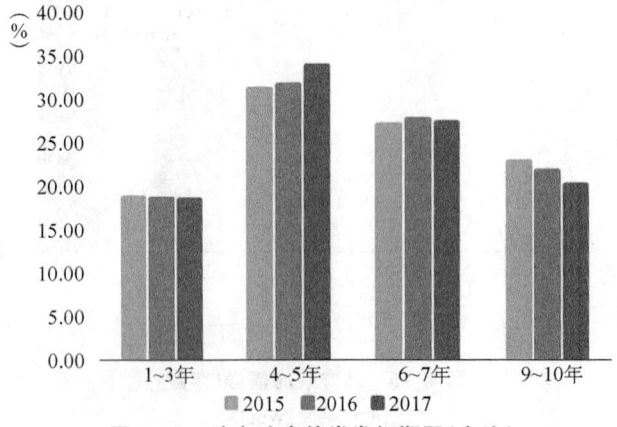

图 4-19　地方政府债券发行期限(占比)

从地方政府债券发行的地区来看,江苏省作为2013年、2014年地方债自发自还试点省份,债券发行基础较好,截至2017年12月底,江苏发行地方债存量最高,达到12 026.28亿元。山东、浙江、广东地方债存量也位居前列,其地方债存量分别为10 196.85亿元、9 239.09亿元、9 023.37亿元。地方政府债存量规模最少的为西藏的98.64亿元。从结构看,各省债务总量中,一般债规模大于专项债;在地方债总量居前的各省市中,浙江省与广东省的置换债规模较高,分别达到3 453亿元和2 662亿元,相比之下,贵州省与湖南省置换规模较小,分别为558亿元与530亿元(图4-20)。

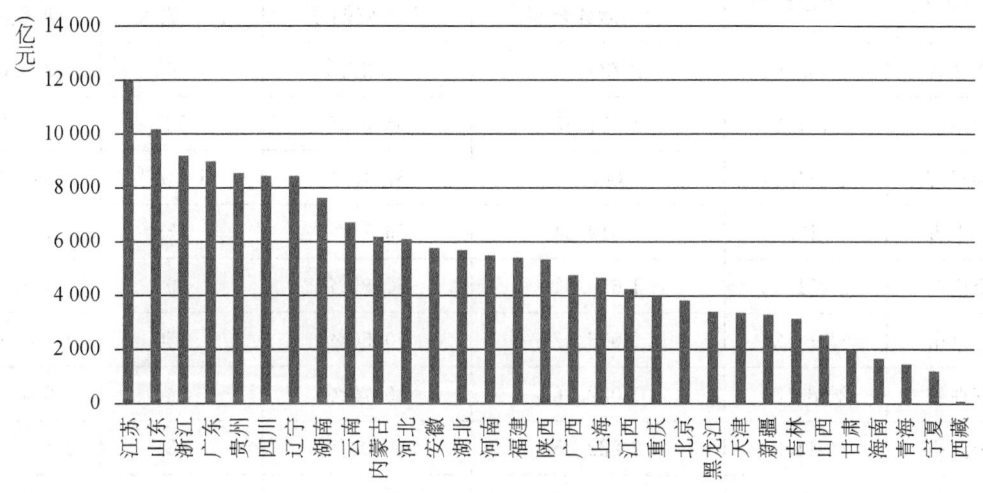

图4-20　2017年各省负有偿还责任债务余额

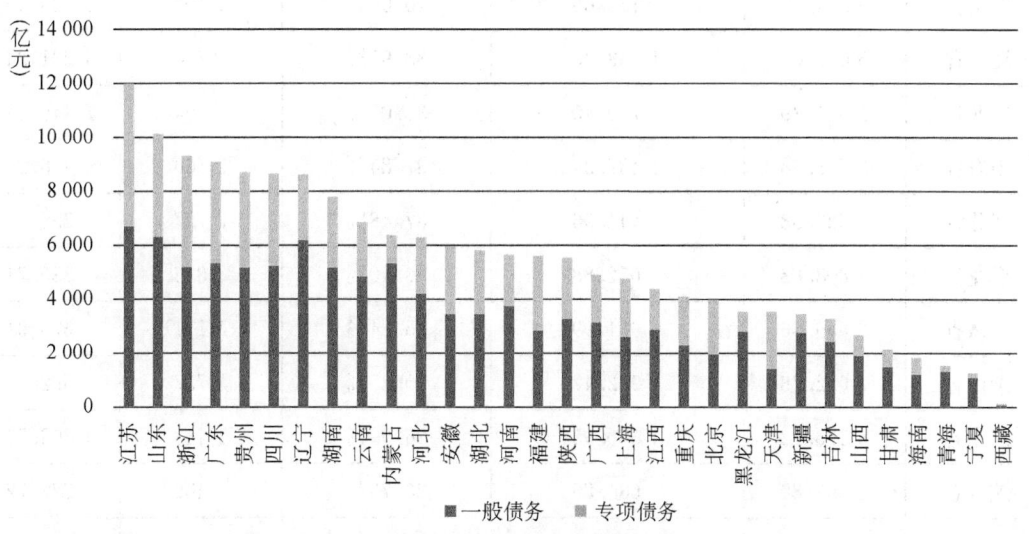

图4-21　2017年各省负有偿还责任债务结构(一般、专项)

当前阶段,我国大多数地方政府均承诺以土地出让收入作为地方政府债务还款来源。根据国家审计署地方政府债务审计报告,全国各级地方政府在举借债务时承诺以未来土地出让收入为偿债来源的债务占负有偿还责任债务余额的平均比重约为40%,2010年、2012年、2013年底承诺以土地出让收入作为偿债来源的债务规模分别为25 473.51亿元、

34 865.24 亿元和 27 746.97 亿元,分别占负有偿还责任债务余额的比重为 38%,37%,37%,其中浙江省 2012 年高达 66.27%(图 4-21),由此看出地方政府债务偿还对土地出让收益的依赖程度高。下面列出 2012 年底地方政府债务审计报告中的相关数据作为参考(表 4-4),其中所统计债务余额的债务期限中,以 2014 年偿债压力最大,所以选取 2014 年土地出让金和到期债务额进行比较。

表 4-4 我国各省地方政府债务还款来源对土地财政的依赖度情况　　(单位:亿元)

行政区域	债务总规模	承诺以土地出让收入偿还债务余额	债务偿还对土地财政依赖度	2014 年土地出让收入	2014 年到期债务
浙江省	4 133.91	2 739.44	66.27%	1 968	1 379.04
天津市	2 171.39	1 401.85	64.56%	529	443.25
福建省	1 864.44	1 065.09	57.13%	1 018	643.29
海南省	915.66	519.54	56.74%	138	143.47
重庆市	3 261.40	1 659.81	50.89%	997	853.15
北京市	3 016.27	3 016.27	50.50%	656	1 940.39
江西省	2 187.89	1 022.06	46.72%	744	534.85
上海市	5 044.34	2 222.65	44.06%	485	1 443.94
湖北省	4 099.14	1 762.17	42.99%	928	1 124.86
四川省	5 314.07	2 125.65	40.00%	1 303	1 435.45
辽宁省	5 096.60	1 983.20	38.91%	1 730	1 231.24
广西省	1 941.39	739.40	38.09%	494	445.41
山东省	3 798.58	1 437.34	37.84%	2 560	848.22
江苏省	6 523.38	2 444.96	37.48%	3 797	2 255.12
黑龙江	1 808.63	652.88	36.10%	336	330.71
安徽省	2 559.86	901.99	35.24%	1 141	670.91
湖南省	3 052.78	942.42	30.87%	787	592.24
广东省	6 190.72	1 670.95	26.99%	1 443	1 206.20
陕西省	2 363.80	631.86	26.73%	486	527.72
吉林省	2 550.23	586.16	22.98%	460	651.02
甘肃省	922.07	206.54	22.40%	114	164.42
河北省	3 594.87	795.52	22.13%	1 117	739.47
山西省	1 300.92	268.94	20.67%	412	478.78

(数据来源:根据 Wind 数据库和中指数据库中相关数据整理。)

4.3 基于单指标的我国地方政府性债务风险识别

4.3.1 政府性债务风险内涵

马海涛等(2004)认为地方政府债务风险是指无法清偿到期债务的偿债风险以及由偿债风险引发的其他风险[238];夏颖(2010)认为,地方政府债务风险是指地方政府难以履行其偿债责任的可能性[239]。赵晔(2009)认为,地方政府债务风险是由于政府债务可能产生的破坏或者损失的可能性[240]。于海峰(2010)等人认为,是地方政府债务在各种不确定因素的影响下对包括其自身在内的社会经济各方面造成损失的可能性[241]。贾俊雪(2011)等认为,地方政府债务风险是指地方政府在持有资产价值不足以偿还债务时,可能对经济和社会带来的影响[242]。缪小林等(2013,2016)将地方政府债务风险归纳为形成危害预期的债务超常规增长[243]。姜丹(2016)的观点是地方债务风险是地方政府需要承担的偿债责任远大于债务资金所带来的收益,以至于经济发展受损的可能性,其中地方政府债务危机是债务风险的最大化表现[244]。张春霖(2000)直接指出地方政府债务风险与地方财政密切相关[245],当财政难以继续维持政府债务时,就说明存在债务风险,显然直接将地方政府债务与地方财政联系。来自世界银行的 Nina 和 Iwin(2007)[246]以及来自国际货币基金组织的 Flanagan(2008)[247]和 Nosbusch(2008)[248]等都认为在基础设施建设中的公私伙伴关系(PPP)会导致政府或有负债的积累及其相关风险的暴露。刘尚希(2004,2014)[249]、杜威等(2007)[250]认为地方政府未来拥有的公共资源价值及其未来收益不足以履行其未来应承担的支出责任和义务,从而可能导致经济社会的稳定与发展受到损害,首次将政府债务风险与公共资源结合起来。他们认为政府债务风险的大小取决于偿债能力,而偿债能力取决于债务使用是否得当,债务风险来自资金的使用状况,并非债务本身,债务规模大并不直接意味着债务风险大。庞保庆、陈硕(2014)认为我国地方债蕴含的风险主要体现在偿还方式单一,过分依赖土地收入和以土地出让收入为主要偿还方式会影响社会稳定[251]。杜思正、冷艳丽(2017)研究发现债务风险表现为地方政府产生了偿债危机,具体为债务违约、财政收支失衡且不可持续、债务规模膨胀等现象,并对经济发展和社会稳定产生影响的可能性[252]。刘纪学(2014)认为政府债务风险指的是地方政府对其所应承担的显性债务和隐形债务无法按期偿还的可能性[253]。

本书界定地方政府性债务风险是指在各种不确定因素影响下,地方政府债务对包括政府自身在内的社会经济各相关主体造成损失的可能性。地方政府性债务风险最直接的表现是地方政府承担债务但无能力按期还本付息的可能性,间接的债务风险是由此产生的相应后果。根据政府责任确定划分地方政府性债务为政府债务和或有债务的方式,可以把地方政府性债务风险分为政府债务风险和或有债务风险,其中或有债务风险具体为负有担保责任债务风险和承担救助责任债务风险。所谓政府债务风险,是指地方政府无法对地方政府负有偿还责任的债务还本付息的现象。政府负有担保责任的债务风险是指地方政府在其担保的债务人无力偿还存量债务情况下,缺少履行代偿责任能力的现象;政府负有救助责任的债务风险则是指地方政府无力承担救助责任,代为偿还债务人存量债务的现象,两者皆属于政府或有债务风险。

本节选取城投债和地方政府债券对地方政府性债务进行相关研究,因此,把地方政府性债务风险分为城投债风险和地方政府债券风险。其中城投债风险是指城投公司以债券形式举借的债务无法按期还本付息的可能性及可能产生的损失。2014年9月,国务院出台了《关于加强地方政府性债务管理的意见》(以下简称"国务院43号文",文中的"后43号文"也是指该文件),明确投融资平台要剥离政府融资职能,不得新增政府债务,不得以财政资金作为项目偿债资金来源,不允许地方政府提供任何形式的担保。"十二五"时期,投融资平台债务由地方政府负有直接偿还和兜底责任的债务演变为地方政府隐性或有债务[237]。由于目前城投公司依然经营着地方重要的基础设施,提供着重要的公共服务,并且其市场化转型尚未完成,所以从道义责任上讲,地方政府又不能完全将城投公司置之不管。如若投融资平台经营出现问题,一旦地方政府出手相助,投融资平台债务风险就会转嫁于地方政府,进而为地方政府带来一定隐性风险。地方政府债券风险指的是以地方政府债券形式举借的债务无力按期还本付息的可能性及相应产生的损失。地方政府债务是以地方政府信用为背书,以地方财政为后盾,偿债风险较小,因此也被称为"银边债券",但并非就意味着没有风险,"风险无处不在"。商业银行作为地方政府债券的最大持有人,其所面临的巨大风险是债务人无力偿还债券本息的信用风险。而与信用风险相对应,债券发行人的偿债风险是导致其不能如期偿还本息的根本原因。偿债风险是地方财政危机的表征,财政危机如若处置失当,则会演变为"租税国危机"。租税国危机由两方面原因造成:支出的暴增与收入的停滞不前[254]。支出的暴增肇始于国家职权的过度扩张,财政收入与财政支出时空上的不匹配,使得发行政府债券成为常态;收入的停滞不前,导因于其受特定时期经济及政治上的限制,无法负担过度举债所须偿付的利息。"入不敷出"造成了地方财政困境,也使偿债风险得以显现。

城投债和地方政府债券属于地方政府性债务,一旦地方政府性债务发生实质违约,即地方政府财政风险生成偿债风险,通过债券市场的传导机制,可能诱发整体金融市场的系统性风险,也即官方文件中提到的"财政金融风险"。商业银行作为最大的政府债券持有人,一旦本金无法得到偿付,可能导致现金流问题进而影响其自身流动性。而现实中,政府债券实质违约往往牵涉甚广,点对面、面对面的传播方式时常将众多商业银行置于流动性枯竭的风险之中[255]。

4.3.2 政府性债务风险指标

对于信用风险的定义分为传统观点和现代观点两种,传统观点本身又进一步可以分为狭义和广义。狭义的信用风险即指信贷风险,由于各种不确定因素的存在,使债务人无法按时偿还贷款本利,从而导致银行等金融机构发生损失的可能性[256]。广义的信用风险即指双方经济主体签订合约,但到期时,一方经济主体不愿或不能履约,例如不偿还贷款本利、不提供约定服务等,而给另一方经济主体带来的损失的可能性[256]。狭义及广义定义的主要差异在于除偿债能力外,是否还考虑债务人的偿债意愿。实质上,广义定义虽然同时考虑了偿债能力和偿债意愿,但仍将信用风险视为由于一方不履行合约而带来损失的可能性,即实际发生违约时才会产生损失。从某种意义上,广义定义将信用风险等同于违约风险,但其实两者仍是不同的,违约风险仅是信用风险的一部分,前者侧重违约,后者则侧重损失。

现代观点在传统观点的基础上进行了拓展,指出信用风险不仅包含违约风险,还包含由于债务人的履约能力和信用状况发生变化而致使债权人资产价值发生变动,进而遭受损失的风险[257]。现代观点把信用风险分为三个层面:偿债能力、偿债意愿和信用等级变化所带来的潜在损失。由此可以看出,损失发生的可能性不但会出现在违约时,还会出现在违约发生以前。前者即信用违约风险,后者即信用级差风险。

信用风险的形成原因可以分为内部因素和外部因素两种[258]。内部因素指银行机构的风险管理能力,其所面临的风险来源包括:一是信贷方式,根据有无担保可以分成信用贷款及担保贷款;二是债务人评级,例如信用评级、收入预期等;三是贷款行为,例如贷款定价、贷款期限等;四是贷款状态,例如不良贷款率等;五是银行授信人员职业素养,例如业务能力、道德素质等。外部因素指宏观经济状况、通货膨胀情况、利率波动等,这些宏观因素都会影响银行的资产质量。

风险评估是在风险识别基础上,通过对风险项进行全面详细的调研、量化测算和排序测度的过程。目前常见的债务风险评估指标如表 4-5 所示。

表 4-5 地方政府债务风险评价指标体系

准则层	子准则	指标	公式	含义
规模比率	经济比率	负债率	年末债务余额与/当年政府 GDP	反映经济总量对债务总量的支撑程度
		赤字率	年度财政赤字/当年地方政府 GDP	反映了政府未来债务增加可能性的高低
	财政比率	债务率	年末政府债务余额/当年地方财政收入	反映了政府债务对财政收入造成的负担
		逾期债务率	年末逾期债务余额/年末债务余额	反映到期不能偿还债务所占比重的指标
		新增债务率	当年新增债务/当年地方财政收入	反映了当年新增债务对财政收入造成的负担
		债务依存度	当年债务收入/当年财政支出(含债务支出)	反映了当年财政支出对债务收入的依赖程度
		偿债率	当年债务支出/当年财政收入(不含债务收入)	反映了政府的当期偿债压力
		利息支付率	当年债务利息支出/当年财政收入(不含债务收入)	反映了政府的当期偿债压力
	财务比率	资产负债率	政府债务余额/政府资产余额	反映了政府债务负担
结构比率	风险矩阵结构	对外担保率	年末对外担保余额/当年财政收入	反映了政府的担保风险
	期限结构	短期债务率	一年内偿还的债务/债务总额	反映了当期偿债压力
		平均偿债年限	$\sum 债务_i \times 年限_i / 债务_i$	反映了债务偿还期限长短
		外债比率	外债余额/债务总额	反映了主权债务风险

4.3.3 政府性债务风险识别

地方政府性债务风险识别是指从风险识别角度,比较和预测分析地方政府债务的运行情况、风险水平及内外部影响因素。根据地方政府性风险表现形式进行划分,我国地方政府性债务风险体现在微观和宏观两个层面。其中,微观层面风险主要是指地方政府债务风险的表层体现,最为常见的是偿债风险、规模风险、流动性风险、效率风险和结构风险等。地方政府性债务的宏观层面风险是债务风险的传导性所致,地方政府性债务风险会随着时间等因素变化不断发展,一旦发生实质性风险,就会迅速传导到金融和经济社会生活的方方面面,给国民经济造成难以逆转的破坏性影响。

1) 微观层面风险

(1) 规模风险

规模风险,顾名思义是由于债务规模过大、债务总量过高所引起的资不抵债的现象,在我国局部地区普遍存在,其地方政府所承担的债务远远超过地方财力的支撑限度。从地方政府性债务的规模角度,根据申万宏源研究(表4-6),截至2017年底,估算地方政府性债务规模达51.6万亿元,负债率高达62.4%,超过国际上《马斯特里赫特条约》规定的政府债务风险负债率控制标准参考值60%。从债务增长速度角度,截至2017年底,地方政府负有偿还责任的债务相比2016年底增长了7.54%,城投债增长了8.02%,增长速度均高于GDP增长率6.90%。

表4-6 2009—2017年地方政府负有偿还责任的债务状况①

年份	地方政府负有偿还责任债务(亿元)	债务增长率	GDP(亿元)	GDP增长率	地方政府负债率
2009	56 461	61.92%	349 081.4	9.40%	16.17%
2010	67 110	18.86%	413 030.3	10.60%	16.25%
2011	80 384	19.78%	489 300.6	9.50%	16.43%
2012	96 282	19.78%	540 367.4	7.90%	17.82%
2013	108 859	13.06%	595 244.4	7.80%	18.29%
2014	154 000	41.47%	643 974	7.30%	23.91%
2015	160 000	3.90%	689 052.1	6.90%	23.22%
2016	153 164	−4.27%	743 585.5	6.70%	20.60%
2017	164 706	7.54%	827 121.7	6.90%	19.91%

另一方面,固定资产投资规模稳步增加,债务融资需求增加。从图4-22可以看出,全国固定资产总额稳步增加,增速虽有放缓,但总量规模大,投资拉动经济增长的总体趋势面没有发生改变。在目前经济新常态下,经济下行压力大,加大固定资产投资带动投资力度,以

---

① 从2015年1月1日开始,只有省级地方政府发行的地方政府债务才能计入地方政府债务,所以2015年前后债务增长率口径不统一。

维持经济平稳发展是各级政府的必然选择。从2017年各地公布固定资产投资目标规模看，23省份超过45万亿元，政府推动基建支撑经济，用投资稳增长、促发展、推动经济复苏的意愿强烈。如此大规模的投资建设，资金从何而来？在既定的财政政策下，融资必定是地方政府的理性选择，这又将给地方政府带来举债压力。

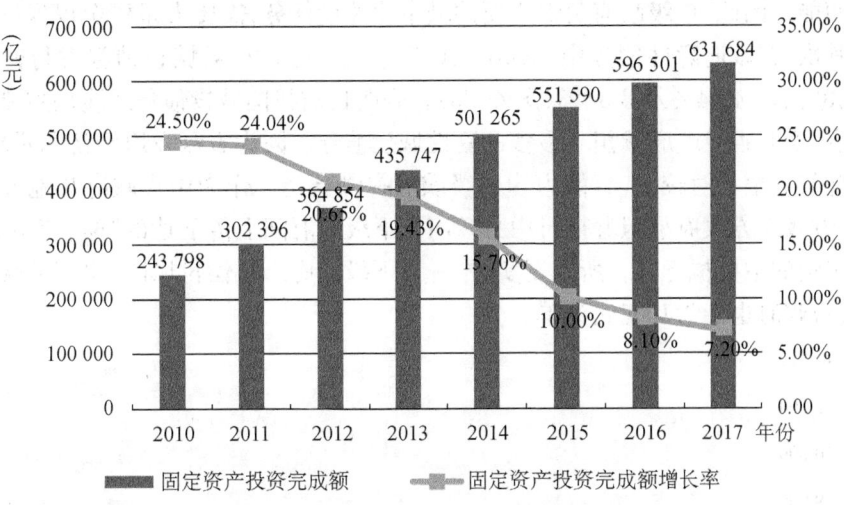

图 4-22　固定资产投资完成额及增长率

(2) 结构风险

结构风险是指地方政府债务主体、债务资金来源、债务期限等结构不合理所导致的风险。目前，我国地方政府债务的结构层次较不合理，具体表现为：首先，中西部地区经济水平较低，财政收入"入不敷出"。东中西部地方政府债券占GDP比值分别为14.13%，16.95%，26.26%，东中西部城投债占GDP比值分别为7.57%，7.63%，11.60%（表4-7），表明中西部地区地方政府性债务占GDP的比例高于东部地区，偿债风险较为突出。主要是因为经济发展水平越高的地区，往往需要更先进、更完备的基础设施建设，于是对固定资产投资规模的需求越大、对筹措资金能力的要求越高，进而该地区越倾向于增加债务规模。同时，东部地区经济实力较强，地方政府的信用等级较高、偿债能力也会相应的更高，因此举借债务时更受到银行间和交易所市场的认可。对比之下，我国西部地区属于经济发展水平较低的地区，经济总量较小、城镇化率较低，对基础设施等公共物品的需求较小，进而对投资的需求也较小。再者，西部地区的经济总体实力较弱、经济发展速度较慢，市场对地方政府的认可度较低，所以较难举借大规模债务。

表 4-7　2017年城投债、地方政府债券与GDP比值

	城投债 （亿元）	地方政府债券 （亿元）	GDP （亿元）	城投债/GDP	地方政府债券 /GDP
东部地区	37 075.86	69 165.15	489 556.48	7.57%	14.13%
中部地区	17 328.76	38 478.55	227 004.39	7.63%	16.95%
西部地区	15 599.16	35 312.12	134 455.87	11.60%	26.26%

其次,从县乡角度来说,首先,在政府显性债务中,根据2013年全国政府性债务省级公告,在政府负有偿还责任的债务中,市级和县级分别为4.84万亿元和3.95万亿元,占比分别为44.49%和36.35%。从财政分权角度考虑,这主要系我国不同层级政府承担着不同的事权支出责任所致。除了省内跨地区重大基础设施建设项目,省级政府很少承担市政基础设施建设等职能。因此,市级政府负责主要的城市化建设任务,需要大量资金以保证事权责任的承担。其次,在政府隐性债务中,2008—2017年我国省、市、县城投债券发行额平均占比分别为56.38%、34.34%及8.34%(图4-23)。表明目前我国城投债券风险仍主要集中在省级地方政府,说明省级政府承担了最多的隐性城投债务。因为省级政府经济总量较为庞大,其财政支配权力也相对较大,有能力为下级政府提供支持。作为中央政府与地方下级政府的连接点,省级地方政府承担着执行中央政府与下级政府间上传下达的"枢纽"功能,是区域经济发展职责的主要执行者。所以现实中,一旦下级政府出现偿付风险,出于社会稳定因素的考虑,省级政府也会为其兜底买单。

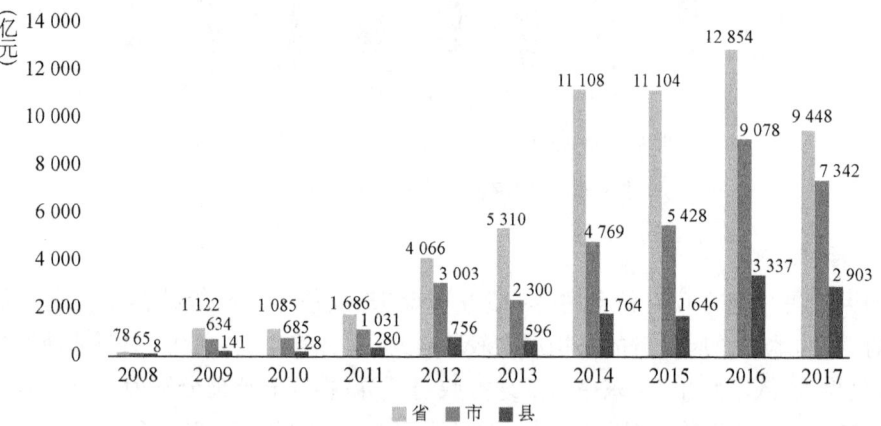

图4-23 城投债券省、市、县发行额

(数据来源:Wind口径)

最后,从债务举借主体来看,政府性债务举借主体主要有地方政府部门和融资平台。随着地方政府债务融资法律主体地位的明确,平台公司发展的环境发生了明显变化。2014年9月,国务院出台43号文,明确投融资平台要剥离政府融资职能,不得新增政府债务,不得以财政资金作为项目偿债资金来源,不允许地方政府提供任何形式的担保。2014年底国家对地方政府性债务进行甄别,明确界定地方政府的债务范围,划清地方政府债务与投融资平台债务的界限,即自2015年起,投融资平台新增债务不属于地方政府债务。同时,新预算法赋予了地方政府合法的融资举债权利。这种"开前门,堵后门"的方式在规范地方政府融资模式的同时,也在一定程度上倒逼投融资平台公司加快谋求新型发展道路的步伐。地方政府虽在短时间内剥离了债务责任,但是平台公司转型并不能一蹴而就,而是需要较长时间的改革过程。相比于债务划分,城投转型改革较为滞后,必然导致处于转型期的平台公司面临着较大的债务风险。由于目前城投公司依然经营着地方重要的基础设施,提供着重要的公共服务,并且其市场化转型尚未完成,所以从道义责任上讲,地方政府又不能完全将城投公司置之不管,一旦投融资平台经营出现问题,地方政府仍负有一定的救助责任,进而为地方政府带来一定隐性风险。因此,地方政府债务偿债主体依然集中在政府部门,债务偿债主体集中,风险不易分散。

(3) 效率风险和流动性风险

债务效率风险目前在我国也较为常见,因为地方政府在债务资金使用环节缺乏规范指导,以至于出现投资项目效率低下,不足以承担债务成本或偿债资金稳定性较差的现象。流动性风险是地方政府因为债务期限错配、短贷长用而造成资金流动性不足、周转率低等问题,使得在财政收入足以承担债务的情况下依旧不能按期还本付息的现象。

债务资金的使用效率低,期限错配问题严重。地方政府债务资金的主要投资领域为市政和基础设施建设等行业,虽然这些项目对于保障经济社会的持久稳定发展、实现民生稳定等方面有巨大作用,但这些项目大多具有非营利性性质,且资金回收期限较长。因此,和我国地方融资平台资金的借贷期限极不匹配,容易造成市场的流动性紧张、期限错配严重等问题。

从偿债时间角度,地方政府债券自2015年起开始大规模发行,3年期的债务将于今年到期。Wind数据显示(图4-24),2018—2022年,地方债到期规模在短时间内呈逐年上升趋势,并在2022年达到高峰。2018年全国地方债到期规模将达到8 389亿元人民币,2019年、2020年地方债到期规模上升为13 036亿元及20 376亿元,5年后将达到地方债务到期最高峰——2022年全国现有地方债到期规模将达到25 318亿元人民币,5年内地方债到期总规模达到87 258亿元人民币,平均每年到期规模在1.7万亿元左右。在2023—2027年到期的地方债规模缩小,平均到期规模在1.2万亿元左右。与此同时,2018年—2021年,到期城投债规模也呈现逐年上升趋势,并在2021年达到高峰。2018年地方政府城投债到期规模高达10 530亿元,2020年、2021年地方政府城投债到期规模上升为12 597亿元及15 088亿元。2018年—2022年,5年内城投债到期总规模达58 661亿元,平均每年到期债务规模为1.2万亿元左右。巨大偿债压力下,地方政府融资渠道比以往紧张,偿债压力随之进一步加大。

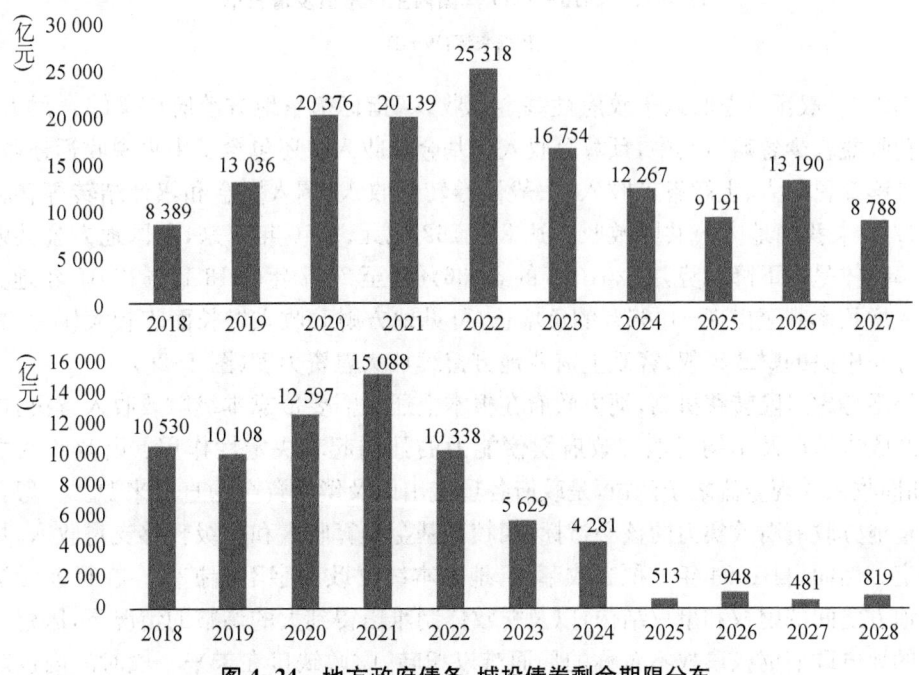

图 4-24 地方政府债务、城投债券剩余期限分布

(数据来源:2017/12/31,Wind口径)

(4) 偿债风险

偿债风险指的是地方政府将债务资金用于基础设施建设的投入，项目完工后不能立刻产生有效资金，以至于入不敷出，无法按时偿债的情况。一方面，经济减速下行、财政赤字增加使地方政府偿债能力弱化的风险。2017 年末，国内生产总值已经达到 82.71 万亿元。从总量与增速方面看，2010—2017 年国内生产总值呈现逐年增长之势，但近四年来国内生产总值增长放缓，2015 年增长率已降至 7.0% 以下。受国际国内双重因素影响，我国经济已进入缓慢下行轨道，但增速下滑的幅度在逐步缩小，2017 年有所回升，GDP 增长率为 6.9%，仍未突破 7.0%（图 4-25）。

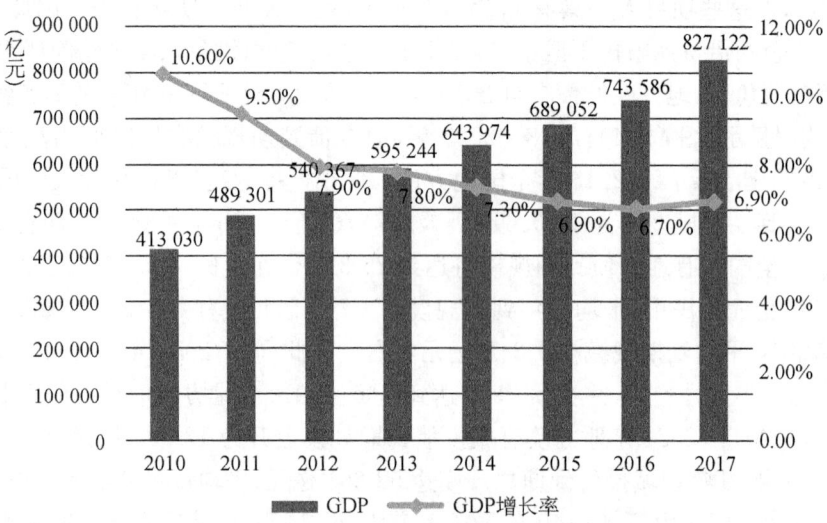

图 4-25　2010—2017 年国内生产总值及增长率

（数据来源：Wind）

我们以"一般预算总收入＋政府性基金总收入"指标衡量地方政府广义综合财力（国有资本经营收益较少忽略），其中，预算总收入和基金总收入中还包含了中央税收返还收入、中央和省转移支付收入、上解省市收入、一般债券转贷收入、调入资金和累计结转等转移性收入。2017 年末我国地方公共财政收入达 215 162 亿元；2010 年以来，我国地方公共财政收入增长率整体呈现下降趋势，由 2010 年的 39.36% 降至 2017 年的 13.11%；2015 年地方公共财政收入增长率甚至出现 −0.65% 的负增长，可见地方财政收入增长面临较大压力，如果不调整地方与中央的财政事权，客观上需要地方持续加大融资力度（图 4-26）。

如果不考虑风险转移机制，地方政府在根本上还是需要依靠本级财政收入解决，即地方本级财政收支情况及结构对地方政府偿债能力的强弱起着决定性作用。财政收入之于政府，就如同收入或现金流之于公司，是政府各项支出以及偿债资金的直接来源。一般预算收入是衡量地方政府财政实力的核心指标，相较于基金预算收入和上级转移支付收入，更为内在和稳定。然而，自 1994 年分税制改革后，地方本级财政赤字不断扩大。在目前无法厘清中央与地方之间的财权和事权结构，以及财政体制难以得到大的调整的情况下，因财力不足而导致的地方政府财权事权不对称的局面难以扭转，财政缺口在未来一段时间内也难以得到弥补。

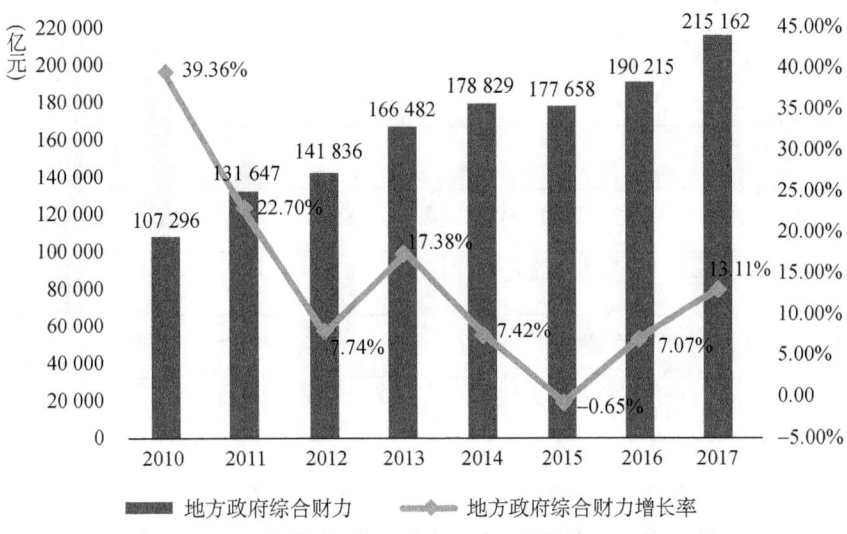

图 4-26　2010—2017 年地方政府财政收入及增长率

（数据来源：Wind　地方政府综合财力＝地方公共财政收入＋地方政府性基金收入）

2011—2016 年，地方一般公共预算收入增长缓慢，其增长率更是持续下降，从 2011 年 29.38％下降到 2016 年 5.11％（图 4-27），地方政府面临巨大偿债压力。从图 4-28 中可以看出，地方财政缺口规模不断扩大，中央财政缺口不断缩减，总体来看，全国财政缺口扩大的趋势并没有缓解。因此，财政分权体制下形成的地方财政困境将会持续存在，地方政府债务规模扩大的客观环境没有有效改变。

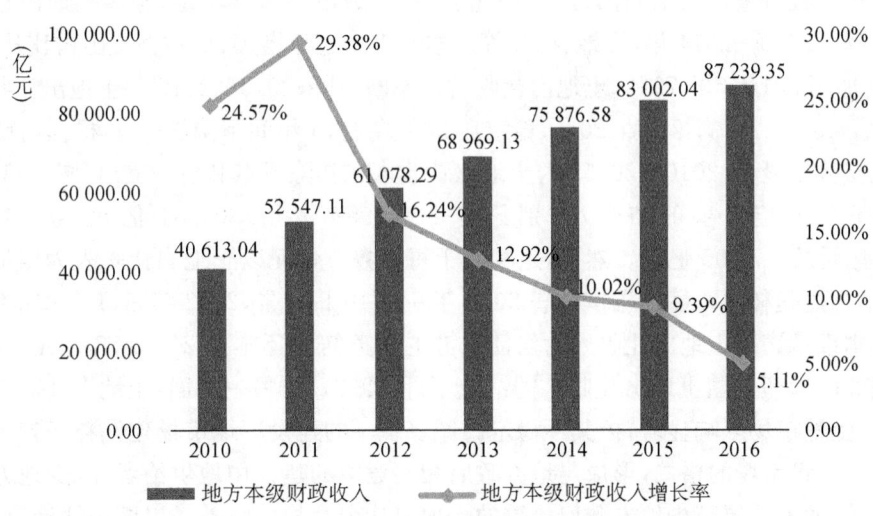

图 4-27　地方政府本级财政收入及增长率变化

另一方面，地方政府偿债资金严重依赖土地出让收入。然而，土地是不可再生资源，依托土地财政的融资方式具有不可持续性。尤其未来土地出让将呈成本不断上升、土地出让收益不断下降的趋势，债务偿债风险增加。具体表现为：土地出让收入包括成本和收益两部

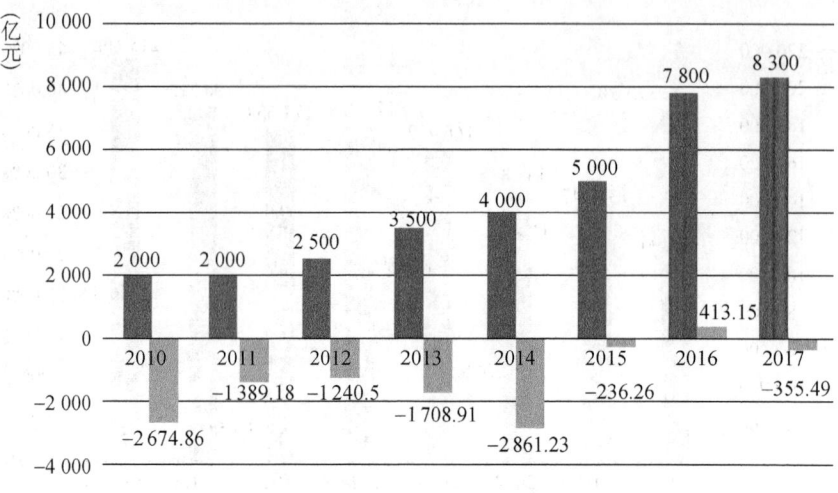

图 4-28　地方政府公共收支差额及政府性基金收入差额

（数据来源：Wind）

分,其中成本主要包括征地拆迁补偿为主的取得成本和以前期整理、开发为主的开发成本。近年来,随着征地制度改革的深化以及农民维权意识的增强,城市国有土地上房屋拆迁补偿新政的出台和社会物价总体水平的上升以及征地补偿标准的不断提高,出让土地取得和开发成本快速上升,出让土地的收益率呈逐年下降的趋势。从图 4-29 看出,2009—2014 年,全国土地出让收入逐年增加;2015 年,伴随我国供给侧结构性改革加快推进,固定资产投资特别是房地产投资增速大幅回落,经济增速放缓,土地市场需求不足,全国土地出让收支规模大幅下降。2010—2014 年,征地、拆迁等成本性支出逐年增加,成本性支出占比从 2010 年的 47% 增加到 2014 年的 79%,土地出让收益率不断下降;2010—2015 年土地出让收益率分别为 53%,28%,22%,21%,20%,稳定在 20% 左右,5 年间下降 33%。根据财政部门土地出让收支数据显示,2010—2015 年,土地出让收入在扣除成本和各项支出(图 4-30)后,当年结余(不包括记提项的结余)分别只有 2 420.92 亿元、304.84 亿元、464.46 亿元、8 987.93 亿元及 −70.05 亿元。然而,这相对于每年数万亿元以土地出让收入为偿债来源的债务来说,不过是杯水车薪。据审计署 2013 年 6 月 10 日公告,2012 年底,4 个省本级、17 个省会城市本级承诺以土地出让收入为偿债来源的债务需偿还本息 2 315.73 亿元,仅是这些地区的债务已远超全国土地出让收入的结余了(图 4-31)。另一方面,土地出让收入受宏观经济政策、土地市场影响显著,极其不稳定。城乡统一的建设用地市场建设势必打破地方政府垄断土地一级市场的格局,形成与地方政府相互竞争的建设用地供给者,减少地方政府土地出让规模,尤其是要减少地方政府倚重的土地出让金及相关收益。以缩小征地范围、建立兼顾国家、集体和个人土地增值收益分配机制为主要改革内容的征地制度改革,将进一步界定征地公共利益,缩减地方政府土地出让收入,增加农民集体获取土地增值收益。这一系列土地制度改革举措将大大压缩地方政府土地财政空间,地方政府依托土地融资的空间也将被大大压缩,冲击土地出让收入,"土地财政"丧失其发展背景,必将影响地方政府性债务的偿还渠道。

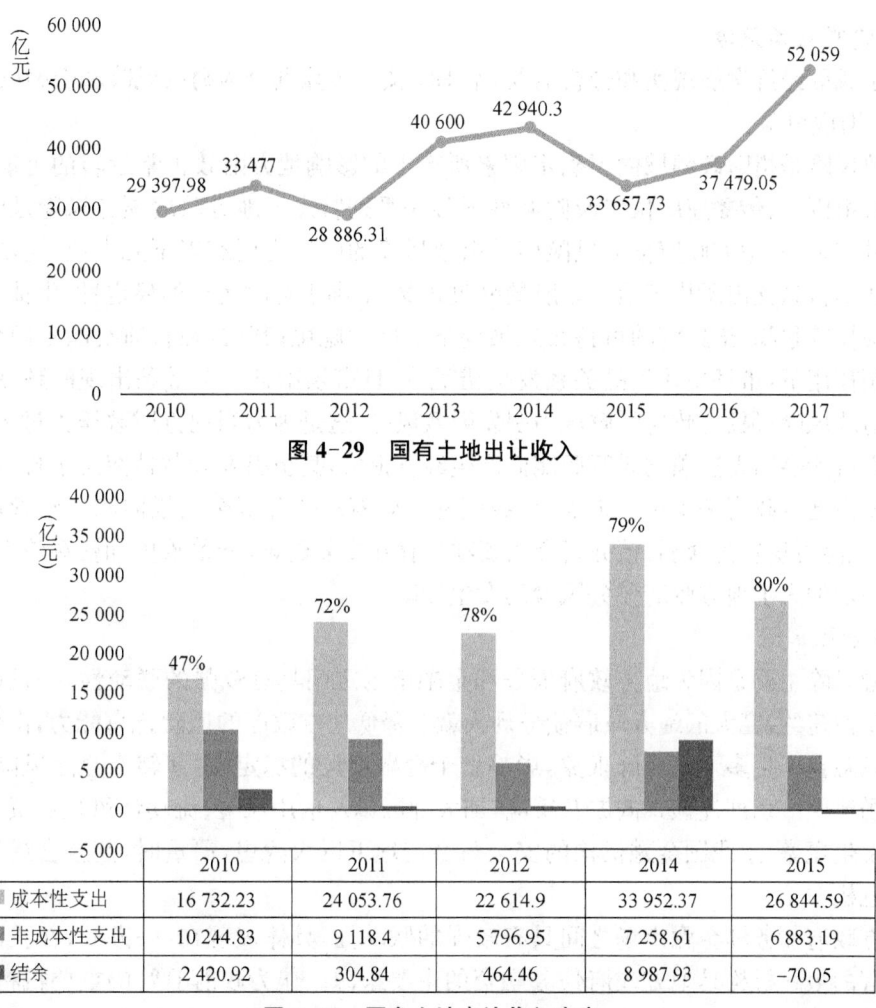

图 4-29　国有土地出让收入

图 4-30　国有土地出让收入支出

（数据来源：财政部土地出让收支情况）

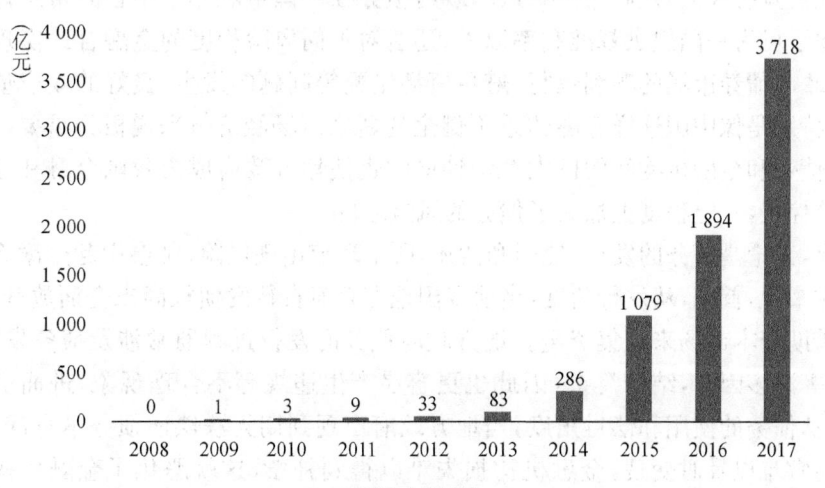

图 4-31　城投债券到期未偿还量

（数据来源：Wind 口径）

2) 宏观层面风险

基于我国经济发展现实和分析需要,本书将债务风险划分为财政风险和金融风险。

(1) 财政风险

财政风险是指财政领域内不确定因素所产生的影响地方财政正常运转的可能性,财政风险具有范围广、传播速度快以及隐蔽性强等一系列特点。地方政府债务风险是财政风险的重要种类之一,地方政府债务风险引发财政风险的路径主要有以下几点:首先,地方债务巨大的还本付息支出恶化了地方政府的财政状况,不利于财政运行的稳定性,由债务引发的财政风险持续累积,给经济的可持续发展埋下了巨大隐患;其次,在目前我国不健全的风险分担体制作用下,市场主体间的关系发生错乱,一旦市场中某一个链条出现问题,就会迅速演变为财政风险;最后,政府财政压力引发财政风险,这是因为当地方财政压力过大时,地方政府极有可能会因无法顺利履行职能而产生经济损失,甚至引发公共性突发事件,而这些最终都需要由地方政府来承担。再加上,我国地方政府对债务资金的投向和运营管理长期疏于重视,风险意识较为薄弱,债务资金投资项目存在重复建设、低效投资和资源浪费等问题,这就进一步加大了地方政府债务风险的发生概率。

(2) 金融风险

金融风险主要是因为地方政府债务和金融市场之间具有较强的联动性,一旦地方政府发生实质性违约,庞大的地方政府债务规模就会降低地方政府的风险抵御能力,由债务引发的财政风险会产生多米诺骨牌现象,影响整个金融市场的稳定,迅速转为金融风险,从而对金融市场产生一系列连锁式的波及反应,加大地区爆发信用风险、流动性风险和资本风险等风险的发生概率,给我国金融机构的安全与稳定埋下巨大隐患,严重时,甚至会爆发全国性的经济危机。

地方政府债务和金融市场之间具有较强的联动性,具体表现在:一方面,在我国以商业银行为首的金融机构是地方政府债务融资的主要来源。作为政府监管的重要机构,商业银行等金融机构和地方政府间关系密切,金融机构的发展水平和地方政府的治理水平对地方政府债务规模具有较大影响。另一方面,政府债务在一国金融体系中也时常发挥基础性的作用。它除了可为一国提供基准利率以外,还能对不同风险程度的金融合约实现差别性定价,有利于政府债券市场的顺利运行、避免资源错配等问题的发生,良好的政府债券市场对一个国家、特别是像中国这样金融体系不健全的新型市场经济体来说极为重要。需要指出的是,政府债务和金融机构间的巨大联动性同时也使地方政府成为我国金融和经济的风险爆发点和监控点,一定程度上加大了债务的风险敞口。

事实上,无论是债务的发行、使用和偿还,哪个环节出现风险,都会引起金融系统的剧烈波动。具体来说,首先,从发行角度,当前我国地方政府自行发债权尚未全面放开,我国地方政府主要借助资本市场来筹集资金。地方政府债务的发行过程通常涉及债务发行的规模、结构、期限等诸多因素,结构复杂,因此也更容易产生违规等不合理现象,进而引致金融危机。其次,从债务的使用和偿付角度,当地方政府出现到期无法偿还债务本息问题时,土地等抵押品通常难以及时变现,金融机构损失难以得到补偿,这就恶化了金融机构的财务状况,给金融体系的安全性埋下巨大隐患。再次,从监管角度,在我国,政府债务信用等级属于最高级,债券市场对政府信用盲目信任,而且我国目前的金融监管手段不够完善,地方政府债务发行存在监管漏洞,对金融风险的防御能力相对较低。一旦地方政府债务出现违约,金融机构就必然会受到极大的波及和牵连。因此,应防范地方政府性债务。

4.4 基于PSR的我国地方政府债券风险评估实证

4.4.1 研究设计

"压力-状态-响应"(PSR)模型以可持续性发展作为理念,适用于系统研究生态安全、环境质量、资源利用等多领域的可持续问题。政府债务虽不属于这些领域,但我国地方政府债务问题的形成可以概括为:在中国特殊的制度环境和城市化进程中,财政缺口和投资建设压力刺激形成相应的举债动机,债务的逐渐积累形成特定阶段的债务规模和债务结构,需要以相应的偿债能力作为响应保障,避免出现违约。从这一思路来看,在系统性评价债务安全方面,PSR模型具有一定适用性。

谢保鹏(2017)首次将"压力-状态-响应"模型引入债务风险评价中[168],提出集举债动机、债务状态与偿债能力为一体的地方政府性债务风险理解架构。本书在一定程度上受其启发,认为在进行地方政府债务风险分析时应关注举债压力、债务水平和偿债能力三个方面。而本书与谢保鹏研究的不同之处在于:首先,谢保鹏在应用PSR模型时,仅将其作为构建指标体系过程中的分析框架,后续对债务风险的定量评估仍旧采取多指标加权集成的方式,从本质上来说,与一般的多指标综合评估法没有差别。而在本书"举债压力-债务水平-偿债能力"的地方政府债务风险分析框架下,关注三个子系统之间的匹配度,以"偿债能力-债务水平"匹配度衡量地方政府当前偿债风险,以"偿债能力-举债压力"协调度衡量地方政府债务规模扩张风险,更好地融入PSR模型的理念,同时也与我国当前地方政府债务风险特点相契合。第二,本书以土地财政为视角,评价指标体系以土地财政对地方政府债务的影响为基础,选取指标逻辑建立在已有研究和当前地方政府债务现状基础上,与谢保鹏建立指标体系有较大差别。

"压力-状态-响应"(PSR)模型,是由经济合作和开发组织(OECD)与联合国环境规划署(UNEP)共同提出的环境概念模型。该模型从人类与环境系统的相互作用与影响出发,对环境指标进行组织分类,具有较强的系统性和逻辑性,反映了人类活动、环境和自然资源以及机构之间的相互影响以及因果关系。在PSR框架内,某一类环境问题可以由三个不同但又相互联系的指标类型来表达,其基本框架可表述为图4-32。

压力指标反映人类活动给环境造成的负荷,如资源索取、物质消费以及各种产业运作过程所产生的物质排放等对环境造成的破坏和扰动,刻画环境产生变化的原因;状态指标表征环境质量、自然资源与生态系统的状况,回答发生了什么变化的问题;响应指标表征人类面临环境问题所采取的对策与措施,回答做了什么以及应该做什么的问题。

由于其具有较强的逻辑性、系统性和可操作性,PSR模型广泛应用于资源环境领域的评价,如生态安全评价、脆弱性评价、资源的承载力评价、资源集约节约利用评价以及生态风险等评价。

我国的地方政府债务问题其本质也是一个可持续发展的问题,若长期面临过量的举债冲动,债务规模持续膨胀,又没有相匹配的债务偿还能力,地方政府极有可能在将来面临无

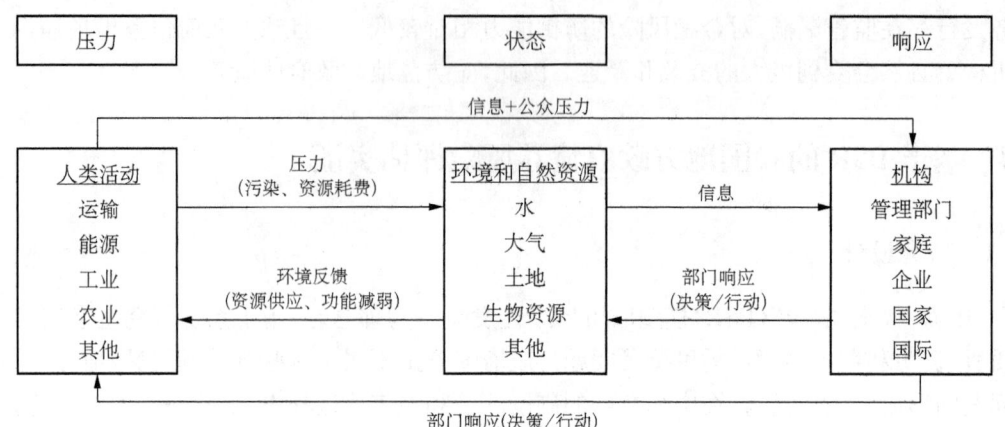

图 4-32 "压力-状态-响应"(PSR)模型框架

法偿还到期债务的困扰。一旦这种局面扩大,大量违约可能导致地方政府信用走低,政府公信力失效的同时还将面临资金链断裂的危机,显然这样的地方政府债务是不可持续的。

债务风险,是一种不可持续状态,债务规模有别于债务风险,债务风险在于地方政府举债规模、结构超越了地方经济、政府等相关主体的偿债能力,而债务规模只是债务状态的一个客观反映,离开偿债能力讨论债务状态缺乏实际意义。另外,政府未来的举债压力与偿债能力的发展是否相协调,决定了地方政府未来的债务水平相对于偿债能力而言是收敛还是扩张,因此举债压力也能在一定程度上表现地方政府债务风险状况。

1) 债务风险 PSR 分析框架的构建

基于理论分析,本节尝试借鉴 PSR 模型评价生态风险的基本思路,在前人使用该模型的基础上,建立政府债务风险的 PSR 模型并实证分析我国 31 个省及直辖市地方政府债务风险(图 4-33)。

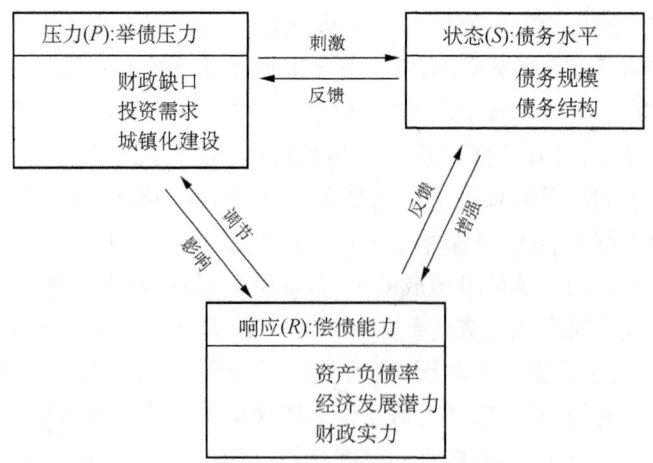

图 4-33 债务风险的 PSR 框架模型

从举债压力来看,一方面在整体经济下行压力下,地方政府面临着财政收支"入不敷出"的问题,需要弥补财政缺口;另一方面,在谋求城市发展过程中,地方政府通过加大基础设施投资来实现地方经济增长,同时新型城镇化建设任务繁重,面临着较大的资金来源不足的压力,这是我国特有的财政体制环境导致的体制性举债冲动以及财政缺口事实;在压力促使下,地方政府通过各种渠道举借债务,债务结构、债务规模等指标发生变化,是在举债压力下所处的状态即债务基本风险;而响应则是面对风险地方政府应对的能力即偿债能力。举债压力的存在必然导致债务规模的扩张,必然提升债务率等债务指标,因此举债压力是债务风险的源头;高的债务水平必然要求地方政府有与之相匹配的偿还能力,当偿债能力不足时,便极有可能触发债务风险;地方政府应根据偿债能力调整举债动机,形成与偿债能力相匹配的债务规模,这也是防范地方债务风险的基本思路。综上,债务风险由举债压力、债务水平和偿债能力综合决定,且取决于三个系统之间的匹配度。

2) 评价指标体系的建立

(1) 指标体系构建依据及原则

根据本节构建的地方政府债务 PSR 分析框架,相应地从举债压力、债务水平、偿债能力三个层面建立风险评价指标体系。因为当前对于地方政府债务风险的研究,大多以债务规模和债务结构反映的债务状态角度评估风险,或者从偿债能力层面评估地方政府的违约风险,债务状态和偿债能力两方面的评价指标体系研究比较成熟。基于此,本书在选取债务水平和偿债能力两个子系统的评价指标时,借鉴已有研究成果,归纳总结已有指标,得到关于债务水平和偿债能力的"指标库"。然后根据本书主张的观点,在严格区分举债压力、债务水平、偿债能力三个子系统的基础上,结合当前制度环境,筛选出契合本书思想的"状态层"(债务水平)和"响应层"(偿债能力)指标。由于当前对举债压力的研究较少,相应的指标体系不完善,通过学习 PSR 在其他领域中的应用,参考其关于"压力层"指标体系建立的思想,并通过前文对我国地方政府债务规模扩张原因的分析,明确我国地方政府面临的举债压力的直接来源,是弥补财政缺口和进行城市建设的投资冲动,并据此选择相应的指标进行刻画。本节选择指标遵循以下原则:

① 系统性。本节从举债压力、债务水平、偿债能力三个层面系统建立风险评价指标体系,在指标选取时遵循 PSR 模型思考问题的逻辑,厘清子系统之间的逻辑关系,同时严格区分三个子系统的界限,避免子系统之间出现交叉。这一方面避免了指标的重复性,另一方面也减少了指标选取的随意性。

② 全面性。在具体选择各子系统的指标时,尽量全面覆盖相关方面的内容,选取的所有指标能完整反映某一层面的内容。例如本节在选择债务结构的相应指标时,全面了解所有政府债务分类情况,并选择其中可能涉及债务风险的债务种类,用相应的指标进行刻画。要做到全面性,主要依托于对当前债务相关研究和相关政策制度的全面把握和深刻理解。

③ 代表性。对于某一准则,可能有多个指标都能从不同侧面反映其内容,此时需要选择其中更具有代表性的指标加以刻画。例如在选取反映政府财政缺口的指标时,除了财政赤字率,还有诸如财政自给率等指标也能在一定程度上加以反映。但为了避免指标覆盖内容出现重复,选择了其中能够直接代表政府财政缺口的赤字率作为度量指标。除此之外,指标内涵和指标计算公式的选择,也需要根据所需反映内容的具体情况,以代表性为原则,进行权衡和选择。

④ 可操作性。选择指标时需考虑相应数据的可获得性,按照前述三项原则,某些指标可能也应该纳入指标体系中,但由于其相关数据无法通过权威渠道有效获取,只能将其舍

弃。例如政府逾期债务比例也是一个能反映一定结构风险的要素,但因为各地方政府对逾期债务额的统计不全面,且大多省份未及时公开,导致这一相关数据无法获取,如果强行将其纳入指标体系考虑中,就算勉强估算得到结果,也会因为过程中过多处理导致结果失真,不仅造成操作上的麻烦,还会产生一定的信息误导。因此,本书在选择指标时充分考虑可操作性,进行了必要的舍弃。

(2) 指标体系构成(表4-8)

表4-8 地方政府债务风险评价指标体系及指标含义

系统层	准则层	指标层	指标含义	方向
举债压力（压力）	财政压力	财政赤字率	(财政支出－财政收入)/GDP×100%	＋
		土地财政依存度	土地出让收入/财政支出	＋
		失业率	(可就业人口－就业人口)/可就业人口	＋
	投资冲动	固定资产投资支出比重	全社会固定资产投资总额/财政支出	＋
		固定资产投资增长率	(当年固定资产投资总额－上年固定资产投资总额)/上年固定资产投资总额	＋
		城镇化率	城镇人口/总人口	－
债务水平（状态）	债务规模	负债率	政府债务余额/GDP	＋
		债务率	政府债务余额/财政收入	＋
		新增债务率	当年新增债务额/上年末债务余额	＋
		人均债务负担率	政府债务余额/本地方人口总额	＋
		债务成本负担率	债务利息支出/一般公共预算支出	＋
	债务结构	专项债与一般债比例	专项债余额/一般债余额	＋
		或有债务比重	或有债务总额/政府债务余额	＋
		债务置换比	当年发行置换债券数额/当年新增债券数额	－
		债务实际偿还比例	当年实际偿还债务量/上年末债务余额	－
		债券平均到期年限	所有地方政府债券的剩余期限加权平均	－
		土地出让收入偿债比例	承诺以土地出让收入偿还的债务余额/年末债务余额	＋
偿债能力（响应）	综合指标	资产负债率	年末债务余额/年末国有资产总量	－
	经济发展	GDP增速	(当年GDP－上年GDP)/上年GDP	＋
		固定资产投资效果系数	GDP增量/固定资产投资总额	＋
	财政实力	地方政府财政汲取能力	财政收入/GDP	＋
		财政收入税收比率	税收收入/财政收入	＋
		土地财政依赖度	土地出让收入/财政收入	－

(3) 指标体系逻辑基础

① 举债压力方面。

债务风险压力指标用以表征地方政府举债的不得已因素,根据对我国地方政府债务规模扩张原因分析可以得出,地方政府举债压力的直接来源是财权事权不匹配导致的财政缺口以及新型城镇化建设任务下的投资冲动,因此从这两个层面选取压力层指标。

财政赤字率是最直接表征地方政府财政缺口的指标,是国际通用于衡量财政风险的重要指标;土地财政依存度表征财政支出对土地出让收入的依赖度,在土地市场波动下,当土地出让收入减少时,地方政府会因为投资需求刚性难以回落而产生债务规模扩张的冲动,因此财政支出对土地财政的依赖构成隐性举债压力;而失业率能反映整体经济状况,失业率上升,说明经济发展放缓或衰退,从财政政策的角度看,政府需要采取扩张性财政政策,增加财政支出,使就业机会增加,降低失业率,此时财政缺口有扩大趋势,举债压力增大。

根据《国家审计署 2013 年第 32 号公告:全国政府性债务审计结果》,从资金投向看,我国的地方债务主要用于基础设施建设和公益性项目:用于市政建设、交通运输设施建设、土地收储、保障性住房、教科文卫、农林水利建设、生态建设和环境保护等基础性和公益性项目的支出约占九成(86.77%);其中,市政建设和交通运输设施建设占比合计约为 60%,这表明基础设施建设是当前地方债务最主要的投向,也是最主要的举债动机。另外,城镇化建设是地方政府进行投资建设的驱动因子,城镇化水平低,地方政府面临的建设压力大,因此以固定资产投资支出比重及其增长趋势,以及城镇化率,综合反映地方政府在新型城镇化建设任务和晋升激励等各方面压力下的投资冲动。

② 债务水平方面。

地方政府债务风险状态指标用以表征在债务压力之下形成的债务状况,通常以债务规模和债务结构两方面加以体现。债务规模方面国际通用指标包括负债率、债务率,负债率衡量经济总规模对政府债务的承载能力,债务率反映债务与财政收入的相对规模,新增债务率反映地方政府债务规模变化趋势。而人均债务负担率将地区人口因素与地方债务相联系,反映地方人口承受的债务规模状况,债务成本负担率表征债务利息对财政支出构成的压力,侧面反映地方政府对当前债务规模的承受度,这两个指标在已有研究中应用较多。因此结合已有研究和国际通用做法,本书确定负债率、债务率、新增债务率、人均债务负担率和债务成本负担率为地方政府债务规模指标。

债务结构方面,根据国家当前对债务结构的管理措施和关注重点,考虑专项债务与一般债务、或有债务、置换债务及债务偿还等所占比例大小。从专项债务或一般债务占政府债务的比重来看,一般债纳入公共财政预算管理,以政府一般公共预算收入偿还;而专项债纳入政府性基金管理,以政府性基金收入或其他专项收入偿还。总体而言,以税收为主的一般预算收入的稳定性要高于政府性基金收入,因此一般债占政府债务比重越大,说明政府债务偿还的概率越高,虽然专项债在一定情况下也能以政府财政收入偿还,但毕竟会突发性增加财政负担,带来一定风险。从债务认定上,政府或有债务并不属于政府债务,但是在一定条件下可能转化为政府债务,从而加剧地方政府债务风险。因此本书以或有债务比重作为调节因子,反映或有债务隐含的风险。债务置换,简单说来就是借新债还旧债,从而延长债务期限,降低债务利息,这在一定程度上有利于控制地方政府债务风险,因此将债务置换比重作为缓解风险的指标。地方政府债券的剩余期限能反映政府当前的偿债压力,到期年限越短,相应的偿还压力也就越大,因此将债券平均到期年限视作债务压力的负向指标。根据土地财政相关理论,土地财政收入具有不确定性和不可持续性,以未来土地出让收入作为偿债来源会加大地方政府债务结构风险。

③ 偿债能力方面。

地方政府债务响应指标表征地方政府对风险压力的响应,进一步可以理解为地方政府偿债能力的大小。资产负债率是综合反映地方政府以现有资产偿还债务能力以及举债安全程度的指标,也是反映出现诸如政府破产等极端情况的风险程度。经济增长速度和固定资产投资效果系数可以说明地区当前经济发展状况,反映地方政府未来偿债能力。对于地方政府债务来说,地方财政实力是其偿债能力及未来政府支出的重要保障,稳定的收入来源是地方财力的基础。可以用财政收入反映地方财力,在此基础上,还要考量收入的结构。

收入的结构一方面从税收收入占本级地方收入的比重考虑,税收收入是较为稳定的收入,是本级政府财政收入的重要部分。其比重可以衡量本级地方政府财政收入的稳健性,从一定程度上反映地方财政收入的质量,比重越高,财政实力越强。另一方面,国有土地出让金收入规模也是收入结构的一部分,但是从风险角度考虑,土地财政依赖度越大,其受土地市场影响越大,收入也越不稳定,风险较高。同时因为土地出让收入的不可持续性,若地方政府对土地财政依赖度过高,未来偿债能力将因为土地资源的有限性而受到影响。

3) 指标权重的确定

确定指标权重是评价地方政府债务风险非常重要的一步,对评价结果影响非常大。常用指标赋权方法可分为主观法和客观法两大类,主观法诸如层次分析法、德尔菲法等在进行赋权时,需要加入人为的主观判断,不同的人会产生不同的结果,误差相对较大。而客观法则是完全利用数据本身的信息来进行指标赋权,针对同一组数据,不同的人得出的结果一致。为了减少人的主观判断对结果带来的影响,本书采用的变异系数法确定指标权重,是一种客观的赋权方法。

变异系数法确定指标权重的基本思想是:在评价指标体系中,如果某项指标在所有评价对象上观测值的变异程度较大,说明该指标在评价时达到平均水平的难度较大,它能够明确区分被评价对象在各方面的能力,则该指标应赋予较大的权重。虽然变异系数法是一种纯数学的方法,但它用于本书的风险评价中却有一定的科学性。首先,风险本身就是一种不确定性,如果一项指标的观测值变异程度较大,说明该项指标在观测对象上的不确定性越大,其带来风险的可能性也就越大。其次,本书进行的地方政府债务风险研究是一种相对研究,探究债务风险在全国各省地方政府间的空间分布情况,因此需要一定的区分度。如果一个指标在各个地区之间没有多大的差别,区分度不明显,那么用这个指标来衡量地方政府债务风险水平在本书中就失去了意义。综上,在目前国内外对地方政府债务风险评价指标体系及各指标对风险的影响程度大小都没有定论的情况下,本书选取变异程度越大的指标赋予越高的权重。

变异系数法确定指标权重的具体操作步骤分为两步:

首先,计算各指标观测值的平均数和标准差。

$$\bar{x}_j = \frac{1}{n}\sum_{i=1}^{n} x_{ij}, \ j=1, 2, \cdots, m \tag{4-1}$$

$$s_j = \sqrt{\frac{1}{n-1}\sum_{i=1}^{n}(x_{ij}-\bar{x}_j)^2}, \ j=1, 2, 3, \cdots, m \tag{4-2}$$

第二步,计算各指标的变异系数和权重。

$$v_j = \frac{s_j}{\bar{x}_j}, \ j=1, 2, 3, \cdots, m \tag{4-3}$$

$$w_j = \frac{v_j}{\sum_{j=1}^{m} v_j}, \ j=1, 2, 3, \cdots, m \tag{4-4}$$

其中,x_{ij} 代表第 i 个地区第 j 个指标的观测值,$\bar{x}_j$ 代表第 j 个指标在 n 个地区的所有观测值的平均值,s_j 代表第 j 个指标在 n 个地区的所有观测值的标准差;v_j 代表第 j 个指标的变异系数,w_j 表示第 j 个指标在 m 个指标中所占权重。

4)指标数据的标准化处理

因为各指标数据存在量纲和数量级上的巨大差别,不具有可比性,因此需要对所有指标原始数据进行预处理,消除不同指标间的量纲差异,异质指标同质化。在此采用 Min-max 标准化法对指标进行标准化处理,正向评价指标和负向评价指标的标准化计算公式分别为

正向指标计算公式:

$$X_{ij} = \frac{x_{ij} - x_{j\min}}{x_{j\max} - x_{j\min}} \quad (i=1, 2, 3, \cdots, n; j=1, 2, 3, \cdots, m) \tag{4-5}$$

负向指标计算公式:

$$X_{ij} = \frac{x_{j\max} - x_{ij}}{x_{j\max} - x_{j\min}} \quad (i=1, 2, 3, \cdots, n; j=1, 2, 3, \cdots, m) \tag{4-6}$$

式中,x_{ij} 和 X_{ij} 分别代表第 i 个地区第 j 个指标原值及其标准化后的数值;$x_{j\min}$ 和 $x_{j\max}$ 分别表示第 j 个指标样本数据中的最小值和最大值。

5)各子系统评估分值的计算

根据各指标权重和标准化后的指标数据,分别计算压力、状态、响应子系统的评估分值:

$$A_{ik} = \sum_{j=1}^{m} w_j X_{ij}, \ k=1, 2, 3 \tag{4-7}$$

式中,A_{ik} 代表第 i 个地区第 k 个子系统的得分。

6)PSR 系统的风险水平测算

现有债务风险多指标综合评价方法中,都采取所有指标集成,计算综合得分的做法。考虑到本节构建的 PSR 框架指标体系与一般综合评价指标体系的差异,"压力""状态""响应"并非对地方政府债务风险系统的分解关系,因此集成后的综合评分并不能真实反映风险的大小。按照本书观点,债务风险不完全由政府当前的债务规模和债务结构所决定,债务水平

高,只要有与之相匹配的偿债能力,那么出现最终无法偿还地方政府债务的可能性就较低,其债务风险水平可控;举债压力大,并不意味着地方政府债务风险水平必然会高,只要偿债能力与举债压力相协调,地方政府债务规模将不会进一步扩大,甚至可能通过债务偿还实现债务规模的逐步化解,因此债务水平依然处于可持续发展的健康状态。因此,本书更多关注的是政府举债压力(压力)、债务水平(状态)、偿债能力(响应)三个子系统的匹配程度。为此,本节从两方面测度地方政府债务风险水平:以"偿债能力-债务水平"("响应-状态")匹配度衡量地方政府当前偿债风险,即地方政府无法偿还已有债务的风险;以"偿债能力-举债压力"("响应-压力")协调度衡量地方政府债务规模扩张风险,即在未来地方政府债务规模继续扩张中存在的风险;以无法偿债风险与规模扩张风险的平均值衡量地方政府整体综合风险水平。

(1) 当前偿债风险计算

① "偿债能力-债务水平"匹配度计算:

$$RS_i = A_{i3} - A_{i2}, i = 1, 2, 3, \cdots, n \tag{4-8}$$

式中,RS_i为第i个地区"偿债能力-债务水平"匹配度指数;A_{i3}为第i个地区偿债能力(响应)子系统得分;A_{i2}为第i个地区债务水平(状态)子系统得分。RS_i的值越大,代表该地区偿债能力与债务水平的匹配度越高;反之,若RS_i的值越低,表示该地区的偿债能力越无法负担当前的债务水平。

② 当前偿债风险计算:

$$RSR_i = \frac{RS_{\max} - RS_i}{RS_{\max} - RS_{\min}} \quad (i = 1, 2, 3, \cdots, n) \tag{4-9}$$

式中,RSR_i为第i个地区当前偿债风险水平;$RS_{\max}$为i个地区"偿债能力-债务水平"匹配度指数中的最大值,$RS_{\min}$为i个地区"偿债能力-债务水平"匹配度指数中的最小值。RSR_i越大,说明该地区当前债务无法偿还的风险越高,反之则相反。

(2) 债务规模扩张风险计算

① "偿债能力-举债压力"协调度计算:

$$RP_i = A_{i3} - A_{i1}, i = 1, 2, 3, \cdots, n \tag{4-10}$$

式中,RP_i为第i个地区"偿债能力-举债压力"协调度指数,A_{i3}为第i个地区偿债能力(响应)子系统得分,A_{i1}为第i个地区举债压力(压力)子系统得分。RP_i的值越大,代表该地区偿债能力与举债压力的发展协调度越高;反之,若RP_i的值越低,表示该地区偿债能力的发展无法较好地应对举债压力的增长,债务规模风险有进一步扩大的趋势。

② 债务规模扩张风险计算:

$$RPR_i = \frac{RP_{\max} - RP_i}{RP_{\max} - RP_{\min}} \quad (i = 1, 2, 3, \cdots, n) \tag{4-11}$$

式中,RPR_i为第i个地区未来债务规模扩张的风险水平;$RP_{\max}$为i个地区"偿债能力-举债压力"协调度指数中的最大值;$RP_{\min}$为i个地区"偿债能力-举债压力"协调度指数中的最小值。$RP_{\max}$越大,说明该地区未来债务规模扩张的风险越高,反之则相反。

(3) 综合债务风险水平评估

$$PSRR_i = \frac{1}{2}(RSR_i + RPR_i) \tag{4-12}$$

式中，$PSRR_i$ 为第 i 个地区综合债务风险水平，即综合考虑当前偿债和债务规模扩张两方面的风险。$PSRR_i$ 越大，说明该地区综合风险水平越高，反则反之。

4.4.2 实证结果与分析

本次研究利用中国债券信息网、财政部网站、中国国家统计局发布的统计年鉴和 Wind 数据库，整理出 2016 年全国省级层面的地方债务数据和相关宏观经济数据。为了数据的易读性，下文中所列"综合得分"以及"风险值"对应的数值均为原始数据乘以 100 所得。

1) 我国省级地方政府债务风险评估

(1) 各子系统权重确定(表 4-9、表 4-10、表 4-11)

表 4-9 压力子系统权重分配

准则层	指标层		权重
举债压力（压力）	财政赤字率	p_1	31%
	土地财政依存度	p_2	16%
	失业率	p_3	8%
	固定资产投资支出比重	p_4	15%
	固定资产投资增长率	p_5	23%
	城镇化率	p_6	7%

表 4-10 状态子系统权重分配

准则层	指标层		权重
债务水平（状态）	负债率	S_1	9%
	债务率	S_2	10%
	新增债务率	S_3	8%
	人均债务负担率	S_4	8%
	债务成本负担率	S_5	8%
	专项债与一般债比例	S_6	14%
	或有债务比重	S_7	8%
	债务置换比	S_8	3%
	债务实际偿还比例	S_9	21%
	债券平均到期年限	S_{10}	2%
	土地出让收入偿债比例	S_{11}	10%

表 4-11 响应子系统权重分配

准则层	指标层		权重
偿债能力（响应）	资产负债率	r_1	23%
	GDP 增速	r_2	16%
	固定资产投资效果系数	r_3	29%
	地方政府财政汲取能力	r_4	10%
	财政收入税收比率	r_5	6%
	土地财政依赖度	r_6	16%

考虑到数据的偶然性，在计算指标权重时分别去掉每项指标观测值中的最高值和最低值。

（2）各子系统评估分值的计算

从各子系统得分来看，除辽宁外，各省偿债能力（响应层）得分普遍高于债务水平（状态层）和举债压力（压力层）得分（表 4-12），说明地方政府目前偿债能力足以负担当前债务水平，暂且不会发生无法偿还债务的情况，同时也说明当下地方政府债务扩张尚不会引发危机。从这一角度来看，现阶段我国地方政府债务风险整体可控，这与当前较多研究者得出的结论一致。但不可忽视的是，地区之间差异明显，比如上海、北京的偿债能力得分远高于举债压力和债务水平得分，而内蒙古、河北等地三者得分非常接近，需要引起注意。辽宁是唯一偿债能力得分低于债务水平得分的省份，说明依照当前的发展趋势，辽宁省很有可能面临无力偿还到期债务的风险，需要加以防范。

表 4-12 各子系统评估分值及排名情况

地区	压力层		状态层		响应层	
	综合得分	排名	综合得分	排名	综合得分	排名
北京	32.56	29	39.32	28	89.28	2
天津	42.99	25	62.80	1	75.02	5
河北	52.14	8	43.89	24	51.95	29
山西	47.80	19	45.78	15	70.31	9
内蒙古	48.50	18	49.29	8	51.59	30
辽宁	15.21	31	54.46	4	27.19	31
吉林	51.20	10	44.21	23	64.62	24
黑龙江	46.18	21	45.24	19	66.38	21
上海	32.41	30	40.92	25	93.10	1
江苏	40.62	26	45.45	18	65.39	23
浙江	39.41	27	46.39	13	69.01	11

(续表)

地区	压力层		状态层		响应层	
	综合得分	排名	综合得分	排名	综合得分	排名
安徽	57.01	3	45.68	16	64.57	25
福建	53.19	6	49.26	9	68.31	15
江西	49.78	14	45.61	17	68.32	14
山东	49.70	15	39.98	26	64.47	26
河南	51.59	9	37.82	30	59.87	28
湖北	48.66	17	45.11	20	68.75	12
湖南	45.93	22	46.25	14	62.56	27
广东	33.44	28	30.45	31	80.53	4
广西	50.22	12	49.10	10	67.09	18
海南	49.34	16	44.41	22	72.09	7
重庆	47.77	20	50.15	5	73.70	6
四川	50.76	11	44.85	21	69.08	10
贵州	45.53	23	62.79	2	68.25	16
云南	54.61	4	47.63	12	68.37	13
西藏	65.60	1	38.32	29	81.07	3
陕西	54.58	5	49.33	7	65.76	22
甘肃	50.14	13	49.07	11	71.41	8
青海	61.55	2	57.57	3	67.33	17
宁夏	52.58	7	49.80	6	67.02	19
新疆	44.28	24	39.57	27	66.41	20

(3) PSR 系统的风险测算与分析

① 当前偿债风险计算。

当前偿债风险是以偿债能力与债务水平的匹配度进行衡量：当偿债能力低于债务水平时，说明偿债能力无法负担相应的债务水平，直接表现为偿债风险；当偿债能力大于等于债务水平时，说明政府尚且能够应付偿债压力，此时偿债能力与债务水平越接近，偿债压力越大，面临的风险也就越高；而当偿债能力远高于债务水平时，政府偿还债务越游刃有余，风险水平越低。从结果来看(表4-13)，辽宁当前偿债风险值最高，也是唯一偿债能力低于债务水平的省份，说明辽宁省的偿债风险较高，需要采取有效措施降低债务水平或者提高偿债能力，使偿债能力能较好地匹配其债务水平。上海、广东、北京三省市的风险值都非常低，这三个省市也是中国经济发展程度最高的省市，具有较雄厚的资金财力作为偿债来源，因此债务偿还压力相对较小。

表 4-13 我国各省(市、区)当前偿债风险及排名情况

当前偿债风险("偿债能力-债务水平"不匹配)

地区	风险值	排名	地区	风险值	排名
辽宁	100.00	1	河南	37.93	17
内蒙古	62.79	2	甘肃	37.56	18
贵州	58.81	3	浙江	37.21	19
河北	55.53	4	江西	37.09	20
青海	53.39	5	重庆	36.04	21
天津	50.30	6	湖北	35.92	22
湖南	45.16	7	四川	35.19	23
陕西	44.99	8	山东	34.85	24
宁夏	44.00	9	山西	34.81	25
广西	43.04	10	新疆	31.90	26
安徽	41.91	11	海南	30.84	27
福建	41.70	12	西藏	11.87	28
江苏	40.58	13	北京	2.79	29
吉林	39.99	14	广东	2.65	30
云南	39.58	15	上海	0.00	31
黑龙江	39.07	16			

② 债务规模扩张风险计算。

未来债务规模扩张风险指的是地方政府债务规模继续扩大所面临的风险程度,债务规模扩大不一定带来风险,但债务规模扩大趋势或者债务增长速度超过了偿债能力的发展速度,政府债务不具有收敛性,那么必然带来风险。因此以偿债能力与举债压力的协调度衡量地方政府未来债务规模扩张风险:当偿债能力低于举债压力时,说明地方政府债务偿还量将低于新举借债务量,地方政府债务规模将进一步扩大,规模风险凸显;当偿债能力大于等于举债压力时,说明政府偿还债务速度大于债务举借速度,此时偿债能力与举债压力之间的差值越大,政府越有能力化解存量债务,规模风险相应降低。从结果来看(表4-14),河北省未来债务规模扩张风险值最高,是唯一举债压力超过偿债能力发展的省份,其债务规模扩张趋势明显,需要调整举债冲动。上海、北京两市的风险值都非常低,一方面是因为经济发展水平足够高,体制性举债冲动较低,另一方面经济、财政方面的优势表现出高水平的偿债能力。

表 4-14 我国各省(市、区)债务规模扩张风险及排名情况

地区	债务规模扩张风险("偿债能力-举债压力"不协调)		地区	风险值	排名
	风险值	排名			
河北	100.00	1	江西	69.23	17
内蒙古	94.61	2	湖北	66.69	18
青海	90.19	3	黑龙江	66.51	19
安徽	87.28	4	甘肃	64.75	20
河南	86.09	5	新疆	63.34	21
陕西	81.31	6	山西	62.71	22
辽宁	80.00	7	贵州	62.37	23
吉林	77.63	8	海南	62.33	24
云南	77.08	9	江苏	58.99	25
宁夏	75.96	10	重庆	57.09	26
山东	75.43	11	浙江	51.06	27
福建	74.85	12	天津	47.08	28
西藏	74.28	13	广东	22.34	29
湖南	72.38	14	北京	6.52	30
广西	71.97	15	上海	0.00	31
四川	69.60	16			

③ 综合债务风险评估。

综合债务风险水平是从当前偿债风险和未来规模扩张风险两方面综合考虑,从评估结果来看(表 4-15),辽宁省风险水平非常高,而上海、北京、广东风险水平非常低,中等风险水平的省份较多,表现出一定正态分布特征。

表 4-15 我国地方政府综合债务风险及排名情况

地区	当前偿债风险("偿债能力-债务水平"不匹配)		债务规模扩张风险("偿债能力-举债压力"不协调)		综合债务风险	
	风险值	排名	风险值	排名	风险值	排名
辽宁	100.00	1	80.00	7	90.00	1
内蒙古	62.79	2	94.61	2	78.70	2
河北	55.53	4	100.00	1	77.77	3
青海	53.39	5	90.19	3	71.79	4
安徽	41.91	11	87.28	4	64.59	5

(续表)

地区	当前偿债风险（"偿债能力-债务水平"不匹配）		债务规模扩张风险（"偿债能力-举债压力"不协调）		综合债务风险	
	风险值	排名	风险值	排名	风险值	排名
陕西	44.99	8	81.31	6	63.15	6
河南	37.93	17	86.09	5	62.01	7
贵州	58.81	3	62.37	23	60.59	8
宁夏	44.00	9	75.96	10	59.98	9
吉林	39.99	14	77.63	8	58.81	10
湖南	45.16	7	72.38	14	58.77	11
云南	39.58	15	77.08	9	58.33	12
福建	41.70	12	74.85	12	58.27	13
广西	43.04	10	71.97	15	57.50	14
山东	34.85	24	75.43	11	55.14	15
江西	37.09	20	69.23	17	53.16	16
黑龙江	39.07	16	66.51	19	52.79	17
四川	35.19	23	69.60	16	52.40	18
湖北	35.92	22	66.69	18	51.31	19
甘肃	37.56	18	64.75	20	51.16	20
江苏	40.58	13	58.99	25	49.79	21
山西	34.81	25	62.71	22	48.76	22
天津	50.30	6	47.08	28	48.69	23
新疆	31.90	26	63.34	21	47.62	24
海南	30.84	27	62.33	24	46.58	25
重庆	36.04	21	57.09	26	46.56	26
浙江	37.21	19	51.06	27	44.14	27
西藏	11.87	28	74.28	13	43.08	28
广东	2.65	30	22.34	29	12.49	29
北京	2.79	29	6.52	30	4.65	30
上海	0.00	31	0.00	31	0.00	31

2）我国地方政府债务风险的地区分布

（1）举债压力、债务水平、偿债能力分项分布情况

前文对我国省级地方政府债务的举债压力、债务水平、偿债能力三个子系统分别进行了评估，根据各子系统分值高低，分别绘制得到我国地方政府举债压力、债务水平、偿债能力的空间分异图如下（图4-34）。

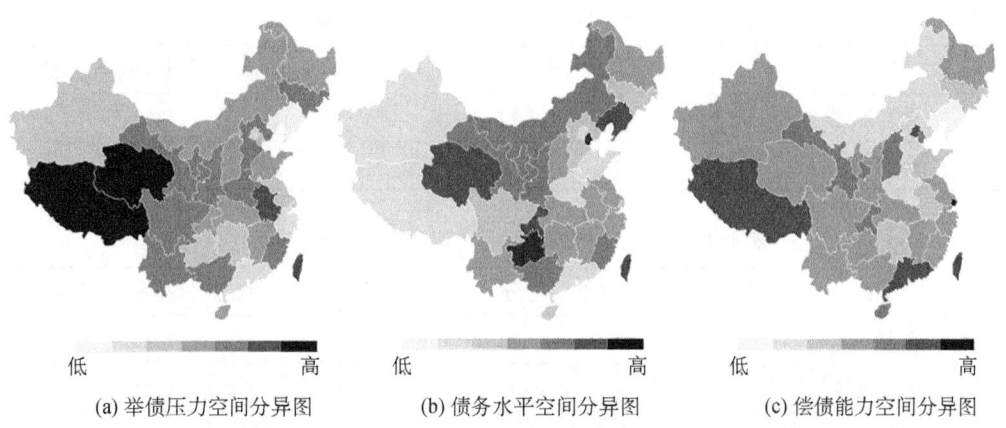

图4-34 举债压力、债务水平、偿债能力分项空间分异图

从我国各省（直辖市、自治区）压力层得分来看，呈现出明显的东西分异特征，西部地区的举债压力普遍高于东部地区。东部地区经济发展水平高，经济基础优于西部地区；而西部地区经济发展滞后，现阶段处于全面开发阶段，面对基础设施建设、民生支出、城镇化提升等事权时，在地方财政收入不足的情况下，地方政府面临较大的举债压力。同时在现行的政绩考核体制下，地方政府为了更为明显的政绩，举债动机明显，举债压力较大。由此可以看出，在追求更高的经济发展过程中，地方政府举债冲动明显，面临着更大的举债压力。

进一步分析各地区举债压力分布情况，可以看出，举债压力从东部到西部呈现低-中-高的分布规律。东部地区举债压力的平均值相对较小，差异系数较大，说明东部地区举债压力整体水平相对较低，但表4-16各地区之间差异较大，这与东部地区经济发展的差异化相关；西部地区举债压力整体水平最高，经济发展也最滞后；中部地区举债压力整体水平处于中等偏上水平，与西部地区差距较小，差异系数最小，说明各省份之间比较平均。

表4-16 分地区举债压力平均值及差异系数

地区	压力层得分平均值	压力层得分差异系数
东部地区	40.09	0.27
中部地区	49.77	0.07
西部地区	52.18	0.11

从我国各省（直辖市、自治区）状态层空间分异图直观来看，南北分异与东西分异趋势都不够明显。鉴于上述情况，我们分别按照南北和东西划分地区，进一步计算分地区的债务水平平均值及差异系数，结果见表4-17和表4-18。可以看出，就平均值而言，南北地区债务

水平差别不大,南部地区和北部地区内各省份之间差异系数相同,说明债务水平的南北分布较平均;东西地区债务水平差别也很小,其中中部地区债务水平最低,西部地区略高于东部地区,东部地区内各省份之间差异最大。需要说明的是,这里所指债务水平是综合考虑债务规模和债务结构情况下的结果,且债务规模不是地方政府债务余额的绝对量,而是与经济总量、财政收支、人口等有关的相对量。

表4-17 分地区债务水平平均值及差异系数(南北)

地区	状态层平均值	状态层得分差异系数
北部地区	47.11	0.14
南部地区	45.78	0.14

表4-18 分地区债务水平平均值及差异系数(东西)

地区	状态层得分平均值	状态层得分差异系数
东部地区	45.21	0.18
中部地区	44.46	0.06
西部地区	48.96	0.13

有些学者认为,东部地区在经济发展历史过程中通过大量举债进行投资建设,形成了庞大的债务规模,因此债务风险值高。本书对此不完全认同,一方面东部地区经济建设取得了较好的成果,在国家加强地方政府债务管理的情况下,东部地区偿还了部分存量债务,债务规模实际上有所下降,在债务偿还方面东部地区比西部地区做得更好,如表4-19所示。另一方面,从本书实证结果看来,考虑经济总量和财政收入规模,东部地区相对债务规模更低。因此本书的观点是,债务水平不能单以地方政府历史举借债务总量衡量,还应加入经济体量、财政规模以及债务偿还情况综合考虑。

表4-19 分地区债务偿还情况(东西)

地区	债务实际偿还比例平均值 (当年实际偿还债务量/年末债务余额)
东部地区	12.03%
中部地区	3.87%
西部地区	3.07%

从我国各省(直辖市、自治区)响应层空间分异图直观来看,空间分布特征也不够明显,偿债能力最低的4个省份集中在北部地区,而偿债能力高的省份在东部地区分布较多。鉴于上述情况,我们分别按照南北和东西划分地区,进一步计算分地区的偿债能力平均值及差异系数,结果见表4-20和表4-21。可以看出,就平均值而言,东西地区偿债能力差别不大,东部地区内各省份之间差异系数较大,说明东部地区内偿债能力有一定差别;南北地区之间偿债能力差别相对更大,呈现北低南高的态势,南部各省份差异系数较大。在此需要说明,本书所指偿债能力不仅与地区当前经济水平和财政实力相关,还与经济发展的增长趋势相

关,而且从结果来看,经济增长趋势影响似乎更大。

表 4-20 分地区偿债能力平均值及差异系数(南北)

地区	响应层平均值	响应层得分差异系数
北部地区	63.95	0.20
南部地区	71.71	0.10

表 4-21 分地区偿债能力平均值及差异系数(东西)

地区	响应层得分平均值	响应层得分差异系数
东部地区	68.76	0.25
中部地区	65.67	0.05
西部地区	68.09	0.09

区域蓝皮书《中国区域经济发展报告 2016—2017》指出,中国区域经济增长继续保持"西快东慢"态势,东部地区经济增长速度从 2006 年的 16.9% 下降到 2016 年上半年的 7.6%;而西部地区经济增长速度在 2013 年之前一直保持两位数增长,2016 年上半年降为 8.0%。因此,虽然西部地区经济发展水平较东部地区落后很多,但经济增长速度快,这在一定程度上弥补了地方政府未来偿债能力,因此综合经济发展水平与经济增长速度,东西地区偿债能力差别不大,但二者所依靠的基础不同,东部地区以现有经济规模为基础,而西部地区以未来经济规模为基础。

另一方面,由于经济发展区域板块内部呈现加速分化态势,东部地区和西部地区内部经济增长速度出现较大差异,这极有可能是偿债能力出现南北差异化的原因。根据中国区域经济发展报告,2016 年上半年,重庆、西藏以 10.6% 的增速位列经济增长第一,这两个市、区虽同属于西部地区,偿债能力得分却非常靠前,位列第 3 和第 6,是西部地区偿债能力得分最高的两个省市;而辽宁经济增速排名垫底,虽处于东部且经济发展程度较高,但其偿债能力排名最后。以上结果进一步说明,对于偿债能力而言,经济增长速度与当前经济水平具有相当的影响。

(2) 当前偿债风险分布情况("偿债能力-债务水平"匹配情况)

根据我国省级地方政府当前偿债风险值,绘制我国地方政府当前偿债风险空间分异图见图 4-35,可以看出,我国当前偿债风险南北分异特征较明显,风险值较高的地区在北部地区分布较多。

进一步计算分地区的风险平均值及差异系数,结果见表 4-22 和表 4-23。可以看出,就平均值而言,东西地区风险水平具有一定差距,呈现东低西高的态势,且东部地区内各省份之间差异系数特别大,说明东部地区内风险水平差异化大;南北地区之间风险水平差距相对更大,呈现北高南低的态势,且北部和南部内各省份之间差异系数较大。

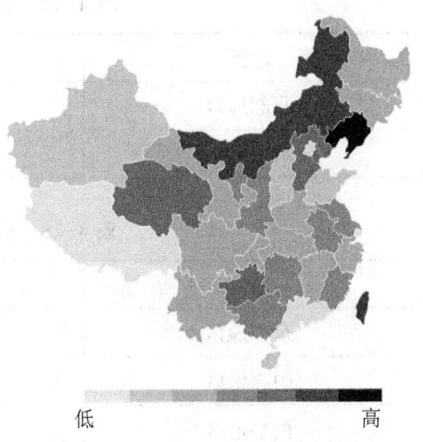

图 4-35 当前偿债风险分异图

表 4-22　分地区当前偿债风险情况(南北)

地区	风险平均值	风险值差异系数
北部地区	44.49	0.43
南部地区	33.05	0.47

表 4-23　分地区当前偿债风险情况(东西)

地区	风险平均值	风险值差异系数
东部地区	36.04	0.76
中部地区	38.99	0.08
西部地区	41.60	0.31

（3）债务规模扩张风险分布情况（"偿债能力-举债压力"匹配情况）

根据我国省级地方政府债务规模扩张风险值,绘制我国地方政府债务规模扩张风险空间分异图见图 4-36,可以看出,我国地方政府债务规模扩张风险具有一定的南北分异和东西分异特征,风险值较高的地区集中在北部地区,风险值较低的省市大多分布在东部沿海地带。

进一步计算分地区的风险平均值及差异系数,结果见表 4-24 和表 4-25。可以看出,就平均值而言,东西地区风险水平具有一定差距,呈现东低西高的态势,中部地区与西部地区风险水平非常接近,且东部地区内各省份之间差异系数较大,说明东部地区内风险水平差异化较大;南北地区之间风险水平差距也很大,呈现北高南低的态势,且北部和南部内各省份之间风险存在一定差异。

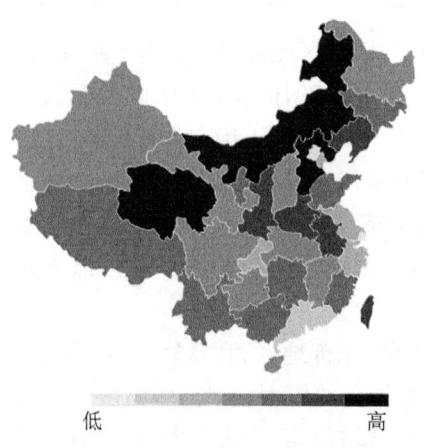

图 4-36　债务规模扩张风险分异图

表 4-24　分地区债务规模扩张风险情况(南北)

地区	风险平均值	风险值差异系数
北部地区	72.46	0.30
南部地区	59.35	0.35

表 4-25　分地区债务规模扩张风险情况(东西)

地区	风险平均值	风险值差异系数
东部地区	52.60	0.57
中部地区	73.56	0.12
西部地区	73.55	0.15

(4) 综合债务风险分布情况

根据我国省级地方政府综合债务风险值,绘制我国地方政府综合债务风险空间分异图见图4-37,可以看出,我国地方政府综合债务风险具有较明显的南北分异特征,风险值较高的地区集中在北部地区;东西分异特征不明显,但风险值最低的几个省市,包括上海、北京、广东,都是经济发展水平非常高的几个东部省市。

进一步计算分地区的风险平均值及差异系数,结果见表4-26和表4-27。可以看出,就平均值而言,东西地区风险水平具有一定差距,呈现东低西高的态势,中部地区与西部地区风险水平非常接近,且东部地区内各省份之间差异系数很大,说明东部地区内各省份之间风险水平差异化很大;南北地区之间风险水平差距也很大,呈现北高南低的态势,且北部和南部内各省份之间风险存在一定差异。

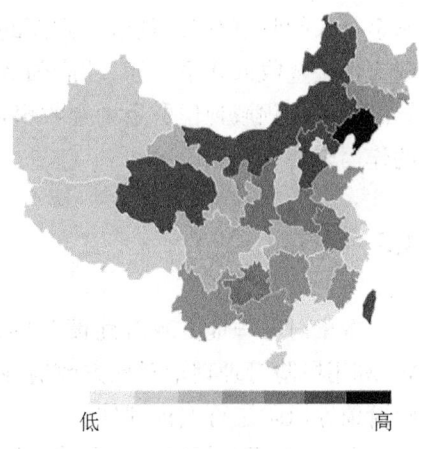

图4-37 综合债务风险分异图

表4-26 分地区综合债务风险情况(南北)

地区	风险平均值	风险差异系数
北部地区	58.48	0.31
南部地区	46.20	0.36

表4-27 分地区综合债务风险情况(东西)

地区	风险平均值	风险差异系数
东部地区	44.32	0.61
中部地区	56.27	0.09
西部地区	57.57	0.17

综合债务风险水平最低的三个省市为上海、北京、广东,是我国经济发展水平最高的省份,具有较低的举债压力和较高的偿债能力。

综合债务风险水平最高的四个省份:辽宁、内蒙古、河北、青海,都分布在北部,四个省份普遍存在债务水平高而偿债能力低的问题。地方政府历史举债总量大,但投资效果并不理想,经济增长速度慢导致偿债能力低。

辽宁综合债务风险水平最高,且与排名第二的内蒙古之间差距较大。预算报告显示,2016年末辽宁省政府债务余额为8 526.20亿元,与2015年末基本持平,相比2012年末增长23%。而2016年辽宁省的GDP相比2015年降低22.40%,财政收入减少3.67%,固定资产投资完成额减少62.65%。辽宁省的特殊性在于其债务扩张的同时,综合财力在2014年已经明显收缩,且成为2016年全国GDP唯一负增长的省份,陷入经济负增长泥潭。对于辽宁省而言,地方政府债务风险的扩大并不完全是政府债务扩张的结果,还与财政收入、政府性基金收入的收缩有关,且这一方面的影响更大。由于房地产市场不景气,辽宁省财政收入和政府性基金收入几乎腰斩,政府债务率"被动"上升,政府信用风险扩大,这进一步使政府主导的投融资领域到位资金增幅收窄,基建投资规模也大幅下降,基建投资"逆周期"调节经济的作用未能发挥。

4.5 本章小结

本章对我国地方政府性债务内涵、影响因素进行梳理,分析地方政府性债务发展及现状,利用风险管理理论对地方政府性债务风险进行识别、评估,并基于PSR模型对我国地方政府债券风险进行实证评估。

首先,全面分析我国地方政府性债务内涵,提出政府性债务主要存在形式,即地方政府债券显性债务和城投公司隐性债务,分析了财政分权、官员晋升、预算软约束及权责不匹配对我国地方政府性债务的影响;并从融资平台、城投债及地方政府债券三个方面入手介绍地方政府性债务的发展和现状。可以看出,目前我国地方政府性债务规模的急剧膨胀及其蕴含的风险。

其次,研究分析地方政府性债务风险内涵,归纳总结债务风险指标,并结合债券相关数据指标,分析我国地方政府性债务的偿债风险、规模风险、流动性风险、效率风险和结构风险等微观风险和金融风险。研究发现,目前我国地方政府性债务规模高,增长急速,流动性差,效率低,严重依赖土地财政,偿债来源单一,偿债压力大,债务到期违约风险突出。除此之外,地方政府性债务风险关联传导下甚至会引发系统性金融风险等问题。

最后,利用压力-状态-响应(PSR)模型构建地方政府债务风险分析的概念框架,并进一步选取能够全面评价地方政府债务风险的指标体系,应用差异系数法为指标赋权重,给出测算地方政府举债压力、债务水平、偿债能力三个子系统得分的具体方法和步骤,并从"状态-响应"匹配度和"响应-压力"协调度两个方面综合衡量地方政府债务风险水平及对高风险地区的高债务风险产生原因进行探究。研究发现:①综合债务风险水平南北分异特征明显,风险值较高的地区集中在北部地区;东西分异特征不明显,但风险值最低的几个省份都是经济发展水平非常高的几个东部省市。具体来看,综合风险水平呈现东低西高、南低北高的态势。②土地财政依赖对地方政府债务风险影响较大的省份有内蒙古、西藏、辽宁、云南和新疆,相比于其他省份,这五个省份每一个百分点的土地财政依赖度将带来更高的债务风险。对于综合债务风险非常高的内蒙古和辽宁而言,要降低地方政府债务风险,迫切需要降低地方财政对土地财政的依赖度。

5 土地市场波动对地方政府性债务风险传染机理及压力测试

5.1 基于 PVAR 与 DAG 的土地市场对城投公司信用风险传染机理分析

5.1.1 城投公司债务信用风险影响因素分析

1) 城投公司信用风险内涵

在地方城投公司运作的各个环节,资金筹集(融资)、资金投放(投资)、资金回收与偿还(偿债)都可能出现风险,具体包括现金性支付风险和收支性支付风险,公司的债务融资方式和融资结构决定了其债务违约风险大小。

城投公司的债务违约风险可以从资金提供端对城投公司的融资约束、融资信用结构及偿债资金来源等三个方面分析。

(1) 资金提供端对于城投公司的融资约束

首先,从资金提供端看,无论城投公司采用银行贷款或者债券融资方式,对城投公司都产生了显性或者隐性的融资约束。

对于银行贷款融资约束,在城投公司与银行建立信贷关系时,银行提出的贷款要求往往包含以下两点:首先,城投公司的资产负债率应该控制在一定水平以下,如果不符合该标准,地方政府应当组织通过注资等方式降低其资产负债率;其次,国家相关政策规定了资本金占项目总投资的最低比例,这都对城投公司形成了融资约束。

对于公司债融资约束,虽然债券发行募集说明书并未写明对城投公司资产负债率等财务指标的硬性要求,但从对债券投资者和股东收益率承诺的角度看,仍存在投资者对城投公司的信用状况和财务运营状况提出隐性的融资约束的情况。

(2) 融资信用结构

融资信用结构是指投公司在进行银行贷款、公司债券融资时,采用的抵押、质押、保证等来确保债务资金安全的保证方式和措施。

对于银行贷款融资信用结构,一般要求公司根据银行贷款协议项下各类全部权益、收益和应收账款提供质押担保。另外,一些银行贷款还明确了与地方政府财政挂钩的兜底条款,例如,各市县财政向省财政出具承诺,如违约同意省级财政以结算方式扣划其预算财力代偿本息。

对于公司债券融资信用结构,城投公司发行的多是无担保债券,但从政府帮助的形式上来看,政府通过将市政道路、公园等公益性资产和储备土地以资本金形式向地方城投公司注资、出具承诺函或宽慰函为地方城投公司举借债务提供担保、向地方城投公司虚假出资或不实出资等方式[259],提升了地方城投公司债券的信用评级、优化了城投公司的融资信用结构,相当于为城投公司提供了隐性担保。

(3) 偿债资金来源

在分析偿债资金来源时,我们主要关注的是城投公司在运营层面和再融资层面的支付债务本息和还款来源。一般来讲,城投公司的还款来源主要包括以下四种,如表5-1所示。

表5-1 地方城投公司的偿债资金来源

类别	偿债资金来源	相关说明
运营层面	土地资产相关收益	土地出让收益
		土地一二级联动开发中二级房产销售收入
		政府财政补贴(挂钩"土地财政")
	项目运营收入	市场化程度较高的资产项目运营,如燃气、电力、自来水、公路、污水处理等
再融资层面	城投公司所持可变现资产	持有的土地、房产等固定资产变现
		持有的债券、票据等金融资产变现
	筹资净现金流	通过银行借贷、发债等再融资行为

对上述四种还款来源进行进一步分类,其中前两项与地方城投公司的日常经营活动密切相关,我们称之为运营层面风险影响因素;而后两项则是属于城投公司再融资层面的活动,我们称之为再融资风险影响因素。

2) 不同类型城投公司的债务融资方式

在上述1)小节中分析了影响城投公司债务违约风险的共性影响因素,我们现根据城投公司的主营业务和与土地的关联性等标准对城投公司进行划分,以期深入探讨不同类型城投公司的违约风险个性影响因素。

根据主营业务以及其与土地的关联性作为划分标准,将城投公司划分为以下三类:城投土地收储类公司,主要从事土地收储、土地一级开发和土地出让运营等业务;城投市政建设类公司,主要进行城市内基础设施开发和运营,如地铁、道路、自来水、能源、环保等基础设施,也包括保障性住房建设、棚户区改造等公益性项目,此类公司拥有划拨土地资产以及一定可供开发的土地资产,但不进行土地出让运营;其他类公司,此类型公司主营业务十分多元,包括城际交通运输设施建设、科教文卫、农林水利建设、生态建设和环境保护以及工业和能源等。

出于对土地关联性的考虑,下面的分析中我们重点关注第一类和第二类城投公司。以其与土地的关联性为切入视角,在分析城投公司主要融资方式的基础上,进一步细化其融资信用结构和偿债资金来源梳理出地方城投公司债务违约风险的个性影响因素。

(1) 城投土地收储类公司债务融资方式

对于城投土储类公司,在进行土地储备项目运作时的资金来源主要来自以下几个方面。

首先，财政拨款作为启动资金。土地储备的财政拨款是指政府为了保障土地储备制度能够顺利实施，从财政预算中拨付给土地储备机构的用于进行土地收购储备的资金。财政拨款主要包括资本金和专项拨款两个部分。资本金是指政府在土地储备制度施行的初期，拨付给土地储备机构的启动资金；在土地储备制度的运行过程中，政府也会通过专项拨款的形式在财政上给予资金支持[260]。

其次，银行贷款是进行土地储备项目运作的主要资金来源。银行贷款是土地储备机构通过贷款的方式向银行所筹集的，用于开展土地的收购、整理和前期开发等工作的资金。土储类城投公司凭借土地优良的抵押性质、土地顺利出让的信心以及政府的财政补贴和良好信用向银行进行贷款。银行贷款又可细分为信用贷款、担保贷款和抵押贷款。信用贷款依靠地方政府信用发放，占比较少，通常只起到资金补充的作用。担保贷款实质是以政府信用或政府财政作为贷款担保，与信用贷款较为相似。抵押贷款则是指城投类土地储备公司通常以储备范围内的土地作为抵押物，或者以未来土地出让收益为质押向银行获取贷款。由于有土地使用权作为抵押物，未来土地出让收益为质押，外加政府信用和财政担保，是目前土地储备机构各类贷款中数额最大、比例最高的贷款[260]。抵押贷款的具体运作模式见图5-1所示。地方政府首先划拨国有资产建立土储类城投公司，接着通过城投公司用财政收入、土地收益等做担保向银行获得贷款，城投公司将这些资金投入基础设施建设，提升城市形象，改善地方投资环境，当地政府财政收入提高，土地价格也提高，政府运用财政收入和土地收益偿还银行贷款。

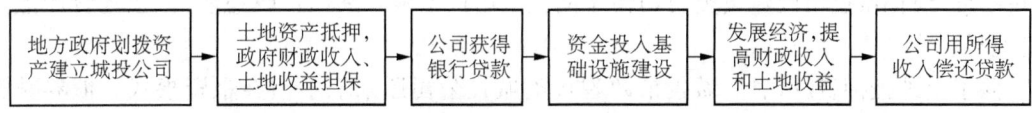

图5-1 地方城投公司获得银行贷款的模式

再次，城投土地储备类公司通常还通过发行土地债券的方式进行项目融资。土地债券按照一般的公司债券结构进行设计，以政府信用作为担保，以土地本身及地上建筑物价值和所产生的现金流作为保证。土地债券具体运作流程是：城投土地储备类公司以储备土地作为担保，委托投资银行或者证券机构设计并发行土地债券，期间需有信用评级机构对所发行的债券进行信用评级。债券发行机构按比率提取必要的发行费用后，将所筹集资金交付城投土地储备类公司，城投土地储备类公司按债券发行所规定的资金运行范围运作资金，一般将投入于土地收购、整理开发等方面。在收取土地出让价款之后，按照债券约定，到期向投资者归还本息[261]。

最后，城投土地储备类公司的项目融资途径还包括储备土地收益、土地资产证券化、土地基金和土地信托等。

在上述关于城投土地储备类公司融资模式分析的基础上，我们可以进一步明确该类城投公司的偿债资金来源。首先，在城投公司运营层面上，土地一级开发项目的未来土地出让收益是城投土储类城投公司的重要还款来源，其中也包括土地一二级联动开发中二级房产销售收入。在再融资层面上，城投土储类公司可以通过出售城投公司所持有的土地资产来获取流动资金，偿还城投公司债务。

（2）城投市政建设类公司债务融资方式

对于城投市政建设类公司,在进行地铁、道路等城市基础设施开发建设以及保障房建设时,企业一般拥有划拨土地资产以及一定可供开发的土地资产,代理进行土地一级开发。但与城投土地储备类公司不同的是,其不进行土地出让运营。通常,这一类城投公司参与土地运作的模式和工作机制如下:

① 将项目与土地捆绑、资金封闭运作,即公司本身不具备收储土地的功能,但承担土地一级开发的职责,相当于土地储备中心的土地一级开发代建单位。政府明确将公司投资的某项目与具体地块捆绑,承诺地块的开发资金及收益封闭运作,明确该地块实现的土地增值收益定向用于城市基础设施建设项目的投资平衡,净收益部分用于补偿公司的项目投资。

② 政府将市政道路、轨道交通等公益性资产以资本金形式向城投公司注资,采用"以路带地"的开发模式。该类公司办理相应的《土地证(融资用)》,以其拥有一定量的土地资产作为抵押。或者一些地方政府采用毛地出让模式,先行赋予城投公司土地使用权,作为城投公司融资的抵押标的。

③ 地方政府还可通过将建设项目地块腾空土地、或建设项目周边土地、或项目地块之外的其他可出让地块的二级开发权赋予城投公司,进行商业房地产开发,构建运营环节,城投公司获取土地出让收益或地块二级开发的房地产销售收入。

上述三种做法优化了城投公司项目的信用结构,满足了银行对项目资本金和抵押物的评审要求,使得城投市政建设类公司便于向银行申请土地未来出让收益质押、土地资产抵押银行贷款[262]。

除了土地抵押贷款以外,城投市政建设类城投公司还采取了债券融资模式。债券融资募集的资金一般用于置换银行贷款、补充城投公司营运资金和补充项目建设资金等方面。虽然大多数债券采用无担保债券的发行方式,但地方政府的补贴、注资等措施改善了城投公司的信用结构,有利于提升城投公司作为债券发行主体的信用评级以及公司债券的信用评级,这也相当于为城投公司债券发行提供了隐性担保。因此,虽然债券募集说明中列出的偿债资金多数来源于城投公司的经营性现金流和筹资性现金流,但政府隐性担保的存在也建立了城投公司偿债资金与地方政府财政的关联。

除此之外,道路、地铁等城市基础设施项目属于公益类建设项目,政府的财政拨款也是城投市政建设类公司的重要融资途径。与社会资本进行合作的方式也是城投公司融通资金的来源之一。

在我们上述关于城投市政建设类公司的融资模式的分析基础上,可以进一步明确该类城投公司的偿债资金来源。首先,在城投公司运营层面,城投市政建设类公司相当于土地储备中心的土地一级开发代建单位,由于实行"项目与土地捆绑、资金封闭运作"模式,该类城投公司依然可以分享土地开发增值收益,土地出让收益是其重要的还款来源。城投公司进行一二级土地联动开发,获取商业性房地产销售收入也是其还款来源之一。另外,城投公司经营性现金流也是重要的偿债资金来源。偿债资金与城投公司经营状况关系密切,还款来源主要为日常经营所产生的现金流,主要包括公交、轨道运营收入及政府补贴收入。其次,在城投公司再融资层面,城投公司筹资性现金流主要包括公司资产变现、财政专项项目建设资金及公司对外融资、畅通的间接融资渠道(取决于公司优良的资信情况)。最后,政府财政补贴是兜底还款来源。原因在于:其一,单纯依靠未来土地出让收益以及经营性项目收益,不能覆盖债务本息和,还必须依靠财政补贴还款,并纳入政府财政预算;其二,由于地方政府隐性担保的存在,城投市政建设类公司也获得了地方政府财政支持。作为城市在轨道交通、铁路、机场建设方面的建设及运营实体,公司可以获得地方政府从项目建设到日常运营与维护的直接支持,包括轨道交通项目专项补贴、运营补贴、成人月票补贴及燃油补贴等。而由于"土地财政"的存在与盛行,政府财政收入在很大程度上又与土地出让收益存在密切的关系。

将上述对于两类城投公司的分析内容整理如表 5-2 所示。

表 5-2 不同类型城投公司债务融资方式

城投公司分类	城投土地储备类公司	城投市政建设类公司
运营模式	土地收储与出让运营	(1) 项目与土地捆绑、资金封闭运作(土储机构土地一级开发代建单位) (2) 土地一二级联动开发,项目土地或周边其他土地进行商业开发 (3) 资产注入或毛地出让模式
融资方式	财政拨款作为启动资金、银行贷款、土地债券、其他(资产证券化、基金信托等)	财政拨款作为引导资金、银行贷款、城投债券、其他(资产证券化、信托计划、项目融资等)
融资约束	银行、投资者对于城投公司资产负债率等财务指标、资本金比例的要求(显性和隐性)	
融资信用结构	(1) 土地一级开发应收账款质押 (2) 土地使用权抵押 (3) 政府财政补贴、政府信用作为增信、担保兜底(显性和隐性担保)	(1) 土地一级开发应收账款质押 (2) 土地使用权抵押 (3) 城投公司项目相关资产和企业资产抵押、经营收益质押 (4) 政府财政补贴、政府信用作为增信、担保兜底(显性和隐性担保)
偿债资金来源	(1) 经营层面:储备土地出让收益 (2) 再融资层面:土地资产变现收益 (3) 政府财政层面:财政补贴	(1) 经营层面:土地一级开发收益;土地一二级联动开发收益;经营性项目收益 (2) 再融资层面:城投公司资产变现、筹资性活动现金流入(对外融资) (3) 政府财政层面:政府合同项下约定的补贴、采购、回购等各项资金;财政兜底

3) 地方城投公司信用违约风险影响因素

综上所述,通过对三类城投公司从融资信用结构和偿债资金来源两个维度的分析发现:从城投公司内部视角分析,城投公司的融资信用结构和偿债资金来源与公司内部财务因素明显相关。在融资信用结构中,常见的操作模式是以土地资产作为抵押、以未来土地出让收益作为质押担保;还有城投公司以其经营性资产(土地之外的资产)作为抵押、以经营性收益作为质押担保。偿债资金来源主要包括城投公司运营层面的土地出让收益和经营性收益、再融资层面的土地等资产变现价值和公司直接和间接融资,以及政府的财政支持。因此,从上述两个方面可以看出,城投公司的债务资金安全性,也即城投公司的债务违约风险在很大程度上取决于城投公司土地资产价值、经营水平和融资能力。

但上述内部风险影响因素又明显受两个外部市场即土地市场和资本市场的影响。与土地市场的关联体现在以下几方面:

首先,在融资信用结构方面,由于地方政府以土地资产进行注资,城投土储类公司和城投市政建设类公司可以利用其拥有的土地资产作为抵押向银行贷款。土地资产作为抵押品,其价值的波动,势必会引起城投公司借贷能力和偿债能力的变化。

其次,在偿债资金来源方面,土地一级开发的未来土地出让收益是城投公司重要的还款来源。城投土储类公司专门进行土地收储项目运作,土地出让收益是重要的偿债资金。城投市政建设类公司采用"项目与土地捆绑、资金封闭运作"的开发模式,明确地块实现的土地增值收益定向用于城市基础设施建设项目的投资平衡。上述两种模式中,以未来土地升值和土地开发过程中相关税收作为还款来源保证,偿还建设项目的债务本息和。

再次,在再融资层面,筹资性现金流也是城投公司重要的还款来源。土地市场的运行状况决定了城投公司变现土地资产的难易程度,一旦存在债务的支付性资金缺口,则引发了城投公司的违约行为。

上述和土地因素纠缠共生的融资方式本身存在风险,一旦土地市场受到负向冲击,土地价格和市场流动性出现相伴下行的态势,土地开发未来收益和相关税收以及土地出让、转让的难易程度相应受到波及,导致了城投公司资不抵债的偿债危机。

最后,政府财政隐性担保的存在,包括政府将市政道路、公园等公益性资产和储备土地以资本金形式向地方城投公司注资、出具承诺函或宽慰函为地方城投公司举借债务提供担保、向地方城投公司虚假出资或不实出资等方式,优化了城投公司项目的信用结构,提高了城投公司的信用等级,建立了城投公司与地方政府财政收入的密切联系。即使银行贷款和债券募集说明书中未明确说明,将土地出让收益、政府财政收入作为担保、财政拨款和财政兜底措施的存在已经成为默认的事实。"土地财政"的盛行,使得地方政府财政密切关联于土地出让收益,土地价格和流动性的波动,地方政府财政收入的变动,进而波及城投公司偿债能力的稳定性。

与资本市场的关联体现在:城投公司偿债资金来源之一是筹资性现金流。其中,公司内部的资信情况、公司背后的政府信用和外部资本市场的流动性会决定公司直接和间接融资渠道的畅通性,进而影响城投公司在面临债务支付性资金缺口时的再融资难易程度。

因此,城投公司的债务违约风险明显关联于土地市场和资本市场,这是影响城投公司债务违约风险的外部因素。

通过上述分析可以看出,资金提供端为地方城投公司确定了显性或隐性的融资约束和信用结构,而土地资产、公司经营状况和公司融资能力通过融资信用结构和偿债资金来源的连接,又密切关联于土地市场、资本市场等外部宏观状况。因此,地方城投公司债务违约风险的影响因素是在内部和外部相互交织作用下的结果,见图5-2所示。

在图5-2的基础上,接下来我们将会从不同角度,探讨这些影响因素是如何在土地市场对城投公司的风险传染中发挥作用的,明确风险传染的机理。

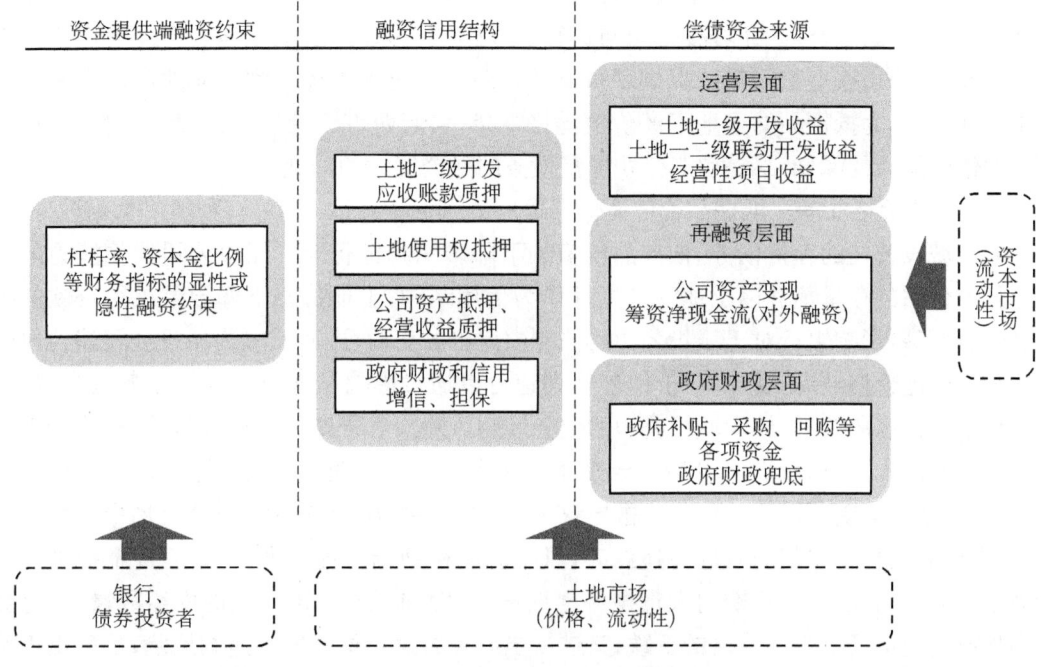

图 5-2 地方城投公司风险影响因素

5.1.2 风险传染机理的研究假设

学者们对于地方城投公司信用风险的传导机制进行了一定的研究,主要集中于从房地产价格或土地价格的变化来探索信用风险的传导路径。贾银萍(2009)指出城投公司的贷款来源主要是银行贷款,一旦土地价值下跌,就会影响以土地收入为主的地方财政收入,从而降低政府偿债能力[263]。凡晓俊(2013)分析了我国地方城投公司银行贷款的现状,阐述了银行贷款和还款来源间的传导机制。具体来说,当房地产行业开始萧条,市场需求小于供给,地价和房价出现下降,以土地出让金为主的财政收入会大幅减少,导致公司的贷款本息偿还很可能出现问题,不良贷款率上升,信用风险明显加大[264]。本节主要基于土地价格波动—抵押品价值渠道、土地价格波动—资产负债表渠道及土地市场流动性—融资渠道进行风险传染机理的分析。

1) 基于土地价格波动—抵押品价值的风险传染机理

土地资产抵押是最常见的城投公司的债务信用结构。本节中,以信用结构视角,我们分析了基于土地价格波动—抵押品价值渠道的风险传染机理。由土地价格波动引起的抵押品价值变动,导致城投公司偿债能力和融资能力的变化,引起城投公司债务违约风险。

银行贷款是地方城投公司最主要的资金来源。对于银行信贷间接融资的方式,由于信贷市场中存在着大量的信息不对称因素,因此,各经济部门的资产负债表状况、资金流动性状况和抵押品价值是银行考察其借贷能力的主要因素(段忠东和曾令华,2007)[265]。为了尽可能减少信贷市场中的信息不对称问题,银行部门作为资金供给方,往往采用抵押贷款的方式,要求大部分企业将他们所持有的可估值的资产作为抵押物来进行借贷。地方城投公司多为地方政府及其部门和机构通过财政拨款或注入土地、股权等资产设立,其持有资产多为土地、房地产等固定资产,在城投公司与银行建立信贷关系时,这些土地资产作为优质的抵押物,为城投公司获得银行贷款提供了可靠的保障。当土地市场受到负向冲击而出现土地价格下跌时,作为抵押品的土地资产价值随之下降,引起两方面的后果:一是引起公司存量债务的偿债能力的降低,二是引起公司增量债务的融资能力的降低。

(1) 土地价格波动—抵押品价值偿债渠道

对于城投公司的存量债务,抵押品价值的下降影响到银行对于城投公司偿债能力的评估。城投公司的存量债务以土地资产抵押作为信用结构,土地价格下降导致银行贷款的抵押品价值下降,影响银行对于城投公司偿债能力评价的变动,进而反应为城投公司违约风险的增加。土地价格波动—抵押品价值偿债渠道可以通过影响城投公司存量债务,进一步加剧土地市场价格的波动,放大城投公司的债务违约风险。对于城投公司存量债务,当抵押品价值下跌幅度较大时,城投公司甚至会放弃抵押物所有权而选择违约。考虑这样一种极端情况:当土地市场受到强烈的负向冲击导致土地价格下跌幅度较大时,信贷市场中的所有借款人,即地方城投公司都同时选择违约时,风险会转移到资金提供方银行;而资金提供方银行为了获取流动性,会在短期内大量抛售土地资产,增加了土地市场上的供给数量,因此更加会加速土地市场上资产价格的下跌,又进一步放大城投公司的债务违约风险,呈现出正反馈效应。

借助资产负债表传染机制的分析理论,考虑另外一种地方城投公司以地方政府信用担保的方式获得银行的信用贷款的情况。与城投公司采用抵押贷款一样,土地资产价格波动,也会通过影响资产负债表状况进而影响城投公司的信用等级。即当土地资产价格上升时,地方城投公司资产的资产负债表的状况随之上升,在评估信用贷款风险时,银行对其评定的信用等级也就越高,代表了较低的城投公司违约风险。而如果土地资产价格下跌,则地方城投公司的资产负债表状况恶化,导致其信用等级下降,反映了较高的城投公司违约风险。

因此,土地价格波动—抵押品价值偿债渠道描述的是土地价格波动通过影响抵押物价值进而影响公司偿债能力评价的变动,增大城投公司债务违约的可能性。该风险传染机理中形成了"土地价格下跌—城投公司抵押品价值下降—权益资本缩减、杠杆率提高—违约风险增加—若城投公司同时违约—银行抛售土地资产—土地资产价格进一步下降"的风险传染途径,见图 5-3 所示。由此,我们提出土地价格波动—抵押品价值偿债渠道的风险传染机理假设 H1。

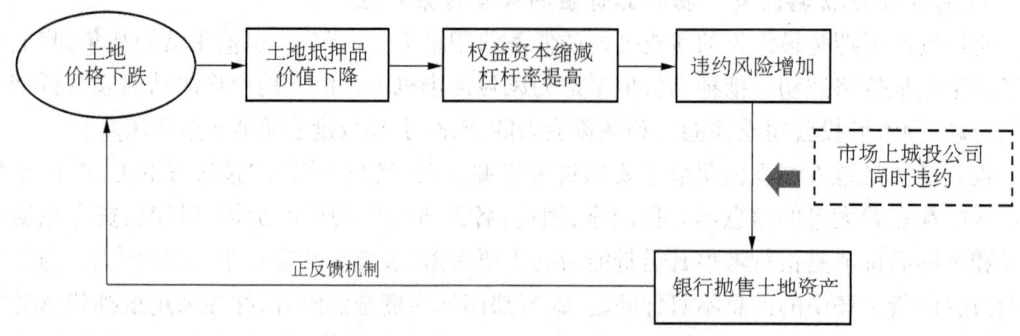

图 5-3 土地价格波动—抵押品价值偿债渠道风险传染机理

H1：土地价格下降，城投公司土地抵押价值下降，公司偿债能力评价下降，公司债务违约可能性增大。

(2) 土地价格波动—抵押品价值信贷渠道

首先分析城投公司的融资能力的影响因素。一般公司存在两种融资渠道：内源融资和外源融资。内源融资依赖于公司的资产负债表状况，也即现金流和资产净值状况，如果公司的经营状况良好，充足的现金流和较高的资产净值能够满足内部融资的需要。外源融资则是指公司通过一定方式向公司之外的其他经济主体筹集资金，包括：银行贷款、发行股票、企业债券等方式。与内源融资不同的是，由于非有效金融市场中的借贷双方存在着信息不对称性，外源融资往往存在较高的代理成本，代理成本取决于抵押资产的市场价值。抵押品的市场价值和资金借贷双方的代理成本呈现负相关关系，资产价格越高，借款部门的资产负债表的状况越好，借款部门就越容易以较低的利率成本获得信贷支持；同时，良好的内源融资基础又能为外源融资增信，降低外源融资的代理成本，因为较高的资产价值又表现为较高的抵押品价值和良好的企业信用来降低外源融资的成本(Bemanke and Gertler,1989)[120]。

当土地价格下跌导致土地抵押资产价值随之下降时，对于城投公司的增量债务，公司借贷能力随着其土地抵押资产价值的下跌而下降。当城投公司面临现金性偿付风险时，也即从当期流量的角度，当期的现金收入流量无法覆盖偿债应还本息和流量，城投公司通过再融资的方式规避现金性偿付风险，再融资最为便捷的途径就是银行信贷间接融资方式。城投公司的借贷能力一方面取决于企业的资信状况，另一方面也取决于抵押物的价值。由于城投公司可以用作抵押用途的土地资产价值的下降，进而增加了城投公司获得银行信贷的难度。可能表现为更高的银行贷款利率，同时也减少了公司获得的银行贷款数量，使得城投公司出现偿债现金流缺口，导致当期城投公司债务违约。

因此，土地价格波动—抵押品价值信贷渠道描述的是土地价格波动通过影响抵押物价值进而直接影响城投公司获得银行信贷的难易程度以及获得的信贷数量，影响城投公司债务违约风险。该风险传染机理中形成了"土地价格下跌—城投公司抵押品价值下降—融资能力降低、信贷可得性减少—现金性支付风险—违约风险增加"的风险传染途径，如图5-4所示。由此，我们提出基于土地价格波动—抵押品价值的风险传染机理假设H2。

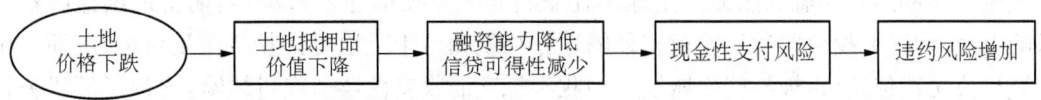

图 5-4 土地价格波动—抵押品价值信贷渠道风险传染机理

H2：土地价格下降，城投公司土地抵押价值下降，其通过再融资途径获得银行贷款难度增加、贷款数量减少，城投公司发生现金性支付风险，导致债务违约。

2) 基于土地价格波动—资产负债表渠道的风险传染机理

根据国内外学者的研究，系统性金融风险存在资本金—信贷渠道的传染机制。该风险传导机制描述的是：资产价格下跌会使企业净资产价值减少，引发债权人对债务的追偿。在信贷约束下，受冲击的企业会被迫削减开支，包括削减对资产的投资。低投资导致低收入、低资本金和进一步的低投资，导致系统性金融风险的扩散[125]。该风险传染机制与Bernank

和 Gertler 在信息不对称微观基础上构建的规范的金融加速器理论也存在密切关联：企业的投资水平依赖于企业的资产负债表状况，较高的现金流量和资产净值对于投资有直接或间接的正面影响。直接的影响是因为它增加了内部融资的来源，间接的影响是因为它提供了更多的抵押品而减少外部融资成本。当企业遭受到经济中的正向冲击或负向冲击，其净值随之升高或降低时，经由信贷市场的作用会将这种冲击对经济的影响放大[266]。

受上述分析范式启发，在土地市场和城投公司的风险传染分析中，土地出让收益是城投公司最为重要的债务还款来源，未来土地出让收益质押也是常见的债务信用结构。以此为视角，本节的分析建立在土地价格波动—抵押品价值渠道的基础之上，探讨了基于土地价格波动，通过资产负债表效应的风险传染机理：由于土地市场中负向冲击导致土地资产价格下降，通过影响城投公司融资能力进而引起城投公司经营和产出的波动，导致城投公司投资和收益水平以及净资产价值变动，又进一步影响到今后各期公司投资、收益水平的正反馈作用，影响城投公司的盈利能力，从城投公司土地资产收益流量和债务存量相对变化的视角，探讨了上述变动对城投公司违约风险（主要是收支性偿债支付风险）造成的影响。

当土地市场中初始的负向冲击导致土地价格下降时，城投公司的土地出让收益降低，经营性现金流的减少降低了城投公司的还款能力。在以公允价值模式的会计准则下，城投公司的净资产价值也相应减少，导致公司杠杆率提高，这将恶化城投公司的资产负债表状况，导致内源融资可能性降低；同时根据土地价格波动—抵押品价值渠道的分析结论，土地价格下降，导致公司抵押品价值下降，通过未来土地出让收益质押、土地资产抵押获得银行贷款的能力也随之下降，从而降低了城投公司外部融资的可得性，上述两个方面共同恶化了城投公司的资产负债表状况，降低了城投公司的融资能力。城投公司净资产是反映其资产负债表状况的重要变量，企业的资产负债表状况在投资决策中起到了主导作用[267]；当外源融资的代理成本逐渐上升时，城投公司不得不更多地依赖本来状况就不佳的资产负债表状况，依赖受到负向冲击的现金流和资产净值进行内源融资，进而对城投公司的投资产生负向影响。同时，在信贷约束和债务追偿的约束条件下，城投公司会被迫削减开支，大幅削减投资。低投资必然带来低收益，对城投公司当期和未来各期的土地出让收益带来负向冲击，负面影响了城投公司的运营和盈利能力。土地出让收益是其重要的还款来源，当期土地出让收益流量的下降，使得城投公司期初发行在外的债务存量相对于土地出让收益流量更大，进而产生了城投公司偿债缺口，极易产生城投公司收不抵支的收支性偿债支付风险，增加了城投公司债务违约风险。

进一步考虑以后各期的情况。期初的土地价格下降已经负向影响了城投公司的土地出让收益，降低了城投公司的还款能力和融资能力，偿债资金来源的减少增加了当期城投公司债务违约的可能性。在今后各期中，城投公司的外源融资能力下降，一方面使得城投公司外源融资成本增加，另一方面使得公司不得不更多依赖逐渐恶化的资产负债表状况进行内源融资。同时在城投公司信贷约束和债务追偿约束的多重条件下，城投公司低水平的投资带来当期和今后各期更低水平的土地出让收益和其余经营项目收益，产生杠杆效应而加速负向影响其以后各期的净资产价值(Kiyotaki and Moore, 1997)[199]，低水平的净资产价值又会进一步引起更低水平的城投公司投资。由此，从每一期观察，城投公司期初发行在外的债务存量相对于土地出让收益流量的偿债缺口逐渐增大,形成螺旋形的下行影响,逐渐增加城投公司的收支性偿债支付风险。

考虑这样一种极端情况,当土地市场中初始的负向冲击导致土地价格下降导致市场上所有的城投公司均采取上述"低水平土地资产投资—低水平土地资产收益—低水平城投公司净资产价值—更低水平土地资产投资"的操作时,在土地市场中,由于需求侧的减少,上述城投公司的行为会反向作用于土地价格,强化初始的土地价格的负向冲击,引起土地价格的进一步下降,呈现出正反馈效应。

因此,土地价格波动—资产负债表渠道描述的是土地价格波动通过影响城投公司还款能力和融资能力,通过正反馈效应作用于今后各期的收益、投资和净资产水平,城投公司发生收支性支付风险,导致债务违约。由此呈现出以下风险传染路径:"土地价格下跌—城投公司土地出让收益下降、净资产价值下降、杠杆率提高—资产负债表状况恶化、还款能力和融资能力降低—城投公司投资减少(土地资产及其他项目)—城投公司收益进一步减少(土地出让收益及项目经营收益)—收支性支付风险增大(期初发行在外的债务存量相对于土地出让收益流量的偿债缺口增大)—违约风险增大",如图5-5所示。由此,我们提出基于土地价格波动—资产负债表渠道的风险传染机理假设H3。

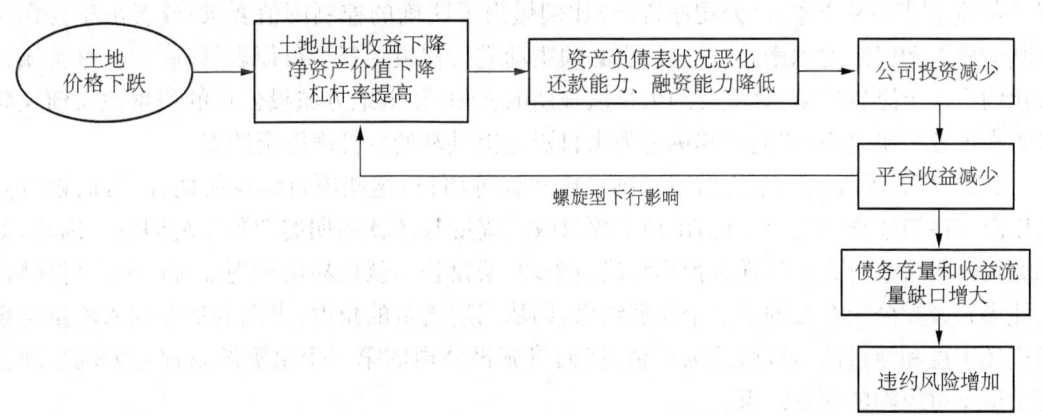

图5-5 土地价格波动—资产负债表渠道风险传染机理

H3:土地价格下降,城投公司收益、投资和净资产水平随之降低,期初发行在外的债务存量相对于土地出让收益流量的偿债缺口增大,公司发生收支性支付风险,导致债务违约。

3)基于土地市场流动性—融资渠道的风险传染机理

在上文的分析中,我们主要从城投公司经营层面分析,聚焦于土地价格波动而导致的地方城投公司收不抵支的收支性债务支付的违约风险。本节中我们以地方城投公司再融资层面出发,以流动性为视角,探讨当由于土地市场冲击导致城投公司还款来源受到负向影响时,城投公司在进行再融资的过程中,由于再融资层面风险影响因素导致的城投公司债务违约风险。首先,我们明确了城投公司的融资约束,也即在土地市场受到负向冲击后,进行再融资的原因。在此基础上,分析城投公司通过在土地市场上出售土地资产、资本市场中借贷、发债等途径中,土地市场流动性、资本市场流动性以及城投公司内部流动性约束等因素作用下,如何引起和放大城投公司的违约风险。

(1) 地方城投公司的融资约束和再融资行为

① 城投公司的融资约束。

资产负债表放大机制是指资产价格下跌与金融机构资产负债表约束收紧之间的正反馈机制(Krishnamurthy,2009)[126]。基于以上分析范式,对于土地市场对地方城投公司的风险传染机理中,资产负债表放大机制描述的是资产价格下跌与城投公司融资约束收紧之间的正反馈机制,也即初始土地价格冲击收紧了城投公司的融资约束,导致净资产减少,进而使融资约束进一步收紧。以此类推,其中流动性在风险传染与放大过程中起到了决定性的作用。

论述土地市场对地方城投公司风险传染的资产负债表放大机制的前提,是明确地方城投公司的融资约束。巴塞尔协议对金融机构资本充足率、保证金比例等做出了明确的要求;对比金融机构,对地方城投公司来说,虽然缺乏相关的硬性要求,但我们认为,城投公司在建立和维持各种债务关系时,依然存在诸多的软约束。根据5.1节中城投公司违约风险影响因素的分析,作为资金提供端的银行、债券投资者等对地方城投公司施加了一些显性或隐性的融资约束,主要体现为以下两个方面。

首先,在银行对城投公司发放贷款和评估公司偿债能力时,对城投公司的杠杆率(公司资产负债率[268])和资本金(公司净资产)比例做出了明确的控制阈值要求;或者出于公司对于其债权人和股东的承诺,城投公司也必须主动进行积极的资产负债表管理[269]。这是城投公司的第一个融资约束,该融资约束是从长期的视角,要求地方城投公司的积累性偿债风险必须在可控范围之内,我们将其称之为来自资金提供端的杠杆率融资约束。

其次,多数城投公司主营城市基础设施建设等项目,这些项目建设周期较长,而银行贷款期限往往短于项目建设周期,出现了项目收益周期与还款周期的期限错配问题。因此,如果城投公司未进行合理的现金预算和流量管理,城投公司就极易出现现金流偿债支付风险。由此得到城投公司存在的第二个融资约束,即从当期流量的角度,当期的现金收入流量与偿债应还本息和流量的差额必须为正值,我们将城投公司的第二个融资约束称之为规避现金流偿债支付风险的融资约束。

当市场变化导致城投公司的杠杆率上升,或者发生现金流支付风险时,城投公司在融资约束下,进行再融资。

② 融资约束下的城投公司再融资行为。

当一个初始的负向冲击使得土地价格下降时,根据5.1.2节第1)和第2)点中对风险传染机理的分析,通过抵押品价值渠道和资产负债表渠道的影响,会引起城投公司杠杆率的升高,进而增加了城投公司违约的可能性。在上述提到的城投公司的第一个融资约束——杠杆率融资约束作用下,城投公司出于对其债权人和股东的承诺,必须进行积极的资产负债表管理,采取"去杠杆化"的措施:一是可以通过吸引新的外部投资者补充资本金,增加资产负债表中股权资本的比例。但地方城投公司的政府背景较为显著,资本金往往来源于地方政府通过土地等资产、财政拨款和补贴注资,新增注资往往存在较长的时滞性。因此,城投公司唯一能够选择的就是出售资产,也即第二种"去杠杆化"的途径:通过在土地市场上出售土地资产,获得土地出让收益或者土地资产变现价值,偿还公司债务,使得公司杠杆率维持在可控水平之内。

同时,当一个初始的负向冲击使得土地价格下降时,根据土地价格波动—资产负债表渠道可知,首先受到冲击的是城投公司的收益流量,城投公司主营业务收入的减少,使得期初发行在外的债务存量相对于城投公司的收入流量变得更大。从当期视角看,如果城投公司的当期收入现金流量不足以覆盖当期公司偿债应还本息和的流量时,城投公司便出现现金性支付风险。在上述提到的城投公司的第二个融资约束——规避现金性支付风险的融资约束作用下,城投公司必须通过再融资的方式,弥补当期偿债本息与收入流量之间的差额,应对当期偿债现金流动性风险。主要有两种途径:一是可以通过在资本市场上进行短期借贷、债券发行等短期融资的方式弥补当期现金流量差额。但当资本市场上的流动性降低、资本市场的投资者感觉到风险加大而抽回资金时,不能在资本市场上融资的地方城投公司就会被迫出售其土地资产,采用城投公司弥补当期流量差额的第二种途径:也即通过在土地市场上出售土地资产,通过土地出让收益和土地资产变现价值获取流动性资金,弥补当期流量差额。这一分析受到 Blanchard(2009)对于金融危机中金融机构依靠货币市场进行短期"批发性融资"(Wholesale Funding)出现困难时转而被迫出售资产的研究的启发[270]。

由上述分析可以看出,对于土地价格的负向冲击,使得地方城投公司债务违约的可能性增加,在上述两个融资约束的作用下,城投公司都必须通过再融资的方式,无论是在资本市场上进行借贷和发债的融资方式,抑或是在土地市场上出售土地资产,尽可能减少由于土地价格波动引起的债务违约风险。此时外部市场环境的状况,土地市场和资本市场的状况,对于公司进行再融资的难易程度起到了决定性作用,进一步影响到城投公司的违约风险。土地市场和资本市场分别对应两种不同的流动性,即市场流动性和融资流动性。土地市场流动性指的是资产的交易价格与其基本价值的差额,也可以理解为通过出售土地资产获得资金的难易程度。当出售资产压低资产价格时,市场流动性下降。融资流动性是指交易者的影子成本,或者说是交易者从资金所有者手中借入资金的难易程度[269]。

受期限错配对危机传染的放大作用的启发,我们探讨了公司内部流动性约束(Liquidity Constraint)——资产负债表流动性(也即公司资产负债结构)对公司违约风险的影响。一方面,城投公司资产负债表流动性决定了公司是否容易受到当期偿债现金流动性约束:土地市场冲击导致城投公司当期收入现金流量和还款本息流量的差额的存在性和大小,即公司的现金性偿债支付风险。另一方面,资产负债表流动性一定程度上反映了资金流动性状况,体现了公司信用状况和借贷能力,影响到城投公司再融资的难易程度,进而影响到城投公司的违约风险。

受到 Brunnermeier 和 Pedersen(2008)关于市场流动性与融资流动性之间的正反馈流动性螺旋研究的启发,我们也研究了土地市场流动性和资本市场融资流动性的交互作用对于城投公司违约风险的进一步传染与放大[121]。

综上,基于土地市场流动性—融资渠道风险传染机理分析框架如图5-6所示。

(2) 土地市场流动性—融资渠道风险传染

① 土地市场流动性—融资渠道。

首先,我们探讨在土地市场流动性作用下基于流动性—融资渠道的土地市场对地方城投公司的风险传染机理,也即考虑两种融资约束条件下,通过出售土地资产在土地市场上进行融资的风险传染机理。

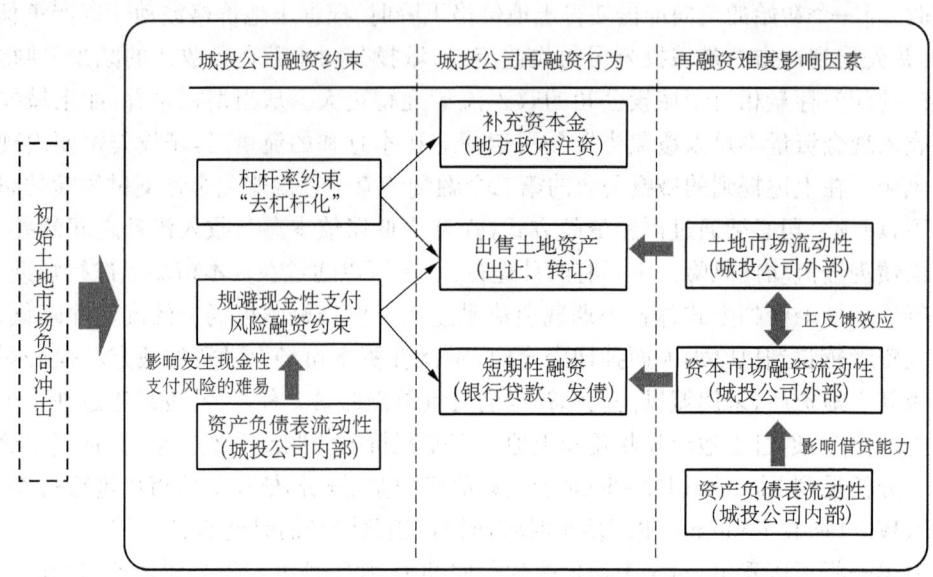

图 5-6 基于土地市场流动性—融资渠道风险传染分析框架

当初始的负向冲击使得土地资产价格下降,而城投公司必须通过出售土地资产以获得流动性资金弥补当期偿债本息与收入流量的差额,此时,土地市场的流动性状况决定了城投公司再融资的难易程度。对于土地市场来说,土地资源的地域性、土地市场的不充分性和强政府管制性等因素都影响了土地市场的流动性状况。而不同于一般的商品市场,土地资源的特点决定了土地市场的特殊性。其一,相比一般商品市场,土地市场是低效率性的。地域性市场决定了其参与者相对较少,投资决策受价格以外因素影响较大,而且同一用途不同区域的土地具有较小的替代性。其二,土地市场具有不充分性的特点。土地市场参与者不多,市场信息获得较难,使土地市场的竞争不充分。其三,土地市场的政府管制较严。

由于土地市场的上述特殊性,导致土地市场是一个流动性较弱的市场,土地市场往往存在"有价无市"的情况。也即当土地市场缺乏流动性时,通过出售土地资产进行融资的公司机构一般难以找到买家,发现其资产已失去了流动性。或者城投公司也极有可能选择以低于土地资产的基础价值的价格进行快速交易获取流动性资金,以牺牲价格尺度以换取时间尺度。此时,地方城投公司在土地市场上通过出售土地资产方式的再融资困难,导致城投公司无法弥补当期偿债本息流量和收入流量之间的差额因而出现现金性收支风险,引起城投公司违约。

从城投公司的内部流动性考虑,其资产负债流动性对上述风险传染具有放大效应。我国大多数地方城投公司的资产负债表流动性较低,具体表现为:从资产负债表中的资产方面看,现金资产和易于出售的流动资产占比少,而中长期资产占比多,以土地资产和城建基础设施资产为主,变现长期资产的难度取决于市场流动性的高低。从资产负债表中的债务方面看,相比于城投公司项目建设周期,资产负债表中短期债务的比重较大,这也导致在土地价格冲击后,城投公司当期应偿债本息流量与收入流量之间的差额扩大的可能性更大,对城投公司产生更大的现金性偿债支付风险。由此可以看出,地方城投公司的资产负债表流动性越低,越容易受到流动性约束,当受到负向的土地资产价格冲击时,城投公司越容易发生现金性偿债支付风险,造成城投公司违约。

因此,形成了"土地资产价格下跌—地方城投公司收入流量减少—城投公司当期偿债本息与收入流量缺口增加—城投公司规避短期偿债流动性风险融资约束—土地市场流动性缺乏导致城投公司土地市场再融资困难—城投公司当期债务违约"的风险传染路径,如图5-7所示。

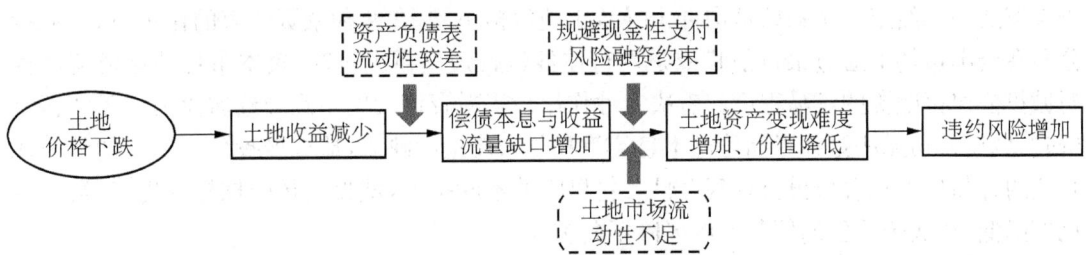

图5-7 规避现金性支付风险融资约束下土地市场流动性—融资渠道风险传染机理

接着我们考察由于杠杆率约束的存在,城投公司采用"去杠杆化"的措施,通过资产负债表的放大机制,对土地市场风险对地方城投公司风险传染的放大效应和正反馈机制。

当一个初始的负向冲击使得土地价格下降时,通过抵押品价值渠道和资产负债表渠道城投公司遭受净资产损失,而且这种净资产的损失由于杠杆作用而在以后各期中加大损失效应。当城投公司的净资产减少,不能满足债务资金提供端对于资产负债率和资本金比例的要求时,城投公司进行积极的资产负债表管理,出售土地资产进行"去杠杆化"。从市场流动性角度考虑,城投公司不得不以牺牲价格尺度以换取时间尺度,极有可能选择以低于土地资产的基础价值的价格进行快速交易获取流动性资金。当土地市场流动性很差时,城投公司甚至不能顺利出售土地资产获取流动资金,此时,城投公司的土地出让收益也由于市场流动性极差而严重下滑。

考虑这样一种极端情况,当土地市场受到严重负向冲击导致土地价格下跌,市场上同时存在多家城投公司通过出售土地资产的方式进行"去杠杆化",这样会引起土地价格的进一步下跌,进一步降低了土地市场的流动性,强化了期初的土地价格的负向冲击。由此,抵押资产价值的缩水、净资产价值的减少都会收紧城投公司的债务资金提供端的杠杆率约束,迫使更多的城投公司出售更多的土地资产进行"去杠杆化",收缩其资产负债表的规模,这又导致抵押资产的价值进一步缩水、净资产进一步减少,债务资金提供端的杠杆率约束进一步收紧,从而形成一个"土地价格下跌—城投公司抵押资产价值和净资产价值减少—城投公司去杠杆化—土地资产出售—土地市场流动性恶化—公司违约风险增加—土地价格进一步下跌"的正反馈效应循环。去杠杆化与资产价格下跌导致的地方城投公司的总体资产负债表规模收缩,同时引起土地价格大幅下降、土地市场流动性严重下降,甚至引起市场流动性枯竭,从而将初始土地价格的负向冲击危机放大,如图5-8所示。

② 土地市场流动性和融资流动性的正反馈对风险传染的放大机制。

城投公司通过在资本市场上进行短期再融资行为时,资本市场融资流动性也是风险传

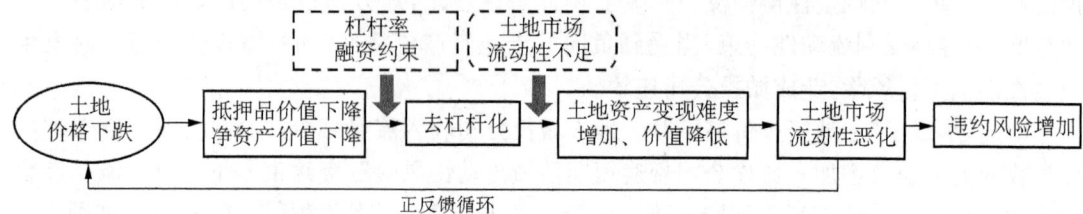

图 5-8　杠杆率约束下的土地市场流动性—融资渠道风险传染机理

染渠道之一。给定一个初始负向冲击导致土地价格下跌,在两种融资约束的作用下,当城投公司在资本市场上通过银行信贷或是发行债券进行短期再融资时,资本市场的融资流动性对城投公司再融资的难易程度起着决定性作用。当融资流动性不足导致城投公司无法再融资时,城投公司无法弥补当期偿还本息流量和收入流量的缺口,造成城投公司的当期债务还款违约;同时,伴随着城投公司现金性支付风险的不断扩大,城投公司的杠杆率提高、资本金比例降低,造成今后各期债务违约风险不断扩大。

受到 Brunnermeier 和 Pedersen(2008)关于市场流动性与融资流动性之间的正反馈流动性螺旋研究的启发,我们认为土地市场对地方城投公司风险传染过程中存在着土地市场流动性下降和融资流动性下降之间的正向反馈作用[121]。

根据上述土地市场流动性—融资渠道的风险传染机理分析可知,当负向的土地价格冲击时使得土地市场流动性突然下降时,城投公司遭受了净资产损失,城投公司进行"去杠杆化",收缩其资产负债表的规模。当土地市场的初始负向价格冲击已经削弱了土地市场的流动性时,加之"出售土地资产—土地价格下跌"的正反馈机制进一步通过降低土地价格削弱土地市场的流动性,导致城投公司更多地在资本市场上进行再融资操作。与此同时,土地市场的价格下降和流动性恶化的相伴发生,引起城投公司的流动性约束上升,其资产清算价值的下降,导致其抵押品价值的下降和资产负债表状况的恶化,影响城投公司在资本市场再融资的借贷能力[271]。多数城投公司借贷能力的下降,而又均在资本市场进行短期融资时,会进一步降低资本市场的融资流动性。当融资流动性下降时,又会引发城投公司在土地市场上通过抛售土地资产进行再融资,这也会进一步压低土地价格,使得土地市场流动性进一步下降,从而形成市场流动性下降与融资流动性下降之间的螺旋下行的正反馈效应。

由上述分析可以看出,初始土地市场负向土地资产价格冲击,在地方城投公司的融资约束下,通过土地市场流动性和资本市场融资流动性两个渠道以及两个渠道之间的交互作用,一步步将土地市场风险传导至地方城投公司,引起其违约风险,并引起风险传染的正反馈效应,见图 5-9。

综上所述,土地市场流动性—融资渠道描述的是城投公司在杠杆率约束和规避现金性支付风险约束的双重作用下,进行出售土地资产的土地市场再融资行为和资本市场短期再融资行为。而土地市场流动性和资本市场融资流动性决定了再融资的难易程度,进而引起公司债务违约风险。其中公司内部资产负债表的流动性,以及土地市场流动性和融资流动性的正反馈效应会放大上述风险传染。由此,我们提出基于土地价格波动—资产负债表渠道的风险传染机理假设 H4~H6。

H4:土地市场流动性降低,城投公司再融资难度增加,土地出让收益和土地资产变现价

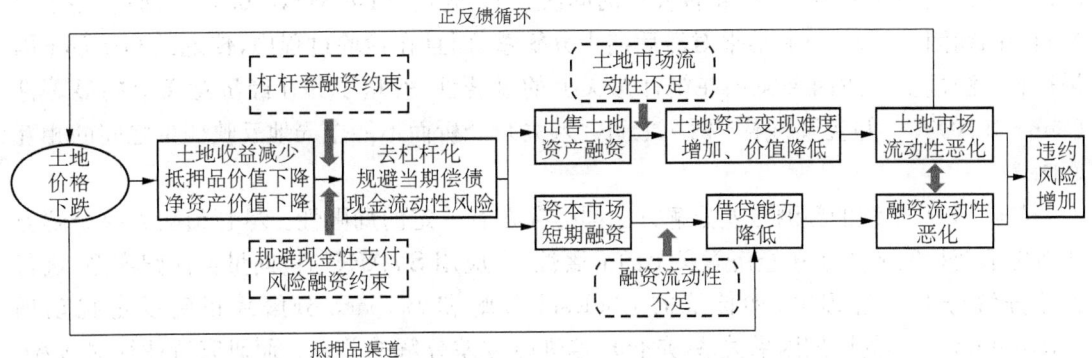

图 5-9 流动性—融资风险传染中土地市场流动性、融资流动性正反馈效应

值降低,当期偿债本息和现金流量与收入现金流量的差额增加,城投公司发生现金性支付风险,导致债务违约风险增加。

H5:土地市场流动性降低,城投公司再融资难度增加,城投公司资产负债表流动性越低时,当期偿债本息和现金流量与收入现金流量的差额越易增加,城投公司越易发生现金性支付风险,导致债务违约风险增加。

H6:土地市场流动性和融资流动性相伴降低,城投公司再融资难度增加,土地出让收益和土地资产变现价值降低,当期偿债本息和现金流量与收入现金流量的差额增加,城投公司发生现金性支付风险,导致债务违约风险显著增加。

5.1.3 研究设计

1)研究方法选用

Sims等(1980)认为VAR分析的目的在于考察各变量之间的关系,而不是去决定变量的系数[278]。VAR模型具备独特的分析功能,已经形成了一套完整的分析范式,如对变量之间的Granger因果关系进行检验、脉冲响应(IRF)分析、预测方差分解(PEVD)等。上述分析方法并不是建立在参数估计基础上的,因此它能避免传统的基于参数估计的检验方法中的忽略变量、内生变量和异方差性等问题[136],VAR模型具有的上述优点使得其被广泛运用于宏观经济波动和系统性金融风险的传导渠道、效应检验等研究中。基于VAR系统,可以对变量之间进行Granger因果关系检验,识别各经济变量之间的由于时间次序导致的因果关系。实证分析中,常常运用冲击反映函数分析(IRF)和预测误差方差分解(FEVD)来描述系统中变量在受到结构冲击之后的动态反应路径,以及变量的变动受其他变量冲击的影响程度[272]。基于VAR系统的脉冲响应分析,用来衡量随机扰动项的一个标准差的冲击对其他变量当前和未来取值的影响,适合于分析各经济变量之间的动态影响关系。基于VAR系统的预测方差分解方法能够为研究提供更多的信息,因为它考虑了经济变量间的关系在经济意义上的显著性(Sims,1980)[278]。同时,借助预测方差分解方法也可对各种传导途径的有效性进行比较,可以更加量化地考察各经济变量之间的相互影响程度,比较各种冲击对内生变量的贡献大小,进而基于预测方差分解评价各种冲击的重要性。

然而,这些传统的研究方法却在以下方面存在着一定的局限性。其中,传统的Granger

因果关系检验是基于"因""果"事件发生时间次序的"先后"(Hoover,2005)[273],而忽略了变量间的同期因果关系,研究结果对滞后期十分敏感;而且在检验过程中,传统的Granger因果检验方法过度关注因果关系在统计意义上的显著性,忽略了其在经济意义上的显著性(Sims,1980)[278],并且只局限于两两之间因果关系分析而不能全局地反映变量之间的相互影响。

与此同时,传统的预测方差分解方法同样存在着一定的局限性。尽管预测方差分解方法考虑了变量间的关系在经济意义上的显著性,在应用SVAR(结构向量自回归模型)进行方差分解分析的过程中(如传统的Choleski分解和Bernake分解),正确设定扰动项(innovation)之间的同期因果关系,是合理地进行方差分解的关键。而研究者往往对VAR模型的结构关系进行了先验性的主观判断或是结合相关理论进行判断,而分析结论可能因结构关系的不同设定或者变量的不同排序而发生迥异的变化(Bernanke,1986;Swanson and Granger,1979)[274]。

因此,为了避免上述两种方法的局限性,本节采用了完全基于数据的有向无环图技术(DAG)通过分析变量扰动项之间相关系数及偏相关系数来识别变量间的同期因果关系,可以为正确设定VAR扰动项的结构关系提供客观依据,从而避免传统研究方法存在的局限性。一则,DAG以及建立在DAG基础上的方差分解能够在一个系统中对所有变量进行全局意义上的因果分析,克服了传统Granger因果检验只能分析变量之间两两因果关系的不足;二则,DAG技术完全基于数据运用相关算法判断扰动项之间的同期因果关系,避免了传统Choleski分解和Bernake分解的缺陷,也即研究者先验信息或相关理论对研究结果造成的扰动,使得研究结果的稳健性和可靠性更高。以上两点,决定了基于DAG和VAR结合的方法,适合于本节所研究的风险传染机理,更加清晰地反映风险传染的路径。

值得一提,与已有的基于VAR模型研究宏观经济波动传导以及系统性金融风险传染不同的是,本节采用的是基于面板数据的VAR模型,这是因为地方城投公司大量兴起于2008年,囿于一些数据指标(如城投公司财务数据)的披露频次和可获得性的限制,本节所选取的研究时间区间较短,不能满足VAR模型的数据长度;而各城投公司由于地区、行政等级等差异性,也导致了各城投公司样本之间的异质性。因此,基于各城投公司面板数据,使用基于面板数据的自向量回归(PVAR)模型,模型的数学表达式为

$$y_{it} = \alpha_i + \beta_t + \sum_{i=1}^{p} \gamma_i y_{t-i} + \varepsilon_{it} \tag{5-1}$$

与普通VAR相比,PVAR对时间序列的长度要求大大降低:如果以T为时间长度、以m为滞后项的阶数,那么,当$T \geqslant m+3$时,就可以进行参数估计;而当$T \geqslant 2m+2$时,就可以估计稳态下的滞后项参数[275],采用系统GMM的方法进行估计。PVAR的分析方法综合了面板分析和VAR模型的优点,既能够控制不可观测的个体异质性(包括个体效应和时间效应),也可以分析面对冲击时系统中各变量的动态反应,这种动态的调整过程能够较好地刻画风险传染机制[276]。

综上,利用土地市场、城投公司、宏观经济等相关指标构建PVAR模型,并基于DAG技术识别模型中各变量扰动项之间的同期因果关系,进而完成基于DAG的脉冲响应函数和预

测方差分解分析,旨在探讨风险传染渠道中各变量的动态影响关系,检验上述理论分析中风险传染渠道的存在性和有效性,更好地刻画土地市场对地方城投公司的风险传染机理。在借鉴 Michael R.M. Abrigo 和 Inessa Love(2015)编写的 PVAR 模型 Stata 程序的基础上,运用 Stata 12.0 软件完成风险传染实证检验分析[277]。

2）模型设计

（1）向量自回归模型（VAR）

Sims 在 1980 年提出向量自回归模型（Vector Auto Regressive model,VAR）,VAR 模型把系统中每一个内生变量作为系统中所有内生变量的滞后值的函数来构造模型,从而将单变量自回归模型推广到由多元时间序列变量组成的向量自回归模型[278]。向量自回归模型最一般的数学表达式为[279]

$$y_i = \alpha + \sum_{i=1}^{p} \beta_i y_{t-i} + \sum_{j=1}^{r} \gamma_j x_{t-j} + u_t \tag{5-2}$$

其中,y_t 是内生变量向量;x 是外生变量向量;内生变量和外生变量分别有 p 和 r 阶滞后期;α、β_i 和 γ_j 是待估参数;μ_t 是随机扰动项,它们相互之间可以同期相关,但不与自己的滞后值相关且不与等式右边的变量相关[280]。

VAR 模型将包含的所有变量都视为内生变量,避免了划分内生变量和外生变量以及识别模型等复杂问题,从而解决了以回归分析为基础的研究方法的（潜在的）内生性问题。该模型是一种非理论性的模型,它无需对变量做任何先验性约束,不以经济理论为基础,因此在经济理论往往不完善的情形下,经济理论的作用仅限于变量的选择及确定变量的滞后阶数,从而将经济理论对统计推断的限制降低到最低程度,以更多地让统计数据说明问题[281]。

（2）有向无环图（DAG）方法

Granger(1969)提出的 Granger 因果关系的检验是时间顺序上的承接关系,而不是真正意义上的因果关系,真正的因果关系没有时间上的先后顺序[282]。Spirtes 等（2000）[283]和 Pearl(1995,2000)[284]等人提出了有向无环图（Directed Acyclic Graphs,DAG）,运用到检验变量之间的没有时间顺序的因果关系中。下面对 DAG 方法的基本原理进行简要说明。

假设存在着 X、Y 和 Z 三个变量,变量"X"是引起"Y"发生的原因,同时变量"X"也是引起"Z"发生的原因,即 $Y \to X \to Z$。由于"X"是"Y"和"Z"发生的共同原因,因此,"Y"和"Z"的无条件相关系数不为 0,而当以"X"为条件变量,"Y"和"Z"二者的偏相关系数（条件相关系数）则为 0;类似的,假设变量"Y"是引起"X"发生的原因,同时"Z"也是引起"X"发生的原因,即 $Y \leftarrow X \to Z$,这样,"Y"和"Z"的无条件相关系数为 0,而当以"X"为条件变量,"Y"和"Z"二者的偏相关系数（条件相关系数）则不为 0;另外,假设变量"Y"是引起"X"发生的原因,而"X"是引起"Z"发生的原因,即 $Y \to X \leftarrow Z$,那么"Y"和"Z"的无条件相关系数不为 0,而当以"X"为条件变量,"Y"和"Z"两者的偏相关系数（条件相关系数）则为 0[285]。

在实际分析中,运用 Spirtes 等（2000）提出的 PC 算法,可以直观地描绘出变量间的同期因果关系。首先画出"无向完全图"（Complete Undirected Graph）,然后分析变量间的（无条件)相关系数和偏相关系数。当变量间的相关系数或者偏相关系数为 0 时,则剔除变量间的连线。分析完一阶偏相关系数,接着分析二阶偏相关系数,对于 N 个变量,这一算法将持续分析到 $N-2$ 阶的偏相关系数。同时,在应用分析中,为了检验偏相关系数是否为 0,我们采用了 Fisher's z 统计检验量,具体表达形式为

$$z[\rho(i,j\mid k)n]=\frac{1}{2}(n-\mid k\mid-3)^{\frac{1}{2}}\times\ln\{[\mid 1+\rho(i,j\mid k)\mid]\times[\mid 1-\rho(i,j\mid k)\mid]^{-1}\} \tag{5-3}$$

其中,n 是估计相关系数的可观测值数目;$\rho(i,j\mid k)$ 则表示以 k 个变量为条件变量,变量 i 和 j 的偏相关系数;$\mid k\mid$ 则表示条件变量的数目[285]。

3) 关键变量定义

(1) 城投公司违约风险代理变量

已有学者对公司违约风险的测度进行了研究,如以 Z 值模型和 ZETA 模型为代表信用评分法、以违约率角度为出发点的 Logit 模型和 Probit 模型等统计模型法、以 KMV 模型为代表的现代信用风险度量模型等。信用评分法垄断了信用风险与解释变量(历史财务数据)之间的关系,不具备拓展的普遍性;城投公司债券尚未有信用违约事件发生,不存在违约公司样本作为运用 Logit 模型和 Probit 模型的基础;城投公司多为非上市公司,降低了 KMV 模型在书中的适用性。

发行债券作为城投公司重要的直接融资渠道,在其资产负债表中占据着大量的比重。可以考虑从债券角度出发,寻找衡量公司违约风险的指标。公司债利差(Yield Spread, YS)又称为"信用差价"(Credit Spread, CS),指的是投资者要求公司债提供高于到期日相同的国债收益的额外收益部分。部分学者的研究表明信用利差与信用风险存在一致性,能够很好地解释中低评级债券的信用风险,进而反映公司存在的违约风险。由此,选用信用利差作为衡量城投公司违约风险指标具有一定的优势:首先,信用利差规避了违约率数据缺乏的不足;其次,根据三大评级公司的标准,我国城投公司债券信用等级普遍不高,信用利差与信用风险具有较好的一致性[286]。同时,考虑到城投公司债券二级市场中双边报价交易活跃,信用利差的数据可获取性较强。综上,选择城投公司债券的信用利差作为衡量城投公司偿债违约风险的代理变量。

遵循前人研究思路[287,288],本章把公司债券利差定义为公司债券的到期收益率和相同剩余期限的国债到期收益率之差。数据来源和计算方法说明如下:债券收益率数据来自 Wind 数据库中证估值,起止日期从 2013 年 1 月 1 日至 2015 年 9 月 30 日。对于发行过多只债券的公司,选择交易频次高、交易信息能覆盖 2013 年第一季度到 2015 年第三季度的债券作为代表债券,反映该公司的违约风险情况。在构建信用利差序列时,很多公司债券出现了同国债的起息日与到期日不匹配的问题,此时通常以到期日为标准,选择与公司债券最接近的前后的两只国债,并通过加权平均计算得出插值。用这个方法构造出的插值国债,其到期日恰好与公司债券相同。该线性插值的原理如下:

已知

$$f(x_0)=y_0, f(x_1)=y_1 \tag{5-4}$$

则

$$f(x)=y_0+\frac{y_1-y_0}{x_1-x_0}(x-x_0) \tag{5-5}$$

选择国债的原则：只选择在 2013 年 1 月 1 日之前上市的国债；选择交易天数和交易量尽可能多的国债。经过线性插值法处理后，得到了与公司债券相匹配的国债到期收益，从而得到公司债券的信用利差，用 $YS_{i,t}$ 表示。获取了 52 家公司发行的所有债券的日度交易信息，在 Wind 数据库中提取了交易当日中证估值的到期收益率，减去相同剩余期限的国债收益率，得到每只债券的日度信用利差。由于城投公司的财务数据最小的时间频度以季度发布，为了在时间维度上与之匹配，以每日的交易量为权重，采用加权平均季度利差[151]，作为公司违约风险的代理变量。

(2) 土地市场价格代理变量

土地市场的交易频次低、时间序列上价格波动较大，单用土地价格不能较好地反映土地市场的资产价格的变化。而土地市场与房地产市场关联性较强，房屋交易价格的变动可以反映土地市场的价格变动情况，故使用房地产市场的相关指标作为替代。相比于房地产市场的成交价格，住宅价格指数在时间序列上做了相应的平滑调整，可以连贯地反映市场的长期趋势。因此选择新建商品住宅价格指数 $HPI_{i,t}$ 作为反映土地市场价格波动的替代指标。

(3) 土地市场流动性代理变量

借鉴 Zheng 等(2015)对于房地产市场流动性研究成果[289]，运用流动性资产定价理论研究了流动性风险对房地产市场价格的影响，用房地产市场投资回报率与去化率的比值衡量房地产市场流动性，公式如下：

去化率 = t 时期内市场 i 的房地产交易套数 / t 时期内市场 i 中房地产存量套数，

$$Turnover_{i,t}=\frac{sale_{i,t}}{NTF_{i,t}}, \quad i=1,2,\cdots,52 \tag{5-6}$$

房地产市场流动性指标 = 房地产投资回报率/房地产市场去化率，

$$LIQ_{i,t}=\frac{R_{i,t}}{Turnover_{i,t}} \quad i=1,2,\cdots,52 \tag{5-7}$$

当房地产流动性指标数值越大时，房地产市场的流动性越低。选择这种方法衡量房地产市场流动性，作为土地市场流动性的代理变量。其中，商品住宅可售存量数据获取难度大，直接制约了研究可用样本的数量，因此采用商品住宅供应数据作为替代，房地产投资回报率数据来源于中金住宅投资收益指数。

实证研究中选择的研究变量及相关计算说明如表 5-3 所示。

4) 样本选择

进行风险机理实证研究的第一步是确定土地市场对地方城投公司风险传染实证检验中地方城投公司的名单。本书对于样本城投公司的选择基准是根据 2013 年一季度银监会公布的城投公司目录清单(10 853 家城投公司)，具体的筛选过程如下。

表 5-3 计量模型变量名称及说明

模型变量		代理变量	标识符	变量说明及数据来源
违约风险指标	公司违约风险	公司债券利差	$YS_{i,t}$	数据来源：Wind 数据库
土地市场指标	土地市场价格指数	新建商品住宅价格指数	$HPI_{i,t}$	以 2010 年第一季度为基期；数据来源：CREIS 中指数据库
	土地市场流动性指标	城投公司所在城市住宅投资收益指数/商品住宅去化率	$LIQ_{i,t}$	住宅投资收益指数 数据来源：Wind 数据库； 商品住宅去化率 数据来源：CREIS 中指数据库、CRIC 克而瑞数据库
地方城投公司财务指标	公司土地（抵押）资产价值	城投公司 2013 年年初拥有土地资产价值×城投公司所在城市各期新建商品住宅价格指数	$AV_{i,t}$	城投公司 2013 年年初拥有土地资产价值 数据来源：对公司企业债券募集说明书等文件的人工摘录； 新建商品住宅价格指数 数据来源：CREIS 中指数据库
	净资产（资本金）	净资产	$NA_{i,t}$	数据来源：Wind 数据库
	偿债能力	资产负债率	$LEV_{i,t}$	数据来源：Wind 数据库
	收益水平指标	主营业务收入	$REV_{i,t}$	数据来源：Wind 数据库
	投资水平指标	长期投资净额	$INV_{i,t}$	数据来源：Wind 数据库
	现金性收支风险指标支付性收支风险指标	经营活动产生的现金流量净额/流动负债	$OCFLR_{i,t}$	数据来源：Wind 数据库
	资产负债表流动性指标	流动资产比例	$CAR_{i,t}$	数据来源：Wind 数据库
资本市场指标	融资流动性指标	公司债券到期收益率	$YTM_{i,t}$	经过加权平均处理，以季度为单位 数据来源：Wind 数据库

注：以上数据起止日期均从 2013 年 1 月至 2015 年 9 月，取季度数据。

首先，由于绝大多数地方城投公司属于非上市公司，对公司财务数据的披露程度和披露时间频度远不如上市公司，并且由于公司财务和信用数据属于商业机密，因此，有关这部分的数据获取途径极少。但通过查阅文献和检索数据库后，仍发现可用的两个途径：无论是上市公司还是非上市公司，公司在发行企业债、中期票据等融资债券时，其一，必须披露其部分财务信息；其二，随债券同时发行的有债券发行主体的信用评级数据。基于以上信息，样本城投公司名单初步筛选的标准便是该城投公司是否发行融资债券。在中国货币网和 Wind 数据库中通过公司名称检索后，得到发行过债券的 1 359 家的公司名单，这是初步筛选得到的名单。

第二，本研究旨在探讨土地市场对地方城投公司的风险传染机理，因此，进一步筛选的标准是城投公司是否披露土地资产数据。同样,信息来源为城投公司发行债券时的募集说明书等发行公告,由此筛选出披露土地资产数据的公司共555家,这是第二部筛选得到的公司名单。

第三,根据各公司的债券发行数量、成交频次以及公司对于季度财务数据披露的完整性,对上述的公司名单进行进一步筛选。同时,在样本城投公司名单筛选时,还必须考虑到选取的研究变量在时间长度和时间频率上的匹配度。风险传染机理实证检验中,需要考察的变量既包括城投公司维度的数据:例如融资债权的到期收益率,净资产、资产负债率等公司财务数据;也包括土地市场的相关指标,如价格指数、市场交易指标;还涉及宏观资本市场上反映融资流动性的公司债券到期收益率等指标。这些数据在披露的时间长度和时间频度上往往存在不一致性,由于城投公司对于财务数据的披露频度最高也只能达到季度,因此,综合考虑各研究变量在数据上的可获取性和匹配度,对上述样本城投公司名单进行了进一步的微调,最终确定了52家地方城投公司作为研究样本。

5.1.4 实证结果与分析

在借鉴 Michael R.M. Abrigo 和 Inessa Love(2015)编写的 Stata 程序对 PVAR 模型进行估计,运用 PC 算法得出 DAG 图,运用 Stata 12.0 软件和 TETRAD V 软件完成风险传染实证分析[290]。

1)抵押品价值渠道

(1)土地价格波动—抵押品偿债渠道

为了验证假设1,PVAR 模型变量和相关说明如表5-4所示。

表5-4 土地价格波动—抵押品价值偿债渠道 PVAR 模型变量

模型变量	代理变量
抵押资产价值	公司土地资产价值
偿债能力	资产负债率
违约风险	公司债券利差

首先对变量序列进行平稳性检验,为了使实证检验结果更加严谨,本书采用 Breitung 检验和 IPS 检验两种方法,其中,Breitung 检验是针对相同单位根检验,IPS 检验是针对不同单位根检验。结果显示各变量一阶差分序列拒绝单位根过程,认为模型变量的一阶差分序列属于平稳时间序列。根据 Andrews 和 Lu(2001)对于模型的判断标准和总体的拟合优度的研究,基于 MBIC,MAIC 和 MQIC 计算结果,确定模型为滞后一阶[291]。使用广义矩估计法(GMM)对 PVAR 模型进行估计得到各变量之间的"扰动相关系数矩阵"(innovation correlation matrix)如式(5-8)所示。

$$corr = \begin{matrix} & \ln avd1 & \ln levd1 & \ln ysd1 \\ & \begin{bmatrix} 1 & & \\ -0.0104 & 1 & \\ 0.3199 & 0.0284 & 1 \end{bmatrix} \end{matrix} \quad (5\text{-}8)$$

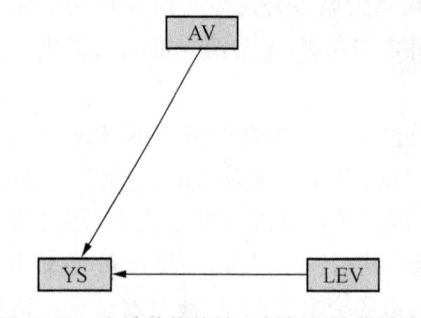

图 5-10　土地价格波动—抵押品价值偿债渠道风险传染 DAG 图

以此"扰动相关系数矩阵"为出发点,利用软件 TETRAD V 中设计好的程序 PC 算法在 20% 的显著性水平下得到见图 5-10。由 DAG 结果可知存在土地抵押资产价值、偿债能力到违约风险的同期因果关系。

对 PVAR 模型进行稳定性检验结果显示,模型中四个变量的残差在 99% 的置信水平下是平稳序列,特征多项式根的倒数均在单位圆之内,说明上述 PVAR 模型的结构是稳定的。结合 DAG 结果,利用基于 DAG 结果的脉冲响应和方差分解考察各变量间的动态关系,使分析结果更加稳健。

从脉冲响应分析(图 5-11)看,土地抵押资产价值的一个标准差冲击引起了公司违约风险负向波动 0.08,随后脉冲响应影响减弱至第十期消失,说明:土地价格上涨导致公司土地抵押资产价值增加,对公司债券利差产生了明显的负向影响,使得公司违约风险降低。

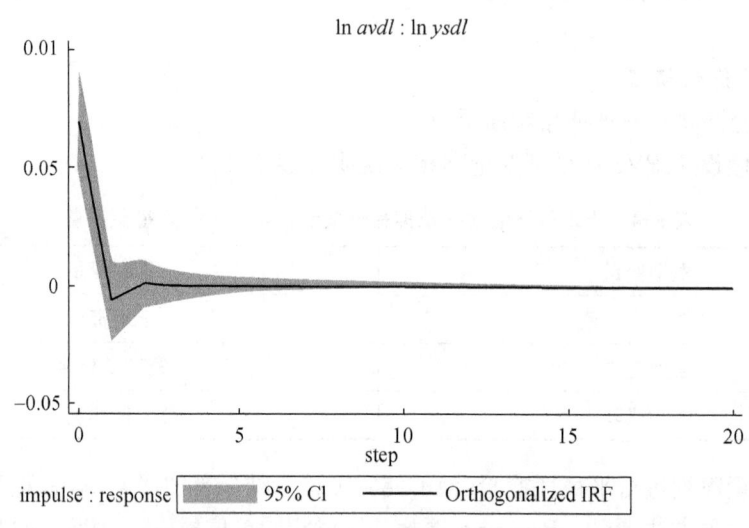

图 5-11　土地价格波动—抵押品价值偿债渠道 PVAR 模型脉冲响应函数

图 5-11 中,横轴代表冲击反应的滞后期数(20 期),纵轴代表内生变量对于冲击的响应程度,中间曲线为脉冲响应函数曲线,两侧阴影区域为 95% 的置信区间,使用 Monte Carlo 模拟 500 次得到。

方差分析结果(表 5-5)表明,除了公司违约风险对自身的解释能力最强以外,公司土地抵押资产价值对于公司违约风险有着较强的解释能力,数值为 10.23%,并且在第 1 个预测期方差分解结果已经基本稳定。脉冲响应和方差分解结果证明了土地价格波动经由抵押品价值渠道风险传染的有效性。

表5-5 土地价格波动—抵押品价值偿债渠道违约风险的预测方差分解

时期(季度)	$AV_{i,t}$	$LEV_{i,t}$	$YS_{i,t}$
1	10.24%	0.10%	89.66%
2	10.23%	0.11%	89.66%
5	10.23%	0.11%	89.66%
10	10.23%	0.11%	89.66%
15	10.23%	0.11%	89.66%
20	10.23%	0.11%	89.66%

(2) 土地价格波动—抵押品信贷渠道

为了验证假设2，PVAR模型变量和相关说明如表5-6所示。

表5-6 土地价格波动—抵押品价值信贷渠道PVAR模型变量

模型变量	代理变量
土地抵押资产价值	公司土地资产价值
信贷能力	净资产
现金性支付风险	经营活动产生的现金流量净额/流动负债
违约风险	公司债券利差

经过变量平稳性检验、GMM估计和DAG分析后，得到DAG结果如图5-12所示，存在土地抵押资产价值、信贷能力到违约风险的同期因果关系，存在土地抵押资产价值、现金性支付风险到违约风险的同期因果关系。

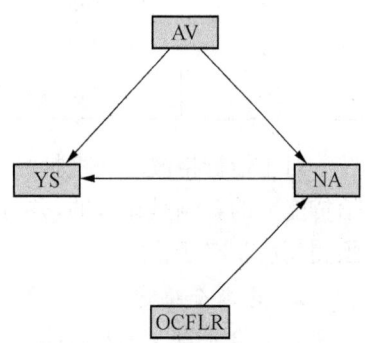

图5-12 土地价格波动—抵押品价值信贷渠道风险传染DAG图

从脉冲响应分析来看(图5-13)，土地抵押资产价值的一个标准差冲击引起了公司违约风险负向波动0.04；随后脉冲响应影响减弱至第十期消失，说明土地价格上涨导致公司土地抵押资产价值的增加，对公司债券利差产生了明显的负向影响，反映为公司违约风险降低。在影响程度上，对比抵押品信贷渠道和抵押品偿债渠道的脉冲响应结果，土地抵押资产价值冲击对于公司违约风险波动的影响程度有所减弱；在影响时效上，两种渠道脉冲响应结果基本一致。

方差分解结果(表5-7)在预测期2期达到基本稳定。公司信贷能力(净资产价值)对于违约风险的影响从预测期1期的0.28%上升到预测期2期的10.64%，表明公司信贷能力的改变在滞后1期对公司违约风险影响达到最大。这一结果与实际情况较为相符：由于净资产价值直接反映了公司的信用状况，当期净资产价值的变化会影响后续公司信贷获取能力，在"借新还旧"的模式下，进而引起公司违约风险的变动。此外，土地价格对违约风险的解释能力为7.83%，且随预测期推移变化幅度较小。方差分解结果与DAG结果一致，且证明了土地价格波动经由抵押品价值信贷渠道风险传染的存在性和有效性。

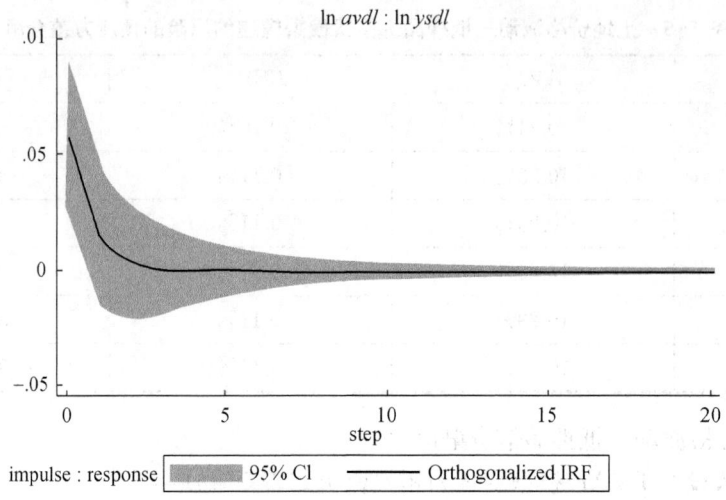

图 5-13 土地价格波动—抵押品价值信贷渠道 PVAR 模型脉冲响应函数

表 5-7 土地价格波动—抵押品价值信贷渠道违约风险预测方差分解

时期(季度)	$AV_{i,t}$	$NA_{i,t}$	$OCFLR_{i,t}$	$YS_{i,t}$
1	8.35%	0.28%	4.52%	86.85%
2	7.83%	10.64%	5.00%	76.52%
5	7.83%	10.64%	5.09%	76.44%
10	7.83%	10.64%	5.09%	76.44%
15	7.83%	10.64%	5.09%	76.44%
20	7.83%	10.64%	5.09%	76.44%

对土地价格波动—抵押品价值渠道的分析表明，土地价格波动对城投公司偿债能力及信贷能力的影响是显著的，并且这种影响具有很强的短期效应，通常方差分解结果在第 1 个预测期后就趋于稳定。

2）资本金渠道

为了验证假设 3，PVAR 模型变量和相关说明如表 5-8 所示。

表 5-8 土地价格波动—资产负债表渠道 PVAR 模型变量说明

模型变量	代理变量
土地价格	公司土地资产价值
投资水平	长期投资净额
收益水平	主营业务收入
资产负债表状况	净资产
收支性支付风险	经营活动产生的现金流量净额/流动负债
公司违约风险	公司债券利差

DAG 结果见图 5-14 所示,各变量间同期因果关系较为复杂,表现为:存在土地价格、公司投资水平、收益水平、资产负债表状况到违约风险的同期因果关系,存在土地价格、公司投资水平、收益水平、资产负债表状况到收支性支付风险的同期因果关系,存在土地价格到公司资产负债表状况的同期因果关系,存在公司投资到收益水平的同期因果关系。

从脉冲响应分析来看(图 5-15),土地价格的一个标准差冲击引起了公司债券利差负向波动 0.04;随后脉冲响应影响减弱至第十期消失,表明在 PVAR 模型变量资产负债表状况指标、公司投资指标、公司收益指标和收支性支付风险指标的共同作用下,土地价格上

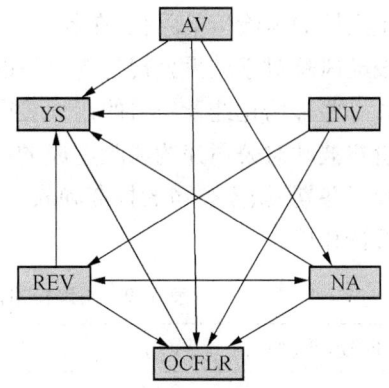

图 5-14　土地价格波动—资产负债表渠道风险传染 DGA 图

涨对公司违约风险产生了明显的负向影响,证明了土地价格波动—资产负债表渠道风险传染效应的存在性。

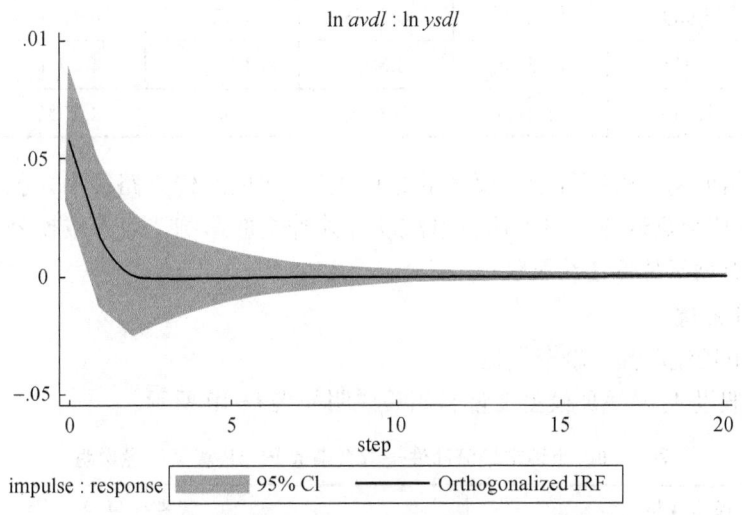

图 5-15　土地价格波动—资产负债表渠道 PVAR 模型脉冲响应

方差分解结果(表 5-9)在预测期 5 期基本达到稳定,公司违约风险变量自身的解释能力最强,由预测 1 期的 86.56% 逐渐降低至预测期 5 期的 74.36% 并趋于稳定;公司资产负债表状况(净资产价值)对违约风险的解释能力由预测期 1 期的 0.16% 上升到预测期 3 期的 11.27%,土地价格对违约风险的贡献率数值为 7.95%。在上述六个变量的 PVAR 模型中,土地价格和资产负债表状况对于公司违约风险的解释能力相对显著,证明了土地价格波动经由资产负债表渠道风险传染机理的有效性。

将上述结果与假设 3 的脉冲响应结果和方差分解结果对比发现:土地价格波动导致的土地抵押资产价值的一个标准差冲击引起了公司违约风险负向波动由 0.08 降低为 0.04,脉冲响应程度明显减弱;土地价格对于公司违约风险的解释力由 10.23% 下降到 7.95%。这一结果表明,在土地价格波动—资产负债表渠道风险传染中考虑了"投资—收益—净资产"的

正反馈的风险传染路径,在各期不断迭代作用下进而影响违约风险,延迟并削弱了土地价格波动风险对于城投公司违约风险的冲击。除此之外,城投公司经营业务逐渐多元化,公司通过一些市场化经营项目的运作获得的独立于土地资产的经营投资和收益往往可以平滑土地价格波动对公司违约风险造成的影响。因此,将研究时间维度从土地价格冲击当期扩展到今后各期,城投公司的投资和收益水平会对土地资产价格冲击对公司违约风险的影响产生缓冲作用。

表 5-9 土地价格波动—资产负债表渠道违约风险预测方差分解

时期(季度)	$AV_{i,t}$	$NA_{i,t}$	$INV_{i,t}$	$REV_{i,t}$	$OCFLR_{i,t}$	$YS_{i,t}$
1	8.69%	0.16%	0.11%	1.05%	3.42%	86.56%
2	7.98%	11.31%	0.28%	1.70%	4.11%	74.62%
3	7.95%	11.27%	0.30%	1.88%	4.17%	74.42%
4	7.95%	11.27%	0.30%	1.92%	4.18%	74.37%
5	7.95%	11.27%	0.30%	1.93%	4.19%	74.36%
10	7.95%	11.27%	0.30%	1.93%	4.19%	74.36%
15	7.95%	11.27%	0.30%	1.93%	4.19%	74.36%
20	7.95%	11.27%	0.30%	1.93%	4.19%	74.36%

对土地价格波动—资产负债表渠道的分析表明,在风险传染路径中,"投资—收益—净资产"正反馈效应会延迟并削弱土地价格波动风险冲击的影响。地方城投公司多元化的投资带来的收益有助于降低违约风险。

3) 流动性渠道

(1) 土地市场流动性—融资渠道

为了验证假设 4,PVAR 模型变量和相关说明如表 5-10 所示。

表 5-10 土地市场流动性—融资渠道 PVAR 模型变量说明

模型变量	代理变量
土地市场流动性	公司所在城市住宅投资收益指数/商品住宅去化率
土地资产变现价值	公司土地资产价值
土地出让收益	主营业务收入
现金性支付风险	经营活动产生的现金流量净额/流动负债
公司违约风险	公司债券利差

DAG 结果(图 5-16)表明,存在土地市场流动性、公司土地资产变现价值、土地出让收益和现金性收支风险到公司违约风险的同期因果关系。

从脉冲响应结果看(图 5-17),土地市场流动性一个标准差冲击导致公司违约风险正向变化 0.05,在第一期脉冲响应影响达到最大,随后脉冲响应影响减弱至第 10 期消失,上述结果验证了土地市场流动性—融资渠道风险传染的存在性。

表 5-11 显示了对公司违约风险波动进行方差分解结果，违约风险的波动可以分解为五个变量的贡献值之和，其中公司违约风险自身的解释能力最强，由预测期 1 期的 98.68% 逐渐降低至预测期 10 期的 87.10% 并趋于稳定。其余变量中，土地市场流动性对违约风险变动的贡献率最大，数值最大为 9.82%，其次是公司现金性收支风险、土地出让收益和土地资产变现价值，但这三个变量对于违约风险变动的解释能力都较弱。因此，土地市场流动性能较好地解释公司违约风险，证明基于土地市场流动性—融资渠道风险传染的有效性。

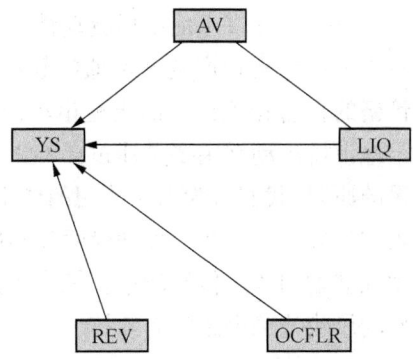

图 5-16 土地市场流动性—融资渠道风险传染 DAG 图

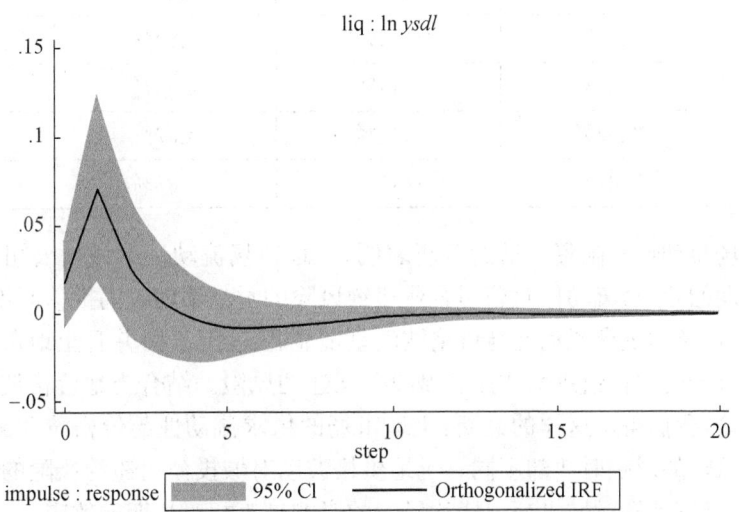

图 5-17 土地市场流动性—融资渠道 PVAR 模型脉冲响应函数

表 5-11 土地市场流动性—融资渠道违约风险预测方差分解

时期(季度)	$LIQ_{i,t}$	$AV_{i,t}$	$REV_{i,t}$	$OCFLR_{i,t}$	$YS_{i,t}$
1	0.46%	0.00%	0.63%	0.22%	98.68%
2	8.65%	0.32%	0.59%	1.35%	89.09%
3	9.54%	0.55%	0.80%	1.46%	87.66%
4	9.57%	0.68%	0.80%	1.51%	87.44%
5	9.58%	0.73%	0.80%	1.53%	87.36%
10	9.82%	0.75%	0.80%	1.52%	87.10%
15	9.82%	0.75%	0.80%	1.52%	87.10%
20	9.82%	0.75%	0.80%	1.52%	87.10%

进一步考察土地市场流动性对于其他四个变量的贡献率见表5-12。土地市场流动性对于公司土地资产变现价值的解释能力很高，达到了75.62%，证明了土地市场中流动性与价格的显著相关性。而土地市场流动性对于公司土地出让收益的解释力仅为0.45%，说明土地市场流动性主要是通过影响土地资产变现价值进而作用于公司违约风险。引起这一结果的原因，我们认为由于使用的样本城投公司的经营业务比较多元化，因此公司主营业务收入中包含了一些非土地的经营项目收益，因此，PVAR模型中公司收益水平对于土地市场流动性波动的风险传导较小。综合上述两组变量的预测方差分析，证明了基于土地市场流动性的风险传染渠道的有效性。

表 5-12　LIQ 冲击对 AV、REV、OCFLR、YS 的贡献率

时期（季度）	$AV_{i,t}$	$REV_{i,t}$	$OCFLR_{i,t}$	$YS_{i,t}$
1	17.24%	0.21%	0.28%	0.46%
5	75.32%	0.45%	4.29%	9.58%
10	75.61%	0.45%	4.36%	9.82%
15	75.62%	0.45%	4.37%	9.82%
20	75.62%	0.45%	4.37%	9.82%

对土地市场流动性—融资渠道的分析表明，土地市场流动性对城投公司违约风险的影响具有相对长期的效应，流动性对公司企业违约风险的贡献率随时间推移而不断增加。

同时，土地市场的供求流动性与价格波动呈现显著的相关性，并且土地市场流动性主要通过影响土地资产变现价值进而作用于城投公司违约风险。结合土地价格波动—抵押品价值渠道分析结论，我们得出这样的判断：土地市场的供求流动性与价格波动高度相关，但对城投公司违约风险的影响时效却不同。土地价格波动对城投公司违约风险的影响具有短期效应，而土地市场流动性对城投公司违约风险的影响具有相对长期的效应。

（2）资产负债表—流动性渠道

为了验证假设5，我们进一步考察城投公司资产负债表的流动性对于土地市场流动性—融资渠道风险传染的作用机制。在模型4的基础上加入城投公司资产负债表流动性代理变量流动资产比例$CAR_{i,t}$，其余指标变量保持不变。

图 5-18 为 DAG 分析结果：存在土地市场流动性、公司资产负债表流动性、土地资产变现价值、土地出让收益、现金性支付风险到公司违约风险的同期因果关系。

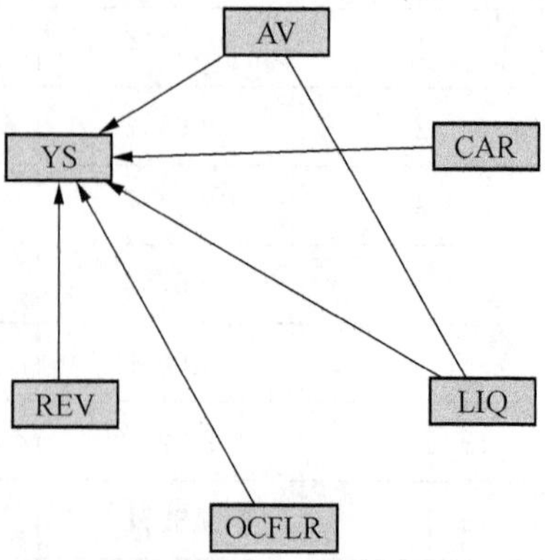

本书认为单个公司资产负债表的流动性变化，很难引起区域土地市场流动性的变化，因此在进行脉冲响应函数分析时，仅考虑城投公司资产负债表流动性对于公司土地资产收益、现金性支付风险和违约风险的冲击影响。脉冲响应分析结果（图 5-19）表明，公司资产负债表流动性一个标准差冲击，导致公司违约风险负向变化 0.004，公司违约风险逐渐减小，其影响在第 10 期基本消

图 5-18　资产负债表流动性渠道风险传染 DAG 图

失。上述脉冲结果说明，公司流动资产占比增加时，也即资产负债表流动性增大，公司现金性支付风险减小，违约风险降低。

对公司违约风险的变动进行方差分解的结果显示（表5-13），公司违约风险的波动可以分解为由六个变量的贡献值之和，其中公司违约风险变量自身的解释能力最强，贡献率次之的是土地市场流动性。贡献率最高值为9.60%，其余变量对于公司违约风险的预测误差的解释能力都较弱，其中衡量资产负债表流动性代理变量流动资产比例对公司违约风险的解释力仅为0.12%，证明了资产负债表流动性风险传染渠道的弱有效性。

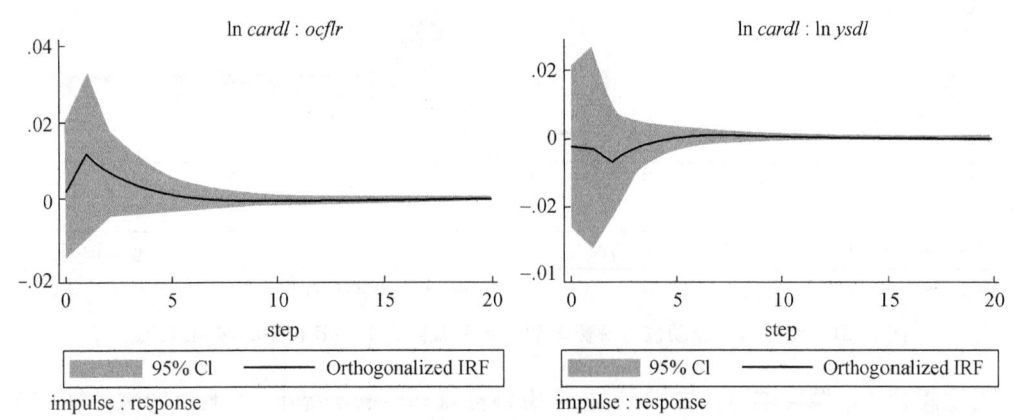

图 5-19　资产负债表流动性渠道 PVAR 模型脉冲响应函数

表 5-13　资产负债表流动性渠道违约风险预测方差分解

期数（季度）	$CAR_{i,t}$	$LIQ_{i,t}$	$AV_{i,t}$	$REV_{i,t}$	$OCFLR_{i,t}$	$YS_{i,t}$
1	0.01%	0.39%	0.00%	0.62%	0.19%	98.78%
5	0.12%	9.37%	0.73%	0.78%	1.50%	87.50%
10	0.12%	9.60%	0.74%	0.78%	1.50%	87.26%
15	0.12%	9.60%	0.74%	0.78%	1.50%	87.25%
20	0.12%	9.60%	0.74%	0.78%	1.50%	87.25%

对资产负债表—流动性渠道的分析表明，城投公司企业流动资产占比的增加会降低公司企业的违约风险。

（3）土地市场流动性—融资流动性的正反馈渠道

为了验证假设6，在假设4模型的基础上选用公司债券到期收益率 $YTM_{i,t}$ 作为城投公司融资流动性的代理变量，其余指标变量保持不变。由DAG分解结果见图5-20，存在融资流动性、土地市场流动性、土地资产变现价值、土地出让收益、现金性支付风险到公司违约风险的同期因果关系。

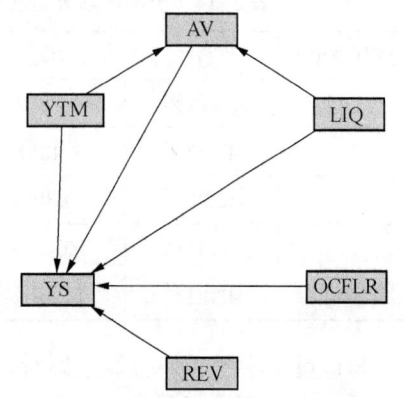

图 5-20　土地市场流动性与融资流动性正反馈渠道风险传染 DAG 图

脉冲响应结果见图 5-21,土地市场流动性一个标准差冲击导致公司违约风险正向变化 0.07,随后脉冲响应逐渐减弱,直至在第 15 期时脉冲响应影响趋于零。脉冲响应结果说明,土地市场流动性减弱,导致公司债券利差增大,也即违约风险的增加,因此,在融资流动性影响下,基于土地市场流动性——融资渠道的风险传染机理依然存在。

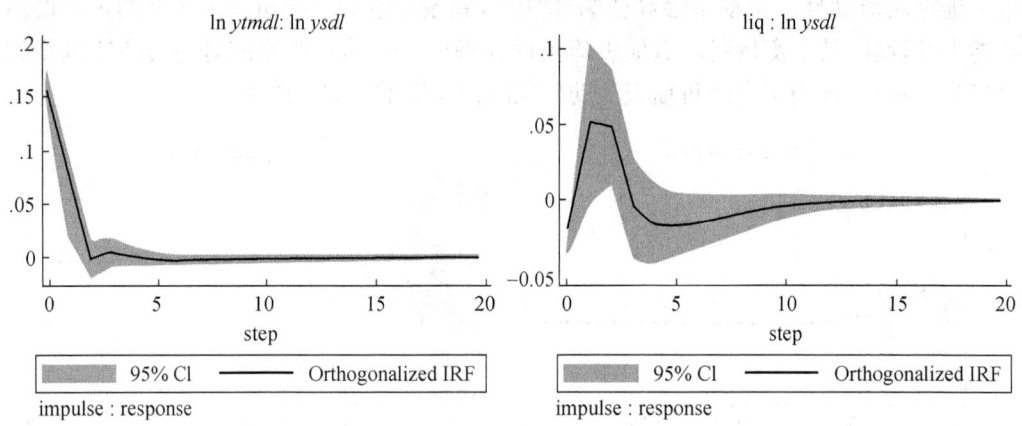

图 5-21　土地市场流动性与融资流动性正反馈渠道 PVAR 模型脉冲响应函数

对比假设 4 中脉冲响应函数结果,在考虑融资流动性的情况下,土地市场流动性一个标准差冲击导致公司违约风险正向变动幅度增大,由 0.05 增加为 0.07。同时,土地市场流动性对于违约风险的脉冲影响时效性增加,从第 10 期脉冲响应消失延长到第 15 期脉冲响应消失。这说明融资流动性对基于土地市场流动性——融资渠道风险传染具有正向的增强作用。

表 5-14 显示了公司违约风险波动的方差分解结果,融资流动性对于公司违约风险变量自身的解释能力最强,随着期数的推移,贡献率数值稳定在 43.31%,对违约风险贡献率其次的是公司违约风险变量自身。出现上述结果的原因之一,由于违约风险的代理变量为公司债券利差是基于融资流动性代理变量公司债券到期收益率计算得到的,所以两者之间存在较强的相关性。

表 5-14　土地市场流动性与融资流动性正反馈渠道违约风险预测方差分解

时期(季度)	$YTM_{i,t}$	$LIQ_{i,t}$	$AV_{i,t}$	$REV_{i,t}$	$OCFLR_{i,t}$	$YS_{i,t}$
1	50.27%	0.86%	0.97%	0.91%	0.07%	46.92%
5	43.82%	9.43%	3.54%	1.14%	1.20%	40.87%
10	43.32%	10.39%	3.53%	1.15%	1.18%	40.42%
15	43.31%	10.42%	3.53%	1.15%	1.18%	40.41%
20	43.31%	10.42%	3.53%	1.15%	1.18%	40.41%

与假设 4 中的方差分解结果对比,土地市场流动性对违约风险的解释能力由 9.82% 增加到 10.42%,说明在融资流动性影响下,微幅增强了土地市场流动性风险对于公司违约风险的影响程度,但这种正向反馈机制的有效性并不十分明显。我们分析主要的原因在于:我

们选取的研究时间段为2013年第一季度至2015年第三季度,在此时间段内整体市场较为平稳,未出现明显的波动,导致模型数据的波动性不强。而当市场出现明显振荡时,上述土地市场流动性和融资流动性的正向反馈作用才得以明显的体现。这一结果也为今后研究数据观察期的选取提供了方向。

对土地市场流动性—融资流动性正反馈渠道的分析表明,在考虑融资流动性时,土地市场供求流动性对城投公司企业违约风险的影响程度及影响时效均出现了增加的现象。融资流动性对土地市场供求流动性的风险传染具有正向的增强作用。

土地市场流动性对于城投公司违约风险的贡献率随着时间推移不断增加,最终稳定在10.42%,证明了土地市场流动性—融资渠道风险传染的有效性。同时,这一分析结论与5.1.4节内第3)部分第(1)点的结论一致,说明土地市场流动性对城投公司违约风险的影响具有相对长期的效应。

5.1.5 结论

本节的讨论从土地价格波动和供求流动性两个完整层面出发,提出了土地市场对地方城投公司风险传染机理的研究假设。实证结果验证了风险传染渠道的存在性与有效性,同时也得到了新的研究发现:

对土地价格波动—抵押品价值渠道的分析表明,土地价格波动对城投公司偿债能力及信贷能力的影响是显著的,并且这种影响具有很强的短期效应。

对土地价格波动—资产负债表渠道的分析表明,在风险传染路径中,"投资—收益—净资产"正反馈效应会延迟并削弱土地价格波动风险冲击的影响。地方城投公司多元化的投资及收益有助于降低违约风险。

对土地市场流动性—融资渠道的分析表明,土地市场流动性对城投公司违约风险的影响具有相对长期的效应,流动性对公司企业违约风险的贡献率随时间推移而不断增加。

对资产负债表—流动性渠道的分析表明,城投公司企业流动资产占比的增加会降低公司企业的违约风险。

对土地市场流动性—融资流动性正反馈渠道的分析表明,在考虑融资流动性时,土地市场供求流动性对城投公司企业违约风险的影响程度及影响时效均出现了增强的现象。融资流动性对土地市场供求流动性的风险传染具有正向的增强作用。

土地市场的供求流动性与价格波动呈现显著的相关性,并且土地市场流动性主要通过影响土地资产变现价值进而作用于城投公司违约风险。结合土地价格波动—抵押品价值渠道分析结论,我们得出这样的判断:土地市场的供求流动性与价格波动高度相关,但对城投公司违约风险的影响时效却不同。土地价格波动对城投公司违约风险的影响具有短期效应,而土地市场流动性对城投公司违约风险的影响具有相对长期的效应。

5.2 基于CPV与CCA的土地市场对城投公司风险压力测试

在分析城投公司债务风险影响机理的基础上,分别以上海市城投公司样本数据和全国上市城投公司数据,运用CPV,CCA与PFM模型方法进行土地市场波动对城投公司债务风险压力测试实证研究,以期为全面识别、评估和管理地方政府债务风险提供参考。

5.2.1 信用违约风险压力测试及研究现状

1) 压力测试定义

早在20世纪末,国外对于压力测试方面的研究就已经逐步开始。压力测试是由International Organization of Securities Commissions(简称IOSCO)于1995年最早提出的,定义为"分析在极端不利的市场环境下,资产组合所受影响的一种工具"。1996年,巴塞尔委员会(BCBS)在《资本协议关于市场风险的有效补充》中指出并强调了压力测试对于银行及金融机构风险管理的必要性和紧迫性[292]。2000年,国际清算银行(BIS)进一步完善了压力测试的含义,即在极端但可能发生的情形下,银行用来评估所受到的冲击的手段方法[293]。2004年,巴塞尔委员会发布《巴塞尔新资本协议》,强调银行必须定期进行压力测试,以反映各种经济环境变化可能对信贷资产组合的不利影响[294]。2007年,中国银监会在《商业银行压力测试指引》中定义其为评估银行在假设的小概率事件等异常情景下可能产生的损失,是以量化分析为主的风险研究方法。压力测试已经成为银行及金融机构评估业务、资产组合在极端但可能的情况下风险表现的重要工具,在许多国家和领域中都有广泛的适用性。

国内外对压力测试方法及应用都做了大量的研究,主要被运用于商业银行风险和地方城投公司风险等研究领域。针对商业银行各类风险压力测试的研究,孙连友(2006)、任宇航等(2007)、李江、刘丽平(2008)、周子元(2009)等分别对我国商业银行信用风险的压力测试方法展开了研究[295-298]。邵彩虹(2009)、刘莲花(2009)、舒特华(2009)等分别针对我国商业银行可能出现的市场风险和流动性风险进行了压力测试研究[299-301]。针对地方城投公司风险的压力测试则主要集中在对其信用风险的研究上。

2) 压力测试方法

压力测试主要分为敏感性分析和情景分析两类方法。

(1) 敏感性分析(sensitivity analysis)

敏感性分析是用于研究当其他变量不变时,单一(或少数几个密切相关)变量变动对于资产组合质量的影响效果。这类方法的优点是能够重点研究一个变量变动的影响,但缺点是实际经济社会中很少存在只有单个变量改变的情况,往往是相关变量共同变化而产生作用。

(2) 情景分析(scenario analysis)

情景分析较敏感性分析更为复杂,该方法是设置各类可能发生的压力情景,来研究评估多因素作用下所造成的不利影响。

根据情景事件设定方法的不同分为两种。第一种方法是历史情景分析,即根据历史上发生过的风险因子的异常变动情况,测算该情境下对现在的资产组合能够造成何种影响。该方法的优点是情景设定具有一定的历史客观性,缺点是考虑到目前金融市场的快速发展,市场环境复杂,产品创新快,如果单纯按照历史事件将难以应用于这些新产品,而且这些新产品的价格也可能尚未出现过极端的情况,因此不能用历史情景分析法进行测试。第二种方法是假设情景分析,即依据经验自行设定各风险因子的变动情景。该方法在一定程度上使压力测试的情景设定更加完整,但也可能让测试结果存在一定的主观性。同时,假设情景分析法又可进一步划分成系统性假设情景分析和非系统性假设情景分析。

非系统性假设情景分析主要包括两种：一是最差情景分析，即依据资产组合的特征，评估在可能发生的最坏情境下会出现的最大损失；二是主观情景分析，即金融体系内部和外部的专家组建成专家组，由专家组确定风险因子并进一步假设各类可能出现的情景。这两种方法的缺点都是忽视风险因子之间存在的关联作用或者容易对相关性有错误的主观设定。

系统性假设情景分析克服了上述非系统性方法的缺点，主要包括三种：一是相关性法。Kupiec(1999)提出依据历史情况估计风险因子之间存在的相关性，接着假定某些风险因子发生变化，并根据估计得到的相关性矩阵来确定其他风险因子的相应变化[302]。Kim(2000)补充提出在受到极端情况破坏时，风险因子之间存在的常规相关性会发生变化，因此应选择极端情况时期的数据来估计得到"压力相关性"[303]。二是蒙特卡洛模拟法。该方法也是目前比较常用的一种方法，它是采用随机模拟的方式自动生成压力测试情景，随机模拟法同时还能计算出损失条件下的值，在很大程度上解决了情景设定中主观性的问题。三是极值理论法。该方法是将极值理论运用于风险管理，针对可能出现的极端值和概率进行测算，但在实践中通常较难判断风险因子的实际分配是否按照假设进行。压力测试方法分类如表 5-15 所示。

表 5-15 压力测试方法分类

压力测试方法	具体方法			是否考虑因子之间的相关变化
敏感性分析	单因素敏感性分析			否
情景分析		历史情景分析		是
	假设情景分析	非系统性	最差情景分析法、主观情景法	否
		系统性	相关性法、蒙特卡洛模拟法、极值理论法	是

综合比较几种压力测试的方法，敏感性分析方法因其线性的假定且未考虑因子之间的相关变化，对于模拟复杂的现实经济状况效果不佳。情景分析方法中，历史情景分析虽能根据历史事件做出客观模拟，但未必能反映现时点下可能出现的极端情况。相较之下，假设情景分析虽具有一定的主观性，但却能对异常但可能发生的情形做出假设，尤其是系统性假设情景分析，将宏观变量之间的相互影响考虑在内，使得压力测试结果更为准确、有效。因此，本书在模型构建和实证部分选择系统性假设情景分析完成地方城投公司信用风险的压力测试研究具有一定的合理性。

3) 压力测试研究现状

目前，已有部分学者开始对地方城投公司信用风险压力测试进行研究，以测算在不同的情景变化下地方城投公司贷款质量和偿债能力受到的冲击程度。已有研究的基本思路是首先建立信用风险传导模型，主要有 Credit Metrics 模型、经济学模型等，而运用 CPV 模型的仅有少数几篇研究；其次确定压力测试方法并设定压力情景（包括经济、行业等压力指标）；最终执行得到压力测试结果。

基于 Credit Metrics 模型的城投公司信用风险压力测试研究。许友传、陈可桢(2013)通过设置其资产价值的跳跃行为以及跳跃强度,来研究不同压力情景与平台公司信用风险之间的映射关系,并进行了压力测试[304]。蒋斌(2014)对信用风险因素进行宏中微观不同层面的分析,引入 Credit Metrics 模型,假设四个压力指标并结合某银行城投公司贷款样本完成了压力测试[305]。

基于 CPV 模型的城投公司信用风险压力测试研究。目前的几篇研究已较好地提供了从 CPV 模型构建到压力测试的基本思路,但仍存在几点不足:首先,对于 CPV 模型中的违约概率指标大多选择指标替代,也有学者提出估算方法但对其估算的理论基础尚未阐述清楚;其次,在进行压力测试时大多未考虑压力因子冲击所引起的宏观变量关联变化,或在估算关联变化时增加了变量之间的多重共线性,造成与 CPV 模型回归的前提条件存在一定矛盾。具体研究包括,孙萌(2013)运用 CPV 建立度量城投公司信用风险的计量经济模型,选取利息保障倍数替代违约概率指标进行模型估计,然后假设 GDP 增长率为压力因子,对处于压力情景下的平台违约率进行测试[306],但压力测试研究中未考虑压力因子变化对其他影响利息保障倍数的变量所可能带来的影响。孙东升等(2015)也选取利息保障倍数来替代违约概率,依次设置该指标为1,3,5三种情况作为判断是否发生违约的临界值来构建模型。然后选择 GDP 增长率、政府收支缺口率、贷款利率作为压力因子,运用历史情景分析法进行压力研究[307],该研究同样仅选取利息保障倍数来作为违约率的替代指标,同时也未考虑压力情境下各宏观变量的关联变化。贺一枝(2014)运用一种估算法来得出有担保类城投债的信用违约概率,然后与各大宏观指标进行回归分析。再选择 GDP 增长率以及土地价格增长率分别作为单因子,逐个进行压力测试[308]。该研究尝试运用相关性法得到压力因子冲击所引起的宏观变量联动变化,但将其他宏观变量与压力因子分别做回归从而得到宏观变量变化值的方法却增加了 CPV 模型中宏观变量的多重线性关系,与 CPV 模型的回归条件存在一定的矛盾,并且该研究中对于违约率估算方法的理论基础尚未详细说明。

5.2.2 信用违约风险宏观影响因素

地方城投公司信用风险的形成受到多方因素的影响。随着我国宏观经济增速下行压力的逐渐增大,尤其是如果土地市场开始降温,平台经营性收入减少,融资成本上升,就可能导致城投公司发生违约现象。孙东升等(2015)通过构建 CPV 模型研究宏观变量对平台信用风险的影响,选取820家城投公司数据进行实证研究,结果表明,GDP 增长率、固定资产投资增长率、贷款利率和财政收支缺口率对城投公司信用风险有显著影响[307]。贺一枝(2014)选取25个有担保类城投债的城投公司数据进行研究,结果显示 GDP 增长率、居民消费物价指数、货币供应量增长率等对城投公司违约概率有显著性的影响[308]。

本节在以前学者研究成果的基础上,结合我国宏观经济发展的实际情况,主要从国民经济、财政货币、土地市场三个方面对影响城投公司信用风险的宏观因素进行分析论述。

1)国民经济因素

国民经济即指宏观经济运行状况,是所有经济体赖以生存的基础,对行业、企业的生产及经营具有重要的影响[309]。市政建设、公用设施等项目,作为地方城投公司的主要投资项目,盈利能力多取决于国民经济的发展,因此城投公司的信用风险与国民经济状况有很大的相关性[310]。若国民经济保持较高的增长速度,发展走势良好,则地方城投公司的宏观发展环境较好,地方城投公司的偿债能力也相应增强,信用风险相对较小;若国民经济呈现下滑趋势,则地方城投公司的发展速度将放缓,地方城投公司的偿债能力也相应降低,信用风险相对较大。

国民经济指标一般包括国内生产总值、居民消费价格指数、全社会固定资产投资总额等。

国内生产总值作为国民经济核算的核心指标,是指一个国家或地区经济中所有常住单位在一定时期内(一个季度或一年),所生产出全部最终产品和劳务的价值[311]。国内生产总值能够反映影响地方城投公司的外部宏观经济的总体情况。宏观经济好坏能够直接或间接改变城投公司的外部环境,对其盈利能力产生影响,从而进一步影响城投公司的偿债能力。

居民消费价格指数能够反映一定时期内居民所消费商品及服务的价格水平变动趋势以及变化程度的相对程度[312]。居民消费价格指数的变化反映原材料、抵押物价值、工资等的变动,影响着城投公司的经营成本,直接或间接影响其经营状况,对平台的偿债能力产生影响。

固定资产投资是建造和购置固定资产的经济活动,是反映投资规模、结构比例的综合性指标[313]。全社会固定资产投资能够影响地方城投公司的规模扩张能力,从而影响城投公司的债务水平及还款能力。

2) 财政货币

地方城投公司的银行贷款多为中长期,在借款期限内,如果财政或货币政策等发生调整,都可能影响到城投公司的经营和运作。宽松的财政政策能够刺激投资、促进消费、拉动经济增长,而紧缩的财政政策则会抑制投资消费,减缓经济发展速度。同样地,货币政策也是政府调整经济增长的常用手段,宽松的货币政策能够让更多的货币在市场上流通,刺激投资消费;而紧缩的货币政策则能减少市场上的闲钱,抑制投资消费[314]。一旦财政和货币政策收紧,将减缓政府对市政公用设施等的投资规模及力度、增大平台融资成本,不利于地方城投公司的经营发展,其信用风险就会随之上升。

贷款利率是指贷款期限内利息与本金的比例,在宏观经济调控中尤为重要。利率作为出让货币的价格,是筹融资成本的决定因素,贷款利率的高低将直接影响地方城投公司的债务成本,进而影响其信用风险。

货币供应量一般包含金融机构存款、流通中现金等货币,根据货币流动性,从强到弱可划分为流通中现金(M0)、狭义货币供应量(M1)以及广义货币供应量(M2)[315]。其中,M2作为广义货币,在 M1 反映现实购买力的基础之上,还反映潜在的购买力。货币供应的数量及流动性是社会总需求变化的货币表现,能够影响地方城投公司的资本实力及资本市场的可贷资金规模,从而影响城投公司的信用风险。

3) 土地市场

按照前文分析,土地市场已成为城投公司的主要风险源之一。地方城投公司的债务偿还很大一部分依赖于土地资产相关收益,并且大多贷款以土地房屋作为抵押品,因此土地交易量和土地价值因素的变化对地方城投公司整体还债能力有着很大的影响。

土地市场波动指标一般包括土地成交价格、土地成交面积等,同时由于地方城投公司土地类资产结构包括住宅、商业、工业等,因此也可分土地类型探究其市场波动对城投公司信用风险的影响大小。

5.2.3 研究设计

1) 信用风险传导模型构建

(1) CPV 压力测试模型

实践证明资产信用级别的改变和经济周期有着极大的关联性,尤其是对于信用较差的信贷,这种关联性更加突出,一般情况下经济萧条时期的信用降级和违约概率会显著大于经济景气时期。基于这种经济规律,1998 年麦肯锡公司(Mckinsey)Saunders 和 Wilson 研究出了一种多因素模型,即信贷组合(Credit Portfolio View)模型,从宏观经济的角度来研究分析借款人信用等级的变化以及贷款组合的风险。

模型的基本思路是:首先得到不考虑宏观因素冲击的无条件信用等级转移概率矩阵(初始违约概率),然后针对影响信用等级转移概率矩阵(初始违约概率)的宏观因素构建一个宏观因素冲击模型,由此便能够根据变化的宏观因素得到有条件信用等级转移概率矩阵(经调整的违约概率)。该模型在数据可得的条件下,能够应用到任何国家、行业部门和各种类型的信用个体[316]。

CPV 模型的核心是假设代表信用风险的违约概率是一个 Logit 函数,以违约概率为被解释变量,一系列宏观因素为解释变量,建立多因素回归模型来得到信用转移概率和违约分布。

首先,CPV 模型认为违约概率 P 是宏观变量 Y 的 Logit 函数。

$$P = \frac{1}{1+e^{-Y}} \tag{5-9}$$

通过变换即可得到:

$$Y = \ln\left(\frac{P}{1-P}\right) \tag{5-10}$$

式(5-10)对违约概率 P 通过 Logit 转换得到 Y,即将取值在 0—1 的 P 值变换为取值在 $(-\infty, +\infty)$ 的 Y 值,由于该函数严格单调递增,因此 P 与 Y 有相同的数据特征。

其次,CPV 模型假设 Y 与各宏观因素之间服从线性关系,将 Y 作为被解释变量,各宏观因素作为解释变量,建立多元回归分析模型。

最后,CPV 模型对各宏观变量建立自回归模型。

CPV 模型的公式如下:

$$Y_t = \ln\left(\frac{P_t}{1-P_t}\right), \ t=1, 2, \cdots, N \tag{5-11}$$

$$Y_t = a_0 + a_1 X_{1,t} + a_2 X_{2,t} + \cdots + a_k X_{k,t} + \mu_t$$
$$\mu_t \sim N(0, \sigma^2) \tag{5-12}$$

$$X_{i,t} = \varphi_{i,0} + \varphi_{i,1} X_{i,t-1} + \varphi_{i,2} X_{i,t-2} + \cdots + \varphi_{i,p} X_{i,t-p} + \varepsilon_{i,t}, \quad i=1, 2, \cdots, k$$

$$\varepsilon_t = (\varepsilon_{1,t}, \varepsilon_{2,t}, \cdots, \varepsilon_{k,t}) \sim N(0, \sum\nolimits_{\varepsilon}) \tag{5-13}$$

$$e_t = \begin{pmatrix} \mu_t \\ \varepsilon_t \end{pmatrix} \sim N(0, \sum), \quad \sum = \begin{pmatrix} \sigma^2 & \sum_{\mu\varepsilon} \\ \sum_{\mu\varepsilon} & \sum_{\varepsilon} \end{pmatrix} \tag{5-14}$$

P_t 表示 t 时刻的违约概率，Y_t 为 t 时刻违约概率的 Logit 转换值，$X_{i,t}$ 表示 t 时刻第 i 个宏观变量，μ_t 和 ε_t 表示服从独立同分布的随机误差项，$a_0, a_1, \cdots, a_k; \varphi_{i,0}, \varphi_{i,1}, \cdots, \varphi_{i,p}$ 都是 CPV 模型的待估系数。

式(5-13)为宏观变量的自回归模型，CPV 假定其服从二阶自相关。

考虑到宏观变量间可能存在一定的关联性，CPV 模型引入协方差矩阵 $\sum$，使其更符合现实情况。

(2) 被解释变量的选取及违约概率计算

选取城投公司的违约概率作为被解释变量。已有研究中违约概率的测算仅选择替代指标或者较为粗糙的估算方法，我们对其进行改进，选取 CCA 方法估算上市城投公司的违约概率，选取 PFM 方法估算非上市城投公司的违约概率。

① 上市城投公司的违约概率计算。

国外对 CCA 的运用已逐步深入，而国内对 CCA 的研究起步相对较晚，但也有不少学者已经给出了相关研究成果。IMF(2009)通过 CCA 方法计算了瑞典等国家在金融危机前后银行体系出现的风险变化情况[317]；Antunes 和 Silva(2010)对葡萄牙银行体系风险进行了实证研究[318]；宫晓琳(2012)将 CCA 方法和网络模型相结合，对我国宏观金融风险综合传染机制进行研究[319]；巴曙松等(2013)介绍了 CCA 及扩展 SCCA 方法[320]。

CCA 方法主要基于以下三个假设来进行分析：a.负债价值基于资产；b.资产价值服从随机过程；c.权益具有不同的优先等级。

CCA 方法的计算公式如下：

$$V_E = V_A N(d_1) - De^{-r(T-t)} N(d_2) \tag{5-15}$$

$$\sigma_E = \frac{N(d_1) V_A}{V_E} \sigma_A \tag{5-16}$$

推出：

$$V_A = \frac{V_E + De^{-r(T-t)} N(d_2)}{N(d_1)} \tag{5-17}$$

$$\sigma_A = \frac{V_E}{V_A N(d_1)} \sigma_E \tag{5-18}$$

其中：

$$d_1 = \frac{\ln\left(\frac{V_A}{D}\right) + \left(r + \frac{\sigma_A^2}{2}\right)(T-t)}{\sigma_A \sqrt{T-t}} \tag{5-19}$$

$$d_2 = \frac{\ln\left(\frac{V_A}{D}\right) + \left(r - \frac{\sigma_A^2}{2}\right)(T-t)}{\sigma_A \sqrt{T-t}} \tag{5-20}$$

式中：V_A 为资产市场价值；V_E 为权益（股权）市场价值；σ_A 为资产市场价值的波动率；σ_E 为权益（股权）市场价值的波动率；T 为债券到期日；t 为当前时点；$T-t$ 为债券剩余期限；r 为无风险利率；D 为负债的账面价值，本书参考其他学者的研究方法，取 $D = STD + 0.5LTD$，其中，STD 为企业短期负债，LTD 为企业长期负债[321]；$N(d)$ 是标准正态分布的累积概率分布函数。

在上面的式子中，除 V_A 和 σ_A 外，其余指标均可获得。因此联立 V_A 和 σ_A 的表达式形成方程组，运用 Newton-Raphson 迭代法，即可求出 V_A 和 σ_A。

进而可以利用式(5-21)和式(5-22)计算出违约距离(DD)以及违约概率(P)两个指标，以达到量化信用风险的目的。

$$DD = d_2 = \frac{\ln\left(\frac{V_A}{D}\right) + \left(r - \frac{\sigma_A^2}{2}\right)(T-t)}{\sigma_A \sqrt{T-t}} \tag{5-21}$$

$$P = N(-DD) \tag{5-22}$$

② 非上市城投公司的违约率计算。

CCA 方法只适用于上市公司，而对于非上市公司的违约概率计算，KMV 公司于1999年提出了 PFM 方法(Private Firm Model)。该方法后用于上海城投公司实证中非上市公司违约概率测算。

首先，按 CCA 方法计算同类行业上市公司的资产价值(V_A)，资产价值的波动定率(σ_A)，并按式(5-23)~式(5-25)计算相对获利能力(PR)，对数销售额(S)和相对资产市值(VR)。

$$PR = \frac{EBITDA}{BOOKASSET} \tag{5-23}$$

$$S = \ln(SALES) \tag{5-24}$$

$$VR = \frac{V_A}{BOOKASSET} \tag{5-25}$$

其中，$EBITDA$ 是税息折旧及摊销前利润；$BOOKASSET$ 是账面总资产；$SALES$ 是主营业务收入。

接着，采用对比中位数的方法计算得到非上市公司的 V_A 和 σ_A，具体如下。

估计非上市公司的 V_A：

根据式(5-23)计算非上市公司的 PR；

从与非上市公司同类行业的上市公司中选择与其 PR 相近的数家；

将选择的数家上市公司的 PR 进行依次排序，找出其中位数所对应的上市公司的 VR 当

作该非上市公司的 VR；

将 VR 乘上非上市公司的 $BOOKASSET$ 得到该非上市公司的 V_A。

估计非上市公司的 σ_A：

根据式(5-24)计算非上市公司的 S；

从与非上市公司同类行业的上市公司中选择与其 S 相近的数家；

将选择的数家上市公司的 S 进行依次排序,找出其中位数所对应的上市公司的 σ_A 当作该非上市公司的 σ_A。

最后,根据所获得的非上市公司的 V_A 和 σ_A,进一步计算得到违约距离和违约概率(同 CCA 方法)。

③ 解释变量的选取。

将影响地方城投公司信用风险的宏观因素作为 CPV 模型的解释变量。根据 5.2.2 节的分析,分别从国民经济因素、财政货币因素、土地市场因素三个方面选取若干代表指标。

2) 土地市场波动对信用风险的压力测试步骤

在宏观领域中,压力测试主要是用作评估整个金融体系在面临"极端但可能"的宏观因素冲击时所受到的不利影响。综合比较几种压力测试的方法,敏感性分析方法因其线性的假定且未考虑因子之间的相关关系,对于模拟复杂的现实经济状况效果不佳,因此,选择假设情景分析法,将土地市场波动作为压力因子,研究土地市场波动对城投公司违约概率指标(信用风险)的冲击影响。

(1) 设置压力情景

对压力因子分别设计不同的压力情景,并在不同情景下设置土地市场波动指标的变动幅度。

(2) 确定压力冲击下其他宏观变量取值

在确定压力情境的前提下,估计其他宏观变量值。根据 5.2.1 节,非系统性假设情景分析未考虑风险因子之间的互动影响,因此测试结果可能无法准确反映复杂的实际情况,所以本书选取的是系统性假设情景分析,通过蒙特卡洛模拟法模拟得到其他宏观变量的估计值,以得到土地市场波动对其他宏观因素的互动影响,使得压力测试的结果更加真实有效。具体方法如下。

① 将宏观变量自回归残差项的方差-协方差矩阵 $\sum_\varepsilon$ 进行 Cholesky 分解：

$$\sum\nolimits_\varepsilon = \boldsymbol{A}\boldsymbol{A}^\mathrm{T} \tag{5-26}$$

其中矩阵 $\boldsymbol{A}$ 为 $k \times k$ 阶下三角实矩阵。(k 代表压力情景生成模型的误差项个数)

② 假设第 i 个宏观变量受到冲击,即：$X_{i,t} = X_{i,t}^{quake}$,由此可以获得残差项 $\varepsilon_{i,t}^{quake}$ 的条件取值：

$$\varepsilon_{i,t}^{quake} = X_{i,t}^{quake} - (l_{i,0} + \Theta_{i,1}x_{i,t-1} + \cdots + \Theta_{i,p}x_{i,t-p}) \tag{5-27}$$

③ 生成一列 $k \times 1$ 维标准正态分布的随机向量 $r_j = (r_{1,t}, r_{2,t}, \cdots, r_{k,t})' r \sim N(0, I)$

其中,I 为 $m \times m$ 维单位阵。

④ 将第①步得到的矩阵 $\boldsymbol{A}$ 与随机向量 r 相乘,生成一系列宏观变量自回归模型的误差项,其中 $r_{i,t}$ 由 $\dfrac{\varepsilon_{i,t}^{quake}}{\sigma(\varepsilon_{i,t})}$ 替代,即可生成可能的冲击情景：

$$\varepsilon_t = A \begin{pmatrix} r_{1,t} \\ r_{2,t} \\ \vdots \\ r_{i-1,t} \\ \dfrac{\varepsilon_{i,t}^{quake}}{\sigma(\varepsilon_{i,t})} \\ r_{i+1,t} \\ \vdots \\ r_{k,t} \end{pmatrix} \tag{5-28}$$

⑤ 将 ε_t 带入宏观变量自回归模型,即式(5-13),即可得到压力因子冲击下,其他宏观变量的估计值。将以上③至⑤步重复执行1 000次,取宏观变量估计值的算术平均值作为该压力情景下,其他宏观变量的最终取值。

(3) 执行压力测试

在不同压力情境下,将压力因子及其他宏观变量的取值代入CPV模型中的式(5-12),即可获得该情境下地方政府债务的违约概率,由此能够研究土地市场波动对地方政府债务违约概率指标的冲击程度。

(4) 形成应对措施

根据压力测试结果,对地方政府债务管理和房地产市场调控提出对策。

5.2.4 上海市原城投公司违约风险压力测试实证

1) 样本采集与数据处理

(1) 样本与数据采集

本书分别运用在5.2.3节中提到的CCA方法和PFM方法计算上海地方城投公司的违约概率。根据5.1.3节中提到的全国地方城投公司基础数据库的获取方法,本书选取其中属于上海的37家地方城投公司,其中上市公司共8家,非上市公司共29家。针对这37家地方城投公司,本书通过两种途径获得了CCA方法和PFM方法所需的所有基础数据,时间从2012年第三季度至2015年第四季度:一是通过中国货币网采集了地方城投公司公开发行债券时披露的所有信息;二是通过Wind数据库获得地方城投公司的相关财务数据、债券数据、股票数据及无风险利率等。具体指标的数据获取来源如下(表5-16):

表5-16 数据来源说明

指标	含义	数据来源	频率
STD	企业短期负债	Wind	季度
LTD	企业长期负债	Wind	季度
CSP	流通股收盘价格	Wind	日
CSC	流通股股本数	Wind	日

(续表)

指标	含义	数据来源	频率
r	无风险利率 (本书取中国 10 年期国债收益率代替)	Wind	月
$EBITDA$	税息折旧及摊销前利润	Wind	季度
$BOOKASSET$	账面总资产	Wind	季度
$SALES$	主营业务收入	Wind	季度
T	债券到期日	中国货币网	—

（2）基础指标处理和计算

针对每家地方城投公司，根据以下步骤按季度进行基础指标的处理和计算。

① 计算权益（股权）市场价值（V_E）。

由于流通股收盘价格（CSP）和流通股股本（CSC）均为日数据，因此首先按季度计算其算术平均值作为季度平均流通股收盘价格和季度平均流通股股本。其次按式(5-15)计算季度权益（股权）市场价值（V_E）。

季度平均权益（股权）市场价值＝季度平均流通股收盘价格×季度平均流通股股本数。

② 计算权益（股权）市场价值波动率（σ_E）。

根据日流通股收盘价格（CSP），按式(5-29)、式(5-30)和式(5-31)计算季度权益（股权）市场价值波动率（σ_E）。

$$k_t = \ln\left(\frac{CSP_t}{CSP_{t-1}}\right) \quad (5\text{-}29)$$

$$\sigma_d = \sqrt{\frac{\sum_{i=1}^{n}(k_i - \bar{k})^2}{n-1}} \quad (5\text{-}30)$$

$$\sigma_E = \sqrt{\text{季度内交易日天数}} \times \sigma_d \quad (5\text{-}31)$$

其中，k_t 表示第 t 个交易日的流通股对数收益率；σ_d 表示股价日波动率。

③ 计算负债的账面价值（D）。

利用季度企业短期负债（STD）以及季度企业长期负债（LTD）数据，计算得到负债的账面价值（D）。其中，部分企业的短期负债和长期负债数据存在缺省，则取前后相邻时间点的两个数值中相对大的补充。

④ 计算债券剩余期限（$T-t$）。

对于每一个地方城投公司，计算每只债券从当前季度（t）到债券到期日（T）的债券剩余期限（$T-t$），再将每只债券的债券剩余期限按照每只债券总额占当前季度未到期债券总额的比例进行加权平均，得到每个地方城投公司的债券剩余期限（$T-t$）。

⑤ 计算无风险利率（r）。

由于无风险利率（r）为月度数据，因此首先按季度计算其算术平均值作为季度平均无风险利率。

(3) 资产市场价值(V_A)和资产市场价值的波动率(σ_A)的确定

① 运用 CCA 方法计算上市城投公司的 V_A 和 σ_A。

利用基础数据,联立 V_A 和 σ_A 的式(5-17)、式(5-18)、式(5-19)及式(5-20)形成方程组,运用 Newton-Raphson 迭代法,即可通过 Matlab 软件编程求出上市城投公司的 V_A 和 σ_A。

② 运用 PFM 方法计算非上市城投公司的 V_A 和 σ_A。

根据式(5-23)、式(5-24)及式(5-25)计算上市城投公司的相对获利能力(PR),对数销售额(S),以及相对资产市值(VR)。

由于地方城投公司多为非上市公司,上市公司样本较少,因此根据上市公司的 VR 和 σ_A,按行业取平均值。其中若非上市公司的行业类别在上市公司中未出现,则取全部行业的平均值作为 VR 和 σ_A。由此,将非上市公司行业类别对应的 VR 乘上 $BOOKASSET$ 可求得其 V_A,并将非上市公司行业类别对应的 σ_A 直接作为该非上市公司的 σ_A。

2) 原城投公司信用风险特征分析

在城投公司没有与政府信用隔断之前,地方政府债务主要通过城投公司实施。地方债务的隐蔽性,使得除监管机构外的研究者在获取数据时受到较大的限制。为了分析城投公司的信用风险特征,本节通过采用以下方法建立的平台数据库作为分析基础依据。首先,根据银监会公布的地方城投公司目录清单(共 10 853 家)筛选出发行过债券或股票的城投公司名称;然后,利用中国货币网采集地方城投公司公开发行债券时披露的所有信息,包括审计报告、募集说明书、年报等,并利用 Wind 数据库提取地方城投公司的相关财务数据、股票数据、债券数据等。该基础数据库中共包括了 1 363 家地方城投公司,涵盖了各行业、各地区的城投公司。基于该数据库,本书进一步分析城投公司的信用风险特征。

(1) 城投公司举债规模迅速增大,负债率波动

从企业资产和负债来看,2008 年后地方城投公司资产和负债均呈现出非常明显的增长趋势,到 2013 年为止,总负债达 21.99 万亿元,平均年增长率达 53%;总资产达 38.88 万亿元,平均年增长率达 48%。

从资产负债结构来看,整体上地方城投公司资产负债率不断波动,波动幅度约±4%。(图 5-22)。

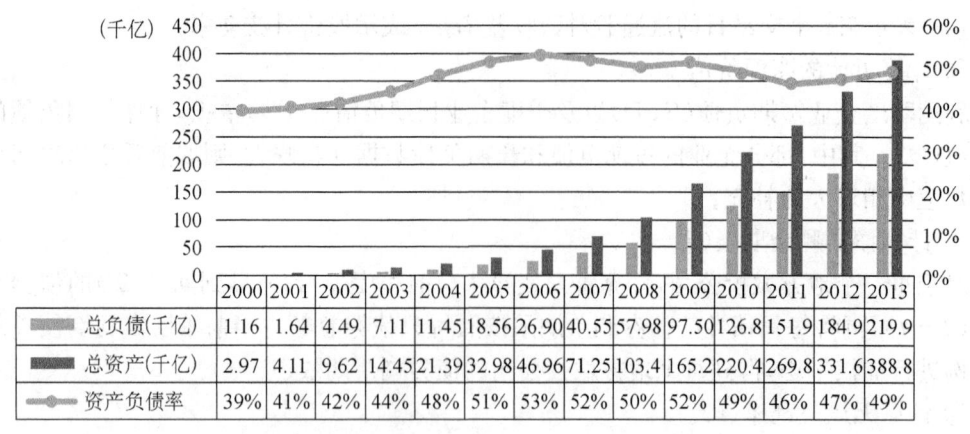

图 5-22　2000—2013 年地方城投公司资产负债结构变化

（2）城投公司盈利能力不强，偿债能力趋弱

根据收集的地方城投公司数据，从资产经营和偿债能力两方面分析地方城投公司的经营情况。

在资产经营方面，选取净资产收益率（ROE）和总资产报酬率（ROA）指标来衡量。净资产收益率反映股东权益的收益水平；总资产报酬率反映全部资产（包括净资产和负债）的整体获利能力。2012—2015年，地方城投公司平均 ROE 和 ROA 均持续下降。2015年平均 ROE 为2.47%，低于三年期定期存款利率2.75%；平均 ROA 为2.33%，远小于制造企业5%~10%的总资产报酬率。由此得出，城投公司整体经营情况较差，获利能力较弱。

在偿债能力方面，主要用速动比率指标考察企业流动资产中能够立即变现用来偿还流动负债的能力（图5-23）。2012—2015年，所有地方城投公司的平均速动比率也呈现持续下降的趋势，至2015年为1.91%，短期偿债能力较弱。

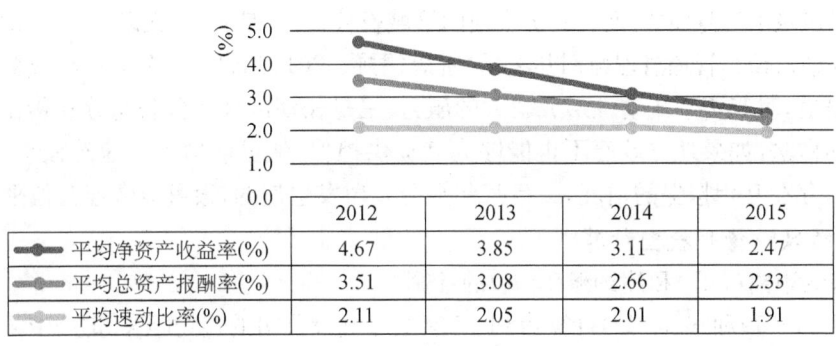

图 5-23　2012—2015年地方城投公司资产经营和偿债能力指标变化

（3）城投公司土地融资占比较大，受土地风险影响大

2013年地方城投公司所拥有的土地资产合计6.8万亿元，如图5-24所示，其中住宅类土地资产占比最大，为46%，其次为商业类土地资产，占比为20%。

我国地方城投公司庞大的债务主要来源于土地的抵押、质押、信托和担保，且融资总额与土地收入高度相关[322]，还款来源也高度依赖土地财政收入[323,324]。许多学者，如俞瑶（2010）、冯兴元（2011）等，已经通过对城投公司贷款数据的调查和分析，提出城投公司贷款与土地市场风险存在着直接的关系[323,325]。

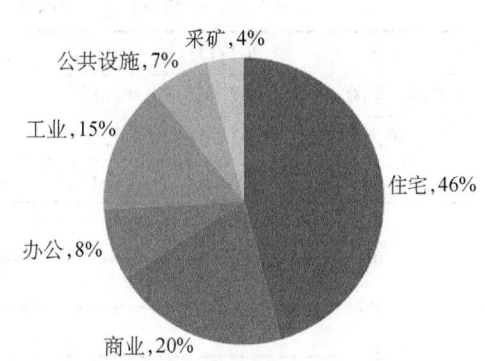

图 5-24　2013年地方城投公司的土地类资产结构

由上述分析，许多地方政府依托城投公司过度举债已接近极限，但地方城投公司自身的盈利能力和偿债能力却较弱，相关风险控制机制尚不健全，因此就带来了潜在的信用风险问题。城投公司以土地为杠杆进行融资，又经由土地出让获得收益，这样的土地经营城市化方

式,很可能会因为外部经济环境的变化而引发信用风险[326]。

地方城投公司信用风险一旦爆发,对整个经济危害巨大,因此也早已引起了国务院和财政部的高度重视。2010年,《加强地方政府融资平台公司管理有关问题的通知》(国发〔2010〕19号文)要求各地方上报融资平台债务清理核实情况;2014年,《国务院关于加强地方政府性债务管理的意见》(国发〔2014〕43号文)的核心内容是要求对地方政府债务实施规模控制以及预算管理;随后《地方政府存量债务纳入预算管理清理甄别办法》(财预〔2014〕351号)提出融资平台债务性质,划分平台债务归属办法,实现平台市场化转型;2016年,《关于规范土地储备和资金管理等相关问题的通知》(财综〔2016〕4号)欲清整管理城市基础设施投融资平台的债务及相关问题。

然而必须注意的是城投公司在实施转型发展的过程中,却也可能加重其信用风险的程度[23]。一是清理甄别本身就是地方政府与城投公司之间的博弈,为了增加未来的发债规模,地方政府会尽量减少自身债务,而将其更多地归给城投公司;二是43号文以及关于印发《地方政府存量债务纳入预算管理清理甄别办法》的通知(财预〔2014〕351号)文进一步收紧了城投公司的融资渠道,对其资金流动性形成较大的压力;三是长期以来平台公司存在借由"展期"来转移风险的做法,如果地方政府不再能够为其提供担保,便可能增加其违约概率;四是实际上城投公司存在互相担保的情况,一旦某些平台公司发生违约,很可能牵连其他平台公司。

3) 违约风险传导模型计算

(1) 违约距离(DD)和违约概率(P)的计算

利用式(5-21)和式(5-22)计算得到37家上海城投公司的违约距离和违约概率,并将计算所得的违约概率做算术平均值来作为上海地方城投公司的平均违约概率,结果如表5-17和图5-25所示。

表5-17 上海地方城投公司违约概率计算结果

季度	2012Q3	2012Q4	2013Q1	2013Q2	2013Q3	2013Q4	2014Q1
平均违约概率	0.50%	0.11%	1.04%	0.01%	1.51%	0.12%	0.18%
季度	2014Q2	2014Q3	2014Q4	2015Q1	2015Q2	2015Q3	2015Q4
平均违约概率	3.58%	0.04%	0.18%	0.06%	0.75%	5.27%	0.02%

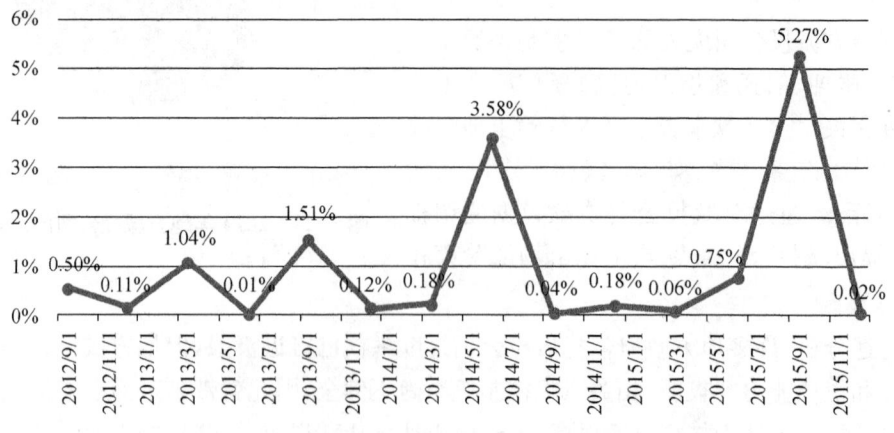

图5-25 上海地方城投公司平均违约概率变化趋势

由此可以看出，近年上海地方城投公司信用风险整体较好，违约概率呈现波动的特征但基本维持在较低的水平。

值得指出的是，由于本书的城投公司样本均来源于发行过债券或股票的地方城投公司，而该类城投公司的账务状况一般普遍优于其他未发行过债券或股票的平台，因此以该样本为对象得到的违约概率可能会较实际水平偏低一点。

将以上各季度的平均违约概率按式(5-10)做 Logit 转换，得到被解释变量 PD 各季度的值。

(2) 解释变量的数据收集及处理

选取 9 个宏观变量作为 CPV 模型的解释变量，并通过 Wind 数据库和上海市地质调查研究院获得上海这 9 个宏观指标的数据，具体如表 5-18 所示。

表 5-18 解释变量选取及数据来源

指标名称	指标代号	单位	数据来源
国内生产总值	GDP	亿元	Wind
居民消费价格指数	CPI	2003Q1=100	Wind
银行3至5年中长期贷款利率	LR	%	中国人民银行
广义货币供应	M2	亿元	Wind
全社会固定资产投资总额	TIFA	亿元	Wind
成交土地楼面均价(住宅用地)	LDPR	元/平方米	上海市地质调查研究院
成交土地楼面均价(商服用地)	LDPB	元/平方米	Wind
成交土地占地面积(住宅用地)	LDAR	万平方米	Wind
成交土地占地面积(商服用地)	LDAB	万平方米	Wind

其中，成交土地楼面均价和成交土地占地面积指标为月度数据，按季度计算算术平均值作为季度平均成交土地楼面均价和季度平均成交土地占地面积。

此外，一个季度或月度的时间序列往往会受到年内季节变动的影响，有时这种影响大到可能掩盖时间序列短期的基本变化趋势，因此需要对各解释变量进行季节调整。经观察，国内生产总值(GDP)、居民消费价格指数(CPI)、全社会固定资产投资总额(TIFA)3 个变量具有明显的季节变化特征，因此本书通过 Eviews8.0 工具对这 3 个变量进行季节调整，分别得到 GDP_SA，CPI_SA，TIFA_SA 三个季调指标。

(3) 模型运算与检验

① 平稳性检验。

由于被解释变量和解释变量均为时间序列数据，因此需要对其进行平稳性检验，即单位根检验(ADF)，以测试变量数据是否平稳。

以国内生产总值(GDP_SA)为例，利用 Eviews8.0 工具，对其进行 ADF 检验。假设显著性水平为 10%，得到 $P=0.0386<0.1$，即拒绝原假设，此组时间序列数据平稳，可进行下一步的运算。具体结果如图 5-26 所示。

```
Augmented Dickey-Fuller Unit Root Test on GDP_SA
                                              t-Statistic    Prob.*
Augmented Dickey-Fuller test statistic        -3.998771      0.0386
Test critical values:    1% level             -4.886426
                         5% level             -3.828975
                         10% level            -3.362984

*MacKinnon (1996) one-sided p-values.
```

图 5-26　GDP_SA 指标的 ADF 检验结果[①]

所有变量的 ADF 检验结果如表 5-19 所示，根据结果显示所有指标在 10% 的显著性水平下均为平稳数据。

表 5-19　所有指标的 ADF 检验结果

变量	ADF 检验		P 值	检验结果（显著性水平为10%）
	t-Statistic			
	t 统计量值	Test critical values：(10% level)		
PD	−5.846 2	−2.701 1	0.000 5	平稳
GDP_SA	−3.998 8	−3.363 0	0.038 6	平稳
CPI_SA	−4.229 6	−3.388 3	0.030 0	平稳
TIFA_SA	−3.536 4	−3.363 0	0.077 6	平稳
LR	−2.307 3	−1.603 7	0.025 4	平稳
M2	−4.182 5	−3.388 3	0.032 1	平稳
LDPR	−3.484 2	−3.460 8	0.097 1	平稳
LDPB	−2.761 2	−2.713 8	0.092 7	平稳
LDAR	−3.382 3	−2.701 1	0.032 0	平稳
LDAB	−4.226 9	−3.363 0	0.027 3	平稳

② 回归分析。

运用最小二乘法，将经过 Logit 转换后的 PD 与各解释变量进行回归分析，回归模型如下：

$$PD = C(1) + C(2) \times GDP\_SA + C(3) \times CPI\_SA + C(4) \times TIFA\_SA + \\ C(5) \times LR + C(6) \times M2 + C(7) \times LDPR + C(8) \times LDPB + \\ C(9) \times LDAR + C(10) \times LDAB \quad (5-32)$$

结果见图 5-27 所示。

[①] 图 5-5 为运用 Eviews8.0 工具对 GDP_SA 指标进行 ADF 检验的输出结果截图。

Variable	Coefficient	Std. Error	t-Statistic	Prob.
C	-119.2453	71.07846	-1.677657	0.1687
GDP_SA	-0.001025	0.000573	-1.789338	0.1481
CPI_SA	1.140964	0.686400	1.662242	0.1718
TIFA_SA	0.007652	0.003800	2.013818	0.1143
LR	1.267738	0.700157	1.810649	0.1444
M2	**2.38E-07**	**1.22E-05**	**0.019481**	**0.9854**
LDPR	-0.007986	0.001654	-4.828758	0.0085
LDPB	-0.000234	9.58E-05	-2.447130	0.0707
LDAR	-0.014872	0.004913	-3.026819	0.0389
LDAB	-0.055942	0.011864	-4.715385	0.0092
R-squared	0.962781	F-statistic		11.49684
Adjusted R-squared	0.879038	Prob(F-statistic)		0.015705

图 5-27 *PD* 与所有解释变量的回归结果①

从回归结果看,M2 变量的 $P=0.985\,4$,远大于可接受水平。从理论上来说,M2 的增加表明正处于宽松的货币政策下,经济形势趋好,市场资金供给比较充足。较好的宏观经济发展状况提高了城投公司的资金需求,企业生产规模扩大,盈利能力良好,因此地方城投公司违约概率下降。但根据本书回归结果,PD 与 M2 的相关性并不显著,分析其原因可能是由于 M2 增加并不一定会导致信贷量的增加[327],因此对于地方城投公司再融资还款来源没有明显的影响。

因此考虑剔除 M2 变量,再次进行最小二乘回归,结果如图 5-28 所示。

$$PD = C(1) + C(2) \times GDP\_SA + C(3) \times CPI\_SA + C(4) \times TIFA\_SA + \\ C(5) \times LR + C(6) \times LDPR + C(7) \times LDPB + \\ C(8) \times LDAR + C(9) \times LDAB \tag{5-33}$$

Variable	Coefficient	Std. Error	t-Statistic	Prob.
C	-120.4930	27.56512	-4.371214	0.0072
GDP_SA	-0.001020	0.000459	-2.220154	0.0771
CPI_SA	1.153277	0.239409	4.817190	0.0048
TIFA_SA	0.007621	0.003088	2.467395	0.0567
LR	1.266212	0.622337	2.034610	0.0975
LDPR	-0.008000	0.001325	-6.039814	0.0018
LDPB	-0.000235	8.53E-05	-2.748769	0.0404
LDAR	-0.014914	0.003962	-3.763757	0.0131
LDAB	-0.056040	0.009612	-5.830168	0.0021
R-squared	0.962777	F-statistic		16.16584
Adjusted R-squared	0.903221	Prob(F-statistic)		0.003560

图 5-28 *PD* 与除 M2 外的解释变量的回归结果②

---

① 图 5-27 为运用 Eviews8.0 工具对 *PD* 与所有解释变量进行回归分析的输出结果截图。
② 图 5-28 为运用 Eviews8.0 工具对 *PD* 与除 M2 外的解释变量进行回归分析的输出结果截图。

根据结果显示,在10%的显著性水平下,各解释变量的 P 值均小于0.1;拟合优度 R^2 为 0.962 777,调整后的 R^2 为 0.903 221,拟合效果好。

由此,可以得到 PD 和除 M2 外的解释变量的回归结果为

$$\begin{aligned} PD = &-120.493\ 022\ 496 - 0.001\ 019\ 744\ 264\ 49 \times GDP\_SA + \\ &1.153\ 276\ 913\ 74 \times CPI\_SA + 0.007\ 621\ 454\ 157\ 8 \times TIFA\_SA + \\ &1.266\ 212\ 018\ 08 \times LR - 0.008\ 000\ 183\ 394\ 18 \times LDPR - \\ &0.000\ 234\ 568\ 767\ 539 \times LDPB - 0.014\ 913\ 652\ 852\ 9 \times LDAR - \\ &0.056\ 040\ 040\ 636\ 7 \times LDAB \end{aligned} \quad (5\text{-}34)$$

总体来说,居民消费价格指数(CPI_SA)、银行3至5年中长期贷款利率(LR)、全社会固定资产投资总额(TIFA_SA)与地方城投公司违约概率(PD)呈现正相关,即这些宏观变量的增大会带来地方城投公司违约概率的提高;国内生产总值(GDP_SA)、成交土地楼面均价(住宅用地)(LDPR)、成交土地楼面均价(商服用地)(LDPB)、成交土地占地面积(住宅用地)(LDAR)、成交土地占地面积(商服用地)(LDAB)与地方城投公司违约概率(PD)呈现负相关,即该些宏观变量的减小会带来地方城投公司违约概率的提高。具体来说:

居民消费价格指数(CPI_SA)的系数为+1.153 28,表明 CPI 的上升会提高地方城投公司的违约概率。CPI 的上升会加大平台公司的运营成本,削弱消费者的购买能力,进而对平台盈利能力产生影响,可能导致城投公司的违约发生。同时,CPI 也是通胀程度的体现,当出现较大程度的通货膨胀,在泡沫经济和虚假繁荣下,银行可能放宽信贷条件、放松审批力度,发放大量潜在的不良贷款,导致系统安全性和稳健性降低,一旦经济出现动荡,就将严重导致城投公司的偿债能力下降,爆发违约风险[258]。

银行3至5年中长期贷款利率(LR)的系数为+1.266 21,表明 LR 的上升会导致地方城投公司违约概率的上升。贷款利率上升一方面说明国家正采取紧缩的货币政策,旨在抑制经济的过快发展,势必也会影响到城投公司的经济收益,导致违约概率的上升;另一方面,贷款利率上升也会提高城投公司的资金成本,对其履约情况产生负面影响[328]。

全社会固定资产投资总额(TIFA_SA)的系数为+0.007 62,表明 TIFA 的上升会导致地方城投公司违约概率的上升。固定资产投资的增加往往对宏观经济有一定的拉动作用,因此有不少学者认为扩大固定资产投资能够降低城投公司的违约概率[329]。但根据回归模型结果,固定资产投资的系数为负,我们认为可能是因为随着固定资产投资规模的增加,平台融资规模也不断加大,如果不能够正确和有效地处理的话,就会影响城投公司的还款能力[330],从而带来潜在的违约风险。

国内生产总值(GDP_SA)的系数为-0.001 02,表明 GDP 的上升会使地方城投公司违约概率下降。GDP 反映了整个宏观经济状况[331],若 GDP 上升,意味宏观经济景气,社会生产水平高。因此由于城投公司所处的宏观经济环境良好,必然会提升它的经营效益,增强还贷能力,平台违约概率下降。

成交土地楼面均价(住宅用地)(LDPR)、成交土地楼面均价(商服用地)(LDPB)、成交土地占地面积(住宅用地)(LDAR)、成交土地占地面积(商服用地)LDAB 的系数分别为-0.008 00,-0.000 23,-0.014 91 和-0.056 04,表明该类土地市场波动指标的下降,不论

是土地成交均价或土地成交面积下降确实均会提高地方城投公司的违约概率,与前文所分析的结果相一致。

③ 解释变量的自回归模型。

CPV 模型除被解释变量与解释变量的关系式外,还包括宏观解释变量的自回归模型,CPV 假定宏观变量服从二阶自相关。但考虑到解释变量的实际情况,因而本书对解释变量的一阶、二阶分别进行 AIC 和 SC 检验,以确定各变量最优的滞后阶数。

以居民消费价格指数(CPI_SA)为例,AIC 和 SC 为滞后阶数的统计变量,由图 5-29 可知,当 CPI_SA 的滞后阶数为一阶时,AIC=-1.776 432,SC 为-1.695 614,相较于二阶滞后的 AIC 和 SC 都更小,因而可以确定 CPI 为一阶滞后。

Lag	LogL	LR	FPE	AIC	SC	HQ
0	-29.58652	NA	9.585614	5.097753	5.138162	5.082792
1	12.65859	70.40851*	0.009940*	-1.776432*	-1.695614*	-1.806353*
2	12.79202	0.200139	0.011573	-1.632003	-1.510776	-1.676885

* indicates lag order selected by the criterion
LR: sequential modified LR test statistic (each test at 5% level)
FPE: Final prediction error
AIC: Akaike information criterion
SC: Schwarz information criterion
HQ: Hannan-Quinn information criterion

图 5-29 CPI 变量的 AIC 和 SC 检验结果[①]

同理,对其余解释变量分别进行 AIC 和 SC 检验,确定滞后阶数:GDP_SA、CPI_SA、LR、LDPR、LDAR、LDAB 为一阶滞后;TIFA_SA、LdPB 为二阶滞后,如表 5-20 所示。

表 5-20 所有解释变量的滞后阶数确定

变量	指标检验	一阶滞后	二阶滞后
GDP_SA	AIC	11.020 10*	11.171 43
	SC	11.100 91*	11.292 66
CPI_SA	AIC	-1.776 432*	-1.632 003
	SC	-1.695 614*	-1.510 776
LR	AIC	-0.824 349*	-0.660 675
	SC	-0.743 532*	-0.539 448
TIFA_SA	AIC	12.057 05	11.918 65*
	SC	12.137 87	12.039 88*
LDPR	AIC	14.147 62*	14.168 06
	SC	14.228 44*	14.289 29

---

① 图 5-29 为运用 Eviews8.0 工具对 CPI 变量进行 AIC 和 SC 检验的输出结果截图。

(续表)

变量	指标检验	一阶滞后	二阶滞后
LDPB	AIC	19.466 66	19.409 37*
	SC	19.547 48	19.530 6*
LDAR	AIC	11.337 93*	11.502 08
	SC	11.418 75*	11.623 31
LDAB	AIC	10.020 4*	10.167 66
	SC	10.101 21*	10.288 88

注：标记*号的为确定的滞后阶数

根据滞后阶数确定结果，对各解释变量进行自回归，结果如下。其中自回归的系数均通过 t 检验为显著，在此不再逐一列出。

$$\begin{aligned}
GDP\_SA &= 0.964\,769\,226\,284 \times GDP\_SA(-1) + 303.304\,214\,992 \\
CPI\_SA &= 0.987\,711\,131\,887 \times CPI\_SA(-1) + 2.455\,384\,174\,07 \\
TIFA\_SA &= 0.218\,163\,560\,1 \times TIFA\_SA(-1) + 0.478\,616\,636\,668 \times \\
&\quad TIFA\_SA(-2) + 485.905\,549\,236 \\
LR &= 1.256\,025\,957\,97 \times LR(-1) - 1.737\,917\,181\,71 \\
LDPR &= 0.926\,127\,371\,284 \times LDPR(-1) + 534.076\,075\,716 \\
LDPB &= 0.538\,641\,404\,079 \times LDPB(-1) - 0.486\,500\,774\,332 \times \\
&\quad LDPB(-2) + 9\,703.586\,510\,08 \\
LDAR &= -0.211\,104\,105\,84 \times LDAR(-1) + 172.208\,196\,047 \\
LDAB &= 0.199\,211\,371\,722 \times LDAB(-1) + 43.392\,381\,939\,9
\end{aligned} \quad (5-35)$$

4）土地市场波动对城投公司违约风险的压力测试

(1) 压力情景设置

运用系统性假设情景分析法进行压力测试，选择反映土地市场波动的变量作为压力因子，分别是土地成交楼面价格和土地成交占地面积。其中，土地成交楼面价格能够直接反映土地资产价值水平；土地成交占地面积，虽然在实际中会受到土地资源稀缺性和土地调控政策的影响，但考虑到该变量作为压力因子能从一定程度上反映土地成交量和土地市场活跃度，因此也将其作为反映土地市场波动的压力因子之一。由此分别设置四种压力测试方案。

压力测试一：成交土地楼面均价下降（单压力因子）。

以住宅用地为例，研究成交土地楼面均价下降的三种压力情境下，上海地方城投公司信用风险（违约概率）受到的冲击程度。三级压力情景分别对应成交土地楼面均价（住宅用地）下降20%，30%，40%。

压力测试二：成交土地占地面积下降（单压力因子）。

以住宅用地为例，研究成交土地占地面积下降的三种压力情境下，上海地方城投公司信用风险（违约概率）受到的冲击程度。三级压力情景分别对应成交土地占地面积（住宅用地）下降20%，30%，40%。

压力测试三和压力测试四：成交土地楼面均价和成交土地占地面积同时下降（多压力因子）。

对于住宅用地、商服用地,分别研究成交土地楼面均价和成交土地占地面积同时下降的压力情境下,上海地方城投公司信用风险(违约概率)受到的冲击程度。由于压力因子为多因素,因此仅设置两级压力情景,分别对应成交土地楼面均价(住宅用地/商服用地)和成交土地占地面积(住宅用地/商服用地)同时下降20%,30%。

因为宏观经济的恶化是一个循序渐进的过程,所以本书将压力测试期分为T+1,T+2,T+3和T+4四期。假定在四种压力测试方案下均是在第4期即期分别下降到设定的压力情景。通过Matlab软件运用线性插值法将其他三期值补充完整,如表5-21所示。

表5-21 土地市场波动的压力情景设置

方案一	成交土地楼面均价(住宅用地)下降		
	LDPR在T+4下降20%	LDPR在T+4下降30%	LDPR在T+4下降40%
T+1	6 156.75	5 994.73	5 832.71
T+2	5 832.71	5 508.67	5 184.63
T+3	5 508.67	5 022.61	4 536.55
T+4	5 184.63	4 536.55	3 888.47

方案二	成交土地占地面积(住宅用地)下降		
	LDAR在T+4下降20%	LDAR在T+4下降30%	LDAR在T+4下降40%
T+1	243.30	236.90	230.50
T+2	230.50	217.69	204.89
T+3	217.69	198.49	179.28
T+4	204.89	179.28	153.67

方案三	成交土地楼面均价(住宅用地)和成交土地占地面积(住宅用地)同时下降			
	LDPR和LDAR在T+4同时下降20%		LDPR和LDAR在T+4同时下降30%	
	LDPR	LDAR	LDPR	LDAR
T+1	6 156.75	243.30	5 994.73	236.90
T+2	5 832.71	230.50	5 508.67	217.69
T+3	5 508.67	217.69	5 022.61	198.49
T+4	5 184.63	204.89	4 536.55	179.28

方案四	成交土地楼面均价(商服用地)和成交土地占地面积(商服用地)同时下降			
	LDPB和LDAB在T+4同时下降20%		LDPB和LDAB在T+4同时下降30%	
	LDPB	LDAB	LDPB	LDAB
T+1	13 461.79	28.75	13 107.54	27.99
T+2	12 753.28	27.23	12 044.76	25.72
T+3	12 044.76	25.72	10 981.99	23.45
T+4	11 336.25	24.21	9 919.22	21.18

(2) 测试结果

① 土地市场单压力因子下降对城投公司信用风险的冲击影响。

将住宅用地的成交土地楼面均价和成交土地占地面积分别作为单压力因子研究其对上海地方城投公司违约概率的冲击影响,即压力测试方案一和方案二。具体来说,分别以 LDPR 和 LDAR 为压力因子,运用 5.2.3 节中阐述的蒙特卡洛模拟法,在三级压力情境下确定其余 7 个宏观变量的变化值,然后根据式(5-33)计算 PD,并根据式(5-9)转换成违约概率,结果如表 5-22—表 5-23 所示。将违约概率变化用图表示,如图 5-30—图 5-31 所示。

表 5-22 压力测试一——LDPR 冲击下上海地方城投公司违约概率测试结果

方案一	成交土地楼面均价(住宅用地)下降		
	LDPR 在 T+4 下降 20%	LDPR 在 T+4 下降 30%	LDPR 在 T+4 下降 40%
T+1	0.03%	1.55%	3.87%
T+2	0.28%	15.92%	42.15%
T+3	3.92%	42.18%	93.44%
T+4	21.66%	87.21%	99.21%

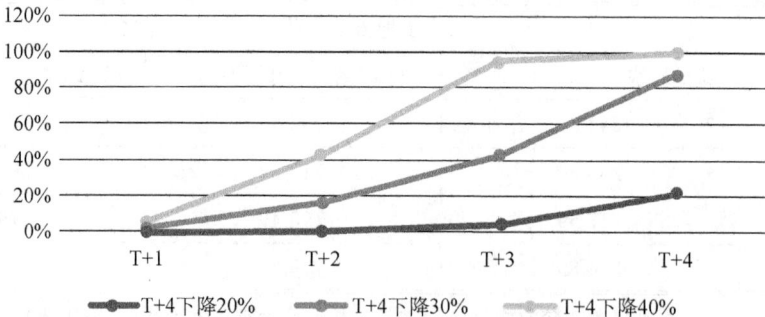

图 5-30 压力测试一——LDPR 冲击下上海地方城投公司违约概率变化

表 5-23 压力测试二——LDAR 冲击下上海地方城投公司违约概率测试结果

方案二	成交土地占地面积(住宅用地)下降		
	LDAR 在 T+4 下降 20%	LDAR 在 T+4 下降 30%	LDAR 在 T+4 下降 40%
T+1	0.02%	0.52%	1.38%
T+2	0.23%	6.13%	18.11%
T+3	2.85%	31.66%	71.22%
T+4	10.61%	58.56%	90.02%

在住宅用地成交土地楼面均价下降的冲击下,若在 T+4 期下降 40%,则在 T+1,T+2,T+3 和 T+4 期上海地方城投公司违约概率分别为 3.87%,42.15%,93.44% 和 99.21%;而在住宅用地成交土地占地面积下降的冲击下,若在 T+4 期下降 40%,则在 T+1,T+2,T+3 和 T+4 期上海地方城投公司违约概率分别为 1.38%,18.11%,71.22% 和 90.02%。可得:在两种土地市场压力因子下降的冲击下,违约概率均逐渐递增且非等幅度变化,直至到达较高的违约风险概率。若分析两种单压力因子在 T+4 期下降 20%,30% 的

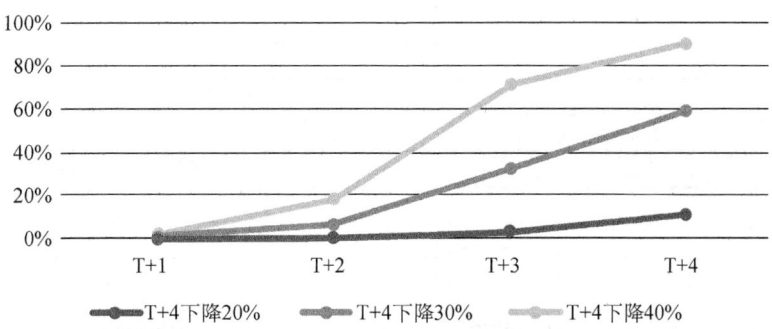

图 5-31　压力测试二——LDAR 冲击下上海地方城投公司违约概率变化

两种压力情景也存在相同的规律。

此外,在 T+3 期住宅用地成交土地楼面均价下降 20%,30%,40%,得到的违约概率分别为 3.92%,42.18%,93.44%;在 T+3 期住宅用地成交土地占地面积下降 20%,30%,40%,得到的违约概率分别为 2.85%,31.66%,71.22%。可得:在两种土地市场压力因子下降的冲击下,虽然在同一时期压力因子下降比例等幅度增加,但所引起的地方城投公司违约概率变化却并非等幅度,实际下降比例越大的冲击,对城投公司的违约概率影响程度也越显著。同样分析两种单压力因子其他 T+1,T+2 期的测试结果也存在相同的规律(T+4 期 LDPR/LDAR 下降 40% 时违约概率已达到相对最高水平,因此增幅空间有限)。

总体来说,在成交土地楼面均价与成交土地占地面积下降的冲击下,上海地方城投公司的违约概率均会明显上升,且在 T+4 期,成交土地楼面均价下降 40% 时地方城投公司违约概率为 99.21%,而成交土地占地面积下降 40% 时地方城投公司违约概率为 90.02%。说明成交土地楼面均价下降的冲击相比于成交土地占地面积下降的冲击,对城投公司信用风险的影响更为显著。

② 土地市场多压力因子下降对城投公司信用风险的冲击影响。

将住宅土地市场波动和商服土地市场波动分别作为压力因子研究其对上海地方城投公司违约概率的冲击影响,土地市场波动同时考虑成交土地楼面均价下降和成交土地占地面积下降的冲击,即压力测试方案三和方案四。具体来说,分别以 LDPR 和 LDAR,LDPB 和 LDAB 为压力因子,运用 5.2.3 节中阐述的蒙特卡洛模拟法,在二级压力情境下确定其余 7 个宏观变量的变化值。然后根据式(5-33)计算 PD,并根据式(5-9)转换成违约概率,结果如表 5-24、表 5-25 所示。将违约概率变化用图表示,如图 5-32、图 5-33 所示。

表 5-24　压力测试三——LDPR 和 LDAR 冲击下上海地方城投公司违约概率测试结果

方案三	成交土地楼面均价(住宅用地)和成交土地占地面积(住宅用地)同时下降	
	LDPR 和 LDAR 在 T+4 同时下降 20%	LDPR 和 LDAR 在 T+4 同时下降 30%
T+1	0.29%	0.60%
T+2	5.81%	24.39%
T+3	33.39%	88.72%
T+4	73.03%	99.20%

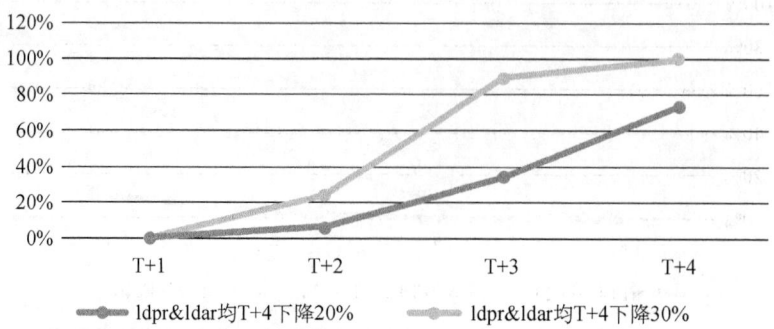

图 5-32　压力测试三——LDPR 和 LDAR 冲击下上海地方城投公司违约概率变化

表 5-25　压力测试四——LDPB 和 LDAB 冲击下上海地方城投公司违约概率测试结果

方案四	成交土地楼面均价(商服用地)和成交土地占地面积(商服用地)同时下降	
	LDPB 和 LDAB 在 T+4 同时下降 20%	LDPB 和 LDAB 在 T+4 同时下降 30%
T+1	1.10%	2.59%
T+2	5.29%	13.26%
T+3	18.64%	41.82%
T+4	40.48%	75.92%

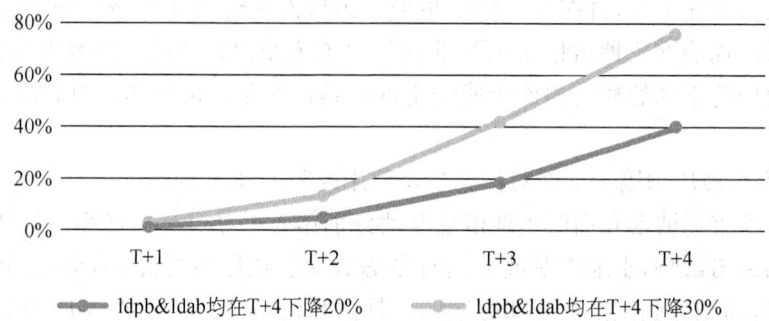

图 5-33　压力测试四——LDPB 和 LDAB 冲击下上海地方城投公司违约概率变化

在住宅土地市场波动下,当成交土地楼面均价和成交土地占地面积在 T+4 期同时下降 30%,地方城投公司违约概率为 99.20%,远大于单因素冲击下的违约概率 87.21%、58.56%。

在商服土地市场波动下,当成交土地楼面均价和成交土地占地面积在 T+4 期同时下降 30%,地方城投公司违约概率为 75.92%,小于住宅土地市场波动对地方城投公司违约概率。

(3) 测试结论分析

运用系统性假设情景分析法,研究土地市场波动对上海地方城投公司信用风险的压力冲击影响,实证结果验证了土地市场波动确实对城投公司违约概率存在影响。主要结论如下:

① 总体来说,面对土地市场下行变化的冲击时,城投公司的违约概率会明显增大。

② 土地市场波动对地方城投公司信用风险的影响程度会随土地市场的持续下行而不断加速放大,直至最终爆发,且土地市场波动越大,对地方城投公司信用风险的影响程度越明显。

③ 成交土地楼面均价下降的冲击相比于成交土地占地面积下降的冲击,对地方城投公司信用风险的影响更为显著。而当二者同时下降时对于城投公司信用风险的影响远大于单压力因子下降对其信用风险的影响。

④ 住宅土地市场波动对于地方城投公司信用风险的影响大于商服土地市场波动对于平台信用风险的影响。主要因为地方城投公司所拥有的土地资产中住宅类土地资产占比最大,为46%,其次才为商业类土地资产,占比20%。因此,若住宅土地市场开始降温,对于城投公司土地资产价值和土地收益的影响更大。

5) 结论

伴随地方城投公司数量的激增、债务的积累,引发了人们对平台债务问题的忧虑及偿还能力的质疑。随着我国宏观经济增速下行压力的逐渐增大,宏观影响因素,尤其是土地市场波动对于城投公司信用风险的影响不容小觑,一旦部分城投公司发生信用违约,便可能引发一连串的连锁反应,乃至出现区域性的债务危机。因此,结合信用风险、压力测试理论等,研究分析地方城投公司信用风险的宏观影响因素,重点阐述土地市场波动对城投公司信用风险的传导机理,并基于此运用 CPV(Credit Portfolio View)模型和压力测试模型构建了土地市场波动对地方城投公司信用风险的压力测试模型,最后结合上海地方城投公司进行了实证研究。具体结论如下:

(1) 影响地方城投公司信用风险的宏观因素主要包括三个方面:国民经济因素、财政货币因素和土地市场因素。其中国民经济因素指宏观经济运行状况,其走势和增长速度都将影响地方城投公司的宏观发展环境,进而影响地方城投公司的偿债能力和信用风险,衡量指标一般包括国内生产总值、居民消费价格指数、全社会固定资产投资总额等;财政货币因素指宏观调控政策,在贷款期限内,如果国家的财政或货币政策等发生调整,可能影响到地方城投公司的经营发展,衡量指标一般包括贷款利率、货币供应量等;土地市场因素已成为城投公司的主要风险源之一,由于城投公司的信贷偿还较多依赖于土地资产相关收益,并且大多贷款以土地房屋作为抵押品,因此土地价值和土地交易量的变化对地方城投公司整体还债能力有着很大的影响,衡量指标一般包括土地成交价格、土地成交面积等,也可按照土地类型进一步细分。

(2) 研究土地市场波动对城投公司信用风险的传导机理。一是对城投公司信用风险的直接影响,包括:①对城投公司存量债务偿债能力的影响。土地市场波动会引发土地资产相关收益和抵/质押物价值的变动,分别通过"土地市场萧条—土地资产相关收益减少—存量债务偿债能力下降—信用风险显现"和"土地市场萧条—土地抵/质物价值减少—存量债务偿债能力下降—信用风险显现"的路径进行风险传导;②对城投公司增量债务融资能力的影响。通过"土地市场萧条—抵押品价值下降及平台信用等级降低—增量债务融资能力下降—信用风险显现"的路径进行风险传导。二是与其他宏观因素互动下的影响。由于土地市场和其他宏观因素之间存在着双向的互动关系,因此基于这种互动影响,土地市场波动将在直接和相关产业间传染,引起其他宏观因素变动,进而对城投公司信用风险产生更为综合和复杂的影响,即通过"土地市场萧条—直接/相关产业间传染—其他宏观因素相应变化—信用风险显现"的路径进行风险传导。

(3)系统性构建了土地市场波动对地方城投公司信用风险的压力测试模型。首先,本书基于CPV模型运用计量经济学建立宏观影响因素和地方城投公司信用风险的关系。其中城投公司信用风险(被解释变量)选取违约概率指标来衡量,针对已有研究中违约率的测算仅选择替代指标或者较为粗糙的估算方法的不足,本书对其进行改进,采用CCA方法估算上市地方城投公司的违约概率,采用PFM方法估算非上市地方城投公司的违约概率。宏观影响因素(解释变量)则分别在国民经济因素、财政货币因素、土地市场因素三方面选取若干指标。其次,本书运用压力测试理论构建土地市场波动对平台信用风险的冲击影响模型。选择系统性假设情景分析法,将土地市场波动作为压力因子,通过蒙特卡洛模拟法模拟得到其他宏观变量的估计值,进而研究土地市场波动对城投公司违约概率(信用风险)的冲击影响。

(4)通过实证分析,运用压力测试模型,研究上海土地市场波动对城投公司信用风险的冲击影响。首先,CPV模型部分,得到近年上海地方城投公司信用风险整体较好,违约概率呈现波动的特征但基本维持在较低的水平。并且根据模型回归结果,影响城投公司违约概率的共有八个宏观影响因素,其中居民消费价格指数、银行3~5年中长期贷款利率、全社会固定资产投资总额与地方城投公司违约概率呈现正相关关系;国内生产总值、成交土地楼面均价(住宅用地)、成交土地楼面均价(商服用地)、成交土地占地面积(住宅用地)、成交土地占地面积(商服用地)与地方城投公司违约概率呈现负相关关系。其次,本书共设置了四种压力测试方案,得到压力测试结果,验证了土地市场波动确实对城投公司违约概率存在影响,测试结论主要包括:①总体来说,面对土地市场下行变化的冲击时,城投公司的违约概率会明显增大。②土地市场波动对城投公司信用风险的影响程度会随土地市场的持续下行而不断加速放大,直至最终爆发,且土地市场波动越大,对地方城投公司信用风险的影响程度越明显。③成交土地楼面均价下降的冲击相比于成交土地占地面积下降的冲击,对城投公司信用风险的影响更为显著。而当二者同时下降时,对于城投公司信用风险的影响远大于单压力因子下降对其信用风险的影响。④住宅土地市场波动对于城投公司信用风险的影响大于商服土地市场波动对于平台信用风险的影响。

(5)最后根据实证结论,本书提出以下管理和改善上海城投公司信用风险的相关建议。①建立健全城投公司信用风险的监测评估体系。近年上海城投公司的信用风险整体较小,且受宏观因素变化的影响显著。虽然,目前上海宏观经济发展比较稳定,但仍然有必要严防宏观经济出现较大波动可能给城投公司信用风险带来的影响。鉴于此,银行及金融机构等应密切关注政府投资和宏观经济发展的变化趋势,并根据城投公司的实际经营和运作情况,对存量债务进行评估,及时与平台及相关部门制定切实可行的还款计划,对于潜在的不良贷款和偿债能力明显不足的平台公司应当纳入重点风险管理和动态监测范畴。②严防土地市场降温对平台信用风险的冲击影响。地方城投公司贷款多以土地作为抵押,债务偿还对土地收入的依赖性很强,经研究,上海地方城投公司信用风险受土地市场波动的影响很大。2016年第四季度以来上海土地市场的热度出现了一定程度的降温。如果土地市场持续降温,对于城投公司信用风险的冲击是相当大的,尤其是占地方城投公司土地资产比例最大的住宅用地市场变化。因此银行及金融机构还应从风险缓释的角度,积极与国土、财政等政府部门建立有效的沟通机制,动态监测各类土地市场价格走势,核查土地权证真实性,完善抵押和贷款手续,做到防患于未然。③积极推动平台的融资渠道多样化。现有城投公司的融资渠道仍然有限,以银行贷款为主。因此,在新形势、新政策下,还应推动地方政府建立多元化的融资结构,将原有的政府资源及资本等通过市场化的融资和运作模式,建立起"政府引导、社会参与、市场运作"的合作机制,广泛地吸引和运用社会资本,实现平台公司的转型发展。

5.2.5 全国上市城投公司信用风险压力测试实证

1）样本与数据采集

本研究选取在沪深股市上市的城投企业为研究对象。即从Wind数据库中提取发行过城投债的上市城投公司名录共55家,剔除掉香港上市的企业7家、2015年以后上市的城投公司2家,剩余共计46家在沪深股市上市的城投企业。本研究即对这46家公司为研究对象进行分析研究。

样本时间跨度为2009年一季度至2017年四季度,共36组季度数据,之所以选取这一时间段,主要原因在于这期间发生了诸多对我国银行体系具有重大影响的事件,如国际上的2008年全球金融危机;国内的2008年底"4万亿元"投资、温州民间借贷危机、实施宏观审慎管理制度框架、利率市场化改革和外汇管理体制改革等。通过度量此时间段内我国银行体系系统性金融风险的大小,考察相关重大事件对系统性金融风险的影响,可以为下一步探求风险防范对策提供有效支撑。

数据来源及频率说明见表5-26,具体数据包括城投公司的相关财务数据、股票数据、无风险利率等。

表 5-26 违约概率计算数据来源及频率说明

指标	含义	数据来源	频率
STD	企业短期负债	Wind	季度
LTD	企业长期负债	Wind	季度
CSP	流通股收盘价格	Wind	季度
CSC	流通股股本数	Wind	季度
r	无风险利率 (本文取中国10年期国债收益率代替)	Wind	季度
$ThetaE$	权益波动率	Wind	季度

2）现上市城投公司债务风险特征

(1) 资产和负债明显增长,资产负债率不断上升

基于Wind数据库提取出的相关财务数据、股票数据、债券数据等,本文进一步分析城投公司的信用风险特征。如图5-34,从企业资产和负债来看,2009年后上市城投公司资产和负债均呈现出非常明显的增长趋势,到2017年为止,总负债达10 155亿元,平均年增长率

达 15.88%；总资产达 15 746 亿元，平均年增长率达 18.59%。从资产负债结构来看，整体上市城投公司资产负债率不断上升，9 年期间整体资产负债率从 54% 上升到 64%。

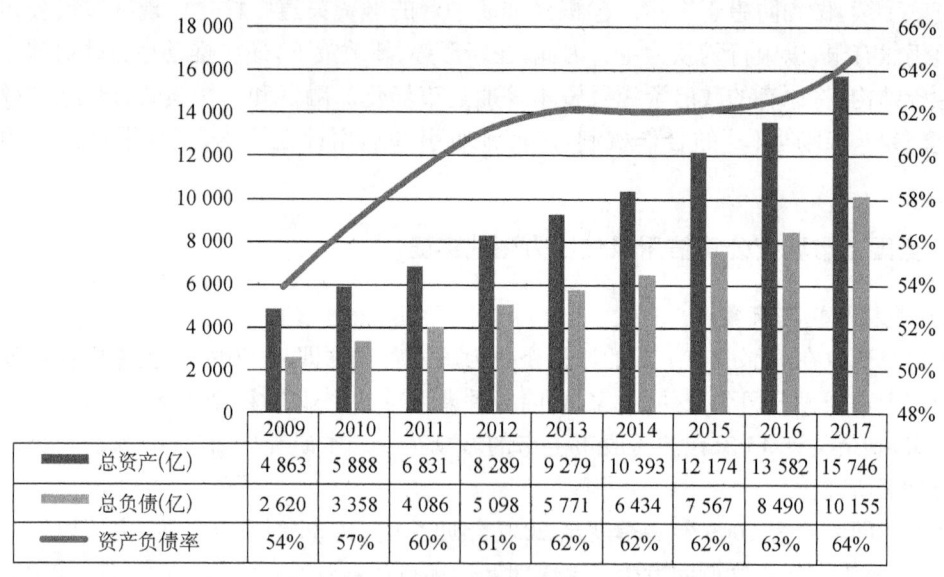

图 5-34　2009—2017 年全国上市城投公司资产负债结构变化

（数据来源：Wind）

（2）近年城投公司盈利能力及偿债能力表现均较弱

根据收集的城投公司数据，从资产经营和偿债能力两方面分析城投公司的经营情况。如图 5-35 所示。

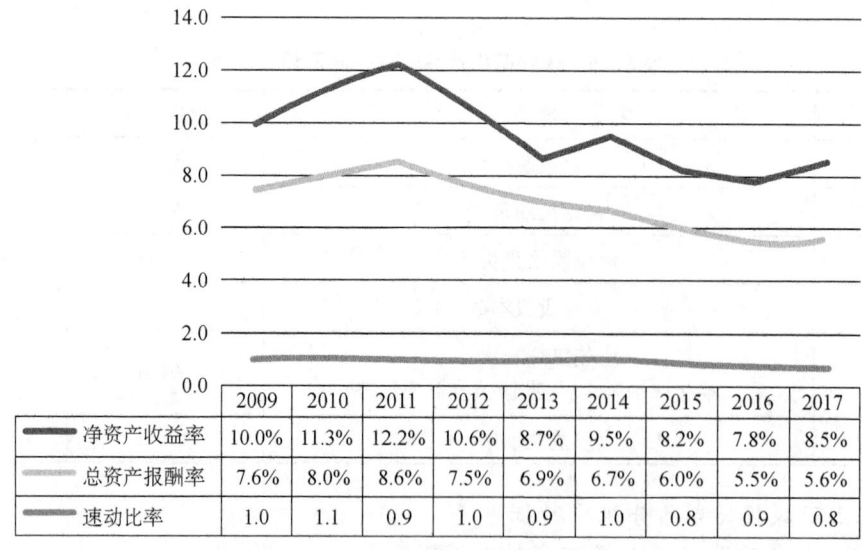

图 5-35　2009—2017 年全国上市城投公司资产经营和偿债能力指标变化

（数据来源：Wind）

在资产经营方面，选取净资产收益率（ROE）和总资产报酬率（ROA）指标来衡量。净资产收益率反映股东权益的收益水平;总资产报酬率反映全部资产(包括净资产和负债)的整体获利能力。2009—2017年,城投公司平均 ROE 和 ROA 均波动下降。2017年平均 ROE 为8.5%,平均 ROA 为5.6%。且由于选取稳定经营上市城投公司数据,实际市场状况应弱于统计结果,由此看出城投公司盈利能力不强。

在偿债能力方面,主要用速动比率指标考察企业流动资产中能够立即变现用来偿还流动负债的能力。2009—2017年,所有城投公司的平均速动比率也呈现始终偏低的水平,9年间在1%左右波动,短期偿债能力弱。

(3) 城投公司土地资产占比较大,受土地市场风险影响较大

2009—2017年全国上市城投公司总体交易的土地资产合计12.3万亿元,如图5-36,其中住宅类土地资产占比最大,为63%;其次为商服类土地资产,占比为28%;最后为工业类土地资产,占比为9%。

我国城投公司庞大的债务主要来源于土地的抵押、质押、信托和担保,且融资总额与土地收入高度相关,还款来源也高度依赖土地财政收入。许多学者,如俞瑶(2010)、冯兴元(2011)等,已经通过对城投公司贷款数据的调查和分析,提出城投公司贷款与土地市场风险存在着直接的关系[323,325]。

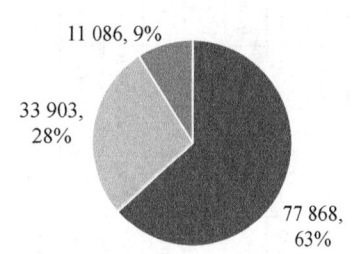

图 5-36 2009—2017年全国上市城投公司的交易土地类资产结构(单位:亿元)

(数据来源:Wind)

3) 违约风险传导模型计算

(1) 违约概率的测算

① 基础指标处理和计算。

针对每家城投公司,根据以下步骤按季度进行基础指标的处理和计算。

计算负债的账面价值(DP):利用季度企业短期负债(STD)以及季度企业长期负债(LTD)数据,按公式(5-36)计算得到负债的账面价值(DP)。

$$DP = STD + 0.5 \times LTD \tag{5-36}$$

计算权益(股权)市场价值(Et):利用流通股收盘价格(CSP)以及流通股股本数(CSC)按公式(5-37)计算股权市场价值(Et)。

$$Et = CSP \times CSC \tag{5-37}$$

债券剩余期限(Tt)取值:假设每一季度债券偿还期限为一期,即0.25年。

② 资产市场价值(V_A)和资产市场价值的波动率(σ_A)的确定

运用CCA方法计算城投公司的 V_A 和 σ_A。

利用基础数据,联立 V_A 和 σ_A 的公式(5-17)、式(5-18)、式(5-19)及式(5-20)形成方程组,运用 Newton-Raphson 迭代法,即可通过 Matlab 软件编程求出城投公司的 V_A 和 σ_A。

③ 利用公式(5-21)和式(5-22)计算得到46家上市城投公司的违约距离和违约概率,做出描述性统计分析表格(表5-27),根据计算结果做出上市城投公司季度平均违约率(表5-28)。

表 5-27 上市城投公司季度违约率描述性统计分析

Season	2009Q1	2009Q2	2009Q3	2009Q4	2010Q1	2010Q2	2010Q3	2010Q4	2011Q1	2011Q2	2011Q3	2011Q4	2012Q1	2012Q2	2012Q3	2012Q4	2013Q1	2013Q2
最大值	8.92%	7.06%	24.91%	4.50%	23.62%	17.81%	24.49%	7.61%	5.49%	23.35%	24.24%	3.10%	12.43%	24.33%	26.54%	1.86%	6.25%	83.82%
最小值	0.10%	0.00%	0.11%	0.05%	0.00%	0.02%	0.00%	0.00%	0.00%	0.00%	0.00%	0.00%	0.00%	0.00%	0.00%	0.00%	0.00%	0.00%
中位数	3.25%	0.69%	2.84%	1.04%	0.33%	1.87%	0.14%	0.68%	0.13%	0.04%	0.09%	0.21%	0.32%	0.15%	0.14%	0.08%	0.54%	0.59%
均值	3.53%	1.32%	3.75%	1.23%	1.26%	2.67%	1.04%	1.36%	0.88%	1.59%	0.91%	0.51%	0.97%	2.02%	1.67%	0.29%	1.03%	6.21%
标准差	0.021 2	0.015 1	0.04	0.011	0.035 3	0.034 7	0.036 8	0.015 8	0.014 4	0.041 8	0.036	0.007 2	0.021	0.051 9	0.044 4	0.004 9	0.013 8	0.170 6

Season	2013Q3	2013Q4	2014Q1	2014Q2	2014Q3	2014Q4	2015Q1	2015Q2	2015Q3	2015Q4	2016Q1	2016Q2	2016Q3	2016Q4	2017Q1	2017Q2	2017Q3	2017Q4
最大值	80.19%	80.31%	77.94%	79.91%	2.18%	23.82%	7.09%	30.51%	26.27%	15.09%	13.35%	24.79%	4.59%	2.55%	4.09%	27.08%	5.14%	8.12%
最小值	0.00%	0.00%	0.00%	0.00%	0.00%	0.00%	0.00%	0.13%	7.15%	0.00%	0.08%	0.05%	0.00%	0.00%	0.00%	0.00%	0.00%	0.00%
中位数	0.30%	0.22%	0.14%	0.00%	0.01%	1.35%	0.76%	8.03%	14.96%	1.62%	4.90%	1.73%	0.01%	0.12%	0.14%	0.04%	0.34%	0.44%
均值	4.61%	2.67%	2.15%	2.09%	0.20%	2.56%	1.18%	9.44%	15.23%	2.47%	5.22%	5.22%	0.28%	2.15%	0.14%	0.06%	0.010 1	0.014 7
标准差	0.160 8	0.117	0.113 2	0.116 6	0.004 8	0.036 9	0.014 1	0.059	0.034	0.029 3	0.027 5	0.052 5	0.007 9	0.004 1	0.006 2	0.056 8	0.010 1	0.014 7

表 5-28 上市城投公司平均违约概率计算结果

2009Q1	2009Q2	2009Q3	2009Q4	2010Q1	2010Q2	2010Q3	2010Q4
3.53%	1.32%	3.75%	1.23%	1.26%	2.67%	1.04%	1.36%
2011Q1	2011Q2	2011Q3	2011Q4	2012Q1	2012Q2	2012Q3	2012Q4
0.88%	1.59%	0.91%	0.51%	0.97%	2.02%	1.67%	0.29%
2013Q1	2013Q2	2013Q3	2013Q4	2014Q1	2014Q2	2014Q3	2014Q4
1.03%	6.21%	4.61%	2.67%	2.15%	2.09%	0.20%	2.56%
2015Q1	2015Q2	2015Q3	2015Q4	2016Q1	2016Q2	2016Q3	2016Q4
1.18%	9.44%	15.23%	2.47%	5.22%	1.73%	0.28%	0.12%
2017Q1	2017Q2	2017Q3	2017Q4				
0.14%	2.15%	0.34%	0.44%				

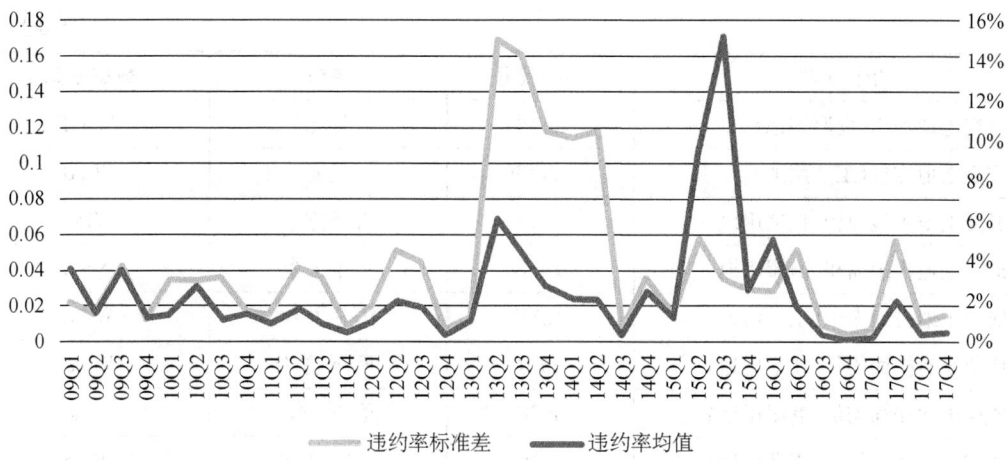

图 5-37 上市城投公司违约率均值及标准差变化趋势

④ 上市城投公司违约概率测算结果分析。

由测算结果可知(图 5-37),城投公司间具体情况存在差异,在同一时间点不同城投公司的违约概率差值可达 80% 以上。且由均值与标准差趋势变化图可知,二者具有一定的同调性。当市场压力较大,平均违约率升高时,标准差也同时升高,表示不同城投公司间的违约风险差距显著拉大。而在经济平稳时期,近年城投公司信用风险整体较好,违约概率呈现波动的特征但基本维持在较低的水平。但在 2015 年股市灾害中,城投公司也未能避免遭受波及,由股市暴跌引发的一系列连锁反应导致平均违约率骤升,最高峰达到 15.23%,后续随着股市平稳而逐渐恢复至低水平。

值得指出的是,由于本文的城投公司样本均来源于发行过债券或股票的城投公司,而该类城投公司的账务状况一般普遍优于其他未发行过债券或股票的平台,因此以该样本为对象得到的违约概率可能会较实际水平偏低一点。

(2) 解释变量的数据收集及处理

考虑地方城投公司所拥有的土地资产中住宅类土地资产占比最大,其次为商业类土地资产,因此在实证研究中,土地市场因素又可以进一步分为住宅用地和商服用地进行研究。见表 5-29 选取 15 个相关变量作为 CPV 模型的解释变量,并通过 Wind 数据库获数据。

表 5-29 解释变量选取及数据来源

指标名称	指标代号	单位	数据来源
国内生产总值	GDP	亿元	Wind
居民消费价格指数	CPI	2008Q4=100	Wind
广义货币供应	M2	亿元	Wind
全社会固定资产投资总额	TIFA	亿元	Wind
银行 3 至 5 年中长期贷款利率	LR	%	Wind
汇率:美元兑人民币	ER	/	Wind
成交土地均价(住宅用地)	LTPR	亿元	Wind

(续表)

指标名称	指标代号	单位	数据来源
成交土地均价(商服用地)	LTPB	亿元	Wind
成交土地均价(工业用地)	LTPF	亿元	Wind
成交土地占地面积(住宅用地)	LAR	万平方米	Wind
成交土地占地面积(商服用地)	LAB	万平方米	Wind
成交土地占地面积(工业用地)	LAF	万平方米	Wind
成交土地楼面均价(住宅用地)	FPR	元/平方米	Wind
成交土地楼面均价(商服用地)	FPB	元/平方米	Wind
成交土地楼面均价(工业用地)	FPF	元/平方米	Wind

其中,银行3～5年中长期贷款利率、汇率:美元兑人民币、成交土地楼面均价为月度数据,按季度计算算术平均值作为取值。成交土地占地面积为月度数据,按季度总和作为取值。成交土地地面均价为季度成交土地总价除以季度成交土地总面积取得。

此外,一个季度或月度的时间序列往往会受到年内季节变动的影响,有时这种影响大到可能掩盖时间序列短期的基本变化趋势,因此需要对各解释变量进行季节调整。经观察,国内生产总值(GDP)、居民消费价格指数(CPI)、全社会固定资产投资总额(TIFA)3个变量具有明显的季节变化特征,因此本文通过Eviews8.0工具对这3个变量进行季节调整,分别得到GDP_SA,CPI_SA,TIFA_SA三个季调指标。

(3) 模型运算与检验

① 平稳性检验。

由于被解释变量和解释变量均为时间序列数据,因此需要对其进行平稳性检验,即单位根检验(ADF),以测试变量数据是否平稳。

以各季度违约率经logit转换后的值(PD)为例,利用Eviews8.0工具,对其进行ADF检验,假设显著性水平为10%,得到$P=0.0025<0.1$,即拒绝原假设,此组时间序列数据平稳,可进行下一步的运算。具体结果如图5-38所示。

Augmented Dickey-Fuller Unit Root Test on PD			
		t-Statistic	Prob.*
Augmented Dickey-Fuller test statistic		−4.218688	0.0025
Test critical values:	1% level	−3.661661	
	5% level	−2.960411	
	10% level	−2.619160	

*MacKinnon (1996) one-sided p-values.

图 5-38　PD 指标的 ADF 检验结果

所有变量的ADF检验结果如表5-30所示,根据结果显示所有指标在10%的显著性水平下均为平稳数据。

表 5-30 所有指标的 ADF 检验结果

变量	ADF 检验			检验结果（显著性水平为 10%）
	t-Statistic		P 值	
	t 统计量值	Test critical values: (10% level)		
PD	−4.218 7	−2.619 2	0.002 5	平稳
GDP_SA	−5.170 7	−3.218 4	0.001 2	平稳
CPI_SA	−6.867 5	−2.621 0	0.000 1	平稳
M2	−6.095 1	−3.225 3	0.000 1	平稳
TIFA_SA	−4.593 0	−3.218 4	0.005 0	平稳
LR	−3.222 1	−3.218 4	0.099 3	平稳
ER	−2.928 2	−2.621 0	0.053 9	平稳
LPR	−3.484 2	−3.460 8	0.097 1	平稳
LPB	−2.761 2	−2.713 8	0.092 7	平稳
LPF	−6.490 1	−3.215 3	0.000 1	平稳
LAR	−3.214 1	−2.627 4	0.030 1	平稳
LAB	−3.382 3	−2.701 1	0.032 0	平稳
LAF	−3.065 0	−2.619 0	0.039 8	平稳
FPR	−5.852 6	−3.218 4	0.000 2	平稳
FPB	−3.561 8	−3.215 3	0.050 1	平稳
FPF	−5.845 9	−3.215 3	0.000 2	平稳

② 回归分析。

运用最小二乘法，将经过 Logit 转换后的 PD 与各解释变量进行回归分析，回归模型如下：

$$PD = C(1) + C(2) \times GDP\_SA + C(3) \times CPI\_SA + C(4) \times M2 + C(5) \times TIFA\_SA + C(6) \times LR + C(7) \times ER + C(8) \times FPF + C(9) \times FPR + C(10) \times LPB + C(11) \times LPF + C(12) \times LPR \tag{5-38}$$

结果如图 5-39 所示。

剔除 M2 和 TIFA_SA 的解释：从回归结果看，M2 和 TIFA_SA 指标 p 值较大，表示与被解释变量相关性不高，原因可能是均与 GDP_SA 指标存在多重线性关系，因此考虑剔除。

剔除 LAB，LAF，LAR 的解释：从回归结果看，LAB，LAF，LAR 三种土地性质的成交土地面积指标 p 值相近且均偏大，表示成交面积指标对被解释变量相关性不高，原因可能是对于城投公司的风险评估是考虑公司的总体存量资产，包括土地资产及其他综合资产，不能简单由当期交易面积进行统计。并且在进行全国城投公司的整体性分析时，并不能根据地区土地差异进行区分。综上所述考虑剔除当期交易土地面积指标。

Variable	Coefficient	Std. Error	t-Statistic	Prob.
C	174.9731	57.96879	3.018401	0.0082
GDP_SA	8.34E-05	8.29E-05	1.006892	0.3290
CPI_SA	-97.78995	56.23302	-1.739013	0.1012
M2	-5.68E-06	1.26E-05	-0.450302	0.6585
TIFA_SA	5.27E-05	7.13E-05	0.739353	0.4704
LR	-3.148425	1.005526	-3.131124	0.0064
ER	-10.03226	1.892288	-5.301658	0.0001
LAB	-0.000339	0.000490	-0.692733	0.4984
LAF	-0.000168	0.000207	-0.811304	0.4291
LAR	0.000203	0.000256	0.791939	0.4400
FPB	-0.000679	0.001411	-0.481144	0.6369
FPF	0.049213	0.021047	2.338203	0.0327
FPR	0.004798	0.001654	2.901718	0.0104
LPB	0.000537	0.000588	0.914349	0.3741
LPF	-0.039340	0.017493	-2.248910	0.0390
LPR	-0.002659	0.000787	-3.378273	0.0038
R-squared	0.732538	Mean dependent var		-4.361013
Adjusted R-squared	0.481792	S.D. dependent var		1.054450
S.E. of regression	0.759063	Akaike info criterion		2.593390
Sum squared resid	9.218837	Schwarz criterion		3.326258
Log likelihood	-25.49424	Hannan-Quinn criter.		2.836315
F-statistic	2.921438	Durbin-Watson stat		2.401064
Prob(F-statistic)	0.020372			

图 5-39 PD 与所有计划解释变量的回归结果

剔除 FPB 的解释:从回归结果看,商服用地成交楼面均价(FPB)p 值过高,表示该指标与被解释变量相关性不高,原因可能是对于城投公司进行的一级土地开发来讲,商业地块的开发成本在上市差异性过大,且由于各城市商业体量不均与开发理念有别,导致楼面均价指标不能反映真实情况,因此考虑剔除商服用地成交楼面均价指标。

因此考虑剔除以上六种变量,再次进行最小二乘回归,结果如图 5-40 所示。

$$PD = C(1) + C(2) \times GDP\_SA + C(3) \times CPI\_SA + C(4) \times \\ LR + C(5) \times ER + C(6) \times FPF + C(7) \times FPR + C(8) \times \\ LPB + C(9) \times LPF + C(10) \times LPR \tag{5-39}$$

Variable	Coefficient	Std. Error	t-Statistic	Prob.
C	144.2645	40.97624	3.520688	0.0019
GDP_SA	4.98E-05	2.86E-05	1.738977	0.0960
CPI_SA	-62.58026	35.44751	-1.765435	0.0914
LR	-3.804574	0.707425		0.0000
ER	-10.02548	1.651054	-6.072171	0.0000
FPF	0.045482	0.014036	3.240394	0.0038
FPR	0.004228	0.001243	3.402269	0.0026
LPB	-0.000304	0.000179	-1.699631	0.1033
LPF	-0.035557	0.011507	-3.090160	0.0053
LPR	-0.002434	0.000605	-4.024516	0.0006
R-squared	0.687514	Mean dependent var		-4.361013
Adjusted R-squared	0.559678	S.D. dependent var		1.054450

图 5-40 PD 与剩余解释变量的回归结果

根据结果显示,在10%的显著性水平下,各解释变量的 P 值基本均小于0.1;拟合优度 R^2 为0.687 514,调整后的 R^2 为0.559 678,拟合效果好。

由此,可以得到 PD 和除 M2 外的解释变量的回归结果为:

$$\begin{aligned} PD = & 144.264\,547\,875 + 4.978\,468\,645\,75e-05 \times GDP\_SA - \\ & 62.580\,256\,174 \times CPI\_SA - 3.804\,573\,617\,36 \times LR - \\ & 10.025\,484\,340\,2 \times ER + 0.045\,482\,082\,041\,6 \times FPF + \\ & 0.004\,227\,925\,621\,5 \times FPR - 0.000\,303\,679\,884\,737 \times LPB - \\ & 0.035\,557\,023\,889\,5 \times LPF - 0.002\,433\,522\,254\,53 \times LPR \end{aligned} \quad (5\text{-}40)$$

总体来说,国内生产总值(GDP_SA)、工业用地楼面均价(FPF)、住宅用地楼面均价(FPR)与城投公司违约率呈现正相关,变量增大使城投公司违约率增大;居民消费价格指数(CPI_SA)、银行3~5年中长期贷款利率(LR)、汇率:美元兑人民币(ER)、商业用地地面均价(LPB)、工业用地地面均价(LPF)、住宅用地地面均价(LPR)与城投公司违约率呈现负相关,变量减小使城投公司违约率增大。具体来说:

国内生产总值(GDP_SA)的系数为 $+4.978\,468\,645\,75e-05$,表明 GDP 上升会使城投公司违约概率上升。在我国政绩考核机制及官员晋升机制的影响下,地方政府为了提高 GDP 通常会大力投资公共服务,这就导致了 GDP 上升的同时,债务规模也出现迅速的增长。通过实证分析,可以看出,相对来说债务的规模增长速度已经超过了 GDP 的增长速度,导致 GDP 越高,违约率越高的结果。

工业用地楼面均价(FPF)、住宅用地楼面均价(FPR)的系数分别为 $+0.045\,482\,082\,041\,6$,$+0.004\,227\,925\,621\,5$,表明楼面均价上升会使城投公司违约概率上升。楼面均价上升时,说明城投公司对土地进行一级开发的成本增加,从而降低资产总量,增大违约风险估计。

居民消费价格指数(CPI_SA)的系数为 $-62.580\,256\,174$,表明 CPI 下降会使城投公司违约概率上升。CPI 下降时经济增速减缓,投资者对于投资增强谨慎程度,会增大城投公司风险估计。

银行3至5年中长期贷款利率(LR)的系数为 $-3.804\,573\,617\,36$,表明 LR 下降会使城投公司违约概率上升。利率下降时,城投公司贷款额度增加,从而加大违约风险。

美元兑人民币(ER)的系数为 $-10.025\,484\,340\,2$,表明 ER 下降会使城投公司违约概率上升。ER 下降时,人民币升值,海外资产持有者抛售房屋资产,提高市场供应量导致房价下跌,从而影响地价对城投公司资产造成影响。

商业用地地面均价(LPB)、工业用地地面均价(LPF)、住宅用地地面均价(LPR)的系数分别为 $-0.000\,303\,679\,884\,737$,$-0.035\,557\,023\,889\,5$,$-0.002\,433\,5\,222\,545\,3$,表明地面均价下降会使城投公司违约概率上升。地面均价反映土地价值,从而反映城投公司资产情况,当前交易地面均价下降时,城投公司的未来资产估计会相应减弱,从而增加信用风险,违约率上升。

③ 解释变量的自回归模型。

由于 CPV 模型认为不仅解释变量与被解释变量之间有关系,而且解释变量与其滞后项也有关系,即服从自回归过程。本文通过 AIC 和 SC 信息准则及 LR 检验,选择解释变量最合适的滞后期数,然后通过向量自回归模型(VAR)建立解释变量之间的内生关系。

首先对内生变量滞后期定阶,检验结果见图 5-41 所示。根据检验结果,AIC 值和 SC 值均为二阶最小,因此根据 AIC 和 SC 信息准则确定滞后期为二阶。

Lag	LogL	LR	FPE	AIC	SC	HQ
0	-1149.651	NA	2.85e+22	77.24343	77.66379	77.37790
1	-924.4148	300.3154	2.41e+18	67.62766	71.83125	68.97242
2	-764.1147		7.42e+16*	62.34098*	70.32780*	64.89603*

* indicates lag order selected by the criterion
LR: sequential modified LR test statistic (each test at 5% level)
FPE: Final prediction error
AIC: Akaike information criterion
SC: Schwarz information criterion
HQ: Hannan-Quinn information criterion

图 5-41 变量的 AIC 和 SC 检验结果

根据滞后阶数确定结果,采用 VAR 模型自回归,结果如下:

$$GDP\_SA = 1.327\,426\,563\,03 \times GDP\_SA(-1) - 0.466\,112\,374\,955 \times GDP\_SA(-2) - 174\,350.165\,778 \times CPI\_SA(-1) + 350\,626.098\,12 \times CPI\_SA(-2) - 8\,049.054\,876\,09 \times LR(-1) + 11\,347.166\,142\,6 \times LR(-2) - 55\,188.396\,145\,5 \times ER(-1) + 56\,616.547\,618\,8 \times ER(-2) + 4.715\,215\,296\,02 \times FPF(-1) - 86.378\,469\,620\,1 \times FPF(-2) + 27.928\,150\,321\,7 \times FPR(-1) - 9.230\,296\,679\,29 \times FPR(-2) - 3.386\,479\,615\,85 \times LPB(-1) - 3.363\,830\,514\,08 \times LPB(-2) + 76.710\,258\,589\,7 \times LPF(-1) + 70.689\,163\,539\,5 \times LPF(-2) - 12.752\,417\,532\,3 \times LPR(-1) + 7.034\,650\,767\,53 \times LPR(-2) - 209\,577.363\,157 \quad (5-41)$$

$$CPI\_SA = 4.164\,872\,099\,15e - 07 \times GDP\_SA(-1) + 5.593\,157\,430\,04e - 07 \times GDP\_SA(-2) - 0.153\,802\,586\,054 \times CPI\_SA(-1) - 0.327\,860\,018\,042 \times CPI\_SA(-2) - 0.003\,476\,163\,471\,45 \times LR(-1) + 0.007\,491\,981\,580\,38 \times LR(-2) - 0.037\,482\,935\,03 \times ER(-1) + 0.024\,672\,336\,831 \times ER(-2) - 0.000\,121\,237\,913\,874 \times FPF(-1) - 3.345\,297\,352\,6e - 05 \times FPF(-2) - 4.990\,583\,503\,92e - 06 \times FPR(-1) - 7.560\,730\,543\,63e - 06 \times FPR(-2) + 7.053\,642\,752\,45e - 07 \times LPB(-1) - 1.046\,075\,408\,76e - 06 \times LPB(-2) + 0.000\,169\,391\,241\,041 \times LPF(-1) + 7.422\,093\,485\,1e - 05 \times LPF(-2) - 1.216\,794\,589\,99e - 07 \times LPR(-1) + 2.755\,054\,438\,1e - 06 \times LPR(-2) + 1.450\,678\,301\,23 \quad (5-42)$$

$$LR = -2.385\,511\,894\,2e - 05 \times GDP\_SA(-1) + 1.651\,196\,661\,08e - 05 \times GDP\_SA(-2) + 30.235\,433\,351\,6 \times CPI\_SA(-1) - 6.179\,528\,769\,8 \times CPI\_SA(-2) + 0.714\,581\,897\,851 \times LR(-1) - 0.857\,240\,880\,236 \times LR(-2) + 1.632\,808\,571\,15 \times ER(-1) - 2.349\,946\,585\,53 \times ER(-2) + 0.010\,848\,584\,653\,8 \times FPF(-1) + 0.007\,636\,747\,594\,07 \times FPF(-2) - 0.000\,902\,962\,879\,706 \times FPR(-1) + 0.000\,301\,439\,375\,062 \times FPR(-2) + 0.000\,125\,535\,303\,687 \times LPB(-1) + 0.000\,188\,090\,405\,476 \times LPB(-2) - 0.011\,130\,993\,322\,6 \times LPF(-1) - 0.008\,434\,630\,452\,41 \times LPF(-2) + 0.000\,297\,962\,756\,651 \times LPR(-1) - 0.000\,244\,908\,028\,703 \times LPR(-2) - 10.748\,985\,892 \quad (5-43)$$

$$ER = 1.918\,353\,577\,66\mathrm{e}-06 \times GDP\_SA(-1) - 3.386\,904\,973\,56\mathrm{e}-06 \times GDP\_SA(-2) - 4.027\,771\,965\,71 \times CPI\_SA(-1) - 0.551\,406\,763\,679 \times CPI\_SA(-2) + 0.032\,643\,234\,777 \times LR(-1) + 0.180\,225\,819\,883 \times LR(-2) + 0.593\,496\,893\,062 \times ER(-1) + 0.355\,267\,644\,262 \times ER(-2) - 0.002\,062\,545\,290\,42 \times FPF(-1) - 0.000\,106\,883\,084\,453 \times FPF(-2) + 0.000\,105\,706\,180\,144 \times FPR(-1) - 0.000\,118\,404\,168\,416 \times FPR(-2) - 6.008\,674\,019\,9\mathrm{e}-05 \times LPB(-1) - 4.108\,427\,700\,26\mathrm{e}-05 \times LPB(-2) + 0.002\,362\,041\,659\,23 \times LPF(-1) + 0.000\,687\,232\,416\,252 \times LPF(-2) + 9.310\,073\,390\,62\mathrm{e}-06 \times LPR(-1) + 0.000\,105\,954\,913\,342 \times LPR(-2) + 3.311\,882\,079\,47 \tag{5-44}$$

$$FPF = 0.003\,497\,292\,625\,78 \times GDP\_SA(-1) - 0.003\,199\,356\,952\,05 \times GDP\_SA(-2) - 2.558\,810\,508\,58 \times CPI\_SA(-1) - 403.725\,226\,594 \times CPI\_SA(-2) - 24.814\,448\,590\,1 \times LR(-1) - 20.047\,898\,663\,3 \times LR(-2) - 310.882\,301\,407 \times ER(-1) + 245.226\,126\,266 \times ER(-2) + 0.714\,660\,051\,577 \times FPF(-1) - 0.394\,015\,565\,321 \times FPF(-2) - 0.016\,239\,942\,016\,5 \times FPR(-1) - 0.073\,346\,959\,573\,9 \times FPR(-2) + 0.001\,166\,309\,146\,22 \times LPB(-1) - 0.002\,086\,392\,855\,5 \times LPB(-2) - 0.679\,794\,928\,462 \times LPF(-1) + 0.135\,379\,617\,346 \times LPF(-2) - 0.007\,321\,431\,033\,58 \times LPR(-1) + 0.047\,501\,150\,043\,5 \times LPR(-2) + 1\,488.843\,441\,55 \tag{5-45}$$

$$FPR = 0.029\,685\,355\,764\,5 \times GDP\_SA(-1) - 0.026\,470\,522\,434 \times GDP\_SA(-2) - 8\,617.874\,947\,67 \times CPI\_SA(-1) + 29\,004.948\,811 \times CPI\_SA(-2) - 496.753\,729\,446 \times LR(-1) + 795.288\,710\,096 \times LR(-2) + 1\,414.920\,909\,46 \times ER(-1) + 1\,375.854\,862\,63 \times ER(-2) - 7.094\,274\,010\,22 \times FPF(-1) - 7.643\,536\,979\,29 \times FPF(-2) + 0.037\,203\,868\,820\,7 \times FPR(-1) + 0.660\,067\,440\,813 \times FPR(-2) - 0.057\,522\,335\,910\,4 \times LPB(-1) - 0.271\,249\,485\,976 \times LPB(-2) + 7.873\,228\,920\,76 \times LPF(-1) + 14.926\,946\,193\,2 \times LPF(-2) + 0.188\,193\,208\,135 \times LPR(-1) - 0.399\,096\,614\,194 \times LPR(-2) - 42\,709.345\,548\,6 \tag{5-46}$$

$$LPB = -0.091\,976\,564\,876\,8 \times GDP\_SA(-1) + 0.139\,825\,581\,813 \times GDP\_SA(-2) + 51\,137.704\,319\,4 \times CPI\_SA(-1) - 13\,456.419\,916\,6 \times CPI\_SA(-2) - 1\,184.495\,654\,45 \times LR(-1) - 478.758\,520\,145 \times LR(-2) - 2\,665.524\,302\,72 \times ER(-1) + 2\,259.386\,213\,16 \times ER(-2) + 21.962\,340\,617 \times FPF(-1) - 2.790\,208\,290\,71 \times FPF(-2) + 1.751\,481\,138\,87 \times FPR(-1) + 3.524\,632\,804\,47 \times FPR(-2) - 0.187\,538\,047\,762 \times LPB(-1) - 0.582\,033\,536\,213 \times LPB(-2) - 9.964\,434\,889\,39 \times LPF(-1) + 16.129\,582\,771\,2 \times LPF(-2) - 1.081\,715\,558\,23 \times LPR(-1) - 1.642\,297\,884\,51 \times LPR(-2) - 30\,688.149\,562\,2 \tag{5-47}$$

$$LPF = 0.003\,363\,345\,333\,09 \times GDP\_SA(-1) - 0.002\,114\,768\,594\,63 \times GDP\_SA(-2) - 1\,294.169\,654\,35 \times CPI\_SA(-1) - 742.148\,210\,995 \times CPI\_SA(-2) - 67.868\,894\,083\,9 \times LR(-1) + 25.702\,151\,298\,1 \times LR(-2) - 476.326\,418\,512 \times ER(-1) + 361.956\,158\,552 \times ER(-2) + 0.151\,512\,727\,849 \times FPF(-1) - 0.690\,564\,504\,866 \times FPF(-2) - 0.040\,032\,346\,445 \times FPR(-1) - 0.106\,608\,505\,81 \times FPR(-2) + 0.008\,049\,303\,941\,91 \times LPB(-1) - 0.006\,938\,574\,818\,75 \times LPB(-2) - 0.393\,007\,194\,274 \times LPF(-1) + 0.543\,572\,491\,755 \times LPF(-2) + 0.003\,720\,629\,661\,43 \times LPR(-1) + 0.067\,357\,674\,376\,7 \times LPR(-2) + 3\,409.825\,322\,13 \tag{5-48}$$

$$LPR = 0.066\,595\,362\,744\,5 \times GDP\_SA(-1) - 0.038\,732\,425\,173\,3 \times GDP\_SA(-2) -$$
$$3\,096.467\,105\,93 \times CPI\_SA(-1) + 52\,854.305\,072\,5 \times CPI\_SA(-2) - 1\,958.388\,661\,03 \times$$
$$LR(-1) + 981.907\,140\,646 \times LR(-2) + 1\,692.667\,580\,68 \times ER(-1) + 619.509\,459\,07 \times$$
$$ER(-2) - 1.035\,255\,109\,51 \times FPF(-1) - 7.679\,983\,779\,94 \times FPF(-2) + 1.319\,013\,708\,43 \times$$
$$FPR(-1) + 1.085\,483\,608\,05 \times FPR(-2) - 0.118\,660\,023\,794 \times LPB(-1) - 0.503\,417\,338\,636$$
$$\times LPB(-2) + 2.568\,210\,117\,42 \times LPF(-1) + 19.091\,348\,221 \times LPF(-2) - 0.348\,674\,615\,185$$
$$\times LPR(-1) - 0.726\,339\,520\,493 \times LPR(-2) - 62\,194.367\,521\,7 \qquad (5\text{-}49)$$

4）土地市场波动对上市城投公司违约风险的压力测试

(1) 压力情景设置

本文运用系统性假设情景分析法进行压力测试,选择反映土地市场波动的变量作为压力因子,由于城投公司资产包括多种性质土地,因此选取三种主要的不同性质土地均价作为变量,分别是成交土地地面均价(工业用地)、成交土地地面均价(商服用地)、成交土地地面均价(住宅用地),由此分别设置三种压力测试方案。

压力测试一:成交土地地面均价下降(工业用地)。

以工业用地为例,研究成交土地地面均价下降的三种压力情境下,城投公司信用风险(违约概率)受到的冲击程度。三级压力情景分别对应成交土地地面均价(住宅用地)下降20%,30%,40%。

压力测试二:成交土地地面均价下降(商业用地)。

以商服用地为例,研究成交土地地面均价下降的三种压力情境下,城投公司信用风险(违约概率)受到的冲击程度。三级压力情景分别对应成交土地地面均价(住宅用地)下降20%,30%,40%。

压力测试三:成交土地地面均价下降(住宅用地)。

以住宅用地为例,研究成交土地地面均价下降的三种压力情境下,城投公司信用风险(违约概率)受到的冲击程度。三级压力情景分别对应成交土地地面均价(住宅用地)下降20%,30%,40%。

因为宏观经济的恶化是一个循序渐进的过程,所以本文将压力测试期分为T+1,T+2,T+3和T+4四期。假定在四种压力测试方案下均是在第四期即期分别下降到设定的压力情景。通过Matlab软件运用线性插值法将其他三期值补充完整,如表5-31所示。

表5-31 土地市场波动的压力情景设置

情景一	成交土地地面均价(工业用地)下降		
	LPF在T+4下降20%	LPF在T+4下降30%	LPF在T+4下降40%
T+1	462.40	450.23	438.06
T+2	438.06	413.73	389.39
T+3	413.73	377.22	340.72
T+4	389.39	340.72	292.04

(续表)

情景二	成交土地地面均价(商服用地)下降		
	LPB在T+4下降20%	LPB在T+4下降30%	LPB在T+4下降40%
T+1	6 329.39	6 162.82	5 996.26
T+2	5 996.26	5 663.13	5 330.01
T+3	5 663.13	5 163.45	4 663.76
T+4	5 330.01	4 663.76	3 997.51

情景三	成交土地地面均价(居住用地)下降		
	LPR在T+4下降20%	LPR在T+4下降30%	LPR在T+4下降40%
T+1	9 872.21	9 612.42	9 352.62
T+2	9 352.62	8 833.03	8 313.44
T+3	8 833.03	8 053.65	7 274.26
T+4	8 313.44	7 274.26	6 235.08

（2）执行压力测试

根据5.2.4节第3)点分析可知,解释变量为9项,因此矩阵A为9×9阶下三角矩阵。通过模型回归结果可得解释变量自回归残差项的方差-协方差矩阵$\sum_{\varepsilon}$（表5-32）,对其进行Cholesky分解即可得A矩阵。

结合5.1节,通过Matlab进行蒙特卡洛模拟,将土地市场波动的初始冲击情景放入到宏观压力生成模型中,估算出其他变量在冲击下的取值,然后再将土地市场因素及其他宏观变量的估计值放入到风险传导模型中,即可估算出城投公司债务违约风险。

表5-32 宏观变量自回归残差项的方差-协方差矩阵

	GDP_SA	CPI_SA	LR	ER	FPF
GDP_SA	29 519 479	0	0	0	0
CIP_SA	5.650 601	0.000 009 85	0	0	0
LR	−1 225.147	−0.000 018 5	0.067 697	0	0
ER	414.767	0.000 022 8	−0.018 368	0.006 846	0
FPF	12 233.15	0.002 234	−1.012 756	0.231 2	648.892 2
FPR	−261 766.6	−0.146 179	4.816 018	−5 734 225	4 969.844
LPB	−1 266 197	0.132 85	77.145 28	−19.517 52	8 522.244
LPF	21 459.37	0.008 61	−2.216	0.297 983	768.733 4
LPR	100 005.1	−0.121 004	−4.062 607	−2.387 583	10 397.87

(续表)

	FPR	LPB	LPF	LPR
GDP_SA	0	0	0	0
CIP_SA	0	0	0	0
LR	0	0	0	0
ER	0	0	0	0
FPF	0	0	0	0
FPR	99 244.52	0	0	0
LPB	93 836.78	404 317.3	0	0
LPF	6 398.05	8 139.322	1 008.692	0
LPR	187 905.9	176 154.1	12 253.03	392 659.9

(3) 测试结果及分析

① 压力测试结果。

【情景一】

表 5-33　压力测试一——LPF 冲击下城投公司违约概率测试结果

情景一	成交土地地面均价(工业用地)下降		
	LPF 在 T+4 下降 20%	LPF 在 T+4 下降 30%	LPF 在 T+4 下降 40%
T+1	1.00%	1.00%	1.00%
T+2	2.48%	2.48%	2.48%
T+3	11.58%	18.93%	30.61%
T+4	17.02%	28.71%	62.81%

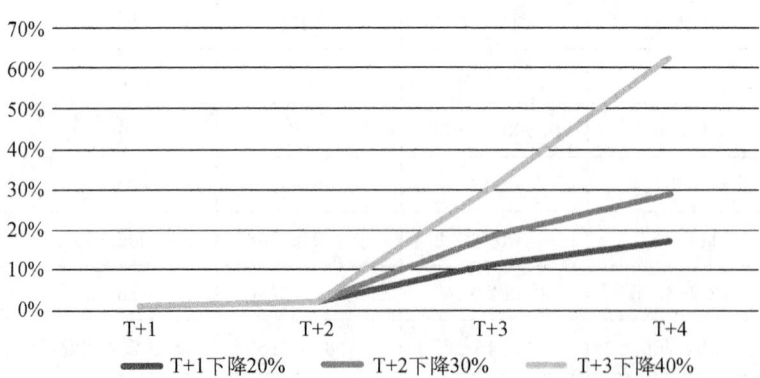

图 5-42　压力测试一——LPF 冲击下城投公司违约概率变化

如表 5-33 和图 5-42 所示，在工业用地土地均价下降的冲击下，若在 T+4 期下降 40%，则在 T+1，T+2，T+3，T+4 期城投公司的债务违约率分别为 1%，2.48%，30.61%，62.81%。可见工业用地性质土地在城投公司资产中占据部分体量，LPF 降幅越大,违约率越高。从作用期上看,不同强度冲击下前两期违约率变化相同,说明土地市场交易波动对城投公司信用风险影响具有滞后性。

【情景二】

表5-34 压力测试二——LPB冲击下城投公司违约概率测试结果

情景二	成交土地地面均价(商业用地)下降		
	LPB在T+4下降20%	LPB在T+4下降30%	LPB在T+4下降40%
T+1	1.00%	1.00%	1.00%
T+2	2.74%	2.74%	2.74%
T+3	8.98%	27.04%	64.60%
T+4	35.90%	57.99%	89.15%

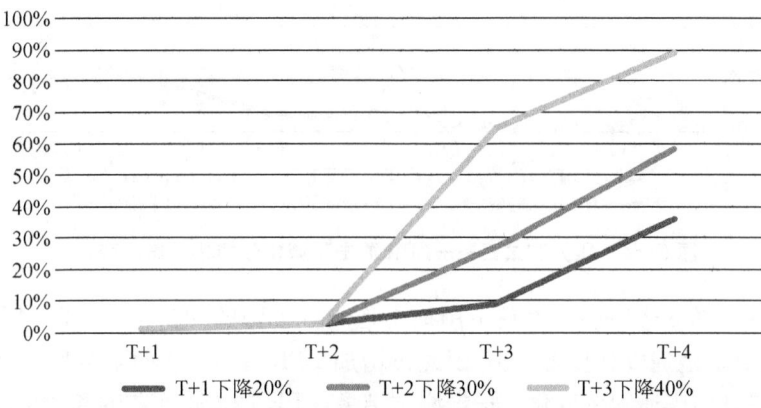

图5-43 压力测试二——LPB冲击下城投公司违约概率变化

如表5-34和图5-43所示,在商服用地土地均价下降的冲击下,若在T+4期下降40%,则在T+1,T+2,T+3,T+4期城投公司的债务违约率分别为1%,2.74%,64.6%,89.15%。可见工业用地性质土地在城投公司资产中占据相当部分体量,LPB降幅越大,违约率越高,且影响效果大于工业用地。从作用期上看,不同强度冲击下前两期违约率变化相同,说明土地市场交易波动对城投公司信用风险影响具有滞后性。

【情景三】

表5-35 压力测试三——LPR冲击下城投公司违约概率测试结果

情景三	成交土地地面均价(住宅用地)下降		
	LPR在T+4下降20%	LPR在T+4下降30%	LPR在T+4下降40%
T+1	1.00%	1.00%	1.00%
T+2	2.94%	2.94%	2.94%
T+3	87.65%	94.03%	99.99%
T+4	95.70%	99.99%	99.99%

情景三	成交土地地面均价（住宅用地）下降		
	LPR在T+4下降5%	LPR在T+4下降10%	LPR在T+4下降15%
T+1	1.00%	1.00%	1.00%
T+2	2.94%	2.94%	2.94%
T+3	6.79%	15.76%	36.22%
T+4	24.89%	55.95%	78.85%

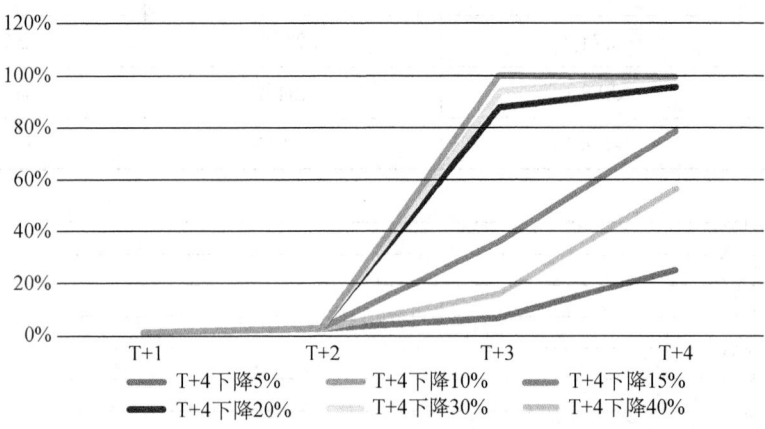

图 5-44 压力测试三——LPR冲击下城投公司违约概率变化

如表5-35和图5-44所示，在住宅用地土地均价下降的冲击下，当T+4下降20%时，城投公司违约概率达到极其显著水平，因此再增加LPR在T+4时期分别下降5%，10%，15%情况，并得到相应违约率变化。根据测试结果，LPR冲击也存在时长为2期左右的滞后期，并且对城投公司信用风险的影响力显著大于商服用地与工业用地，即使是微小幅度的冲击在一定时期后也会对城投公司信用造成相当程度的影响。

② 结果分析。

运用系统性假设情景分析法，研究土地市场波动对城投公司信用风险的压力冲击影响，实证结果验证了土地市场波动确实对城投公司违约概率存在影响，并得到在分类冲击下不同强度在不同时期造成的信用风险影响，具体见表5-36。由此，得到主要结论如下：

表5-36 压力测试成果汇总表

时间期	LPF冲击（工业用地）成交土地地面均价			LPB冲击（商业用地）成交土地地面均价			LPB冲击（住宅用地）成交土地地面均价					
冲击强度	20%	30%	40%	20%	30%	40%	5%	10%	15%	20%	30%	40%
T+1	1.00%	1.00%	1.00%	1.00%	1.00%	1.00%	1.00%	1.00%	1.00%	1.00%	1.00%	1.00%
T+2	2.48%	2.48%	2.48%	2.74%	2.74%	2.74%	2.94%	2.94%	2.94%	2.94%	2.94%	2.94%
T+3	11.58%	18.93%	30.61%	8.98%	27.04%	64.60%	6.79%	15.76%	36.22%	87.65%	94.03%	99.99%
T+4	17.02%	28.71%	62.81%	35.90%	57.99%	89.15%	24.89%	55.95%	78.85%	95.70%	99.99%	99.99%

a. 冲击影响方向效应。

总体来说,面对土地市场下行变化的冲击时,城投公司的违约概率会明显增大。以住宅用地成交地面均价为例,当T+4期降低10%时,城投公司违约率显著增大至55.95%。

b. 冲击影响时间效应。

土地市场波动对城投公司信用风险的影响存在一定滞后期,且程度会随土地市场的持续下行而不断加速放大,直至最终爆发,且土地市场波动越大,对城投公司信用风险的影响程度越明显。由三次情景模拟可知,滞后期由整体市场综合因素决定,不同性质用地市场下行时滞后期不变,本文得出滞后期大致在两个时间期左右。

5) 结论

本节基于5.2节土地市场对上海市城投公司信用风险压力测试研究的基础上,选取在沪深股市上市的城投企业为研究对象,并基于CPV模型与CCA模型,研究分析土地市场对全国上市城投公司信用风险压力测试,主要发现:

(1) 上市城投公司违约概率测度结论

城投公司信用风险选取违约概率指标来衡量,针对已有研究中违约率的测算仅选择替代指标或者较为粗糙的估算方法的不足进行改进,通过Wind数据库收集我国大陆上市城投公司2009年第一季度至2017年第四季度的债务规模、市值规模、波动率等数据,通过CCA方法进行违约率测度,以此得到具体量化的信用风险数值。可以看出城投公司信用风险始终处于波动状态,但整体风险度不高。在特殊时期(2015年股灾),风险程度也随之达到峰值,为15%。值得关注的一点是,在普通时期,不同城投公司可能由于经营状况不同使得信用风险评估有较大差异,但在压力冲击下,这种差异性会显著减小,导致整体违约率快速升高。由此推论,城投公司经验结构普遍不能对抗市场冲击,改善其经营模式,增强自身稳定性,形成可持续发展是当务之急。

(2) 土地市场波动对城投公司信用风险的传导机理研究结论

本文分析城投公司信用风险的影响因素,主要包括三个方面:国民经济因素、财政货币因素和土地市场因素。本文通过着重分析土地市场因素,得知土地市场通过影响城投公司债务偿债能力和其他宏观因素互动而对其信用风险产生影响。与目前大部分文献资料研究成果不同的是,通过传导机理运算,本文得到城投公司当期成交土地面积并不对其信用风险构成显著影响。推论原因一为当把全国城投公司作为整体分析时,各区域的土地使用权持有程度已不再重要;原因二为城投公司的信用风险评估是以其存量土地为对象而非当期交易额。且另一个创新点为将土地市场价格波动细分为楼面价格和地面价格,从不同的传导路径分析其对城投公司的信用风险影响程度,并通过机理运算得出楼面价格与信用风险成反比,地面价格与信用风险成正比的结论。

(3) 压力测试实证分析结论

本文共设置了三种压力测试方案,得到压力测试结果,验证了土地市场波动确实对城投公司违约概率存在影响,总体来说,面对土地市场下行变化的冲击时,城投公司的违约概率会明显增大。与其他文献资料存在的差异性主要集中在,本文通过实证运算,得到土地市场波动对城投公司信用风险的影响存在一定滞后期,且程度会随土地市场的持续下行而不断加速放大,直至最终爆发,且土地市场波动越大,对城投公司信用风险的影响程度越明显。

滞后期由整体市场综合因素决定,在同一市场状况的不同冲击下滞后期不变,本文得出滞后期大致在两个时间期左右。另一方面,本文创新性地将土地性质进行细致划分,从城投公司持有资产的角度分为居住用地、商服用地、工业用地,从而得到不同种类土地市场波动造成的冲击效应,在同一时期影响水平由大到小为:住宅用地＞商服用地＞工业用地。且冲击效应差异较大,例如取 T+4 期土地市场下降20%,在住宅用地受冲击时城投公司违约率骤升至95.7%,在商服用地受冲击时城投公司违约率上升至35.90%,而工业用地受冲击时城投公司违约率为17.02%,结论与我国城市土地的实际配置状态互相映照。

5.3 基于 CPV 与 KMV 的土地市场对地方政府债券违约风险压力测试

5.3.1 土地市场对地方政府债务风险的传导机理

土地市场作为宏观经济变量之一,除了直接影响地方政府债务违约风险之外,与其他宏观经济变量之间也存在着相关影响和传染性,进而共同影响地方政府债务违约风险。其影响过程可分为对地方政府债务风险的直接影响阶段和间接影响阶段。

1) 对地方政府债务风险的直接影响阶段

(1) 对地方政府存量债务偿债能力的影响

土地市场波动所引发的土地资产相关收益的变动。根据前文,地方政府债务偿还的重要来源之一就是土地资产的相关收益。一旦土地市场发生波动,土地价格和土地交易量出现下降时,地方政府获得的土地出让金减少,使得地方政府期初发行在外的债务存量相对于土地资产收益流量更大,出现收不抵支的偿债支付风险,增加地方政府潜在的违约概率。由此可以得出,"土地市场萧条—土地资产相关收益减少—存量债务偿债能力下降—信用风险显现"的风险传导路径。

(2) 对地方政府增量债务融资能力的影响

现实情况中,地方政府在偿还债务时很大一部分是通过借新还旧的再融资方式,即庞式融资。这种通过增量债务偿还存量债务的做法,必须保证持续融到资才能维持下去,否则会形成庞式骗局。但是贷方在贷款时,通常会考虑债务人的信用评级而决定资金成本或者是否借款。因此如果土地价值和土地交易量下跌,使得地方政府土地收益减少,偿债能力减弱,进而会使地方政府信用评级下降,增大了融资成本或者资金链断裂,极易发生现金性支付违约,违约风险加大。

由此可以得出,"土地市场萧条—地方政府偿债能力减弱—地方政府信用等级降低—增量债务融资能力下降—信用风险显现"的风险传导路径。

从土地市场发生波动对地方政府债务违约风险的直接影响路径可以看出,土地市场主要是通过土地财政来影响地方政府债务风险的,因此土地财政依赖越大的地方,此种传达路径越重要。

2) 对地方政府债务风险的间接影响阶段

除了土地市场发生波动对地方政府债务违约风险的直接传导路径之外,与其他宏观经济变量之间也存在着相互传染性。事实上,土地市场波动会改变整个宏观经济环境,进而间接地对地方政府债务违约风险产生影响。胡谍(2011)实证分析表明我国房地产市场波动与宏观经济发展之间有着密切的关系,随着我国房地产市场发展的不断成熟,房地产市场波动对于宏观经济发展的影响作用将会更加显著[332]。詹世鸿(2012)指出房地产(土地)市场不仅与我国经济发展息息相关,并且与国民经济各部门的发展都有着至关重要的联系[333]。基于此,本书重点从土地交易量和土地价格(房价)两个方面研究土地市场波动通过宏观经济环境体系对于地方政府债务违约风险的间接影响。

(1) 土地交易量变动影响机理

土地市场中土地出让面积的多少,大多都是政府根据当地经济社会的发展主动控制的,严格上来说,土地交易量的升降是由其他宏观经济变量决定的,因此这种风险的传导需要找到土地交易量变化的根源。对于土地交易量与宏观经济的关系,郭其友等(2007)实证分析表明,我国土地供给与经济周期的相关性不断增强[334]。何怡瑶(2016)通过构建动态随机一般均衡模型(DSGE)实证研究出了土地出让面积与GDP波动是逆周期关系;土地财政收入与GDP波动是顺周期关系[335]。由此可得到一个推论,土地价格(土地出让金/土地出让面积)与GDP波动是顺周期关系。事实上,经济形势较好时,土地价格上升,同时地方政府税收上升,地方政府为了维持预算约束的平衡,减少了土地出让面积的供应,即实施了逆周期的土地出让政策,此时地方政府财力富足,地方政府债务违约风险自然较小。由此可以得出,"土地交易量降低(逆周期的土地出让政策)—反映宏观经济上升—地方政府债务违约风险降低"。

(2) 土地价格(房价)变动影响机理

由于土地(房地产)是一项重要的资产,因此其价格的变动不仅会影响到相关实体产业,也会影响到相关的资本市场。柴志春等(2009)东部土地价格上升对经济增长的贡献较大,土地成为经济增长的基本要素,政府应该高度重视土地价格在宏观经济调控中的基础性作用[336]。原鹏飞(2009)定量模拟表明:房地产价格上涨和下跌使得房地产业自身及其他行业的产出都相应地增加和减少。相对而言,重工业、公用事业、采掘业以及房地产业自身等受房地产价格波动的影响较大,而轻工业、金融保险业和服务业等行业受其影响相对较小;房地产价格上涨和下跌使得总产出、GDP、就业、投资、消费者价格指数以及进出口等宏观经济变量相应地上升和下降。虽然这些宏观经济变量随房地产价格上涨幅度的增加呈线性上升趋势,但却随房地产价格下跌幅度的增加呈加速下跌趋势。相对而言,房地产价格变动对GDP、就业以及进出口的影响较大,而对总产出、消费等的影响相对较小。房地产价格上涨与下跌使得所有居民的实际收入都下降,但房地产价格下跌情境下居民实际收入的下降幅度更大。相对而言,房地产价格变动对城镇居民的影响大于农村居民。对于城镇居民,房地产价格上涨对中低收入阶层的影响大于高收入阶层,而房地产价格下跌对中低收入阶层的影响小于高收入阶层。房地产价格上涨使得政府和企业的实际收入上升,而房地产价格下跌对政府和企业的最终影响都是实际收入下降。总体来看,房地产价格上涨刺激下的房地产业增长对国民经济增长的带动作用较大,但房地产价格下跌情境下房地产业的不利冲击对国民经济带来的负面冲击更大,在房地产价格大幅变动的情景中尤其如此[337]。土地价格上升,土地财政依收入增多,投资动机增大,债务相应增大,郝毅,李政(2017)研究表明这种债务一旦倒逼以货币政策为代表的宏观经济政策,会影响宏观经济政策的独立性,削弱政策效果,还会加剧不同政策之间的政策冲突,造成更大的经济波动[338]。综上所述,土地价格变动主要通过投资、消费、通货膨胀和财政货币等对宏观经济发展状况产生影响。其影响大致包含三个层面:

第一层面是土地市场波动在直接相关产业间的影响。由于具有产业链长、辐射效应显著等特征,房地产行业波动往往能够对许多密切相关的产业造成较大的冲击影响。从产业间供需关系来看,房地产行业对直接相关产业具有后向和前向的关联效应。

第二层面是土地市场波动在间接相关产业间的影响。房地产行业不仅能够带动直接相关产业的繁荣,同时也会由于产业间联系、信用扩张、市场良好的预期等,带动间接相关的上下游部门的发展,从而导致风险蔓延和扩散至这些间接相关的行业。尤其是市场投机所带来的超额利润会吸引大量投机者,于是土地及房地产市场泡沫一旦破灭,市场开始下行,将造成风险在更大范围的行业及部门中爆发。

第三层面是土地市场波动在整体宏观经济体系中的影响。当土地市场风险爆发时,土地价值不断下跌,可能会引发恐慌性抛售进而对市场体系造成严重影响。随着土地市场下行所带来的影响在直接和相关产业中不断传染,必然会向更多经济部门和产业蔓延,造成国民经济在投资、消费、产出等各方面出现问题,最终导致宏观经济整体产生危机。此外,宏观经济基本面的根本性变化又会引起货币和财政政策的调控,尤其是货币存量水平的变化。在土地市场、国民经济与宏观政策的综合作用下,使得由土地市场波动导致的风险在整体宏观经济体系中扩散开来。

由此可以得出,土地价格(房价)变动一旦开始起效,就会通过直接相关产业、间接相关产业及整体宏观经济体系三个层面层层蔓延传染,最终影响地方政府债务风险。即"土地价格(房价)下降—'三层'蔓延放大—宏观经济恶化—地方政府债务违约风险增大"。

通过土地市场波动对地方政府债务风险直接和间接传导机理分析,可以看出,同样的土地市场波动,可能产生的结果会有所不同,主要是看此地方传导路径是直接还是间接传达为主。土地财政依赖越大的地方,越偏向直接传导路径。

5.3.2 研究设计

1) CPV 模型选择

依然选用 CPV 模型构建地方政府债券违约风险传导模型。

2) 被解释变量的选取及违约概率计算

在构建 CPV 模型时选取地方政府债务的违约概率作为被解释变量。由于数据敏感性,没有办法直接获取地方政府债务违约信息,针对已有研究中违约概率的测算仅选择替代指标或者较为粗糙的估算方法,而本书采用改进的 KMV 模型估算地方政府债务的预期违约率作为地方政府债务的理论违约概率。徐占东、王雪标(2014)建立地方政府债务 KMV 违约概率测算模型,发现东、中、西部地区的省级地方政府债务的违约风险存在显著差别[339];李腊生、耿晓媛及郑杰(2013)通过引入地方政府债务可转移性这一因素,提出了相应的 KMV 修正模型,对我国地方政府债务违约风险进行了研究[340];在国内韩立岩、郑承利、罗雯等(2003)提出了市政债券违约风险的概念,最先将 KMV 模型改进为针对市政债券的信用风险模型[341]。李腊生、狄晓媛、郑杰(2013)认为我国中央政府和地方政府存在"父与子"

的关系,地方债务具有向中央政府转移的特征,并以修正KMV模型实证分析得出我国尚不存在违约风险的结论,又指出向中央转移地方债只是权宜之计,极有可能诱发地方政府竞争性的债务发行[342]。

KMV模型基本思想是:当企业对外进行负债融资时,相当于把企业的所有权暂时"转移"给债权人,但企业有权选择偿还债务来重新"赎回"企业的所有权。如果债务到期时,企业的资产价值低于应偿还的债务,那么企业则会违约。KMV模型中,未来是否违约,主要受企业的资产价值、资产价值波动率和到期应偿还债务水平三个因素影响。

将KMV模型运用到地方政府债务违约风险问题时,可将地方政府负债看作是把地方政府财政收入权暂时"转移"给债权人,同时地方政府有权选择偿还债务"赎回"财政收入权。如果债务到期,地方政府财政收入低于债务的本息,那么地方政府则会选择违约。所以,可对KMV模型进行改进,用地方政府财政收入 R 代替KMV模型中的企业资产价值变量;用地方政府财政收入的波动率代替KMV模型中企业资产价值的波动率;用债务到期时地方政府负有偿还责任的债务代替到期需偿还的债务 D。利用KMV模型的理论公式,推导出预期违约率 EDF,作为被解释变量。推导公式如下:

① 假设地方政府的财政收入服从随机过程

$$R_t = f(Z_t) \tag{5-50}$$

其中,R_t 为 t 时刻地方政府可用于偿还债务的财政收入;Z_t 为随机变量;$f(x)$ 是待定函数。

② 地方政府预期违约概率分布

设到期日为 T,到期时地方政府可用于偿还债务的财政收入为 R_T,应偿还债务为 D_T,地方政府债务预期违约概率为 p,则

$$p = P[R_T < D_T] = P[f(Z_T) < D_T] = P[Z_T < f^{-1}(D_T)] \tag{5-51}$$

当 Z_T 服从标准正态分布,可将式(5-51)转变为

$$p = P[Z_T < f^{-1}(D_T)] = N[f^{-1}(D_T)] \tag{5-52}$$

定义违约距离 $DD = -f^{-1}(D_T)$,于是预期违约率为

$$p = N(-DD) \tag{5-53}$$

③ 通过以上两步厘清了预期违约率与违约距离的关系,即预期违约率与到期债务及地方政府财政收入随机过程函数之间的关系。接下来进一步细化财政收入随机过程具体函数关系,力图厘清预期违约率与到期债务及地方政府财政收入的关系。具体过程如下:

进一步假设地方政府财政收入 R 服从下面具体随机过程

$$dR_t = gR_t dt + \sigma R_t dz_t \tag{5-54}$$

其中,g 为地方政府财政收入的增长率;σ 为地方政府财政收入波动率;dz_t 为标准几何布朗运动的增量。令 $t=0$,则 $R_0 = R$,当 $t > 0$ 时,可将随机过程表示为

$$R_t = R_0 \exp\left\{\left(g - \frac{1}{2}\sigma^2\right)t + \sigma\sqrt{t}Z_t\right\} \tag{5-55}$$

由于 $Z_t \sim N(0,1)$,所以地方政府的财政收入服从对数正态分布,可得

其均值为：

$$E[\ln R_t] = \ln R + gt - \frac{1}{2}\sigma^2 t \tag{5-56}$$

其方差为

$$Var[\ln R_t] = \sigma^2 t \tag{5-57}$$

假设估计一年以后地方政府债务违约率，即时间间隔取 $t=1,T=1$，则财政收入波动率 σ、财政收入增长率 g、违约距离 DD 及预期违约率 p 为

$$\sigma = \sqrt{\frac{1}{n-2}\sum_{i=1}^{n-1}\left(\ln\frac{R_{i+1}}{R_i} - \frac{1}{n-1}\sum_{i=1}^{n-1}\ln\frac{R_{i+1}}{R_i}\right)^2} \tag{5-58}$$

$$g = \frac{1}{n-1}\sum_{i=1}^{n-1}\ln\frac{R_{i+1}}{R_i} + \frac{1}{2}\sigma^2 \tag{5-59}$$

$$DD = \frac{\ln\frac{R_T}{D_T} + gT - \frac{1}{2}\sigma^2 T}{\sigma\sqrt{T}} \tag{5-60}$$

$$p = N(-DD) = N\left[-\frac{\ln\frac{R_T}{D_T} + gT - \frac{1}{2}\sigma^2 T}{\sigma\sqrt{T}}\right] \tag{5-61}$$

其中地方政府财政收入 R 可根据统计年鉴或政府预算决算报告等历史资料直接观测得到。

3）解释变量的选取

本书将影响地方政府债务违约风险的宏观因素作为 CPV 模型的解释变量。根据 3.3 节的分析，分别从国民经济因素、财政收支因素、货币政策因素和土地市场因素四个方面选取若干代表指标，具体如表 5-37 所示。

表 5-37 解释变量的指标选取

宏观影响因素	解释变量	与地方政府债务违约概率的预期关系
国民经济因素	国内生产总值	—
	居民消费价格指数	—
	全社会固定资产投资总额	＋
财政收支因素	财政赤字	＋
货币政策因素	银行3~5年中长期贷款利率	＋
	广义货币供应	—
土地市场因素	成交土地楼面均价	—
	成交土地占地面积	—

表 5-37 中给出了各解释变量与地方政府债务违约概率的预期关系:"＋"表示解释变量与地方政府债务违约概率之间呈正相关关系;"－"表示解释变量与地方政府债务违约概率之间呈负相关关系。

5.3.3 上海地方政府债券违约风险压力测试实证

目前土地市场波动对地方政府债务违约风险的直接影响研究较多,而对于土地市场波动通过宏观经济体系的间接传导研究较少。本章将运用构建的土地市场波动对地方政府债务违约风险的压力测试模型,结合第3章理论分析,处于间接影响阶段为主导的地方,一般土地财政依赖较小,为了突出研究通过宏观经济体系的间接传导,故本书实证研究选择了土地财政依赖较小的上海,完成上海地方政府债务违约风险压力测试的实证研究。

1)上海地方政府债务特征分析

(1)政府专项债占比大,存量债务置换压力小

根据财政部数据,2016 年,地方政府发行一般债券 35 339.84 亿元,其中新增债券 7 662.44 亿元,用于置换 2014 年末清理甄别认定存量政府债务的置换债券 27 677.4 亿元。偿还当年到期一般债券 2 436.7 亿元,年末地方政府一般债券余额 71 419.74 亿元。地方政府发行专项债券 25 118.56 亿元,其中新增债券 4 037 亿元,用于置换 2014 年末清理甄别认定存量政府债务的置换债券 21 081.56 亿元。当年没有专项债券到期,年末地方政府专项债券余额 34 862.06 亿元。2016 年末,地方政府一般债券余额、专项债券余额和非政府债券形式存量政府债务余额合计 153 164.01 亿元,因此可推算出非政府形式存量债为 46 882.21 亿元。具体见图 5-45。

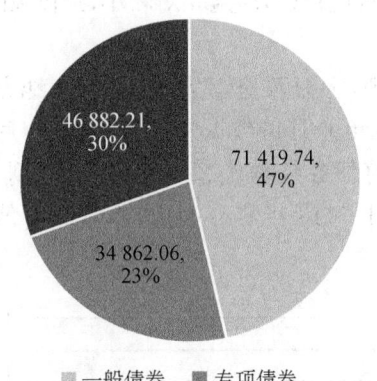

图 5-45 截至 2016 年年底全国地方政府债券结构情况(单位:亿元,%)

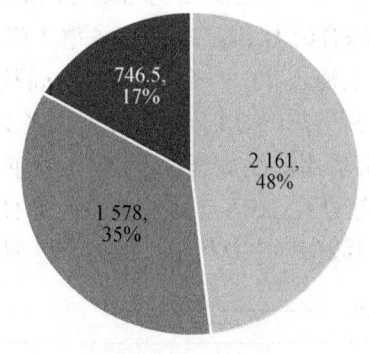

图 5-46 截至 2016 年年底上海地方政府债券结构情况(单位:亿元,%)

根据上海市财政数据,截至 2016 年年底,上海市发行地方政府一般债券余额 2 161 亿元,专项债券余额为 1 578 亿元。经财政部 2016 年地方政府债务年报审核,截至 2016 年年底,上海市地方政府债务余额为 4 485.5 亿元,具体见图 5-46。

一般债券也称为普通债权,指地方政府为了缓解资金紧张或解决临时经费不足而发行的债券;专项债券也称为收益债券,指为了筹集资金建设某专项具体工程而发行的债券。对

于一般债券的偿还,地方政府通常以本地区的财政收入作为担保,而对于专项债券,地方政府往往以项目建成后取得的收入作为保证。通过对比全国债务结构可知,上海市一般债券与全国水平相当,专项债券的发行远高于全国水平,这也印证了上海市通过投资收益偿还债务的能力较强的印象;同时待置换债的压力相对来说也比较小。

(2) 综合财力强,债务率全国最低

截至2016年,上海市地方政府债务4 485.5亿元,地方财政收入8 814.63亿元,全国各省(市)排名第四,其中地方一般财政预算收入6 918.9亿元,政府性基金收入2 295亿元。债务率约0.51,全国各省(市)最低。具体见图5-47。

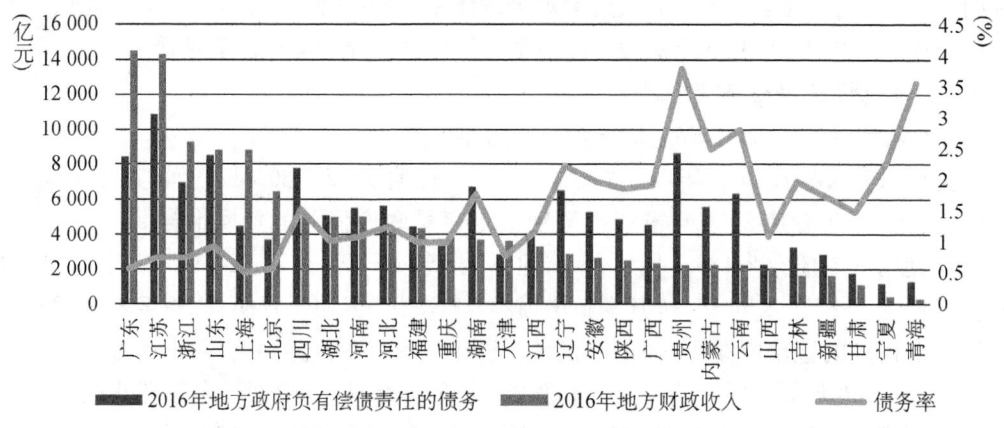

图 5-47　2016 年全国各省(市)地方政府债务情况

综合来看,上海当地财力对地方政府债务的覆盖程度良好,风险相对较小,总体风险可控。

(3) 综合财力不断增强,债务率下降

通过上海市2012—2016年的时间数据分析发现,上海政府财力不断上升,地方政府债务余额不断下降(2013年地方政府债务为截至2013年6月份数据),由于2013年底数据不可得,本书采用的是截至2013年6月底的地方政府债务余额代替。通过2012到2013年6月的大趋势看,2013年底的地方政府债务余额要比2013年6月底大,地方政府债务余额下降明显,故债务率总体呈下降趋势。具体见图5-48。

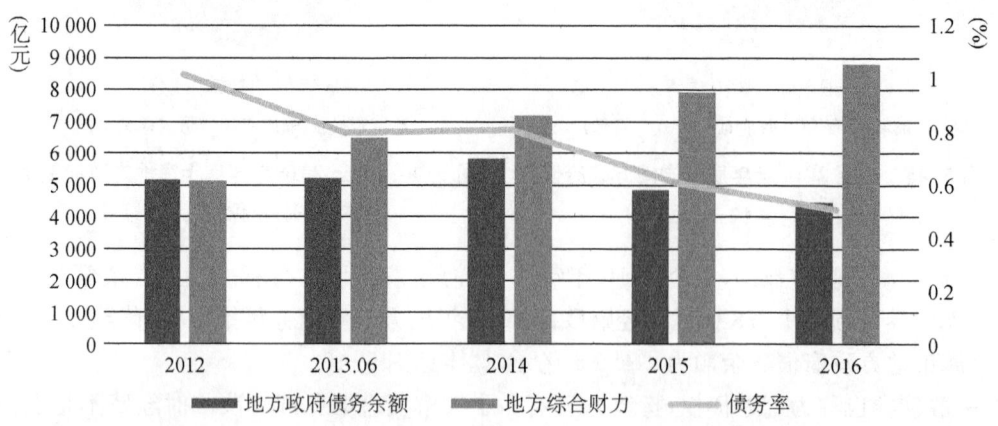

图 5-48　上海市 2012—2016 年政府综合财力与地方政府债务余额

具体来看,地方政府债务余额先增后降,2014年达到最大,这可能是由于2014年"43号文"的出台,在一定程度上遏制地方政府债务规模的扩大,随后《预算法》的颁布更是彰显国家对于地方政府债务管理的决心,所以未来地方政府债务余额上升可能性较小;而上海地方政府财力逐步增长,未来增长可期,综合来看,2012—2013年是地方政府债务违约风险高发期,随后违约率将会越来越小。

2) 债务违约风险传导计量模型计算

(1) 违约概率的测算

① 数据收集。

由于上海市地方政府债务数据不易获得,故本书运用在5.2.2节中提到的KMV模型计算全国地方政府债务违约概率,再根据2013年国家审计署公布的《全国政府性债务的审计报告》中的截至2012年的逾期债务率及2014年上海市公布的上海地方政府性债务审计结果中截至2012年的逾期债务率,估算出全国地方政府性债务违约概率与上海市地方政府债务违约概率的折算值,以此通过全国违约概率的趋势估算上海市地方政府债务违约概率。本书获得了KMV方法所需的所有基础数据,时间从2011年至2016年。具体指标及其数据获取来源如下(表5-38):

表 5-38 数据来源说明

指标	含义	数据来源
LTD	地方政府负有偿还责任债务余额	财政部、国家审计署
DC	到期应偿还债务本金	国家审计署
GR	地方财政收入	财政部
BIR	地方政府债券发行利率	财政部、Wind

② 相关指标处理及计算。

a. 基础数据说明及处理。

除2011年外,地方政府负有偿还责任债务余额均可通过财政部和国家审计署网站直接获得。2011年数据可通过2010年底公布的数据,结合当年的增长率计算获得;根据国家审计署公布的《全国政府性债务审计报告》中的未来偿债情况,可估算每年到期应偿还债务本金。估算假设及思路为,假定新增债务的期限都是3年及3年以后,且到期不存在债务展期情况。由于国家审计署公布了2010年及2013年审计结果,所以可以根据2010年之后3年的债务偿还情况,估算出2011年、2012年及2013年到期应偿还本金。同理可推算出2014年、2015年及2016年到期应偿还本金,再通过Eviews频率转换功能,将年度数据转换为季度数据。

以国家审计署公布的截至2012年底全国政府负有偿还责任债务的逾期债务率为5.38%为基准,估算出36%的财政收入用来承担偿还地方政府债务。所以KMV模型中用来偿还到期债务的财政收入(R)是地方财政收入(GR)的36%,即$R=36\%\times GR$。

根据财政部公布的代发行地方债(2011—2014年)的信息,通过加权平均算出每期的平均利率作为地方政府债券发行利率(BIR)。由于2015年新预算法的规定,由省级政府自行发行,因此 2015 年、2016 年的债券利率可由 Wind 公布的债券信息,通过算术平均估算每期的平均利率作为地方政府债券发行利率(BIR)。

b. 计算偿还到期债务的财政收入(R)及其波动率(σ)和增长率(g)。

根据 a.中说明,$R=36\% \times GR$;根据式 5-58 计算波动率(σ);根据式 5-59 计算增长率(g)。

c. 计算负债的账面价值(D)。

负债的账面价值主要包括两个部分,一是到期应偿还债务本金(DC),二是债务利息(DR)。其中债务利息(DR)为上期的地方政府债务余额(LTD_{T-1})乘以本期发行利率(BIR),即 $DR=LTD_{T-1} \times BIR$。所以 $D=DC+LTD_{T-1} \times BIR$。

(2)违约距离(DD)和违约概率(p)的计算

利用式(5-60)和式(5-61)计算得到地方政府债务违约概率,结果如表 5-39 和图 5-49 所示。

表 5-39 地方政府债务违约概率计算结果

季度	2011Q1	2011Q2	2011Q3	2011Q4	2012Q1	2012Q2	2012Q3
违约概率	0.04%	0.39%	1.56%	3.46%	5.16%	5.78%	5.12%
季度	2012Q4	2013Q1	2013Q2	2013Q3	2013Q4	2014Q1	2014Q2
违约概率	1.87%	1.32%	0.96%	0.71%	0.59%	0.53%	0.35%
季度	2014Q3	2014Q4	2015Q1	2015Q2	2015Q3	2015Q4	2016Q1
违约概率	0.20%	0.14%	0.01%	0.00%	0.00%	0.00%	0.00%
季度	2016Q2	2016Q3					
违约概率	0.00%	0.00%					

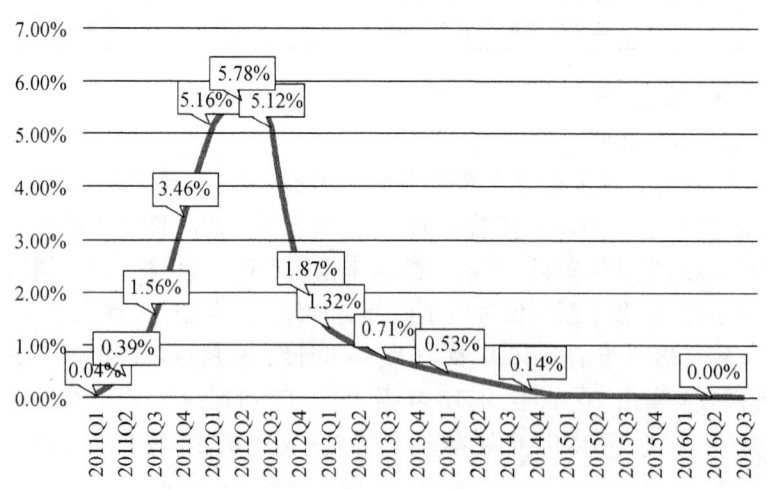

图 5-49 地方政府债务违约概率变化趋势

由此可以看出,2011—2013 年为政府债务违约高发期,随着新预算法的颁发及政府债务管理力度的加大,按照 36% 的地方财政收入偿还政府债务,违约率逐渐减小。

值得指出的是,由于地方政府债务采用的是地方政府负有偿还责任的债务,没有考虑地方政府负有担保责任及救助责任的债务,因此以该样本为对象得到的违约概率可能会较实际水平偏低一点。

将以上各季度的平均违约概率做 Logit 转换,得到被解释变量 PD(稳健性指标)各季度的值。

(3) 解释变量的数据收集及处理

根据 5.2.2 节,本书选取 8 个宏观变量作为 CPV 模型的解释变量,并通过 Wind 数据库和上海市地质调查研究院获得上海这 8 个宏观指标的数据,具体如表 5-40 所示。

表 5-40　解释变量选取及数据来源

指标名称	指标代号	单位	数据来源
国内生产总值	GDP	亿元	Wind
居民消费价格指数	CPI	2003Q1=100	Wind
银行 3 至 5 年中长期贷款利率	LR	%	中国人民银行
财政赤字	DB	亿元	财政部
广义货币供应	M2	亿元	Wind
全社会固定资产投资总额	TIFA	亿元	Wind
成交土地楼面均价(住宅用地)	LDPR	元/平方米	上海市地质调查研究院
成交土地占地面积(住宅用地)	LDAR	万平方米	Wind

其中,成交土地楼面均价和成交土地占地面积指标为月度数据,按季度计算算术平均值作为季度平均成交土地楼面均价和按照季度对应的月度数据汇总季度成交土地占地面积,本书通过住宅用地的指标来大致反映土地市场指标。

(4) 模型运算与检验

① 平稳性检验。

由于被解释变量和解释变量均为时间序列数据,因此需要对其进行平稳性检验,即单位根检验(ADF),以测试变量数据是否平稳。

以国内生产总值(GDP)为例,利用 Eviews8.0 工具,对其进行 ADF 检验,假设显著性水平为 10%,得到 $P=0.0001<0.1$,即拒绝原假设,此组时间序列数据平稳,可进行下一步的运算。具体结果如图 5-50 所示。

```
Augmented Dickey-Fuller Unit Root Test on D(GDP)

Null Hypothesis: D(GDP) has a unit root
Exogenous: Constant, Linear Trend
Lag Length: 2 (Automatic - based on SIC, maxlag=4)

                                          t-Statistic    Prob.*

Augmented Dickey-Fuller test statistic    -322.5884      0.0001
Test critical values:     1% level        -4.532598
                          5% level        -3.673616
                          10% level       -3.277364

*MacKinnon (1996) one-sided p-values.
Warning: Probabilities and critical values calculated for 20 observations
          and may not be accurate for a sample size of 19
```

图 5-50　GDP 指标的 ADF 检验结果

所有变量的 ADF 检验结果如表 5-41 所示，根据结果显示所有指标在 10% 的显著性水平下均为平稳数据。

表 5-41 所有指标的 ADF 检验结果

变量	ADF 检验			检验结果（显著性水平为 10%）
	t-Statistic		P 值	
	t 统计量值	Testcriticalvalues：（10%level）		
PD	−4.178 274	−3.254 671	0.017 1	平稳
GDP	−322.588 4	−3.277 4	0.000 1	平稳
CPI	−3.761 498	−2.650 4	0.011 0	平稳
TIFA	−3.393 229	−3.286 9	0.083 7	平稳
LR	−1.872 119	−1.608 2	0.059 6	平稳
M2	−4.071 854	−3.261 4	0.022 0	平稳
LDPR	−5.239 246	−1.607 8	0.000 0	平稳
LDAR	−5.601 880	−2.642 2	0.000 2	平稳

② 回归分析。

运用最小二乘法，将经过 Logit 转换后的 PD 与各解释变量进行回归分析，回归模型如下：

$$PD = C(1) + C(2) \times GDP + C(3) \times CPI + C(4) \times TIFA + C(5) \times TIFA + C(6) \times LR + C(7) \times M2 + C(8) \times LDPR + C(9) \times LDAR \quad (5-62)$$

结果如图 5-51 所示。

Variable	Coefficient	Std. Error	t-Statistic	Prob.
C	37.04404	7.426380	4.988169	0.0002
GDP	0.000247	0.000388	0.638136	0.5337
CPI	1.519386	0.448430	3.388235	0.0044
TIFA	−0.001151	0.001418	−0.811715	0.4305
DB	−0.026028	0.012882	−2.020462	0.0629
M2	7.55E-07	2.74E-06	0.275541	0.7869
LR	−565.7697	78.48243	−7.208870	0.0000
LDPR	0.000176	6.75E-05	2.606720	0.0207
LDAR	0.004184	0.002282	1.833858	0.0880

R-squared	0.976846	Mean dependent var		7.118806
Adjusted R-squared	0.963615	S.D. dependent var		4.053942
S.E. of regression	0.773284	Akaike info criterion		2.609832
Sum squared resid	8.371560	Schwarz criterion		3.054156
Log likelihood	−21.01307	Hannan-Quinn criter.		2.721578
F-statistic	73.83044	Durbin-Watson stat		2.154062
Prob(F-statistic)	0.000000			

图 5-51 PD 与所有解释变量的回归结果

从回归结果看,该模型的可决系数为 0.976 846,修改的可决系数为 0.963 615,模型拟合很好,回归方程整体上显著。但 GDP 变量的 $P=0.533\ 7$;TIFA 变量的 $P=0.430\ 5$;M2 变量的 $P=0.985\ 4$,远大于可接受水平。这表明很可能存在严重的多重共线性。为此,计算各解释变量的相关系数,计算结果如表 5-42 所示。

表 5-42 解释变量的相关系数

	GDP	CPI	TIFA	DB
GDP	1	−0.174 159 98	0.995 852 474	0.107 900 222
CPI	−0.174 16	1	−0.168 510 659	0.355 984 05
TIFA	0.995 852 47	−0.168 510 66	1	0.056 706 845
DB	0.107 900 22	0.355 984 05	0.056 706 845	1
M2	0.264 274 63	−0.653 188 88	0.221 621 841	0.364 840 834
LR	−0.239 097	0.433 688 546	−0.195 453 946	−0.607 861 592
LDPR	0.255 055 12	−0.313 499 41	0.204 946 319	0.644 964 292
LDAR	0.276 150 36	0.142 422 991	0.306 617 701	−0.311 817 119
	M2	LR	LDPR	LDAR
GDP	0.264 274 63	−0.239 1	0.255 055	0.276 15
CPI	−0.653 188 876	0.433 689	−0.313 5	0.142 423
TIFA	0.221 621 841	−0.195 45	0.204 946	0.306 618
DB	0.364 840 834	−0.607 86	0.644 964	−0.311 82
M2	1	−0.897 26	0.850 397	−0.328 6
LR	−0.897 256 489	1	−0.855 99	0.317 445
LDPR	0.850 397 482	−0.855 99	1	−0.381 95
LDAR	−0.328 601 584	0.317 445	−0.381 95	1

从相关系数来看,GDP 与 TIFA 相关性达到 0.995 852,这两个变量之间存在多重线性,故考虑剔除 TIFA 变量。

从理论上来说,货币供应的数量及流动性是社会总需求变化的货币表现,能够影响地方政府的资本实力及资本市场的可贷资金规模,从而影响地方政府的信用风险。但根据本书回归结果,PD 与 M2 的相关性并不显著,分析其原因可能是由于 M2 增加并不一定会导致信贷量的增加,因此对于地方政府再融资还款来源没有明显的影响。

因此考虑剔除 TIFA 和 M2 变量,再次进行最小二乘回归,结果如图 5-52 所示。

$$PD = C(1) + C(2) \times GDP + C(3) \times CPI + C(4) \times DB + C(5) \times \\ LR + C(6) \times LDPR + C(7) \times LDAR \tag{5-63}$$

根据结果显示,在 10% 的显著性水平下,各解释变量的 P 值均小于 0.1;且该模型的可决系数为 0.975 358,修改的可决系数为 0.966 154,拟合效果好。

Variable	Coefficient	Std. Error	t-Statistic	Prob.
C	38.31241	4.088862	9.369945	0.0000
GDP	-6.58E-05	2.85E-05	-2.311022	0.0345
CPI	1.372360	0.388691	3.530718	0.0028
DB	-0.022389	0.011277	-1.985265	0.0645
LR	-565.5147	60.86606	-9.291134	0.0000
LDPR	0.000193	5.32E-05	3.635272	0.0022
LDAR	0.004110	0.002199	1.869369	0.0800

R-squared	0.975385	Mean dependent var		7.118806
Adjusted R-squared	0.966154	S.D. dependent var		4.053942
S.E. of regression	0.745817	Akaike info criterion		2.497117
Sum squared resid	8.899884	Schwarz criterion		2.842702
Log likelihood	-21.71684	Hannan-Quinn criter.		2.584030
F-statistic	105.6667	Durbin-Watson stat		2.153024
Prob(F-statistic)	0.000000			

图 5-52　PD 与除 TIFA 和 M2 外的解释变量的回归结果

由此,可以得到 PD 和除 TIFA 和 M2 外的解释变量的回归结果为:

$$PD = 38.312\ 41 - 0.000\ 065\ 8 \times GDP + 1.372\ 360 \times CPI - 0.022\ 389 \times DB - 565.514\ 7 \times LR + 0.000\ 193 \times LDPR + 0.004\ 110 \times LDAR \tag{5-64}$$

总体来说,国内生产总值(GDP)、地方政府财政赤字(DB)、银行 3~5 年中长期贷款利率(LR)与地方政府债务稳定性指标(PD)呈现负相关,与地方政府债务违约概率呈正相关,即该些宏观变量的提高会带来地方政府债务违约概率的提高;居民消费价格指数(CPI)、成交土地楼面均价(住宅用地)(LDPR)、成交土地占地面积(住宅用地)(LDAR)与地方政府债务稳健性指标(PD)呈现正相关,与地方政府债务违约概率呈负相关,即该些宏观变量的降低会带来地方债务违约概率的升高。具体来说:

a. 国内生产总值(GDP)的系数为-0.000 065 8,表明 GDP 的上升会使地方政府债务违约概率上升。GDP 反映了整个宏观经济状况,理论上讲,若 GDP 上升,意味宏观经济景气,社会生产水平高,国力增强,违约概率会下降;但是地方政府举债动机较为特殊,在我国政绩考核机制及官员晋升机制的影响下,地方政府为了提高 GDP 通常会大力投资公共服务,这就导致了 GDP 上升的同时,债务规模也出现迅速的增长。通过实证分析,可以看出相对来说,债务的规模增长速度已经超过了 GDP 的增长速度,导致 GDP 越高,违约率越高的结果。

b. 地方政府财政赤字(DB)的系数为-0.022 389,表明 DB 的上升会导致地方政府债务违约风险的上升。地方政府财政赤字的上升,说明地方政府资金缺口变大,举债需求上升,导致债务规模变大,在其他条件不变的情况下,债务偿还压力就会变大,违约率上升。

c. 银行 3~5 年中长期贷款利率(LR)的系数为-565.514 7,表明 LR 的上升会导致地方政府债务违约概率的上升。贷款利率上升一方面说明国家正采取紧缩的货币政策,旨在抑制经济的过快发展,势必也会影响到融资平台的经济收益,导致违约概率的上升;另一方面,贷款利率上升也会提高融资平台的资金成本,对其履约情况产生负面影响。

d. 居民消费价格指数(CPI)的系数为+1.372 360,表明 CPI 的上升会降低地方政府债务违约概率。CPI 的上升表明居民家庭购买消费商品及服务的价格水平提高,说明消费者对于政府投资的买单能力增强,即地方政府投资回款能力增强,违约概率降低。

e. 成交土地楼面均价(住宅用地)(LDPR)、成交土地占地面积(住宅用地)(LDAR)的系数分别为 0.000 193，0.004 110，表明该类土地市场波动指标的下降，不论是土地成交均价或土地成交面积下降确实均会提高地方政府债务违约概率，与前文所分析的结果相一致。

③ 解释变量的自回归模型。

由于 CPV 模型认为不仅解释变量与被解释变量之间有关系，而且解释变量与其滞后项也有关系，即服从自回归过程。本书通过 AIC 和 SC 信息准则及 LR 检验，选择解释变量最合适的滞后期数，然后通过向量自回归模型(VAR)建立解释变量之间的内生关系。

首先对内生变量滞后期定阶，检验结果如图 5-53 所示。根据检验结果，AIC 值二阶最小但 SC 值一阶最小，因此仅仅根据 AIC 和 SC 信息准则无法确定滞后期。为了进一步定阶，再对内生变量进行 LR 检验，检验结果 prob＝0＜0.1，因此采用滞后期较大的滞后模型，即定为二阶。

Lag	LogL	LR	FPE	AIC	SC	HQ
0	-567.7312	NA	2.17e+16	54.64106	54.93950	54.70583
1	-457.1877	147.3913*	2.10e+13*	47.54168	49.63073*	47.99506
2	-412.9048	33.73936	2.84e+13	46.75283*	50.63249	47.59482*

* indicates lag order selected by the criterion
LR: sequential modified LR test statistic (each test at 5% level)
FPE: Final prediction error
AIC: Akaike information criterion
SC: Schwarz information criterion
HQ: Hannan-Quinn information criterion

图 5-55　内生变量的滞后期定阶检验结果

根据滞后阶数确定结果，采用 VAR 模型自回归，结果如下：

$CPI = 1.261\ 4 \times CPI(-1) + 0.230\ 4 \times CPI(-2) - 0.018\ 1 \times DB(-1) - 0.003\ 1 \times DB(-2) + 0.000\ 0 \times GDP(-1) - 0.000\ 0 \times GDP(-2) - 0.001\ 20 \times LDAR(-1) - 0.001\ 9 \times LDAR(-2) - 0.000\ 0 \times LDPR(-1) + 0.000\ 0 \times LDPR(-2) - 4.728\ 0 \times LR(-1) - 128.023\ 8 \times LR(-2) + 9.813\ 7$

$DB = -4.617\ 5 \times CPI(-1) + 17.201\ 1 \times CPI(-2) + 1.271\ 1 \times DB(-1) - 0.733\ 1 \times DB(-2) - 0.000\ 0 \times GDP(-1) - 0.000\ 2 \times GDP(-2) - 0.015\ 3 \times LDAR(-1) + 0.018\ 6 \times LDAR(-2) + 0.000\ 0 \times LDPR(-1) + 0.000\ 5 \times LDPR(-2) - 844.481\ 3 \times LR(-1) - 2\ 170.303\ 0 \times LR(-2) + 203.892\ 3$

$GDP = -2\ 495.182\ 7 \times CPI(-1) + 6\ 228.129\ 2 \times CPI(-2) + 30.972\ 2 \times DB(-1) - 230.770\ 1 \times DB(-2) - 0.178\ 5 \times GDP(-1) - 0.416\ 6 \times GDP(-2) - 16.698\ 0 \times LDAR(-1) - 28.221\ 80 \times LDAR(-2) + 0.059\ 89 \times LDPR(-1) - 0.523\ 2 \times LDPR(-2) + 434\ 772.599\ 9 \times LR(-1) - 1\ 483\ 186.169\ 8 \times LR(-2) + 110\ 150.095\ 4$

$LDAR = 283.054\ 3 \times CPI(-1) + 23.931\ 4 \times CPI(-2) - 13.672\ 2 \times DB(-1) + 4.118\ 5 \times DB(-2) + 0.006\ 0 \times GDP(-1) + 0.001\ 0 \times GDP(-2) - 1.221\ 7 \times LDAR(-1) - 1.024\ 6 \times LDAR(-2) + 0.002\ 2 \times LDPR(-1) - 0.000\ 7 \times LDPR(-2) - 16\ 873.273\ 6 \times LR(-1) - 22\ 110.443\ 6 \times LR(-2) + 3\ 122.731\ 8$

$$LDPR = -4\ 305.149\ 6 \times CPI(-1) - 4\ 345.212\ 7 \times CPI(-2) + 393.762\ 3 \times DB(-1) - 159.001\ 2 \times DB(-2) - 0.064\ 9 \times GDP(-1) - 0.037\ 1 \times GDP(-2) + 10.189\ 1 \times LDAR(-1) + 13.953\ 6 \times LDAR(-2) - 0.028\ 6 \times LDPR(-1) + 0.251\ 1 \times LDPR(-2) + 943\ 425.427\ 6 \times LR(-1) - 379\ 327.885\ 1 \times LR(-2) - 31\ 634.755\ 5$$

$$LR = 0.003\ 5 \times CPI(-1) - 0.003\ 6 \times CPI(-2) - 0.000\ 0 \times DB(-1) + 0.000\ 1 \times DB(-2) - 0.000\ 0 \times GDP(-1) - 0.000\ 0 \times GDP(-2) + 0.000\ 0 \times LDAR(-1) - 0.000\ 0 \times LDAR(-2) - 0.000\ 0 \times LDPR(-1) + 0.000\ 0 \times LDPR(-2) + 1.144\ 0 \times LR(-1) - 0.143\ 6 \times LR(-2) - 0.003\ 0 \tag{5-65}$$

由此,式(5-64)和式(5-65)构成整体压力测试模型系统的具体表达式,整理可得到:

a. 信用风险压力传导模型。

$$PD = 38.312\ 41 - 0.000\ 065\ 8 \times GDP + 1.372\ 360 \times CPI - 0.022\ 389 \times DB - 565.514\ 7 \times LR + 0.000\ 193 \times LDPR + 0.004\ 110 \times LDAR + V \tag{5-66}$$

b. 宏观压力情景生成模型。

$$\begin{bmatrix} CPI \\ DB \\ GDP \\ LDAR \\ LDPR \\ LR \end{bmatrix} = \begin{bmatrix} 9.813\ 7 \\ 203.892\ 3 \\ 110\ 150.095\ 4 \\ 3\ 122.731\ 8 \\ -31\ 634.755\ 5 \\ -0.003\ 0 \end{bmatrix} + \begin{bmatrix} 1.261\ 4 & -0.018\ 1 & 0.000\ 0 & -0.001\ 2 & -0.000\ 0 & -4.728\ 0 \\ -4.617\ 5 & 1.271\ 1 & 0.000\ 0 & -0.015\ 3 & 0.000\ 0 & -844.481\ 3 \\ -2\ 495.182\ 7 & 30.972\ 2 & 0.178\ 5 & -16.698\ 0 & 0.059\ 89 & -433\ 772.599\ 9 \\ 283.054\ 3 & -13.672\ 2 & 0.006\ 0 & -1.221\ 7 & 0.002\ 2 & -16\ 873.273\ 6 \\ -4\ 305.149\ 6 & 393.762\ 3 & 0.064\ 9 & 10.189\ 1 & -0.028\ 6 & 943\ 425.427\ 6 \\ 0.003\ 5 & -0.000\ 0 & -0.000\ 0 & -0.000\ 0 & -0.000\ 0 & 1.144\ 0 \end{bmatrix} \times \begin{bmatrix} CPI(-1) \\ DB(-1) \\ GDP(-1) \\ LDAR(-1) \\ LDPR(-1) \\ LR(-1) \end{bmatrix} + \begin{bmatrix} 0.230\ 4 & -0.003\ 1 & -0.000\ 0 & -0.001\ 9 & 0.000\ 0 & -128.023\ 8 \\ 17.201\ 1 & -0.733\ 1 & -0.000\ 2 & 0.018\ 6 & 0.000\ 5 & -2\ 170.303\ 0 \\ 6\ 228.129\ 2 & -230.770\ 1 & -0.416\ 6 & -28.221\ 80 & -0.523\ 2 & -1\ 483\ 186.169\ 8 \\ 23.931\ 4 & 4.118\ 5 & 0.001\ 0 & -1.024\ 6 & -0.000\ 7 & -22\ 110.443\ 6 \\ -4\ 345.212\ 7 & -159.001\ 2 & -0.037\ 1 & 13.953\ 6 & 0.251\ 1 & -379\ 327.885\ 1 \\ -0.003\ 6 & 0.000\ 1 & -0.000\ 0 & 0.000\ 0 & 0.000\ 0 & -0.143\ 6 \end{bmatrix} \times$$

$$\begin{bmatrix} CPI(-2) \\ DB(-2) \\ GDP(-2) \\ LDAR(-2) \\ LDPR(-2) \\ LR(-2) \end{bmatrix} + \begin{bmatrix} \varepsilon_1 \\ \varepsilon_2 \\ \varepsilon_3 \\ \varepsilon_4 \\ \varepsilon_5 \\ \varepsilon_6 \end{bmatrix}$$

3）土地市场对地方政府债务违约风险的压力测试

(1) 设置初始冲击情景

在信用风险宏观压力测试过程中，获得适当的压力测试初始冲击情景是完成压力测试的重要环节，本书选择反映土地市场波动的变量土地成交楼面价格和土地成交占地面积作为压力因子。其中，土地成交楼面价格能够直接反映土地资产价值水平；土地成交占地面积，一方面会受到土地资源稀缺性和土地调控政策的影响，另一方面该变量作为压力因子能从一定程度上反映土地成交量和土地市场活跃度，因此也将其作为反映土地市场波动的压力因子之一。对于两个宏观压力因子单独和共同影响，设计了三种不同的初始冲击方案。

初始冲击情景一：成交土地楼面均价下降（单压力因子）。

以住宅用地为例，研究成交土地楼面均价下降的三种压力情境下，上海地方政府债务违约风险（违约概率）受到的冲击程度。三级压力情景分别对应成交土地楼面均价（住宅用地）下降20%，30%，40%。

初始冲击情景二：成交土地占地面积下降（单压力因子）。

以住宅用地为例，研究成交土地占地面积下降的三种压力情境下，上海地方政府债务违约风险（违约概率）受到的冲击程度。三级压力情景分别对应成交土地占地面积（住宅用地）下降20%，30%，40%。

初始冲击情景三：成交土地楼面均价和成交土地占地面积同时下降（多压力因子）。

以住宅用地为例，分别研究成交土地楼面均价和成交土地占地面积同时下降的压力情境下，上海地方政府违约风险（违约概率）受到的冲击程度。由于压力因子为多因素，因此仅设置两级压力情景，分别对应成交土地楼面均价（住宅用地）和成交土地占地面积（住宅用地）同时下降20%，30%。

以2016年第三季度的宏观经济数据为基准数据，针对上海土地市场恶化这一不利宏观经济冲击对上海地方政府债务违约概率可能产生的影响进行蒙特卡洛模拟。模拟以四个季度的跨期作为预测的期限，因为宏观经济的恶化是一个循序渐进的过程，所以分为T+1，T+2，T+3和T+4四期（即四个季度）。以此来预测土地市场恶化这一不利宏观经济冲击对2017年三季度上海地方政府违约率可能产生的影响。第四期（T+4期）是初始冲击压力的预测值，其余三期在蒙特卡洛模拟过程中可以求得，见表5-43所示。

(2) 执行压力测试

以LDPR在T+4期下降20%为例，进行压力测试。

① 根据5.1节分析可知，信用风险传达模型的误差项数为1，宏观压力情景生成模型的误差项数为6，因此矩阵 **A** 为7×7阶下三角实矩阵。通过模型回归结果可得宏观变量自回

归残差项的方差-协方差矩阵 $\sum_{\varepsilon}$（表 5-44），对其进行 Cholesky 分解即可得 A 矩阵。

表 5-43 压力测试初始冲击情景设计

情景一	成交土地楼面均价(住宅用地)下降		
	LDPR 在 T+4 下降 20%	LDPR 在 T+4 下降 30%	LDPR 在 T+4 下降 40%
T+1	25 384.01	24 716.01	24 048.01
T+2	24 048.01	22 712.01	21 376.01
T+3	22 712.01	20 708.01	18 704.01
T+4	21 376.01	18 704.01	16 032.00
情景二	成交土地占地面积(住宅用地)下降		
	LDAR 在 T+4 下降 20%	LDAR 在 T+4 下降 30%	LDAR 在 T+4 下降 40%
T+1	106.61	103.80	101.00
T+2	101.00	95.39	89.78
T+3	95.39	86.97	78.55
T+4	89.78	78.55	67.33

情景三	成交土地楼面均价(住宅用地)和成交土地占地面积(住宅用地)同时下降			
	LDPR 和 LDAR 在 T+4 同时下降 20%		LDPR 和 LDAR 在 T+4 同时下降 30%	
	LDPR	LDAR	LDPR	LDAR
T+1	25 384.01	106.61	24 716.01	103.80
T+2	24 048.01	101.00	22 712.01	95.39
T+3	22 712.01	95.39	20 708.01	86.97
T+4	21 376.01	89.78	18 704.01	78.55

表 5-44 宏观变量自回归残差项的方差-协方差矩阵

	ν	CPI	DB	GDP	LDAR	LDPR	LR
ν	0.42						
CPI	0.03	0.01					
DB	0.48	0.16	7.03				
GDP	−3 072.37	−176.35	−4 743.24	29 122 146.00			
LDAR	−18.39	−0.39	−2.27	201 356.80	1 950.35		
LDPR	80.17	70.85	3 069.17	−1 595 242.00	−20 761.10	2 788 190.00	
LR	0.00	0.00	0.00	−4.93	−0.02	0.66	0.00

② 结合 5.4.2 节，通过 Matlab 进行蒙特卡洛模拟，将土地市场波动的初始冲击情景放入到宏观压力生成模型中，估算出其他变量在冲击下的取值。然后再将土地市场因素及其他宏观变量的估计值放入到风险传导模型中，即可估算出地方政府债务违约风险。

(3) 压力测试结果及结论分析

① 压力测试结果。

a. 情景一:成交土地楼面均价下降(单压力因子)。

如表 5-45 所示,在住宅用地成交土地楼面均价下降的冲击下,若在 T+4 期下降 40%,则在 T+1,T+2,T+3 和 T+4 期上海地方政府债务违约概率分别为 0.003%,0.004%,0.004% 和 1.968%,总体风险可控。从作用期上看(图 5-54),T+1,T+2,T+3 期地方政府债务违约率基本上一样,到 T+4 期才出现大幅度的变化,说明土地市场楼面均价的波动,对地方政府债务影响具有滞后性;从影响程度上来看,LDPR 降幅越大,违约率越高,开始起作用的第 T+4 期的违约率变动幅度(本期违约率/上期违约率)高达 173,204,492 倍。由此可见,土地市场楼面价对地方政府债务违约率影响具有滞后性,且一旦起效,将会影响巨大。

表 5-45 压力测试一——LDPR 冲击下上海地方政府债务违约概率测试结果

情景一	成交土地楼面均价(住宅用地)下降		
	LDPR 在 T+4 下降 20%	LDPR 在 T+4 下降 30%	LDPR 在 T+4 下降 40%
T+1	0.003%	0.004%	0.003%
T+2	0.004%	0.005%	0.004%
T+3	0.004%	0.006%	0.004%
T+4	0.694%	1.226%	1.968%

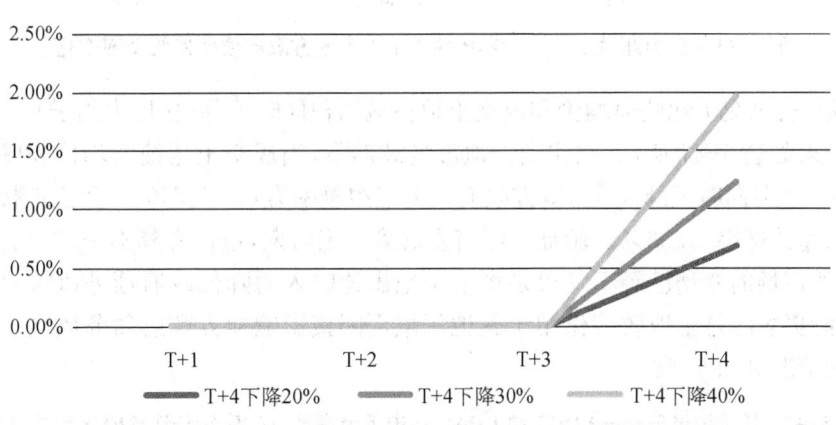

图 5-54 压力测试一——LDPR 冲击下上海地方政府债务违约概率变化

b. 情景二:成交土地占地面积下降(单压力因子)。

测试结果如表 5-46 所示,在住宅用地成交土地占地面积下降的冲击下,若在 T+4 期下降 40%,则在 T+1,T+2,T+3 和 T+4 期上海地方政府债务违约概率分别为 0.003 4%,0.004 3%,0.003 8% 和 0.000 4%,风险总体可控。三级土地成交占地面积的冲击,地方政府债务违约概率基本都是一种变化趋势,说明目前减少或增加土地量,对上海政府债务违约风险没有太大的影响,从侧面说明上海市政府正在逐步摆脱土地财政依赖;从变化趋势上看(图 5-55),与楼面价相反,前三期基本保持平稳,到第四期不增反降,原因比较复杂,本书认为可能是上海经济形势较好,政府实施了逆周期的土地政策,土地交易量表现为下降,实际上地方政府债务违约风险在经济形势好的环境下下降。

表 5-46 压力测试二——LDAR 冲击下上海地方政府债务违约概率测试结果

方案二	成交土地占地面积(住宅用地)下降		
	LDAR 在 T+4 下降 20%	LDAR 在 T+4 下降 30%	LDAR 在 T+4 下降 40%
T+1	0.003 4%	0.003 5%	0.003 4%
T+2	0.004 4%	0.004 4%	0.004 3%
T+3	0.003 9%	0.003 9%	0.003 8%
T+4	0.000 4%	0.000 4%	0.000 4%

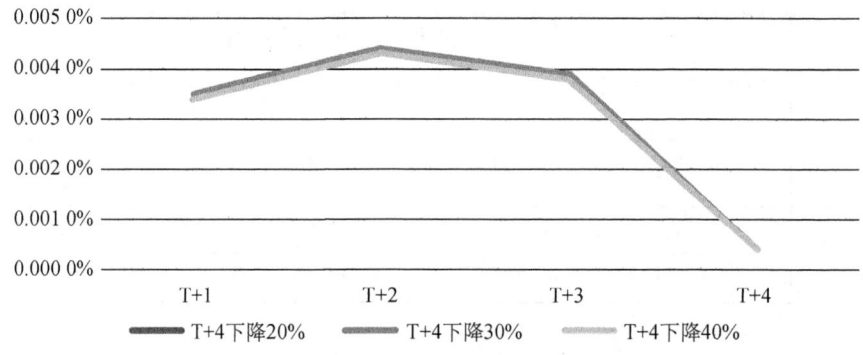

图 5-55 压力测试二——LDAR 冲击下上海地方政府债务违约概率变化

c. 情景三:成交土地楼面均价和成交土地占地面积同时下降(多压力因子)。

测试结果如表 5-47 所示,在住宅土地市场波动下,当成交土地楼面均价和成交土地占地面积在 T+4 期同时下降 30%,地方政府债务违约概率为 0.157 6%,小于土地楼板价单因素冲击下的违约概率 1.226%。验证了经济发展到一定时期,量价齐降不一定会起到双重的副作用,土地市场的变动已经不仅仅是增多土地出让收入而降低政府债务风险的简单逻辑了,以后可能更多的是土地政策作用于其他领域而间接影响地方政府债务风险。违约概率的具体变化情况见图 5-56。

表 5-47 压力测试三——LDPR 和 LDAR 冲击下上海地方政府债务违约概率测试结果

情景三	成交土地楼面均价(住宅用地)和成交土地占地面积(住宅用地)同时下降	
	LDPR 和 LDAR 在 T+4 同时下降 20%	LDPR 和 LDAR 在 T+4 同时下降 30%
T+1	0.003 4%	0.003 4%
T+2	0.004 3%	0.004 2%
T+3	0.003 8%	0.003 8%
T+4	0.091 3%	0.157 6%

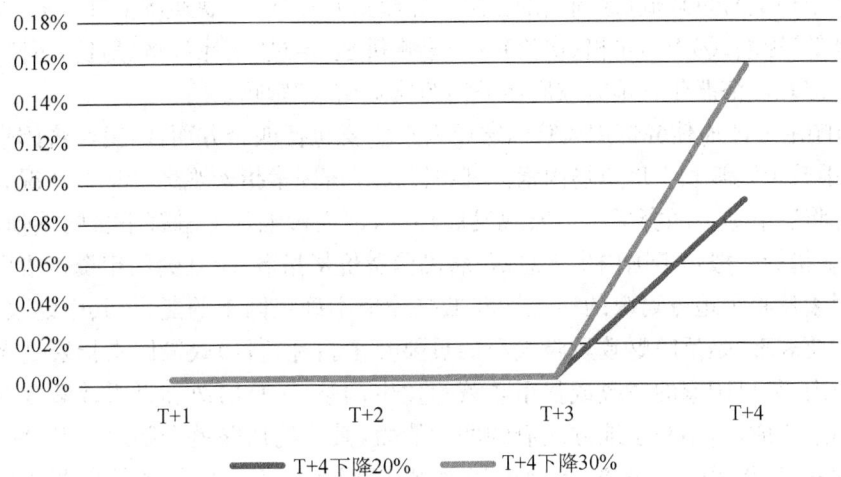

图 5-56 压力测试三——LDPR 和 LDAR 冲击下上海地方政府债务违约概率变化

② 结果分析。

运用系统性假设情景分析法,研究土地市场波动对上海地方政府债务违约风险的压力冲击影响,实证结果验证了土地市场波动确实对地方政府债务违约风险存在影响。主要结果如下:

a. 总体来说,到 2017 年第三季度上海市地方政府债务风险总体可控。

b. 土地市场楼面均价的波动,对地方政府债务影响具有滞后性且一旦起效,将会影响巨大。

c. 目前减少或增加土地量,对上海政府债务违约风险没有太大的影响,从侧面证实上海市政府正在逐步摆脱土地财政依赖;政府实施了逆周期的土地政策,土地交易量表现为下降,实际上地方政府债务违约风险在经济形势好的环境下下降。

5.3.4 结论

中国经济飞速发展,城镇化水平不断提高,地方政府债务规模不断扩大。同时随着经济"新常态"的提出,宏观经济增速下行,在这种背景下地方政府债务违约风险不容小觑,一旦地方政府发生违约,便可能引发一连串的连锁反应,乃至出现区域性的债务危机。因此,本书结合信用风险、压力测试理论等,研究分析土地市场波动对地方政府债务风险的传导机理、上海地方政府债务主要特征及其风险影响因素,并基于此构建了土地市场波动对地方政府违约风险的压力测试模型,最后采用了 2011—2016 年上海相关时间序列数据进行了实证研究。主要结论如下。

(1) 研究土地市场波动对地方政府债务违约风险的传导机理。其传导分为两个阶段,一是对地方政府债务风险的直接影响阶段,包括:①对地方政府存量债务偿债能力的影响。通过"土地市场萧条—土地资产相关收益减少—存量债务偿债能力下降—信用风险显现"的路径进行风险传导;②对地方政府增量债务融资能力的影响。通过"土地市场萧条—地方政府偿债能力减弱—地方政府信用等级降低—增量债务融资能力下降—信用风险显现"的路径进行风险传导。二是对地方政府债务风险的间接影响阶段,包括:①土地交易量变动影响机理,通过"土地交易量降低(逆周期的土地出让政策)—反映宏观经济上升—地方政府债务违约风险降低"影响;②土地价格(房价)变动影响机理,通过"土地价格(房价)下降—'三层'蔓延放大—宏观经济恶化—地方政府债务违约风险增大"影响。

(2)影响地方政府债务信用风险的宏观因素主要包括四个方面:国民经济因素、财政收支因素、货币政策因素和土地市场因素。其中国民经济因素指宏观经济运行状况,其走势和增长速度都将影响地方融资平台的宏观发展环境,进而影响地方融资平台的偿债能力和信用风险,衡量指标一般包括国内生产总值、居民消费价格指数、全社会固定资产投资总额等;财政收支因素反映了地方财政的稳定性和抵抗外来不确定因素的能力,其中财政赤字是财政吃紧的重要表现,是反映财政风险大小的重要参考指标;货币政策因素指宏观调控政策,在贷款期限内,如果国家的财政或货币政策等发生调整,一旦财政和货币政策收紧,将增大地方政府的融资成本,不利于地方政府的经营能力,其违约风险就会随之上升,衡量指标一般包括贷款利率、货币供应量等;土地市场因素,已成为地方政府债务的主要风险源之一。地方政府的债务偿还很大一部分依赖于土地资产相关收益,因此土地价值和土地交易量的变化对地方政府整体还债能力有着很大的影响,衡量指标一般包括土地成交价格、土地成交面积等。

(3)系统性构建了土地市场波动对地方政府违约风险的压力测试模型。首先,本书基于 CPV 模型运用计量经济学建立地方政府债务违约风险和宏观影响因素的风险传导模型。其中地方政府债务违约风险(被解释变量)选取违约概率指标来衡量,由于数据敏感性,没有办法直接获取地方政府债务违约信息,针对已有研究中违约概率的测算仅选择替代指标或者较为粗糙的估算方法,而本书采用改进的 KMV 模型估算地方政府债务的预期违约率作为地方政府债务的理论违约概率。宏观影响因素(解释变量)则分别在国民经济因素、财政收支因素、货币政策因素及土地市场因素四方面选取若干指标。其次,本书运用压力测试理论选择系统性假设情景分析法,将土地市场波动作为压力因子,通过蒙特卡洛模拟法模拟得到其他宏观变量的估计值,进而研究土地市场波动对地方政府债务违约概率的冲击影响。

(4)通过实证分析,运用压力测试模型,研究上海土地市场波动对政府债务违约风险的冲击影响。首先,CPV 模型部分,得到近年上海地方政府债务违约风险总体较小,违约概率自 2014 年新《预算法》颁布之后,持续下降。并且根据模型回归结果,影响地方政府债务违约概率的共有 6 个宏观影响因素,其中国内生产总值(GDP)、地方政府财政赤字(DB)、银行 3~5 年中长期贷款利率(LR)与地方政府债务稳定性指标(PD)呈现负相关,与地方政府债务违约概率呈正相关,即该些宏观变量的提高会带来地方政府债务违约概率的提高;居民消费价格指数(CPI)、成交土地楼面均价(住宅用地)(LDPR)、成交土地占地面积(住宅用地)(LDAR)与地方政府债务稳健性指标(PD)呈现正相关,与地方政府债务违约概率呈负相关,即该些宏观变量的降低会带来地方债务违约概率的升高。其次,本书共设置了四种压力测试方案,得到压力测试结果,验证了土地市场波动对地方政府违约概率存在影响,测试结果主要包括:①总体来说,到 2017 年第三季度上海市地方政府债务风险总体可控。②土地市场楼面均价的波动,对地方政府债务影响具有滞后性且一旦起效,将会影响巨大。③目前减少或增加土地量,对上海政府债务违约风险没有太大的影响,从侧面证实上海市政府正在逐步摆脱土地财政依赖;政府实施了逆周期的土地政策,土地交易量表现为下降,实际上地方政府债务违约风险在经济形势好的环境下下降。④从多压力因子的结果分析,量价齐降不一定会起到双重的副作用,一定程度上反映了上海市土地市场的变动已经不仅仅是增多土地出让收入而降低政府债务风险的简单逻辑,以后可能更多的是土地政策作用于其他领域而间接影响地方政府债务风险。

(5) 最后根据实证结果,本书提出以下政府管理债务及调控房地产市场的相关建议。①强化对地方政府债务预算管理监督。由于地方政府债务隐形存量债务数据不易获得,虽然根据公开公布的地方政府负有偿还责任的债务测算的上海政府债务违约风险总体可控,但仍然有必要严防隐形存量债务及宏观经济出现较大波动可能给地方政府债务风险带来的影响。鉴于此,强化对地方政府债务预算管理监督提高债务预算的透明度及规范度,要求债务收支必须编制完整的预算并附有每笔债务用途、偿债资金来源及计划的详细说明;债务收支预算必须纳入人大审批程序;对每笔债务收支预算进行审计监督并向中央备案。②房地产调控过程中,要严防土地市场降温对地方政府债务违约风险的冲击影响。新一轮房地产调控过程中,各地纷纷出台相关调控政策,上海无疑是调控的重压区。结合实证结果,在上海的房地产调控过程中,尽量避免单独调控土地价格,应结合土地出让计划,通过量价配合方式来调控,在地方政府债务风险可控下实现房地产市场的平稳健康的发展。

5.4 本章小结

本章从土地价格波动和供求流动性两个完整层面出发,提出了土地市场对地方融资平台风险传染机理的研究假设及实证研究。结合信用风险、压力测试理论等,构建了土地市场波动对地方融资平台信用风险及地方政府违约风险的压力测试模型并进行了实证研究。

首先,从土地价格波动和供求流动性两个完整层面出发,分别基于土地价格波动—抵押品价值、土地价格波动—资产负债变及土地市场流动性—融资渠道,提出了土地市场对地方城投公司风险传染机理的研究假设,并基于PVAR和GAG模型实证验证了风险传染渠道的存在性与有效性。研究同时发现,土地市场的供求流动性与价格波动呈现显著的相关性,并且土地市场流动性主要通过影响土地资产变现价值进而作用于城投公司违约风险。结合土地价格波动—抵押品价值渠道分析结论,我们得出这样的判断:土地市场的供求流动性与价格波动高度相关,但对城投公司违约风险的影响时效却不同。土地价格波动对城投公司违约风险的影响具有短期效应,而土地市场流动性对城投公司违约风险的影响具有相对长期的效应。

其次,运用压力测试模型研究上海土地市场波动对城投公司信用风险的冲击影响,研究发现:一是,近年上海地方城投公司信用风险整体较好,违约概率呈现波动的特征但基本维持在较低的水平。二是,验证了土地市场波动确实对城投公司违约概率存在影响。总体来说,面对土地市场下行变化的冲击时,城投公司的违约概率会明显增大并且随土地市场的持续下行而不断加速放大,直至最终爆发,且土地市场波动越大,对地方城投公司信用风险的影响程度越明显。三是,成交土地楼面均价下降的冲击相比于成交土地占地面积下降的冲击,对城投公司信用风险的影响更为显著。而当二者同时下降时对于城投公司信用风险的影响远大于单压力因子下降对其信用风险的影响。四是,住宅土地市场波动对于城投公司信用风险的影响大于商服土地市场波动对于平台信用风险的影响。

再次,选取全国上市城投企业为研究对象进行压力测试,同样验证了土地市场波动确实对城投公司违约概率存在影响。研究还发现土地市场波动对城投公司信用风险的影响存在一定滞后期,且程度会随土地市场的持续下行而不断加速放大,直至最终爆发,且土地市场波动越大,对城投公司信用风险的影响程度越明显。滞后期由整体市场综合因素决定,在同一市场状况的不同冲击下滞后期不变,本文得出滞后期大致在两个时间期左右。另外研究发现,在同一时期土地市场波动造成的影响水平由大到小为:住宅用地＞商服用地＞工业用地,且冲击效应差异较大,结论与我国城市土地的实际配置状态互相映照。

最后,运用压力测试模型研究上海土地市场波动对政府债务违约风险的冲击影响。研究发现,一是,总体来说,到2017年第三季度上海市地方政府债务风险总体可控。二是,土地市场楼面均价的波动,对地方政府债务影响具有滞后性且一旦起效,将会影响巨大。三是,目前减少或增加土地量,对上海政府债务违约风险没有太大的影响,从侧面证实上海市政府正在逐步摆脱土地财政依赖;政府实施了逆周期的土地政策,土地交易量表现为下降,实际上地方政府债务违约风险在经济形势好的环境下下降。四是,从多压力因子的结果分析,量价齐降不一定会起到双重的副作用,一定程度上反映了上海市土地市场的变动已经不仅仅是增多土地出让收入而降低政府债务风险的简单逻辑了,以后可能更多的是土地政策作用于其他领域而间接影响地方政府债务风险。

6 土地市场波动对城投公司债务系统性风险传染效应与实证[①]

本章首先对地方融资平台系统性风险的内涵进行界定;然后,阐述本研究的数据来源及收集、整理过程,并对样本数据进行描述性统计分析;从自下而上的视角构建公司层面的地方融资平台信贷数据库,最终基于资产负债表渠道构建地方融资平台的复杂网络模型。

我们基于平台的样本数据对分析地方融资平台的行业、地区分布和偿债能力,分析土地资产在融资平台中的占比。构建由融资平台企业和对应的贷款银行构成的二分网络信贷系统,进而由二分网络映射到融资平台企业间的单模网络。在此基础上,基于无标度性和小世界效应研究融资平台网络的复杂性,基于匹配形式(Mixing pattern)和富人俱乐部系数研究融资平台企业间的异质性。最后,基于网络结构的分析来探讨融资平台的系统性风险特征。

6.1 原地方融资平台复杂网络构建

系统性风险在截面维度上体现在网络传染风险。在本章研究问题中,融资平台与银行间复杂的信贷关联易引发系统性风险传染。

为了研究地方融资平台的系统性风险问题,我们基于网络理论、运用信贷渠道的资产负债表数据构建地方融资平台复杂网络。

基于地方融资平台信贷系统的二分网络模型,将"融资平台—银行"信贷关联网络投影为融资平台共同融资网络,即以融资平台企业为顶点的单模网络。在此基础上,分析融资平台网络结构,研究融资平台系统性风险特征。

6.1.1 "融资平台—银行"二分网络构建

目前,国外文献已将银行与企业之间的信贷网络作为系统性风险问题的研究重点[40]。学者们基于网络相关性的层次法分析了日本、意大利等国的信贷网络,发现银行及企业都服从幂律分布,少数机构处于网络的中心位置,作为 Hub 节点的银行和企业具有系统重要性;并认为信贷网络的拓扑结构在机构破产及风险扩散中起着决定性的作用,复杂的信贷关联

[①] 2014 年 43 号文以后国家逐渐将地方政府与融资平台债务进行切割,关闭了融资平台。本节内容研究时融资平台尚存在,研究对象就是融资平台。考虑城投公司大部分都是融资平台,融资平台基本都具城投公司性质,为确保研究时效性和准确性,本节还是沿用原有融资平台的概念成文,特此说明。

极易引发系统性风险[76]。

地方融资平台债务主要来源于银行信贷[12],银行信贷在我国全社会融资中占比较高,信贷业务的系统性风险值得重点关注[343,344]。由于资产负债表效应是系统性风险扩散的主要渠道[345],因此我们以融资平台信用风险作为风险暴露和传染根源,基于融资平台信用风险敞口构建信贷网络,通过融资平台网络讨论融资平台企业违约对银行系统的风险影响。

基于网络理论,我们将融资平台和银行等金融机构作为网络节点,平台和金融机构间的信贷关联(信贷合同关系及资金往来)作为节点之间的边[346],构建"融资平台—银行"信贷关联网络。该网络由两类完全不同的节点构成,且同类节点间不存在连接,是"偶图(Bipartite Graph)"。

6.1.2 融资平台企业间的单模网络构建

国外学者在研究银企关系时,主要聚焦于银行共同贷款网络的分析,使研究局限于银行失败对公司的影响,无法分析公司破产对银行体系的风险影响[106]。

为了探讨融资平台企业违约对银行系统的风险影响,需以向融资平台共同提供贷款的银行等金融机构为纽带,将"融资平台—银行"信贷关联网络投影为融资平台共同融资网络,即以融资平台企业为顶点的单模网络。根据偶图的性质,可从中衍生出由某一类节点构成的子网络;本节采用无权投影方法,网络构建过程如图 6-1 所示。

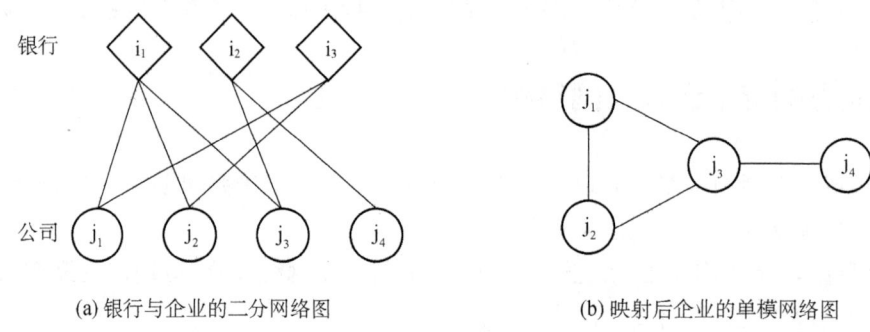

(a) 银行与企业的二分网络图   (b) 映射后企业的单模网络图

图 6-1　融资平台共同融资网络的映射方法图

6.2　样本选择与数据来源

国内有学者以上市公司的长期借款为样本研究了信贷网络特征[347,348],但一方面由于上市公司的长期借款数据至多披露前 5 家贷款银行,使得网络的节点度失真;另一方面,由于未涵盖非上市公司,使得研究结论具有局限性。

由于地方债务的隐蔽性,使得监管机构以外的研究人员在数据获取上受到极大限制。为运用公司层面数据研究地方融资平台信贷系统的网络结构,我们利用中国货币网及 Wind 数据库,采集了融资平台企业公开发行债券时披露的所有信息,包括募集说明书、公司年报及审计报告等,获得了每家融资平台与各个银行等金融机构的信贷数据。具体包括每家融资平台的总资产、总负债及对每家银行等金融机构的信用风险敞口,由此,建立了本课题研究地方融资平台信贷的基础数据库。此外,还利用中指数据库及 Wind 数据库收集了对应的土地市场数据和银行数据。

在研究样本的确定上,首先从银监会公布的融资平台目录清单(10 853 家平台公司)筛选出发行过债券或股票的融资平台;然后通过公司名称、主营业务等关键词,在 Wind 数据库、中国货币网查找、筛选了所有发行过债券或股票的融资平台;最后,通过剔除重复样本,确定了融资平台的研究样本。研究样本涵盖了各个行业、地区以及各行政层级的融资平台。

之后对原始数据进行了预处理:(1)剔除无信贷记录或当期贷款余额为 0 的企业;(2)剔除无明确债权人信息的企业;(3)规范金融机构命名,收集了共计 1 363 家融资平台从 2007 年至 2013 年的信贷数据。

现有对地方融资平台的网络分析中,多以上市公司为样本,收集的数据主要是基于股票信息,且样本数量很少。而地方融资平台以非上市公司为主。为扩展研究样本,我们在数据收集中,从大量的募集说明书、公司年报及审计报告等 PDF 文件中摘录了融资平台样本的信贷数据,使得样本得以扩展到非上市公司。我们的研究数据库可能是基于公开渠道获取债券及股票数据研究地方融资平台问题的最大样本数据。

由于获取了公司层面的信贷数据,因此可以建立地方融资平台的复杂网络。数据包括了融资平台的行业、地区、行政层级等属性,使我们得以分析融资平台的区域集聚特征,以及行业、地区和行政层级的分布。

6.3 地方融资平台网络特征及系统性风险特征

6.3.1 网络的复杂性

本节在融资平台信贷数据库基础上进一步精选了 2013 年 301 家融资平台和 221 家银行等金融机构作为研究样本,分析地方融资平台信贷网络系统的复杂性(无标度性和小世界效应),以此来探讨地方融资平台系统性风险。

1) 度分布的检验方法

度(degree)是网络中一个节点与其他节点的连接数量,其分布就是度分布。Barabási 和 Albert(1999)发现真实网络中节点的连接度通常是无标度的(scale-free)[349]。在金融领域,学者们发现银行网络的节点度也存在无标度特征[350,351]。且金融网络的度分布大多服从幂律。网络具有无标度(scale-free)特征:低度节点出现的频率较高,高度节点(Hub 节点)出现的频率较低。无标度网络对外围随机扰动较为稳健,但对高度节点的选择性冲击却非常脆弱[352]。因此,对无标度金融网络的 Hub 节点的重点监管与救助,可以有效防范截面维度的系统性风险。

对度分布的幂律拟合,近年来出现了几种统计方法[353,354]。当前最新的方法是由 Alstott 等(2014)提出的[355]。采用 Alstott 等(2014)的方法,检验地方融资平台网络的度分布特征。

2) 融资平台"银行-企业"二分网络的复杂性分析

与规则网络和随机网络相比,复杂网络具有很多不同的统计特性,其中最主要的是 Barabasi 和 Albert(1999)提出的无标度特性以及 Watts 和 Strogatz(1998)提出的小世界效应[356,357]。由于二分网络不具有小世界效应,因此我们通过度分布来考察融资平台网络的无标度特性。

通过构建融资平台"融资平台—银行"二分网络,分析由 301 家融资平台和 221 家银行构成的 2 786 个信贷关系。运用由 Alstott 等(2014)提出的幂律拟合方法计算"融资平台—银行"二分网络中企业的度分布,幂指数为4.90,服从随机分布。因此,地方融资平台信贷系统的二分网络不具有无标度特征。

3)地方融资平台企业间单模网络的复杂性分析

本节将从无标度性和小世界效应两方面来考察融资平台网络的复杂性。

(1)无标度特性

运用 Alstott 等(2014)的方法计算融资平台企业间单模网络的度分布,幂指数为154,网络不具有无标度特征。

由此可见,融资平台信贷系统的二分网络及平台企业间的单模网络都不具备无标度特征。从无标度特征上看,融资平台网络的复杂性较低。

还可以看出,通过传统的网络特征分析难以找出融资平台网络中的 Hub 节点,即具有系统重要性的平台企业(将在后续章节讨论融资平台系统重要性问题);另一方面,也说明单一的融资平台企业难以对整个信贷系统造成较大的风险冲击。

(2)小世界效应

通过聚集系数 C 和平均路径长度 L 两个统计参数来考察网络的小世界性,如表 6-1 所示。

表 6-1 不同网络的统计特性

网络	聚集系数	平均路径长度
规则网络	大	大
随机网络	小	小
小世界网络	大	小

是否具有小世界特性主要通过以下准则进行判断:

$$\begin{cases} C \gg C_{\text{random}} \\ L > L_{\text{random}} \end{cases} \tag{6-1}$$

其中,$C_{\text{random}} \approx \ln N/\ln k$;$L_{\text{random}} \approx k/N$,$C_{\text{random}}$ 和 L_{random} 分别为与小世界网络具有相同节点数和平均度数的随机网络的聚集系数和平均路径长度;k 和 N 分别为网络的节点平均度数和网络的节点总数。若复杂网络同时满足以上两个判定条件,则该网络属于小世界网络。

在地方融资平台单模网络的聚集系数和平均路径长度分析中,聚类系数的结算结果为 0.725,远大于完全随机网络的聚类系数 0.068,平均路径长度计算结果为 1.073,大于完全随机网络的平均路径长度 0.036。故地方融资平台单模网络具有小世界效应,即网络的局部结构上具有较明显的集团化特征。

融资平台网络具有小世界效应,说明尽管单个融资平台难以对整个信贷系统造成较大危害,但网络中的局部结构可能具有明显的聚集效应,即可能存在区域性风险聚集。我们将在后续章节讨论融资平台的区域性风险问题。

6.3.2 地方融资平台企业间的异质性

在6.3.1节分析讨论了地方融资平台网络的复杂性,本节将运用2013年融资平台样本数据、基于网络匹配形式和富人俱乐部系数分析融资平台企业在信贷系统中的异质性,进一步讨论地方融资平台的系统性和区域性风险。

1) 匹配形式(Mixing pattern)

匹配形式描述了网络的节点度与其邻居节点度之间的关系[358]。分析网络的匹配形式包括两个步骤。首先,计算节点i的邻居平均度,见式(6-2)

$$k_{nn}(i) = \frac{1}{k_i} \sum_{j \in N_i} k_j \tag{6-2}$$

其中,N_i为节点i的邻居集合。

然后,对具有相同度k的节点的邻居平均度进行统计平均,见式(6-3)

$$k_{nn}(k) = \frac{1}{N_k} \sum k_{nn,i} \tag{6-3}$$

其中,N_k是网络中度为k的节点的数量。如果$k_{nn}(k)$随着k的增大而增大,意味着高连通度的节点偏好与其他高连通度的节点相连,则网络表现为同配性。否则,如果$k_{nn}(k)$随着k的增大而降低,则网络表现为异配性。

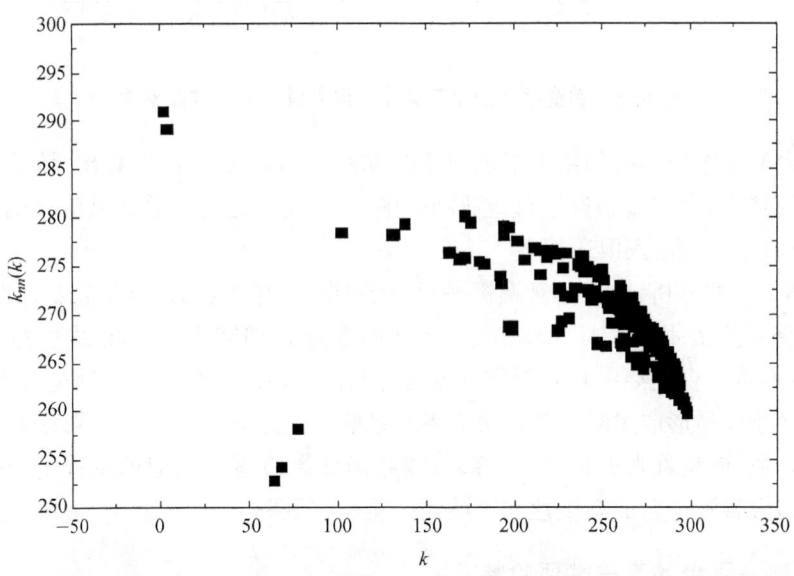

图6-2 融资平台企业节点度k与邻居节点平均度$k_{nn}(k)$的关系图

由图6-2可以看出,$k_{nn}(k)$随着k的增大而减小,说明融资平台企业网络是异配网络。此分析结果表明,在网络中,高连通度的融资平台节点偏好与低连通度的融资平台节点相连,新加入的融资平台企业更易与节点度高的企业存在共同融资关联。

2) 富人俱乐部系数

富人俱乐部现象是指网络中的 Hub 节点之间有着紧密的连接,相比节点度低的节点而言,高度节点更易形成紧密的相互连接及子类[359]。

富人俱乐部系数见式(6-4)

$$\varphi(k) = 2E_{>k}/N_{>k}(N_{>k}-1) \tag{6-4}$$

其中 $E_{>k}$ 表示网络中度大于 k 的节点之间的连接数量,$N_{>k}(N_{>k}-1)/2$ 表示度大于 k 的节点之间最大可能的连接数量。

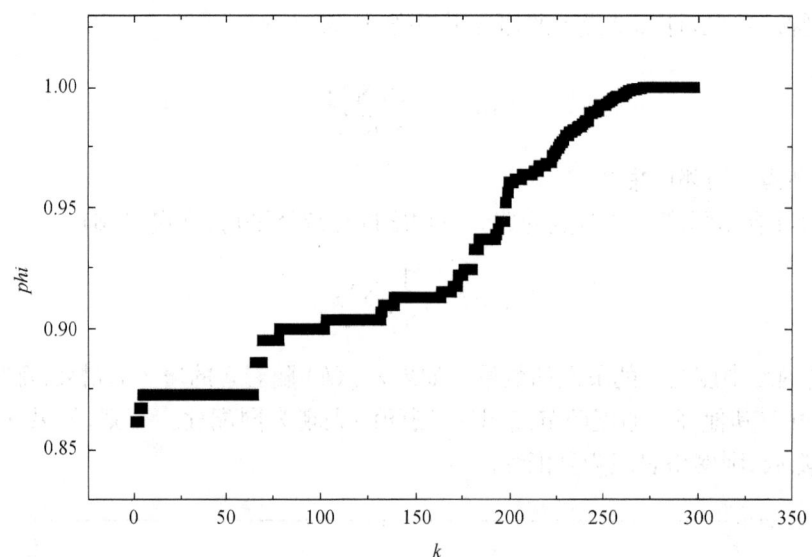

图 6-3 融资平台企业节点度与富人俱乐部系数关系图

融资平台共同融资网络的富人俱乐部系数如图 6-3 所示。可以看出,该系数随着节点度 k 的增大而增大,意味着融资平台企业网络中 Hub 企业之间有着比其他外围节点更加紧密的连接,形成了一个富人俱乐部。

结合 6.3.1 节的分析结论,尽管融资平台网络中不存在显著的 Hub 节点,但却在局部结构上具有较明显的集团化特征。本节中,网络匹配形式和富人俱乐部系数的分析结论与 6.3.1 节一致,融资平台网络中具有较高节点度(信贷关联)的平台企业之间呈现聚集效应,关联度高的平台企业易形成风险聚集。融资平台系统性风险的识别与监管可能并不聚焦于某个融资平台企业,而是着眼于系统中一部分能够形成风险聚集效应的融资平台企业。这对于有效监管地方融资平台的系统性和区域性风险非常重要。

6.3.3 地方融资平台的系统性风险特征

对系统性风险的特征分析,现有文献通常沿着系统脆弱性、资产价格波动、负债-通缩、复杂关联等路径展开。

2008 年全球经济危机后,学术界及监管层达成了一个共识,系统性风险体现在两个维度上：机构间的传染风险和金融周期内的顺周期风险。传染风险是由于金融机构间复杂的信贷关联，以及风险过度集中在少数高度关联的集团而引起的，如"大而不倒"的系统重要性机构；顺周期风险是金融部门的内生性风险，由市场行为高度趋同，导致不可分散的风险增加，随时间的不断积累最终释放形成的。

将现有文献对系统性风险特征的分析角度对应到系统性风险的两个维度，在时间维度上，系统性风险主要源于资产价格波动、负债-通缩；在截面维度上，系统性风险主要源于金融脆弱性、复杂关联。结合前两节的分析结论，进一步基于系统性风险的两个维度来分析地方融资平台系统性风险特征。

1) 基于时间维度的系统性风险特征

资产价格波动理论认为，金融投资具有顺周期性，即在资产繁荣时期，市场预期乐观，风险溢价较低，促使金融投资增加，流动性过剩，进一步推动资产价格上升；资产泡沫破灭时期，资产的大量抛售引发恐慌性情绪蔓延，市场流动性骤然消失，最终出现市场和机构的流动性被吸收殆尽的现象。

负债-通缩理论认为，市场繁荣时期，各主体为追逐利润"过度负债"；市场不景气时，各主体由于没有足够头寸来清偿债务，引起连锁反应，导致金融危机。

对于地方融资平台体系，融资平台持有的主要资产为土地资产，当土地价格上升时，银行会增加信贷的投放，出现资金流动性过剩，融资平台会增加对土地和基础设施的投资，进一步推动土地价格上升；当土地价格大幅下降时，融资平台由于过度负债、土地收入锐减等因素会出现违约现象，土地资产的抛售会进一步对土地市场的流动性和价格造成冲击，引发多米诺效应。

由第五章的分析结论可知，土地市场已成为融资平台的主要风险源。因此，对于地方融资平台体系而言，顺周期风险主要体现在土地市场的价格波动及流动性风险：在时间维度上，对土地的投资行为高度趋同，累积的不可分散风险增加，土地市场的大幅下行会引发融资平台的系统性风险。

2) 基于截面维度的系统性风险特征

金融脆弱性理论认为，银行体系特殊的资产负债结构——少资产、高负债，以及资产的期限错配决定了金融脆弱的内生性。

金融机构间复杂的信贷关联会影响整个金融系统的脆弱性。资产错配形成了银行天然的脆弱性，而银行机构间的复杂关联则增加了系统性风险生成并累积的可能性。

地方融资平台信用结构中，一方面，融资平台的资金投向了中长期项目，投资回收期长，并且平台项目大部分是公益性项目或准经营性项目，项目现金流有限，对财政依赖较大。另一方面，融资平台的资金来源中有较大部分的商业性贷款。由于商业性贷款的限期相对较短，期限错配的资产负债结构易引起流动性风险。地方融资平台的还款来源还呈现不确定性的特征，主要有地方政府财政补贴、项目收益、土地收益三种还款来源。还款来源受到政策和市场的不确定性影响，如国家的宏观政策、金融政策、环保政策和行业政策影响融资平台的经营收益和政府收入。在国家宏观政策变化、地方经济发展政策调整时，财政收入下降、收费权取消，平台失去还款来源，无力偿还贷款，贷款回收困难。一旦货币政策发生变动，要求银行收紧银根提高利率，就会导致贷款成本增加贷款数量减少，还款风险增加。此外,土地收入的不确定性易引起融资平台的信用风险。由于土地价格易受宏观政策、利率等诸多因素影响,一旦土地市场下行,将对融资平台的偿付能力造成较大影响。对于银行体系而言,由于银行业具有资本结构高度杠杆化、现金资产比率较低、短期债务比较高等特点,且易受到流动性冲击。因此,由融资平台企业和银行构成的地方融资平台信贷系统呈现出脆弱性的特征。

融资平台系统具有风险溢出效应。由于融资平台企业间、融资平台与银行间以及各个银行之间存在密切而复杂的债权债务关系,使得融资平台系统具有很强的风险传染性。一旦某几家具有系统重要性的融资平台违约,则单个融资平台的金融困难可能因信息不对称及复杂的信贷关联而演变为全局性的系统性风险。

在本章第6.3.1节对融资平台信贷系统的复杂性分析中,我们发现地方融资平台信贷网络不具备无标度特性,但却具有小世界特征,网络中的局部结构可能具有明显的聚集效应。地方融资平台的传染风险,可能并不是由一家或少数几家重要性融资平台企业违约而引起,更可能是由于局部区域性的企业违约,进而通过融资平台与银行之间复杂的信贷关联而传染到整个信贷系统。融资平台系统性风险的识别与监管可能并不聚焦于某个融资平台企业,而是着眼于系统中一部分能够形成风险聚集效应的融资平台企业。

这与刘海二、苗文龙(2014)的研究结论[360]一致:国内发生系统性金融风险的过程可能并非仅由系统重要性机构经营失败引发,更可能是由于系统重要性机构分支倒闭、房地产泡沫破裂等原因引发区域性金融风险,再经区域间传染进而形成全国性的系统性金融风险。

6.4 宏观审慎框架下地方融资平台的系统重要性

对系统性风险研究,经历了从单个机构风险研究、到整体系统性风险研究、再到系统重要性机构研究这三个阶段。2008年金融危机后,在宏观审慎政策框架下防范系统风险、加强对系统重要性机构的识别与监管、解决"大而不倒"等问题成为金融监管体系改革的重要部分。

本章基于系统性风险的截面维度研究地方融资平台系统重要性企业、地区,以及系统性风险传染路径。我们首先辨析系统性风险、宏观审慎与系统重要性的相关概念,然后基于规模和关联度因素探讨研究方法的选择。在6.4.2节运用基于融资平台系统的完整网络,仅考虑关联度因素的改进PageRank方法识别融资平台系统重要性企业及地区。在6.4.3节进一步运用综合考虑规模及关联度因素,运用亚超度量空间分析范式下的最小生成树(MST)和分层树(HT)方法建立基于信贷关联的相关性网络;提取地方融资平台系统信贷关联渠道的主干结构,研究融资平台系统重要性企业、地区以及风险传染路径,探讨地方融资平台的系统性风险和区域性风险问题。

6.4.1 系统重要性及其研究方法选用

1)系统重要性

IMF、BIS及FSB(2009)等认为如果某个金融机构出现动作失灵或破产清算时对整个金融体系造成严重影响,则无论危机传染方式是直接的还是间接的,都被认为具有系统重要性,并在 G20 为主的 30 多个国家和地区范围内开展了针对"系统重要性"问题的调查[107]。事实上,系统重要性并非只针对金融机构而言,如果一家大型企业的破产清算对银行体系造成严重影响,这家企业也具有系统重要性[361]。

对系统重要性的研究焦点大多集中于对系统重要性金融机构的识别与认定方面。但理论研究和实践应用存在着一定的区别。理论研究侧重的是如何评价单一机构对系统性风险的贡献程度、进行系统性风险的衡量及分配。方法上主要有两种:一是通过量化网络中某一机构倒闭对其他机构的影响来衡量其系统重要性[362,363];二是基于网络中各机构间的相互关联性等统计特性及相关性来衡量其系统重要性[76,77,364],如国内学者欧阳红兵、刘晓东(2014)运用最小生成树和平面极大过滤图研究了金融机构的系统重要性[105]。

蒋昌礼(2013)通过新设计的博客转发网络 PageRank 值传递函数,计算出了博客的关键节点和关键链路[365]。易军凯等(2015)利用核数和度值中心化指标剔除外层干扰节点,再采用改进的 PageRank 算法,对邮件网络的层次性做定量分析,从而找出电子邮件网络中的重要节点[366]。李鹏翔等(2004)提出了基于生成树数目的节点删除法,将最关键的节点定义为去掉该节点后使得生成树数目最小的节点或节点的集合[367]。

而从金融改革的实践来看,各国大多采用多指标综合评价类的方法,这一方法主要来源于 FSB、IMF 及 BIS(2009)提出的基于规模、关联性、可替代性三个方面对系统重要性机构的评估建议[107]。

2) 研究方法选用

在 6.4.1 节已经讨论了系统重要性的界定,本节将讨论系统重要性的方法选用。

(1) 现有对系统重要性评估方法存在的问题

在 6.4.1 节已经讨论过系统重要性的评估方法。对系统重要性的评估,在理论研究和实践应用存在着区别。理论研究侧重的是如何评价单一机构对系统性风险的贡献程度、进行系统性风险的衡量及分配;实践层面则大多采用多指标综合评价类的方法,这一方法主要来源于 FSB、IMF 及 BIS(2009)提出的基于规模、关联性、可替代性三个方面对系统重要性机构的评估建议[107]。

在系统重要性企业度量的因素选择上,现有文献大多考虑了贷款合同数量信息,使得对系统重要性机构的研究局限于"关联度"因素。同时考虑关联度因素和规模因素进行相似度度量尚很少。

现有文献对系统重要性的评估上也存在一定问题。在理论层面,基于评价单一机构对系统性风险的贡献程度时,难以兼顾规模因素和关联度因素;在实践层面,基于指标综合评价法时,尽管综合考虑了规模因素和关联度因素,但却由于未能很好地引入网络理论而难以考察系统性风险的网络效应。

(2) 系统重要性机构的度量因素辨析

国外学者在研究银行倒闭的救助政策时,仅考虑规模因素来界定系统重要性机构的政策,称为"大而不倒"。Caccioli(2012)认为在平均度较高的网络中,"大而不倒"的机构会对网络产生更大的影响[368]。现有对系统重要性银行衡量的研究和监管实践大都关注规模问题,对关联度问题仍不够重视[369]。

另一方面,学者将仅考虑关联性因素来界定系统重要性机构的政策称为"关联而不倒"。

有学者认为监管重点更应从"大而不倒"转向"关联而不倒"[40,370],但却忽视了学界和监管者主要关注的规模因素[371]。

由于学者们运用网络试验对系统性风险的探讨只是真实市场的一种代表,并且各自基于的风险传染机理也存在差异。因此,我们需要针对融资平台风险评估实际,在系统重要性的度量因素选择上,综合考虑规模和关联度因素,基于信贷合同数量及金额两方面来设定相似性的度量距离。这对于监管者从关联度和规模两方面识别系统重要性机构、全面考虑"大而不倒"和"关联而不倒"政策至关重要。

(3) 网络模型下兼顾规模及关联度因素的尝试

我们将在6.4.2节讨论兼顾规模及关联度因素时的网络模型构建,这也是本章的创新和贡献之一。在6.3.1节和6.3.2节讨论地方融资平台系统复杂性及异质性时,我们发现运用网络常见统计参数难以识别我国地方融资平台系统重要性企业,同时,我国地方融资平台系统可能更易出现由局部聚集效应引发的系统性传染问题。因此,我们在6.4.3节中选用亚超度量空间方法提取地方融资平台系统信贷关联渠道的主干,兼顾规模及关联度因素识别系统重要性企业。我们还进一步基于区域维度识别融资平台的区域性风险,这样的分析视角源于我们发现融资平台系统具有小世界效应,以及融资平台系统中具有较高关联度的企业易形成风险聚集这一认知。

在系统重要性的认定上,尤其是金融危机后,截面维度的关联度因素逐渐受到重视。有不少学者认为相比规模因素,关联度因素更为重要。因此,我们将在6.4.2节中讨论只考虑关联度因素时地方融资平台的系统重要性问题。

6.4.2 基于关联度因素的改进 PageRank 方法分析

本节在地方融资平台信贷数据库基础上进一步精选了2013年301家融资平台和221家银行等金融机构作为研究样本,融资平台样本涵盖了29个省级行政区域,运用此数据识别地方融资平台系统重要性企业及地区。首先讨论只考虑关联度因素时网络重要性节点的评估方法;其次,在选用PageRank方法后,讨论对传统PageRank方法的改进;最后,基于改进的PageRank方法得到实证分析结论。

1) 只考虑关联度因素时网络重要性节点的识别方法

由于大多数复杂网络具有无标度性,具有鲁棒性和脆弱性的双重特性。在复杂网络中,如果在随机移走少量节点后网络中的绝大部分节点仍是连通的,但只要有意识地去除网络中极少数关键节点就会对整个网络的连通性产生极大的影响。有研究表明,只要5%~10%的重要节点同时失效就将导致整个网络瘫痪[372]。因此,复杂网络关键节点的识别在现实世界中有重要的应用价值,一方面可以通过完善它们的性能提高网络抗毁性,另一方面也可以通过蓄意攻击它们从而摧毁某些网络。复杂网络关键点识别的相关指标主要有度数、介数、特征向量、PageRank、HITS算法及信息流参量中心度算法等。

(1) 度数(K)指标

节点的度 d_i 是指与该节点相邻的节点的数目,即连接该节点的边的数目。网络的度 K 指网络中所有节点度的平均值[373],见式(6-5)

$$d_i = \sum_{j \in E} \delta_j^i, \quad \delta_j^i = \begin{cases} 1, & i \text{ 与 } j \text{ 之间有边直接连接} \\ 0, & i \text{ 与 } j \text{ 之间无边直接连接} \end{cases} \quad (6-5)$$

$$K = \frac{\sum_0^N d_i}{N} \quad (6-6)$$

节点的度数体现了该节点与周边节点的直接联系,将网络中节点的度数进行排序,可以识别重要节点[374]。度是评估复杂网络节点重要性最简单直接的指标,也方便计算;但是它忽略了与其直接相连点的重要性等一些节点自身的因素,具有一定的局限性。

(2) 介数

介数是评价复杂网络节点重要性的另一个著名的指标,是由 Freeman 等人在分析社会网络个体重要性时提出的,包括节点介数和边介数。与本研究相关的是节点介数,节点介数指网络中所有最短路径中经过该节点的数量比例,它反映了相应的节点或边在整个网络中的作用和影响力。

若用 d_{ij} 来表示图中任意两个节点 i,j 之间的最短路径条数,v 为网络中的一个节点,在这 i,j 两节点之间的所有最短路径中经过节点 v 的条数为 $d_{ij}(v)$,那么节点 v 的介数定义为式(6-7):

$$B_v = \sum_i \sum_{i \neq j \in V} \frac{d_{ij}(v)}{d_{ij}} \quad (6-7)$$

对网络的每一个节点计算介数,然后进行排序,就可以表达节点的重要性程度。介数是从信息在网络上传输时负载的角度来评估网络节点的重要性,它能比较彻底地挖掘出网络中重要节点,真实地反映出网络的实际情况。介数大的节点往往是网络中流量比较大的节点,相对度数而言,介数是从动态的角度来看待节点的作用,度数是考虑网络的静态属性,度数大的节点介数不一定大,但是度数与介数之前还是具有一定的相关性。介数的缺点是计算复杂度比较高。

(3) 特征向量指标

特征向量指标的一大亮点是考虑了邻居节点的重要性反馈[375](如果一个节点的邻居很重要,这个节点很可能重要性程度较高),把网络中某个节点的重要性程度看成邻居节点重要性的一个线性叠加。特征向量指标是网络的邻接矩阵对应的最大特征值的特征向量,每一维即为对应节点的重要性指标。定义如下:设网络具有 n 个节点,其邻接矩阵记为 $\mathbf{A}$,其中 $a_{ij} = 1$ 表示 i,j 之间存在连接,$a_{ij} = 0$ 表示二者不存在连接。λ 为矩阵 $\mathbf{A}$ 的最大特征值(也称为主特征值),$e = (e_1, e_2, \cdots, e_n)$ 为矩阵对应 λ 的特征向量,那么

$$\lambda e = \mathbf{A} e \quad (6-8)$$

对应到每一个节点的重要度 e 为

$$e_i = \lambda^{-1} \sum_j a_{ij} e_j, \quad i = 1, 2, 3, \cdots, n \quad (6-9)$$

特征向量指标比较精确地反映了不同节点的重要性程度差异,并且满足合理的节点重要性评估指标标准。虽然特征向量指标考虑到节点重要性的反馈,相对度数指标具有一定的优越性,但是仅仅对不同节点做一个线性叠加,仍然与实际情况有所差异,所以利用特征向量指标评估复杂网络节点重要性仍然具有一定的局限性。

（4）PageRank 算法

PageRank 算法是 Google 公司的创始人 Larry Page 和 Sergey Brin 提出的网页排名算法,它是搜索引擎 Google 的核心技术之一。PageRank 算法将链接价值概念作为排名因素,将对页面的链接看成是投票,认为网络链接指向越多的网页越权威。PageRank 算法以其准确性和权威性,在除互联网外的其他很多复杂网络中都有应用,如估算网络流量,向后链接的预测器,为用户导航等,这将在下一章中做详细的介绍。

（5）HITS 算法

HITS 算法是基于查询的相关网页的动态排序方法,是由 JK lerinberg 提出的[376]。每个网页具有权威性和目录型这两种特性,其中权威性（Authority）网页能提供某种话题的权威资源[377],目录性（Hub）网页能为定位某种话题的权威资源提供导航。一般情况下,质量高的 Hub 网页节点指向许多质量高的 Authority 网页节点,质量高的 Authority 网页节点有许多质量高的 Hub 网页节点指向。这样一种 Hub 与 Authority 网页节点之间的相互加强关系,既可用来发现 Authority 网页,也可以用于 Web 结构与资源的自动发现。

与 PageRank 算法类似,HITS 算法同样体现网页在互联网结构中的重要性,但 HITS 算法的每一次运行都和查询关键词相关,它同时计算网页的权重和 Hub 值,更容易受到无关链接的影响,也存在一些诸如主题会发生漂移等方面的不足。有学者曾在网页链接结构发生轻微变动时,对两种算法的实际效果进行过比较,认为相对于 HITS 算法,PageRank 算法的排序结果具有更好的稳定性。

（6）信息流参量中心度（IC）算法

信息流参量是复杂网络动力学研究领域的概念,描述的是信息在复杂网络中的传播与流动的性能。信息流参量中心度（Information Centrality）算法（简称 IC 算法）,是从节点处理信息流量的角度来衡量节点的重要性的。通过节点的信息流量越大,那么该节点的重要性越高。计算 IC 的公式如下：

$$IC(u) = \left[\frac{1}{N}\sum_v \frac{1}{I_{uv}}\right]^{-1} \tag{6-10}$$

$IC(u)$ 表示节点 u 的信息中心度指标的大小,$IC(u)$ 表示以节点 u 结束的路径长度的调和平均数。

（7）小结

以上介绍了几种比较经典的用来评估复杂网络节点重要性的方法,并且分析了其优缺点,具体如表 6-2 所示。各个方法从不同角度、不同用途刻画了节点的重要性,单独使用存在一定的片面性和局限性,需要结合具体的数据类型和复杂网络特征进行选择,并且在选择时也要同时考虑其理论基础和方法间的关联信息。

表 6-2　基于关联度因素的网络重要性节点识别方法比较

指标	指标含义	优点	缺点
度数	节点 i 的连边数与节点 i 最大可能连边数的比值	简单直观,方便计算	只反映了局部特性,忽略很多因素,不够准确
介数	经过节点 i 最短路径数占所有最短路径数比例	从流量的角度分析节点的重要性,反映了网络的动态特性	计算复杂度过高
特征向量指标	邻居节点重要性的线性叠加	考虑到邻居节点的重要性	简单地将各节点进行线性叠加,过于简化实际情况。
PageRank指标	节点 i 的重要性取决于指向节点的数量和质量	既考虑到邻居的重要性反馈,又考虑到全网的拓扑特性	忽略了一些实际因素,较理想化
HITS算法	i 个节点的权威性和枢纽性	同时考虑了网页的权重和 Hub 值	易受到无关链接的影响,主题易发生漂移等
信息流参量中心度	计算与节点 i 相连的边的信息总量	目的明确,控制力强	较理想化,过于简化实际情况

2) 研究设计与方法确定

Kobayashi(2013)证明了度量网络中心性的其他指标,例如中介中心性、接近中心性、特征向量中心性等指标难以正确评估一个节点的重要性和传染性;还证明了 PageRank 方法对于识别网络中的重要性节点具有较好的效果[378]。因此,我们首先运用 PageRank 方法对融资平台系统重要性企业及地区进行分析。

(1) 传统 PageRank 算法

传统 PageRank 算法基本思想来源于文献计量学中文献引文分析,即一篇文献资料被其他文献引用越多,或被核心文献所引用,则该文献价值相对较大。PageRank 算法假设每个页面都具有一个权威值,每条链出链接都是一种投票行为,而不同网页的投票"效力"也不同,即高权威值网页的链出链接比低权威值网页的链出链接更具有效力。因此,一个页面的重要性取决于指向它的链接数以及发出链接的每个页面的权威值[379]。但网页的重要性是平均传递到它所连接的网络的。

$$y_i = \alpha \sum_j \frac{y_j}{C_j} + \frac{1-\alpha}{N} \tag{6-11}$$

式中,α 为阻尼系数;C_j 为节点 j 的出度。

(2) 基于关联度的改进 PageRank 算法

由于传统 PageRank 算法对节点的重要性是平均分配给其他关联节点,与实际情况不符。改进 PageRank 算法实现了将链接价值概念作为排名因素,更多网页链接所指向的网页更为重要,这样考虑了节点之间关联的强弱关系。改进 PageRank 算法在关键节点识别中效率和准确性均较高。

在风险传染过程中,关联度高的节点企业具有更高的重要性。因此,根据节点的关联程度来分配传递的权值[379],见式(6-12)。

$$y_i = \alpha \sum_j \frac{W_{ij}}{k_j} y_j + \frac{1-\alpha}{N} \qquad (6\text{-}12)$$

其中，α 取 0.85；k_j 是节点 j 的度；W_{ij} 是二分网络转化为单模网络时邻接矩阵中对应的元素值。

由式(6-12)可以看出，PageRank 值不是平均传递的，而是以权值 $\frac{W_{ij}}{k_j}$ 传递的。

(3) 融资平台重要性机构与地区识别

Kobayashi(2013)证明了度量网络中心性的其他指标，例如中介中心性、接近中心性、特征向量中心性等指标难以正确评估一个节点的重要性和传染性；PageRank 方法对于识别网络中的重要性节点具有较好的效果[378]。

PageRank 值与网络节点的传染性密切相关，节点的 PageRank 值越高，其传染性越强，系统重要性越高。因此，我们基于融资平台企业的 PageRank 值来识别系统重要性企业及对应的地区。

3) 实证结果与分析

(1) 实证结果

基于 2013 年融资平台样本数据，运用改进的 PageRank 方法识别系统重要性平台企业，见表 6-3。由于地方融资平台 Top30 企业名称较长，因此在正文中使用了简称。

表 6-3　基于改进 PageRank 方法的地方融资平台系统重要性企业

公司排名	公司简称	PageRank 值	公司排名	公司简称	PageRank 值
1	四川高速	0.041	16	天津滨海	0.013
2	上海城投	0.04	17	重庆交通	0.012
3	云南公路	0.034	18	广州城建	0.012
4	北京基础	0.029	19	重庆两江新区	0.012
5	上海申通	0.028	20	安徽交通	0.011
6	陕西交通	0.026	21	广东交通	0.01
7	江西高速	0.025	22	深圳地铁	0.01
8	河南能化	0.024	23	北京能源	0.01
9	广西交通	0.023	24	重庆地产	0.01
10	江苏交通	0.023	25	成都地铁	0.009
11	安徽高速	0.018	26	重庆电子园	0.009
12	广东恒健	0.016	27	北京公路	0.009
13	长沙城建	0.015	28	杭州交通	0.009
14	广东粤电	0.014	29	浙江能源	0.009
15	乌城建	0.013	30	青海国资	0.009

地方融资平台重要性企业 PageRank 值分布如表 6-4 所示,可以看出,少数融资平台企业具有较高的 PageRank 值;而多数平台企业的 PageRank 值较低,并且数值分布较为接近。

表 6-4 地方融资平台企业的 PageRank 值分布

PageRank 值	节点个数	所占比例
0.02 以上	10	3.32%
0.01~0.02	13	4.32%
0.005~0.01	31	10.30%
0.001~0.005	142	47.18%
0.001 以下	105	34.88%

(2) 对结果的进一步分析

魏加宁(2010)、巴曙松(2009)等学者研究表明,尽管平台贷款资产质量整体处于可控状态,但局部地区融资平台贷款违约的风险依然严峻,不容忽视[1, 13, 15, 17, 24]。此外,根据财政部公布的 2013 年全国财政决算表,若计入土地及房产相关的 5 种税收,2013 年地方政府国有土地使用权收入占地方财政收入的 46%。根据 Wind 数据库,地方融资平台债务占地方政府性债务余额的比例为 23%。因此可见,我国地方融资平台过度依赖土地财政,土地风险已经成为地方融资平台的主要风险源。为了进一步探究土地风险对地方融资平台债务风险的影响,先将 Top30 企业进行分类,并基于资产负债表数据进行资产负债结构、盈利能力、偿债能力分析。之后从土地市场价格波动和土地市场波动导致的土地财政波动两个层面,分析土地市场波动对地方融资平台重要性企业的直接和间接影响。

① 按业务性质分析。

基于融资平台企业的主营业务,将平台企业分为城投土地储备类、城投综合类及基础设施运营类。

a. 城投土地收储类融资平台企业占比高。

地方政府融资平台 Top30 公司性质分类情况见表 6-5。可见从业务性质上,土地收储类平台企业占比高达 50%。

表 6-5 地方融资平台系统重要性企业的分类

类别	土地收储	房地产开发	土地资产	公司个数	具体公司
城投土地储备类	有/无	有	有	14	上海城投、北京基础设施、上海申通、安徽高速、长沙城投、天津滨海、重庆交通、重庆两江新区、北京能源、成都地铁、重庆西永微电子、杭州交通、浙江能源、重庆地产
城投综合类	无	有	有	7	云南公路、江苏交通、乌城建、青海国资、广东恒健、深圳地铁、广东粤电
基础设施建设运营类	无	无	无	9	四川高速、陕西交通、江西高速、河南能源、广西交通、广州城建、安徽交通、广东交通、北京公路

b. 融资平台企业与土地资产关联性强。

在业务内容上,多数平台企业都拥有大量土地资产以及大量可供房地产开发土地。地方政府融资平台 Top30 公司按照主营业务及与土地的关系进行分类的结果如表 6-6 所示,涉及土地的平台企业占比高达 56.67%。

表6-6 地方融资平台系统重要性企业的主营业务及土地资产

排名	公司简称	土地经营占营业收入百分比	土地运营占营业收入百分比	土地使用权占注册资金比例	土地使用权占总资产比例
1	四川高速	—	—	—	—
2	上海城投	—	30.61%	41.00%	0.85%
3	云南公路	—	—	50.00%	—
4	北京基础	—	57.66%	—	—
5	上海申通	—	12.99%	—	—
6	陕西交通	—	—	—	—
7	江西高速	—	—	—	—
8	河南能化	—	—	—	10.42%
9	广西交通	—	—	—	3.66%
10	江苏交通	—	—	—	—
11	安徽高速	—	21.44%	—	16.01%
12	广东恒健	—	—	—	1.97%
13	长沙城建	54.99%	—	—	1.57%
14	广东粤电	—	—	—	0.53%
15	乌城建	—	—	26.87%	—
16	天津滨海	—	13.33%	64.80%	9.83%
17	重庆交通	26.78%	—	—	1.29%
18	广州城建	—	—	—	—
19	重庆两江新区	99.41%	—	—	28.30%
20	安徽交通	—	—	—	0.65%
21	广东交通	—	—	—	0.47%
22	深圳地铁	—	14.70%	86.70%	—
23	北京能源	—	7.55%	—	1.24%
24	重庆地产	39.00%	—	—	—
25	成都地铁	—	6.06%	—	—
26	重庆电子园	12.07%	86.65%	—	17.52%
27	北京公路	—	—	—	—

(续表)

排名	公司简称	土地经营占营业收入百分比	土地运营占营业收入百分比	土地使用权占注册资金比例	土地使用权占总资产比例
28	杭州交通	—	8.16%		0.48%
29	浙江能源		9.21%	—	4.72%
30	青海国资	—	—	90.00%	29.89%

可见,我国的地方融资平台的资金大多投向了基础设施等固定资产,而土地资产及其开发收益是这些平台的重要资产来源。如果土地资产的变现能力有限,流动性较差,无法偿还债务时,则可能出现流动性风险,进而产生平台系统性风险。

② 按偿债能力分析。

a. 融资平台三类企业资产负债率均过高。

常用的衡量公司资产负债结构的指标为资产负债率,它表示公司总资产中有多少是通过负债筹集的。该指标是评价公司负债水平的综合指标,同时也是一项衡量公司利用债权人资金进行经营活动能力的指标,也反映债权人发放贷款的安全程度。

如图 6-4 所示,融资平台 30 家重要性企业中,资产负债率平均值为 63%,有 50% 的企业(14 家)资产负债率超过了 65%,河南能源化工集团有限公司甚至达到了 80%。这与融资平台功能定位、主营业务等自身特点和资金需求量大、经营周期长等经营特点有关。

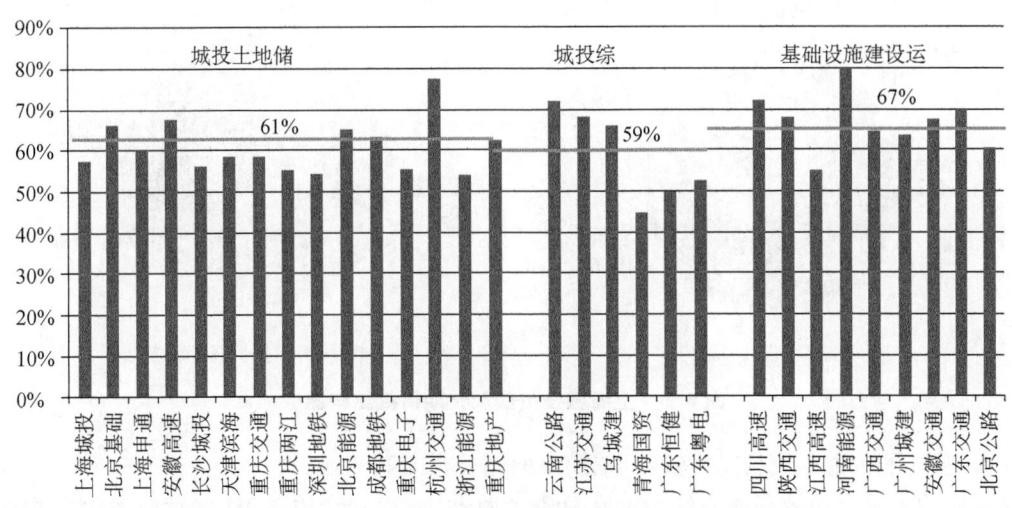

图 6-4 地方融资平台系统重要性企业的资产负债率分析图

鉴于三类公司的资产负债率相差不大,下面以上海城投为例进行说明。

2013 年上海城投资产负债率为 57%。总资产 3 625 亿元,其中非流动资产占比 83%。如图 6-5 所示,在资产中占比较大的是流动资产中的存货(占比 8%)、货币资金(占比 7%)和非流动资产中的固定资产(占比 30%)、在建工程(占比 28%)、长期股权投资(占比 21%)、无形资产(占比 6%)。存货主要是公司保障性住房建设项目、旧改拆迁项目等。固定资产主要由市政建设工程设施、房屋及建筑物、自来水专用设备及机器设备构成。无形资产主要为土地使用权 30.67 亿元和特许经营权 189.09 亿元。

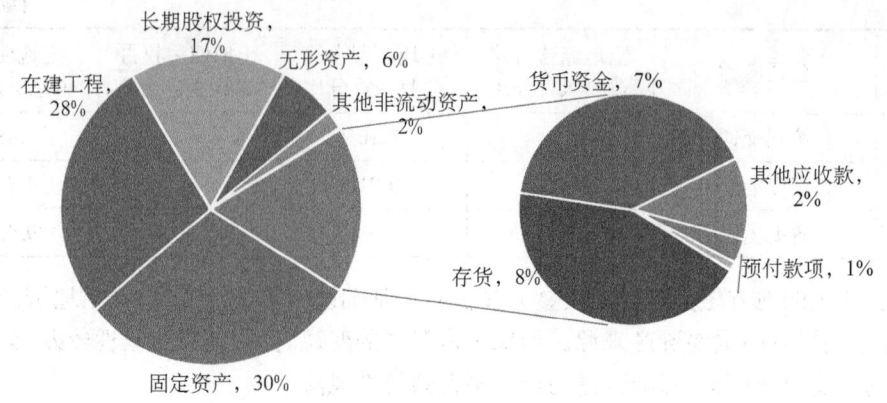

图 6-5　2013 年上海城投的资产结构图

上海城投总负债 2 079 亿元,其中非流动负债占比 76%。如图 6-6(a)所示,负债中占比最大的是长期借款(957.48 亿元,占比 46%)和应付债券(242.12 亿元,占比 12%)。负债中主要以银行贷款为主,资金来源比较单一,负债结构不合理,抗风险能力较差。如图 6-6(b)所示,长期借款中以信用借款(595.6 亿元,占比 62%)为主,抵押借款 94.4 亿元,占比 10%,抵押物以土地使用权及在建工程为主;质押借款 149.2 亿元,占比 16%,质押物为项目收费权、规费收入、特许经营权等。

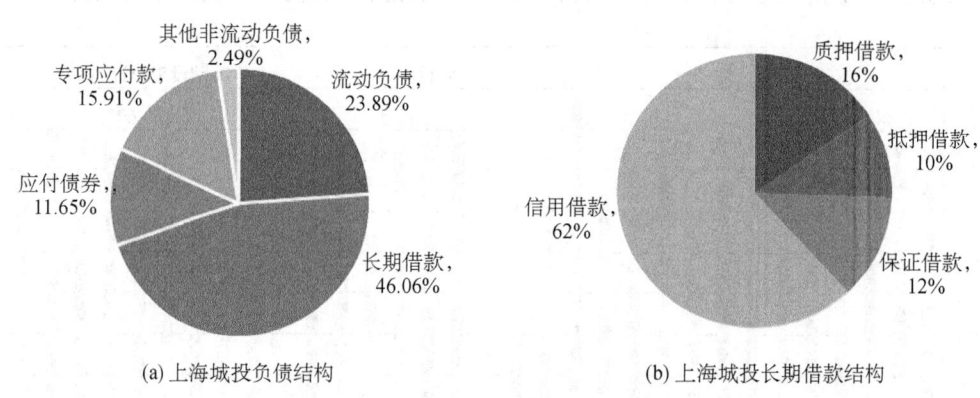

(a) 上海城投负债结构　　　　　　　　(b) 上海城投长期借款结构

图 6-6　上海城投负债及长期借款结构图

b. 融资平台企业盈利能力较弱,城投土地储备类尤其明显。

常用的衡量公司盈利能力的指标有总资产收益率、净资产收益率、主营业务毛利率等。鉴于融资平台类企业的主营业务是基础设施建设、公路建设、公用事业等微利行业,故采用总资产收益率和净资产收益率来衡量企业的盈利能力。

如图 6-7 所示,融资平台 Top30 家企业的平均总资产收益率为 2%,远小于制造企业资产利润率 5%~10%,其中总资产收益率最高为广东粤电 8.84%,上海申通、四川高速、河南能化等三家企业的总资产收益率为负值。

融资平台 Top30 家企业的平均净资产收益率为 2%,仅仅略高于一年期定期存款基准利率 1.5%。其中净资产收益率最高为广东恒健 8.84%,上海申通、河南能化等两家企业的净资产收益率为负值。

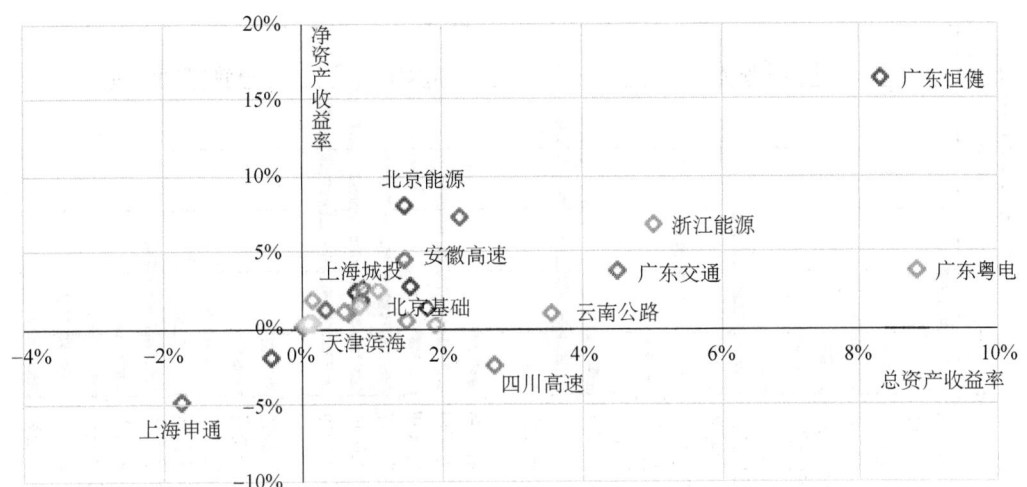

图 6-7　基于改进 PageRank 方法的地方融资平台系统重要性企业盈利能力分析图

由此可见,融资平台类公司的总资产收益率、净资产收益率均较低,公司的盈利能力较弱,其中城投土地储备类企业的两个指标平均值分别为 1% 和 2%,低于总体平均值。

以重庆地产为例进行说明。2013 年重庆地产的总资产收益率和净资产收益率分别为 1.56%,2.75%,两个指标均较低。重庆地产的主营业务是土地整治储备、城市基础设施建设、社会公益性项目投资、房产销售等。2013 年营业收入为 22.68 亿元,其中土地储备整治(占主营收入的 40.67%)、房地产业务(占主营收入的 40.58%)是其营业收入的主要来源。土地储备整治业务的收入来源为重庆市财政局返还的土地储备整治成本、土地储备管理费收入和土地出让金;公益性基础设施建设项目资金缺口主要由土地出让金返还和政府补助来弥补。2013 年,重庆地产收到重庆市财政局返还的土地储备整治成本 119 亿元,土地储备管理费收入 8.16 亿元,土地出让金 17 亿元。

并且,融资平台债务跟政府性债务有非常密切的联系。根据 2013 年国家审计署的相关认定,重庆地产政府性债务共计 531.4 亿元。其中,属于地方政府负有偿还责任的债务(即政府债务)为 131.6 亿元;属于地方政府负有担保责任的债务(即政府担保债务)为 312.8 亿元;属于地方政府可能承担一定救助责任的其他相关债务(政府救助债务)为 87 亿元。

通过对重庆地产主营业务盈利模式及资金来源的分析,可以发现该类公司市场化程度较低,盈利能力较弱,高度依赖政府财政和政府优惠政策,并且,公司债务与政府债务关系比较密切。

c. 融资平台偿债能力一般,城投土地储备类存在一定风险。

常用的衡量企业偿还债务的能力的指标有流动比率、速动比率、EBITDA 利息保障倍数等。流动比率是流动资产与流动负债的比例,速动比率是流动资产减去存货、预付费用、待摊费用之后与流动负债的比例。EBITDA 利息保障倍数指标反映了当期企业收益是所需支付的债务利息的多少倍,从偿债资金来源角度考察企业债务利息的偿还能力,如果已获利息倍数适当,则表明企业偿付债务利息的风险较小。鉴于融资平台经营性类业务较少、流动资产和存货等项目较少,采用 EBITDA 利息保障倍数更能反映企业的偿债能力。

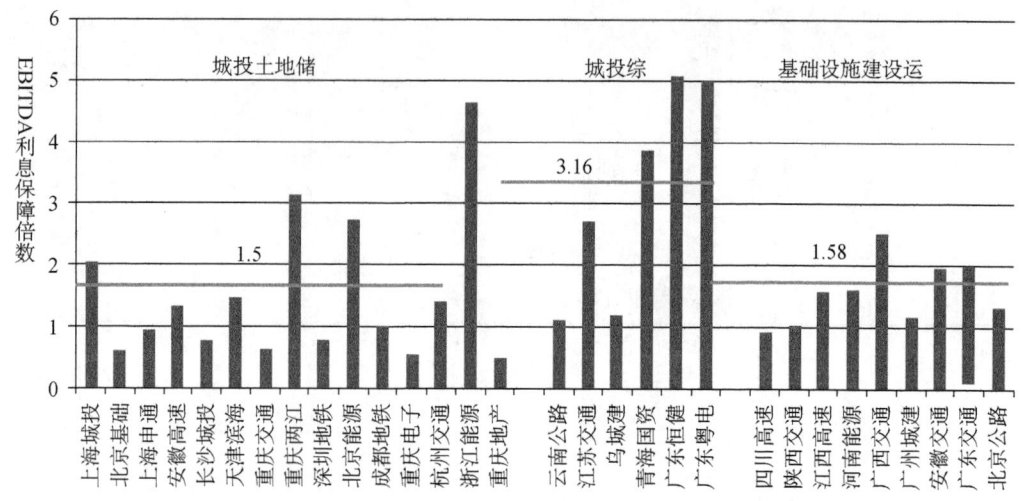

图6-8　不同主营业务类型的地方融资平台系统重要性企业偿债能力分析

地方融资平台Top 30公司的EBITDA利息保障倍数平均值为1.87,有33.3%的企业(10家)EBITDA利息保障倍数小于1,也就是说当年收入不足以偿还当年到期债务本息,债务本息还要依赖财政资金和举借新债进行偿还。EBITDA利息保障倍数大于2的只占30%(9家),并且以多元化经营企业为主。

如图6-8所示,按照业务类型来讲,城投土地储备类公司的EBITDA利息保障倍数平均值仅为1.5,较低,偿还利息存在一定的风险;城投综合类公司的EBITDA利息保障倍数平均值为3.16,高于土地业务类,相对合理,尤其是广东恒健、广东粤电较高,分别达到了5.1和5.0;而基础设施建设运营类的公司EBITDA利息保障倍数平均值为1.58,也较低。说明城投土地储备类和基础设施减少运营类企业偿债能力不足,存在一定的债务风险。

以深圳地铁为例进行分析,其EBITDA利息保障倍数仅为0.78,即当年收入尚不足以偿还当年到期债务本息;经营活动现金流量净额仅占投资活动现金流量净额的7%,投资活动高度依赖外部筹资;2013年,公司的政府补助为615万元,较高的政府补贴造成营业外损益在利润总额中占比较大(占131.94%),营业外损益存在较大风险,公司存在一定偿债风险。

③ 按照行政层级和地区分析。

如表6-7所示,按照行政层级进行分析。地方融资平台重要性企业中,直辖市企业共9家,北京重要性企业最多(3家),占比30%;非直辖市企业共21家,广东省重要性企业最多(5家)。非直辖市企业中,省份企业15家,占比50%,市级企业6家,占比20%。

按照中西部区域进行分析,东部地区重要性企业共14家,占比46.7%,企业分布较为集中;中部地区重要性企业共5家,占比16.7%,重要性企业总数较少;西部地区重要性企业共14家,占比46.7%,企业较为分散。

按照关键区域进行分析,得出东部地区的关键区域为广东、北京、浙江和上海;中部地区的关键区域是安徽;西部地区的重点区域是重庆、四川。

表 6-7 地方融资平台重要性企业的行政层级分布

区域	行政层级	数量	区域	行政层级	数量	区域	行政层级	数量
东部	广东	5	中部	安徽	2	西部	重庆	3
东部	北京	3	中部	江西	1	西部	四川	2
东部	浙江	2	中部	湖南	1	西部	广西	1
东部	上海	2	中部	河南	1	西部	新疆	1
东部	江苏	1	—	—	—	西部	内蒙古	1
东部	天津	1	—	—	—	西部	青海	1
—	—	—	—	—	—	西部	陕西	1
—	—	—	—	—	—	西部	云南	1
	合计:14			合计:5			合计:11	

4) 分析结论

采用 PageRank 算法识别地方融资平台的系统重要性企业,不仅考虑了网络关联边的权重等节点局部连接特性,而且考虑了全局中整体链接关系对节点重要性的影响,能更好地描述真实网络,更有效地评估复杂网络中节点的重要性。主要结论如下:

(1) 少数融资平台企业的 PageRank 值较高,而多数企业的 PageRank 值较低。PageRank 值较高的企业具有系统重要性,由此识别了具有系统重要性的 30 家融资平台企业。

(2) 系统重要性企业与土地资产密切关联,土地市场风险引起的系统重要性融资平台违约易引发系统性风险。因此,加强土地市场的风险管控对减少融资平台系统性风险具有重要意义。

(3) 对 30 家系统重要性企业进一步分析,在行政层级分布上,省级企业占比较大;在区域分布上,东部地区重要性企业占比较大。东部地区的关键区域为广东、北京、浙江和上海,中部地区的关键区域是安徽,西部地区的重点区域是重庆、四川。

(4) 融资平台系统重要性企业的资产负债率较高,盈利能力较弱,偿债能力一般,且依赖借新债还旧债,存在一定的偿债风险。在对主营业务进行分类研究时,发现在资产负债率和盈利能力方面,从事土地业务和房地产业务类的公司与从事其他业务类的公司并无较大差异。在偿债能力方面,从事土地业务类的公司较差,从事房地产业务类的公司次之,从事其他业务类的公司偿债能力相对较强。

6.4.3 基于规模及关联度因素的亚超度量空间分析

前文讨论了只考虑关联度因素时基于融资平台系统的完整网络分析得到的系统重要性平台企业及地区。本节将进一步讨论综合考虑规模及关联度因素时,基于融资平台系统信贷关联渠道的主干结构得到的系统重要性平台企业、地区及系统性风险传染路径。这是对地方融资平台系统性风险传染路径研究的另一个主要贡献。

在地方融资平台信贷数据库基础上进一步精选了2013年301家融资平台和221家银行等金融机构作为研究样本,融资平台样本涵盖了29个省级行政区域,运用此数据建立全国范围的融资平台企业—银行信贷关联网络模型。首先基于度分布来描述融资平台信贷关联的分布特征,然后基于关联度及规模两个因素来描述"关联而不倒"(too connected too fail)和"大而不倒"(too big to fail)政策视角下的信贷相似性度量距离;在此基础上,计算融资平台共同融资网络的最小生成树和分层树,比较不同MST和HT的统计特征。由此识别地方融资平台系统重要性平台企业及地区、系统性风险传染路径,讨论地方融资平台的系统性及区域性风险问题,探讨宏观审慎框架下"大而不倒"和"关联而不倒"的监管重点。

1)研究设计与方法

(1)研究方法与模型构建

在融资平台企业间的单模网络基础上,运用最小生成树(MST)与分层树(HT)方法构建融资平台企业间相关性网络。

为了识别系统性风险传染路径、系统重要性企业和地区,我们构建相关性网络,步骤如下:在6.4.1节系统重要性机构度量因素辨析的基础上,进行信贷相似性度量距离测算,进而求解最小生成树(MST)和分层树(HT)。

① 融资平台网络信贷相似性距离度量。

在股票市场,Mantegna(1999)提出采用 $d_{i,j}=\sqrt{2(1-P_{i,j})}$ 作为度量距离,其中 $\rho_{i,j}$ 是基于股价收益率的线性相关系数;Mantegna(1999)和Stanley(2000)证明了 $d_{i,j}$ 满足作为度量空间距离所必须满足的三条性质①。

在"银行-企业"信贷市场,Masi(2008)采用 $d_{i,j}=\sqrt{2(1-\omega_{i,j})}$ 作为度量距离,其中 $\omega_{i,j}$ 基于银行与企业间的信贷合同数量[76]。

基于上述理论,我们首先用式(6-13)表示仅包含贷款合同数量信息的度量距离,然后用式(6-14)表示仅包含贷款金额信息的度量距离。值得指出的是,企业的贷款金额和资产规模往往正相关(Fujiwara, 2004; Masi and Fujiwara, 2008)[76, 103]。样本中融资平台贷款金额与总资产之间的相关系数为0.89,用贷款金额来代表融资平台的规模因素是有效的。由于我们分析的是融资平台共同融资网络,通过考察贷款金额比资产规模数据更能真实地反应融资平台企业之间的相关性。因此,我们运用贷款金额来反映规模因素。最后,通过引入参数 α,我们提出包含贷款合同数量及金额两种信息的度量距离 $D_{i,j}$ [式(6-15)]。显然,$D_{i,j}$ 满足作为度量空间距离所必须满足的三条性质。通过参数 α 的不同取值,我们可以在任意权重下同时考虑规模和关联度两种因素来识别系统重要性企业,为探讨"大而不倒"和"关联而不倒"政策差异及全面考虑两种策提供方法支持。

$$d_{i,j}=\sqrt{2(1-\omega'_{i,j})},\ \omega'_{i,j}=\omega_{i,j}/\omega_{max} \quad (6-13)$$

其中,$\omega_{i,j}$ 表示融资平台 i 和 j 在信贷网络中的共同贷款合同数量。

---

① $d_{i,j}=0 \Leftrightarrow i=j$; $d_{i,j}=d_{j,i}$; $d_{i,j} \leqslant d_{i,k}+d_{k,j}$

$$d_{i,j}=\sqrt{2(1-\varphi'_{i,j})}, \ \varphi'_{i,j}=\sum_{k}\left(\frac{P_{ik}}{P_i}\cdot\frac{P_{jk}}{P_j}\right) \qquad (6\text{-}14)$$

其中，P_i 表示融资 i 从信贷网络中所有银行的贷款金额的和；P_{ik} 表示融资 i 从银行 k 的贷款金额。

$$D_{i,j}=\alpha\cdot d_{i,j}+(1-\alpha)\cdot d'_{i,j} \qquad (6\text{-}15)$$

其中，α 的取值范围是[0, 1]。

② 最小生成树(MST)构建。

为了识别风险传染路径，我们聚集于融资平台企业单模网络中最重要的边，在 301 家融资平台构成的网络中提取 300 条最重要的边构建最小生成树。由于 MST 代表着融资平台企业最强的信贷关联，这意味着系统性风险可能沿着 MST 以最快速度在信贷网络中传染和扩散。

求解最小生成树的常见算法有 Kruska 算法[380]和 Prim 算法[381]。与多数文献一致，选用 Kruskal 算法[380]，并基于前文提出的度量距离 $D_{i,j}$，求解最小生成树。

③ 分层树(HT)构建。

MST 提供了亚超度量距离 $d^<$ 所需要的信息，对应着亚超度量空间[382]。亚超度量距离 $d^<_{i,j}$ 表示在 MST 中连结 i 和 j 两点的最短路径上，任意两个相邻节点的欧几里德距离 $d_{k,l}$ 的最大值[383,384]。由亚超度量距离 $d^<_{i,j}$ 可得到唯一对应的分层树(HT)。亚超度量空间为研究复杂系统的分层结构提供了很好的方法，我们用这一方法研究融资平台信贷关联风险的分层特征。

(2) 融资平台重要性机构与地区识别

① 最小生成树的度分布测算及特征识别。

为了分析融资平台最小生成树的稳定性，我们需要对其度分布进行测算。如果融资平台最小生成树的度分布服从幂律，则为无标度网络。由于无标度网络呈现对随机性冲击的稳定性及对选择性冲击的脆弱性，监管者对具有系统重要性的节点企业进行重点监管有助于维持整个信贷网络的稳定性。

② 基于 MST 和 HT 的系统重要性机构及地区识别。

运用最小生成树揭示融资平台企业间信贷关联的几何信息(拓扑特征)。由于 MST 代表着融资平台信贷网络中相关度最高、关联性最强的连接，系统性风险可能沿着 MST 以最快速度在信贷网络中传染和扩散。因此 MST 可以识别系统性风险传染的传染路径。在 MST 中，我们基于度中心性(degree centrality)来识别具有系统重要性的平台企业。我们进一步根据省级行政区域划分，利用 MST 亦可识别融资平台信贷关联的地理集聚效应，进而探讨融资平台的区域性风险。

由亚超度量空间映射得到的分层树(HT)，可以发现融资平台企业间的分类信息，即聚集的分布效应与联动性。识别融资平台企业间相互关联的"聚集堆"，"聚集堆"内部的各平台企业间相关程度高，关联极为密切，具有自相似性。而距离较远的融资平台企业间的联动性较弱。我们运用分层树识别融资平台的信贷层级模块化特征，识别核心机构、企业及层级属性。各层级、簇集、子群顶端的机构、企业是重点监管对象。

也就是说，通过生成树找出平台企业间的聚集效应；通过分层树，可进一步寻找聚集效应的层级分布。

(3) "大而不倒"或"关联而不倒"重要性结果比较

为了比较不同规模和关联度权重下融资平台 MST 和 HT 的统计特征，进而探讨"大而不倒"和"关联而不倒"重要性结果的差异，我们选用以下度量参数：

① 归一化树长(normalized tree length)。

对于最小生成树，用式(6-16)来度量相似性程度[385,386]。

$$L_{NTL} = (\sum_{D_{ij} \in \ominus} D_{ij})/(N-1) \quad (6-16)$$

其中，$\ominus$ 是边的集合；$N-1$ 表示 MST 中的边数。

② 归一化类长(normalized cluster length)。

类似地，对于 MST 中的一个类别 c，用式(6-17)来度量该类别的相似性程度。

$$L_{NCL} = (\sum_{D_{ij} \in c} D_{ij})/N_c \quad (6-17)$$

其中，N_c 表示类别 c 中的节点个数。

③ 特征路径长度(characteristic path length)。

用式(6-18)来度量网络结构的紧密程度[387]。

$$L_{CPL} = (\sum_{i,j,i \neq j} l_{ij})/N(N-1) \quad (6-18)$$

其中，l_{ij} 表示节点 i 和 j 之间最短路径的连接边数[388]。

④ 非叶子节点数(the number of non-leaf nodes)。

非叶子节点是 MST 中度大于 0 的节点。该参数用来度量 MST 的松散程度，该值越大，表示 MST 越松散。

⑤ 表型相关系数(cophenetic correlation coefficient)。

用式(6-19)来度量 HT 与 MST 的相关性[389,390]，表型相关系数越大，表明等级性越强，即分层结构的聚集层次越多。

$$CCC = [\sum_{i<j}(d_{ij}-\bar{d}) \times (c_{ij}-\bar{c})]/\sqrt{[\sum_{i<j}(d_{ij}-\bar{d})^2][\sum_{i<j}(c_{ij}-\bar{c})^2]} \quad (6-19)$$

其中，d_{ij} 和 $\bar{d}$ 分别表示欧式距离及均值；c_{ij} 和 $\bar{c}$ 分别表示超度量距离及均值。

2) 实证结果与分析

(1) "融资平台—银行"二分网络实证结果

在选取的 2013 年样本中，地方融资平台企业平均的贷款金额为 110 亿元，融资平台企业贷款的合同数量与贷款金额的线性相关系数为 0.34，表明融资平台信贷需求与实际提供贷款的银行数量的相关性很弱。

通过运用由 Alstott 等(2014)[355]提出的幂律拟合方法计算二分网络中企业的度及强度(贷款金额)分布，我们得到了相一致的结论：平台度分布的幂指数为 4.90，服从随机分布；强度分布的幂指数为 2.77，服从幂律分布，即 $P(k) \sim k^{-\gamma}$。表明融资平台企业在贷款银行数量上是同质的，而在贷款金额上却是异质的，即：少数银行提供了大量的贷款，而多数银行提供的贷款金额较小。

(2) 融资平台样本间的最小生成树实证结果

我们从 301 家融资平台和 221 家银行样本形成的 2 786 个信贷关系中,运用最小生成树法提取了 300 个最重要的信贷关系,构成了平台企业间信贷关联的主干渠道,该主干的平均连接数(平均度)约为 2。

由于篇幅所限,我们选取三个最有代表性的度量距离,仅考虑规模因素的距离、仅考虑关联度因素的距离,以及等权重考虑关联度和规模的距离。运用 Alstott 等(2014)的拟合方法计算 MST 的度分布:仅考虑规模因素时[式(6-15)中 $\alpha=0$],幂指数为 2.59,融资平台的度服从幂律分布,表明其信贷关联的主干结构具有无标度性,网络中存在 Hub 节点。由于无标度网络对于选择性冲击的脆弱性[355,391],这些处于 Hub 节点的平台企业对于整个融资平台信贷系统具有系统重要性;仅考虑关联度因素时($\alpha=1$),幂指数为 2.36,平台的度同样服从幂律分布;等权重考虑关联度和规模时($\alpha=0.5$),幂指数为 3.97,尾部发散,表明一些融资平台呈现较强的关联,而其他平台间的关联较弱。

① 仅关联度因素的重要性平台企业、地区及风险传染路径。

我们通过图 6-9 分析"关联而不倒"政策下的监管重点。在图 6-9 中,我们发现 MST 呈"星状(star-like)",融资平台共同融资网络的主干结构呈现高度层次化的特征,少数平台企业处于网络的中心位置,而大量的平台企业处于网络的边缘。

图 6-9　$\alpha=1$ 时,2013 年融资平台样本间的最小生成树①

以下融资平台的信贷关联渠道是系统性风险传染的关键路径:北京能源集团有限责任公司、江苏交通控股有限公司、南京市城市建设投资控股(集团)有限责任公司、天津渤海国

---

① 图中色块的不同深浅表示按省级行政区域下的各个地区

有资产经营管理有限公司、上海城投(集团)有限公司、厦门建发集团有限公司、营口港务集团有限公司。

根据度中心性,北京能源集团有限责任公司、营口港务集团有限公司、上海城投(集团)有限公司是网络中的 Hub 节点。值得指出的是,"星状"的 MST 和 Hub 节点的存在,表明信贷关联关系处于一种不稳定的状态;如果有一个网络以外的冲击发生(例如,土地价格下降),几家融资平台可能面临偿付风险、甚至濒临破产,银行可能会随之调整信贷政策,从而使整个信贷市场的流动性趋于紧张,这可能使更多的融资平台面临着违约风险。20 世纪 90 年代,日本曾发生过企业接连破产的"多米诺"传染效应。经验表明,如果处于网络边缘位置的企业先发生破产,处于中心位置(Hub 节点)的企业可以通过和其他企业的信贷关联来分散风险,这时的 Hub 节点仍处于稳定状态;但如果处于 Hub 节点的企业先破产,那么风险将迅速向与其关联的叶子节点位置的企业传染,进而形成系统性风险[392, 393]。因此,这几家作为 Hub 节点的平台应作为重点监管对象。

我们还发现,融资平台共同信贷网络呈现显著的地理集聚特征。根据省级行政区划,有 18 个不同地区形成了区域性的聚集现象,其余 11 个地区没有形成集聚。其中,江苏省的聚集处于网络结构的中心位置,江苏交通控股有限公司和南京市城市建设投资控股(集团)有限责任公司处于这一聚集区的中心位置。由于区域聚集内部的各平台企业更易受到本地区的共同因素所影响,易形成区域性风险[24, 359];因此该地区应该作为重点监管区域。天津地区形成了又一个明显的聚集区域,天津渤海国有资产经营管理有限公司和天津市政投资有限公司处于该聚集区的中心。此外,安徽、重庆、四川也形成了明显的区域集聚现象,分别以安徽省高速公路控股集团有限公司、重庆城市交通开发投资(集团)有限公司和四川省水电投资经营集团有限公司为中心。综上,江苏、天津、安徽、重庆和四川是"关联而不倒"政策的重点监管地区。

② 仅规模因素的重要性平台企业、地区及风险传染路径。

通过图 6-10 分析"大而不倒"政策下的监管重点。我们发现,图中的 MST 显著区别于图 6-9,MST 呈现"超级星状(super-star like)",少数平台企业具有极高的节点度。根据度中心性,网络中的 Hub 节点为:重庆市轨道交通(集团)有限公司、厦门水务集团有限公司、绍兴市制水有限公司。这些平台企业应作为监管重点。

处于主干位置的平台企业有:重庆市轨道交通(集团)有限公司、贺州市城市建设投资开发集团有限公司、娄底锑都投资发展有限公司、河北宣化北山工业园投资有限责任公司、防城港市港工基础设施建设开发投资有限责任公司、厦门水务集团有限公司、厦门翔业集团有限公司、日照港股份有限公司、绍兴市制水有限公司,这些企业间构成的信贷渠道是系统性风险传染的关键路径。

我们发现 10 个地区形成了区域性聚集,聚集地区明显少于图 6-9。重庆地区的聚集处于网络结构的中心位置,重庆市轨道交通(集团)有限公司在聚集子类中起着决定性作用。另一个明显的聚集区是浙江,绍兴市制水有限公司处于中心位置。此外,江苏、四川也形成了聚集区。因此,"大而不倒"政策的重点监管地区为重庆、浙江、江苏和四川。

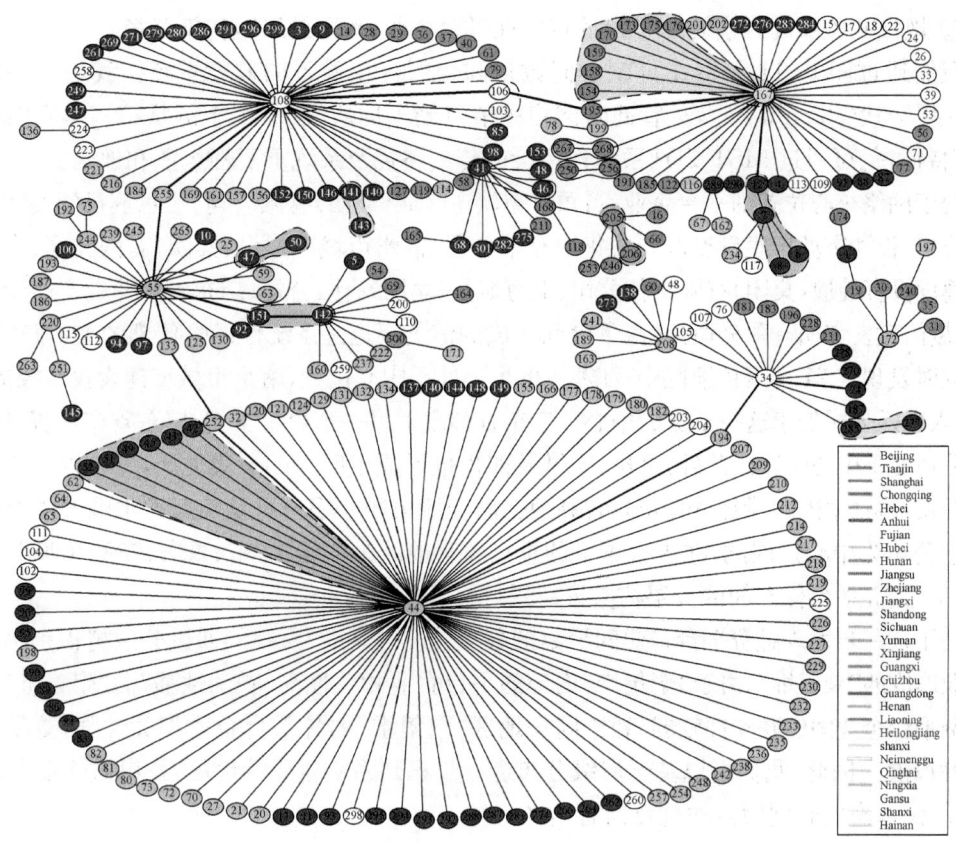

图6-10 α=0时，2013年融资平台样本间的最小生成树

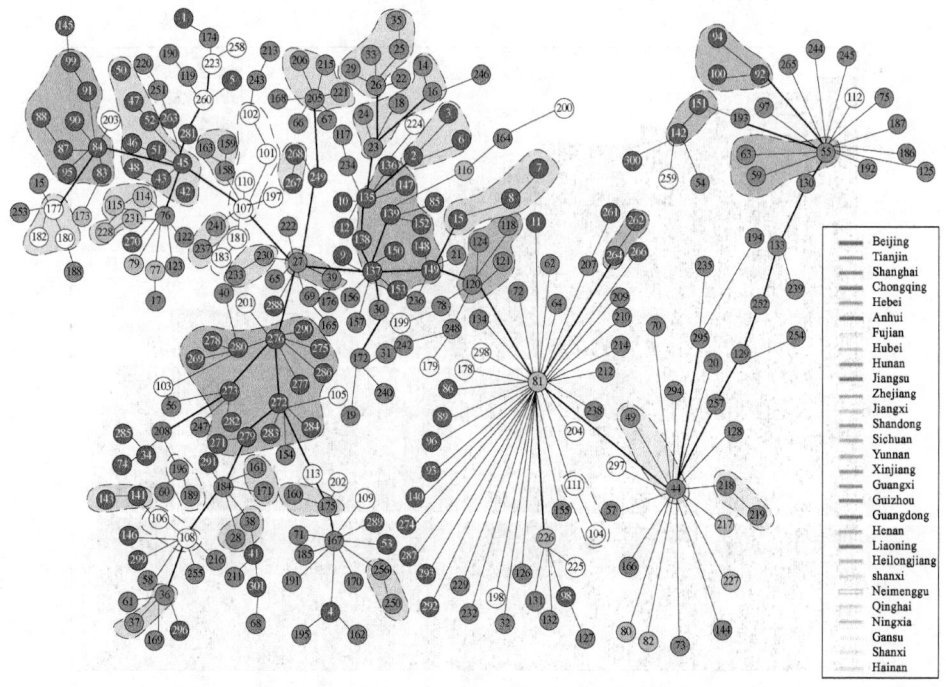

图6-11 α=0.5时，2013年融资平台样本间的最小生成树

③ 规模和关联度因素同时考虑的重要性平台企业、地区及风险传染路径。

我们通过图6-11分析在贷款合同数量和金额等权重下的监管重点。我们发现此时MST呈"链状(chain-like)",尽管此时网络中节点趋于同质性,但由于链状结构具有"核心-边缘"特征,仍可通过MST识别系统性风险的传染路径及系统重要性企业和地区。

处于网络核心位置的平台企业有:重庆市轨道交通(集团)有限公司、哈尔滨投资集团有限责任公司、长沙市城市建设投资开发集团有限公司、常州市城市建设(集团)有限公司、南京市城市建设投资控股(集团)有限责任公司、上海城投(集团)有限公司、广东省广业资产经营有限公司、厦门建发集团有限公司,这些平台间构成的信贷渠道是系统性风险传染的关键路径。

同时发现在21个聚集地区中,江苏省的聚集处于中心位置,南京市城市建设投资控股(集团)有限责任公司处于这一子类的中心。广东省形成了另一个聚集子类,广东省广业资产经营有限公司处于中心位置。此外,重庆、安徽及四川也形成了明显的聚集地区,分别以重庆城市交通开发投资(集团)有限公司、安徽省高速公路控股集团有限公司及四川省水电投资经营集团有限公司为中心。因此,在等权重下的重点监管地区为江苏、广东、重庆、安徽和四川。

(3) 融资平台样本间的分层树实证结果

为了进一步发现融资平台企业间聚集的分布效应与联动性,我们通过分层树识别融资平台企业形成的"聚集堆",由于"聚集堆"内部的平台企业相关性高、联动性强,而"聚集堆"之间的融资平台企业间的联动性较弱;处于同一地区"聚集堆"的各平台企业相关性强,更易形成区域性风险。因此,我们可以基于层级分布进一步识别系统重要性地区,找出监管重点。

① 仅考虑关联度因素的重点监管地区。

图6-12中纵坐标代表平台企业间的超度量距离。在分析中,我们按超度量距离从小到大的次序给出分层树的分类信息。

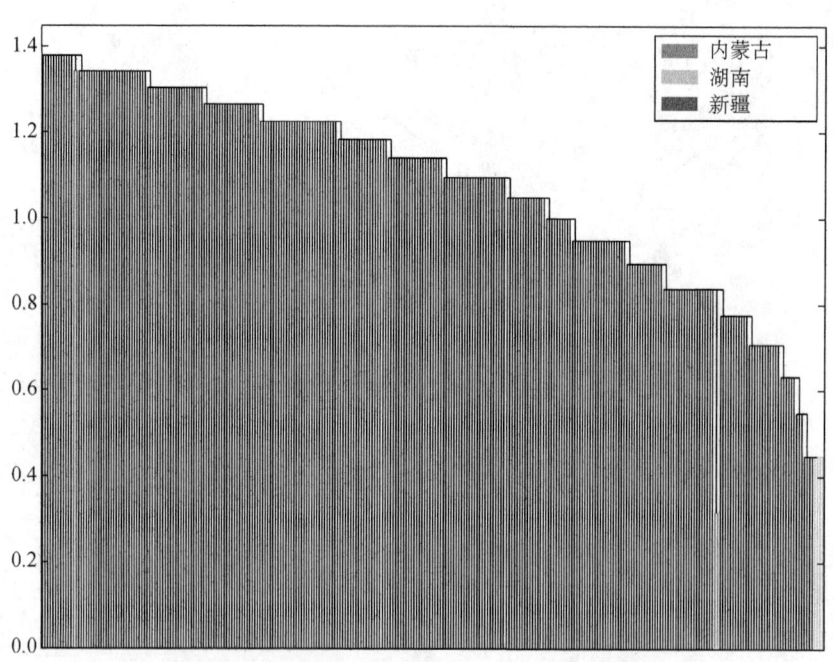

图6-12 $\alpha=1$时,2013年融资平台样本间的分层树

根据省级行政区划,可发现三类"聚集堆"。第一个子类是四川省,包含四川省水电投资经营集团有限公司和四川省能源投资集团有限责任公司,这两家平台间的超度量距离为1.128,代表着最强的相关性。第二个子类是江苏,包含南京汤山建设投资发展有限公司和无锡锡东新城建设发展有限公司。第三个子类是广西,包括南宁绿港建设投资集团有限公司和钦州市滨海新城置业集团有限公司。即仅考虑关联度因素时,四川、江苏、广西是重点监管地区。

② 仅考虑规模因素的重点监管地区。

图 6-13 中,我们发现了三类聚集堆:第一个子类与图 6-12 相同,但超度量距离是 0.316,显著小于图 6-12,表明平台企业间的相关性更强;第二个子类是江苏,包括江苏交通控股有限公司、南京市城市建设投资控股(集团)有限责任公司、南京新工投资集团有限责任公司、常州市城市建设(集团)有限公司;第三个子类是新疆,包括吐鲁番地区国有资产投资经营有限责任公司和阿克苏地区绿色实业开发有限公司。仅考虑规模因素时,四川、江苏、新疆是重点监管地区。

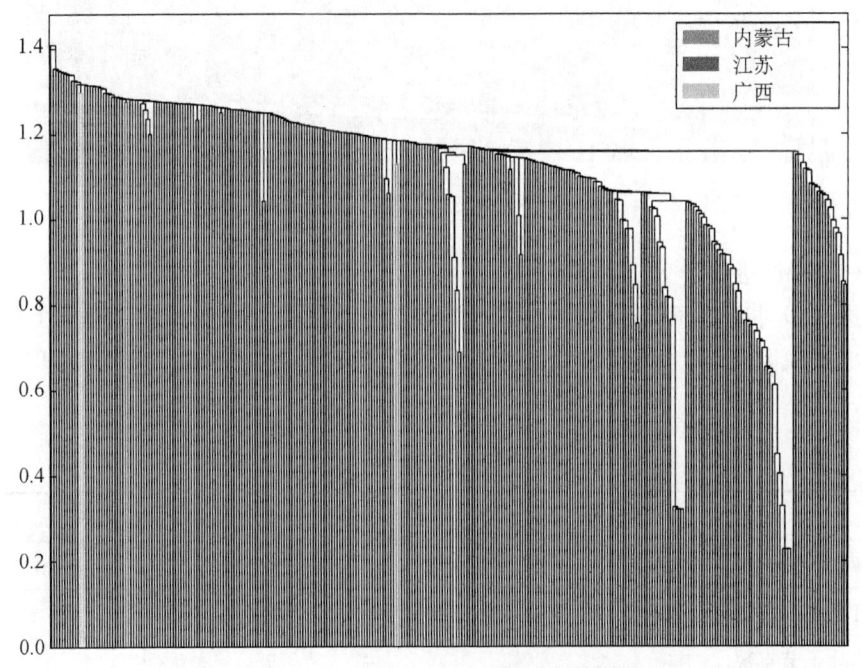

图 6-13 $\alpha=0$ 时,2013 年融资平台样本间的分层树

③ 考虑规模与关联因素的重点监管地区。

在图 6-14 中存在五类"聚集堆",多于其他两种情况。第一个子类是江苏,包括南京市城市建设投资控股(集团)有限责任公司和常州市城市建设(集团)有限公司,距离为 0.644;第二个子类是四川,包含四川省水电投资经营集团有限公司和四川省能源投资集团有限责任公司。第三个子类是我们发现的新地区——广东省,包括广东省交通集团有限公司和广州市城市建设投资集团有限公司。第四个子类是上海,包含上海嘉定公路建设发展有限公司和上海浦东发展(集团)有限公司;第五个子类是广西,包含南宁绿港建设投资集团有限公

司和钦州市滨海新城置业集团有限公司。等权重考虑规模与关联度因素时,江苏、四川、广东、上海和广西是重点地区。

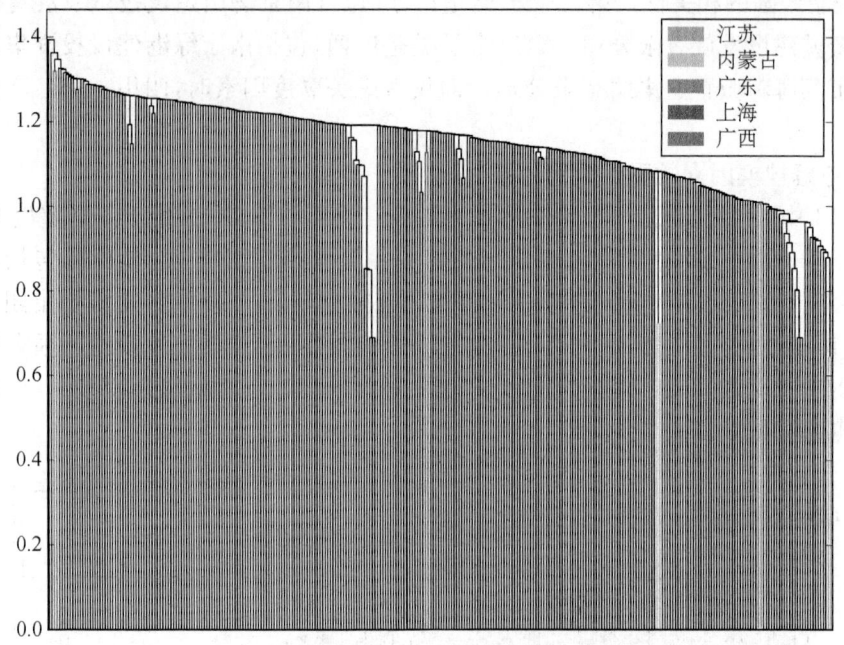

图 6-14　$\alpha=0.5$ 时,2013 年融资平台样本间的分层树

(4) 对结果的进一步分析和讨论

为了进一步讨论"大而不倒"与"关联而不倒"政策在重点监管企业和地区上的差异,比较了仅考虑规模因素、仅考虑关联度因素及两种因素等权重考虑时 MST 和 HT 的统计特征,见表 6-8。

表 6-8　MST 及 HT 统计特征的数值结果

	$\alpha=0$	$\alpha=0.5$	$\alpha=1$
归一化树长	1.103 0	1.139 6	1.077 0
特征路径长度	6.457 2	7.809 2	5.523 8
非叶子节点数	42	95	51
表型相关系数	0.346 5	0.376 4	0.467 1

当 $\alpha=0.5$ 时,归一化树长及特征路径长度均最大,表明 MST 更松散;相同的结论也能从非叶子节点数的变化得到。结合前文分析结论,通过考察融资平台贷款合同数量与金额的相关性、二分网络中平台企业的度及强度分布、不同信贷度量距离下 MST 及 HT 结构及统计特征的差异,发现融资平台企业基于关联度因素及规模因素形成信贷关联结构存在显著差异。因此,监管者采取"大而不倒"和"关联而不倒"政策时,监管重点应有不同。

当 $\alpha=1$ 时,表型相关系数最大,表明此时融资平台间的层次性增强;还发现此时的归一化树长及特征路径长度最短,表明融资平台间的相关性最高。该结果表明:相比规模因素而言,关联度因素在融资平台样本中的信贷相似性更为明显。这一结论与危机后学者们呼吁关注"关联而不倒"的系统重要性问题一致[394]。

当 $\alpha=0$ 时,非叶子节点数最小,但归一化树长及特征路径长度仍大于 $\alpha=1$ 时的。事实上,尽管关联度因素在金融危机后得到了广泛关注,但在度量因素时仍不可忽视规模因素[395],因此我们全面分析了"大而不倒"和"关联而不倒"两种政策下的重点平台企业、地区及风险传染路径。

为了观察 MST 的子类(聚集地区)与 MST 的差异,我们比较了归一化类长(L_{NCL})与归一化树长。当 $\alpha=0.5$ 时,江苏省的融资平台形成了最紧密的子类,$L_{NCL}=1.0162$,长度大于其他两种情况。值得注意的是,此时江苏省恰好处于 MST 主干结构的中心位置。结合前文结论,江苏省应为重点监管地区。此结论与野村(2015)《中国风险的地区分布》一致。

3) 分析结论

为了研究融资平台违约对银行系统的影响,本节将融资平台与银行等金融机构形成的二分网络投影为由融资平台企业构成的单模网络;为了识别具有系统重要性的平台企业、地区、及系统性风险传染路径,将亚超度量空间分析方法引入融资平台风险研究,构建了一个融资平台企业相互关联的网络模型;基于规模因素和关联度因素两方面来设定融资平台网络的信贷相似性度量距离,进一步求解融资平台样本间的最小生成树(MST)及分层树(HT),并比较了不同度量距离下最小生成树及分层树的统计特征,进而识别"大而不倒"和"关联而不倒"政策下的融资平台系统重要性机构及地区。研究发现:

(1) 融资平台企业信贷关联的主干结构具有无标度性,对于选择性冲击呈现脆弱性。由此识别重要性机构和地区及传染路径。因此,有针对性地监管和救助系统重要性平台企业对于防范系统性风险至关重要。

(2) 融资平台信贷关联的主干结构呈现高度层次化的特征,即信贷关联风险呈现明显的地理集聚特征,更易呈现区域性的暴发。因此,重要地区的监管对防范区域性风险至关重要。

(3) 平台企业基于关联度因素及规模因素形成的信贷关联结构存在显著差异。因此,监管者可通过采取不同的权重,综合考虑融资平台企业基于关联度和规模两种因素的信贷关联,全面考虑"关联而不倒"和"大而不倒"政策监管。

(4) 2013 年样本的实证分析表明,"关联而不倒"政策应重点监管的融资平台为:北京能源集团有限责任公司、营口港务集团有限公司、上海城投(集团)有限公司、天津渤海国有资产经营管理有限公司、南京市城市建设投资控股(集团)有限公司;"大而不倒"政策应重点监管的融资平台为:重庆市轨道交通(集团)有限公司、厦门水务集团有限公司、绍兴市制水有限公司、河北宣化北山工业园投资有限责任公司;等权重考虑两种政策时应重点监管的融资平台为:哈尔滨投资集团有限责任公司、重庆市轨道交通(集团)有限公司、河北宣化北山工业园投资有限责任公司、南京市城市建设投资控股(集团)有限公司、上海城投(集团)有限公司及四川省水电投资经营集团有限公司。"关联而不倒"政策的重点监管地区为:江苏、天津、安徽、重庆和四川;"大而不倒"政策的重点监管地区为:重庆、浙江和四川;等权重考虑两种政策时的重点监管地区为:江苏、广东、重庆、四川和安徽。

6.5　土地市场对融资平台违约风险传染效应的情景分析

在 6.4 节，我们基于融资平台企业数据、土地市场数据和宏观经济数据对风险传染机理进行了计量分析，检验了风险传染渠道的存在性和有效性。由于中国现实并未发生过土地市场大幅下行引起融资平台企业大规模违约的事实，在本节将从情景分析视角探讨土地市场对融资平台违约风险传染效应。

6.5.1　分析框架

由于融资平台是一个总体性的概念，分析土地市场对单个融资平台的风险传染效应难以描述地方融资平台风险的总体性特征。对融资平台风险的总体性分析上，现有文献大多沿着省级行政区域或国家整体的政府债务风险这一分析思路展开[11-18]。

系统性风险具有"自下而上"积累和引发的特点，总体数据可能掩盖了系统隐藏的真正风险，难以揭示系统的复杂性特征。那么，如何既对土地市场的风险传染效应做总体性的描述，又兼顾地方融资平台风险的系统性特征？

我们从一般性机构及持有资产的视角探讨系统性风险的传染效应。Zhigang Zhao 等(2013)构建了一个由各个机构和其持有的不同类型资产组成的二分网络，分析了资产价格下跌而引起的机构破产，进而引发其他资产价格下跌、更多的机构相继破产的多米诺效应[396]。Xuqing Huang 等(2013)基于"银行-持有资产"二分网络模型研究了美国银行业持有的各类资产价值波动及流动性变化对银行系统性风险的传染问题[397]。

参照 Xuqing Huang 等(2013)的研究思路，构建由各家融资平台及其持有的土地资产组成的二分网络[397]。根据用地性质划分融资平台持有的土地资产类型，探讨各类土地资产的价值波动及流动性对融资平台企业违约风险的传染效应。

相比 6.1 节，本节的讨论不仅涵盖了地方融资平台系统性风险的时间维度，还同时考虑了系统性风险的网络效应，将基于情景分析角度，研究不同流动性水平下土地价格波动对融资平台违约风险的传染效应，探讨不同救助程度对融资平台违约风险的影响。

6.5.2　研究数据

基于本章精选的 2013 年融资平台样本企业持有的土地资产，根据用地性质将土地资产划分为住宅、商业、办公、工业、公共设施和采矿六种类型。由于各个融资平台样本企业收集的土地数据总和与宏观统计存在着一定差异，存在数据残缺问题。在宏观层面的统计描述上，业内研究报告及专家、学者普遍认为土地资产在融资平台总资产中占比超过 70%，局部地区可能超过 80%、甚至 90%。国土资源部一位内部人士曾表示①，84 个重点城市土地抵押贷款融资总额已经达到 8.7 万亿元，其中包括企业抵押融资，但政府城投、建投等融资平台占绝大部分；而从审计署披露的地方债务数据②上看，"政府负有偿还责任的债务"为

---

① http://www.chinairn.com/news/20140823/125258582.shtml
② 根据 2013 年国家审计署发布的全国政府性债务审计结果

10.89万亿元。当土地资产总额取8.7进行估算时,土地资产占比为8.7/10.89=79.89%。

基于稳健原则,将土地资产占比取为60%。按以下步骤对残缺数据进行填充:

未知资产的总数:$B_i - \sum_{\text{known assets}} B_{i,m}$,然后按照$\langle w_m \rangle$将总数分配到各类未知资产。例如,若某融资平台缺乏资产x和y的数据,资产x可按下式算出:

$$B_{i,x} = (B_i - \sum_{m \neq x,y} B_{i,m}) \frac{\langle w_m \rangle}{\sum_{m=x,y} \langle w_m \rangle} \tag{6-20}$$

6.5.3 "土地—融资平台"二分网络级联失效模型

1) 模型构建及基本变量

如图6-15,各家融资平台和其持有的不同类型土地资产构成了一个二分网络。融资平台i持有的各类土地资产记为$B_{i,1}$, $B_{i,2}$, $B_{i,3}$, ⋯, $B_{i,m}$。由于土地资产划分为住宅、商业、办公、工业、公共设施和采矿六种类型,m值为6。融资平台i的总资产记为B_i,总负债记为L_i。

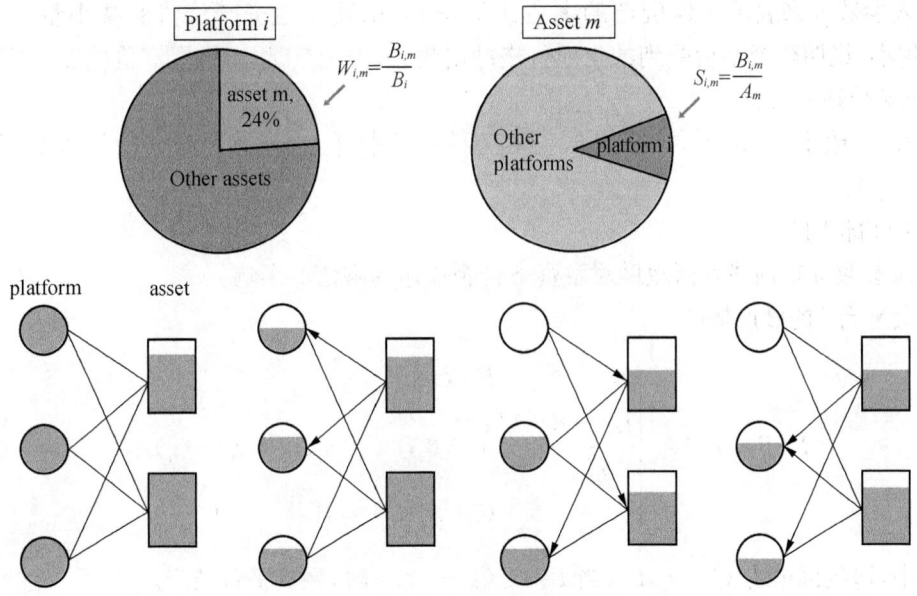

图6-15 "土地—融资平台"二分网络模型示意图

各类土地资产的权重:

$$W_{i,m} = \frac{B_{i,m}}{B_i} \tag{6-21}$$

某类土地资产的总市场价值:

$$A_m = \sum_i B_{i,m} \tag{6-22}$$

融资平台的某类土地资产占市场的份额:

$$S_{i,m} = \frac{B_{i,m}}{A_m} \tag{6-23}$$

资产的平均权重:

$$\langle w_m \rangle = \frac{\sum_i w_{i,m}}{N}, \quad N \text{ 为融资平台总数} \tag{6-24}$$

可以清晰看出,土地风险的传染过程(模型的级联失效过程)为:由左向右,初始条件下某一类型的土地资产出现价格下跌,引发持有这一土地资产的融资平台总资产收缩;当某一融资平台资不抵债时就会出现破产的现象,破产的融资平台由于资产的抛售或清算会进一步降低土地资产的市场价值,进而导致其他持有该资产的融资平台出现总资产价值收缩或破产,引起相继违约的多米诺效应。在模型中,风险的传染过程一直持续到系统中不再有融资平台破产的时刻。

2）模型中表征土地价格、流动性及外部救助的三个重要参数

（1）土地价格

引入参数 ρ 来表示土地资产的剩余比例,用以描述土地资产价值的减小量,$\rho \in [0,1]$。ρ 越小,说明融资平台受到的土地价格冲击越大。$\rho=0$ 时,土地资产价值变为零;$\rho=1$ 时,资产未受到冲击。

某类土地资产 m 受到冲击时,融资平台 i 持有的土地资产 m 价值减少量为 $B_{i,m}(1-\rho)$。

（2）外部救助

引入参数 η 来描述外部救助对融资平台企业违约阈值的影响。

融资平台 i 的破产概率:

$$P(B_i, L_i) = \begin{cases} 0, & B_i \geqslant L_i \\ \dfrac{L_i - B_i}{\eta L_i}, & \eta \neq 0 \text{ 且 } L_i > B_i > (1-\eta)L_i \\ 1, & (1-\eta)L_i > B_i \end{cases} \tag{6-25}$$

其中,违约阈值为 $(1-r)L_i$,当 $B_i < (1-r)L_i$ 时,融资平台破产。

$\eta \in [0, 0.5]$,是用来控制公差的函数,使得融资平台资产低于其负债。r 为随机数,用来描述外部援助对破产临界值(distress barrier)的效应,r 随机分布于 $[0, \eta]$。

（3）土地市场供求流动性

引入参数 α,描述融资平台破产后抛售土地资产时市场流动性对土地价格的影响。

$\alpha \in [0, 1]$,假设破产的融资平台拥有的资产 m 总市值遭受了 $\alpha B_{i,m}$ 的价值损失,资产 m 的单位价格就变成 $\dfrac{A_m - \alpha B_{i,m}}{A_m}$,即破产引起了资产价格的下降。

$\alpha=0$ 时,土地市场流动性极佳,破产平台的资产处置(销售)不会对资产市场价值造成影响;因此,资产 m 的价格没有变化;

$\alpha=1$ 时,土地市场流动性极差,资产价值可能为零,资产 m 的总市场价值可减少至 $A_m - B_{i,m}$。

6.5.4 分析结果及讨论

1)土地价格波动对融资平台违约的影响分析

(1) 所有类型土地价格下降对融资平台企业破产的影响

首先,我们当外界不提供救助时,土地价格下降及市场流动性对融资平台的违约风险传染效应。此时,$\eta=0$。

根据图 6-16,可分析所有类型土地价格共同下降时对融资平台企业破产的影响。可以看出,当土地价格下降幅度小于 10% 时,所有融资平台均未受影响。当土地价格下降幅度超过 10% 时,开始出现融资平台企业破产。

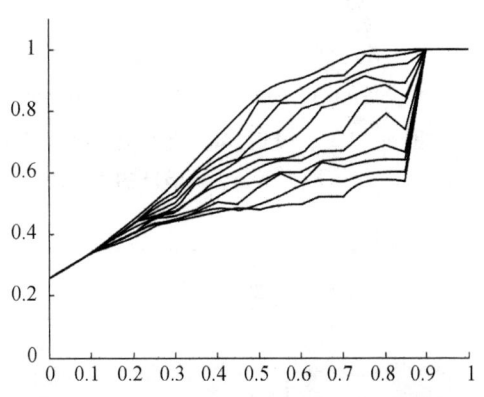

图 6-16　$\eta=0$ 时,所有类型土地价格下降对融资平台企业破产的影响图①

当 ρ 值下降时,参数 α 的值越大,图线下降的越明显。这表明市场流动性越差,融资平台企业违约比率越大。当 $\alpha>0.6$ 时,图线在 $\rho\in[0.8,0.9]$ 的区域内出现的显著的下降,表明土地市场流动性差时,土地价格只需下降不超过 20% 即引起约 40% 的融资平台破产。当 $\alpha<0.5$ 时,图线随着 ρ 值下降而缓慢下降。当 $\rho=0.6$ 时,即土地价格下跌 40% 时,α 取 0 至 0.3 时的融资平台幸存比例超过了 80%;而 α 取 0.4,0.5 时的融资平台幸存比例在 60%~70%。由此可以看出,土地市场流动性好时,土地价格对融资平台的违约风险影响较小;而流动性差时,土地价格对融资平台的违约风险影响较大。

(2) 单一类型土地价格下降对融资平台企业破产的影响

在上一部分讨论了所有类型土地价格共同下降时的情况,本部分讨论初始冲击为单一类型土地价格下降时引起的违约风险传染。尽管在现实中不会出现单一类型土地价格下降的情况,但在本研究模型中将单一类型土地价格下降作为初始冲击,在讨论不同性质土地价格的风险影响时,仍具有重要意义。

由于研究样本中,办公用地和工业用地价格变化并未对融资平台企业违约产生显著影响;本节将重点分析住宅用地、商业用地、公共设施用地和采矿用地价格波动的风险影响。计算结果见图 6-17~图 6-20。

在四种土地类型中,住宅用地价格影响最大,当住宅用地价格下降 30% 时,开始有融资平台企业破产;而商业用地价格需下降 45% 左右才会引起融资平台破产。对于采矿用地和公共设施用地而言,地价需下降超过 60% 才会引起融资平台破产。

对于住宅用地价格下降的情况,当土地市场流动性较好时,最终约 80% 的融资平台企业会幸存;而当土地市场流动性较差时,随着地价下跌,只有 40% 的融资平台企业幸存。

---

① 其中,x 轴表示参数 ρ,y 轴表示融资平台的幸存(未破产)比例,α 取 0 到 1(0.1 间隔)对应了图中各图线。

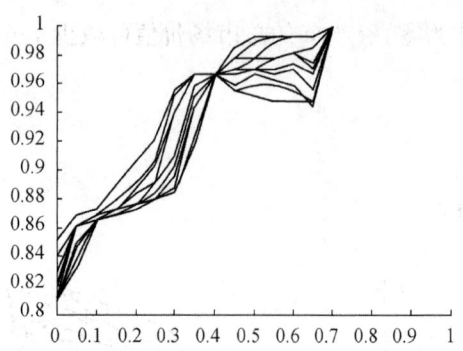

图 6-17　$\eta=0$ 时，单一类型土地价格下降对融资平台企业破产的影响图

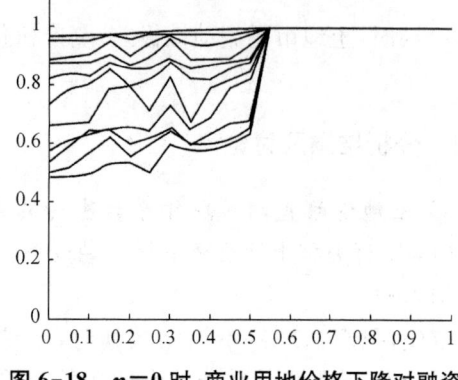

图 6-18　$\eta=0$ 时，商业用地价格下降对融资平台企业破产的影响图

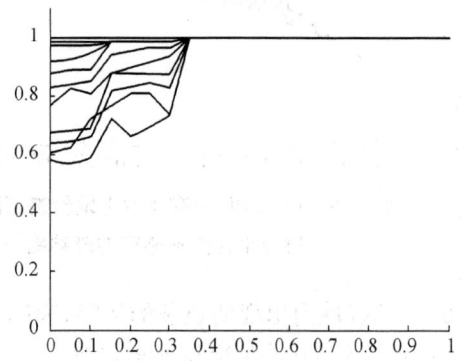

图 6-19　$\eta=0$ 时，采矿用地价格下降对融资平台企业破产的影响图

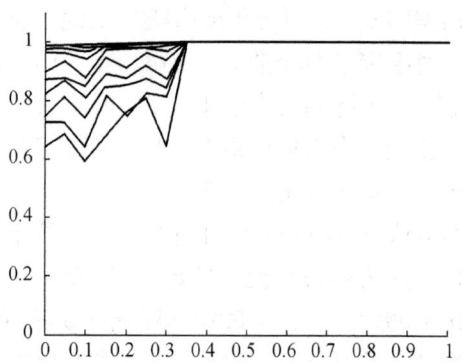

图 6-20　$\eta=0$ 时，公共设施用地价格下降对融资平台企业破产的影响图

对于商业用地价格下降的情况，当土地市场流动性较好时，最终80%~95%的融资平台企业会幸存；而当土地市场流动性较差时，随着地价下跌，50%~60%的融资平台企业幸存。对于采矿用地和公共设施，即使市场流动性最差时，仍有约60%融资平台企业幸存。因此，对于不同用地性质的土地价格而言，需重点关注住宅市场价格。

2）地方融资平台在不同土地价格及流动性下的风险分布

假定超过70%的融资平台企业仍幸存的情况为稳定状态，超过30%的融资平台违约为不稳定状态。对于给定的土地价格变动幅度及流动性水平，在图 6-21 中存在两个区域：图线左侧区域为融资平台在土地风险冲击下的稳定区域，右侧区域为融资平台在土地风险冲击下的不稳定区域。

由图 6-21 可以看出，图中的稳定区域面积大于非稳定区域。当 $\alpha<0.4$ 时，即，土地市场流动性较好时，即便土地价格下降较大幅度，融资平台系统仍

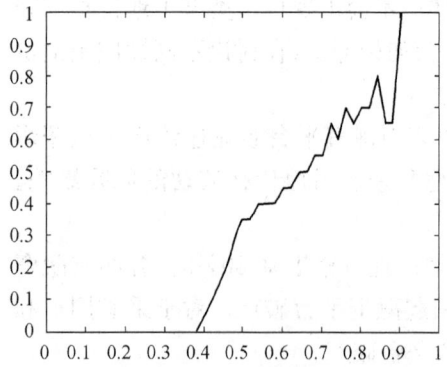

图 6-21　$\eta=0.26$ 时，地方融资平台在土地风险冲击下的稳定边界图①

---

①　其中，x 轴表示参数 α，y 轴表示参数 ρ。

是稳定的；当 $0.7 < \alpha < 0.9$ 时，土地市场流动性较差时，土地价格下跌超过30%时，系统进入不稳定状态；而当 $\alpha > 0.9$ 时，市场流动性极差，此时的融资平台系统是不稳定的。

对于监管者而言，使地方融资平台系统维持在稳定区域是极其重要的。

3）不同救助程度对融资平台违约的影响分析

上一节讨论了融资平台不受外界救助时的土地风险传染情况，本节将讨论不同救助程度对土地传染的影响。分析参数 η 为 0 到 0.5（0.1间隔）时所有土地类型价格共同下降对融资平台的风险传染，如图 6-22 所示。

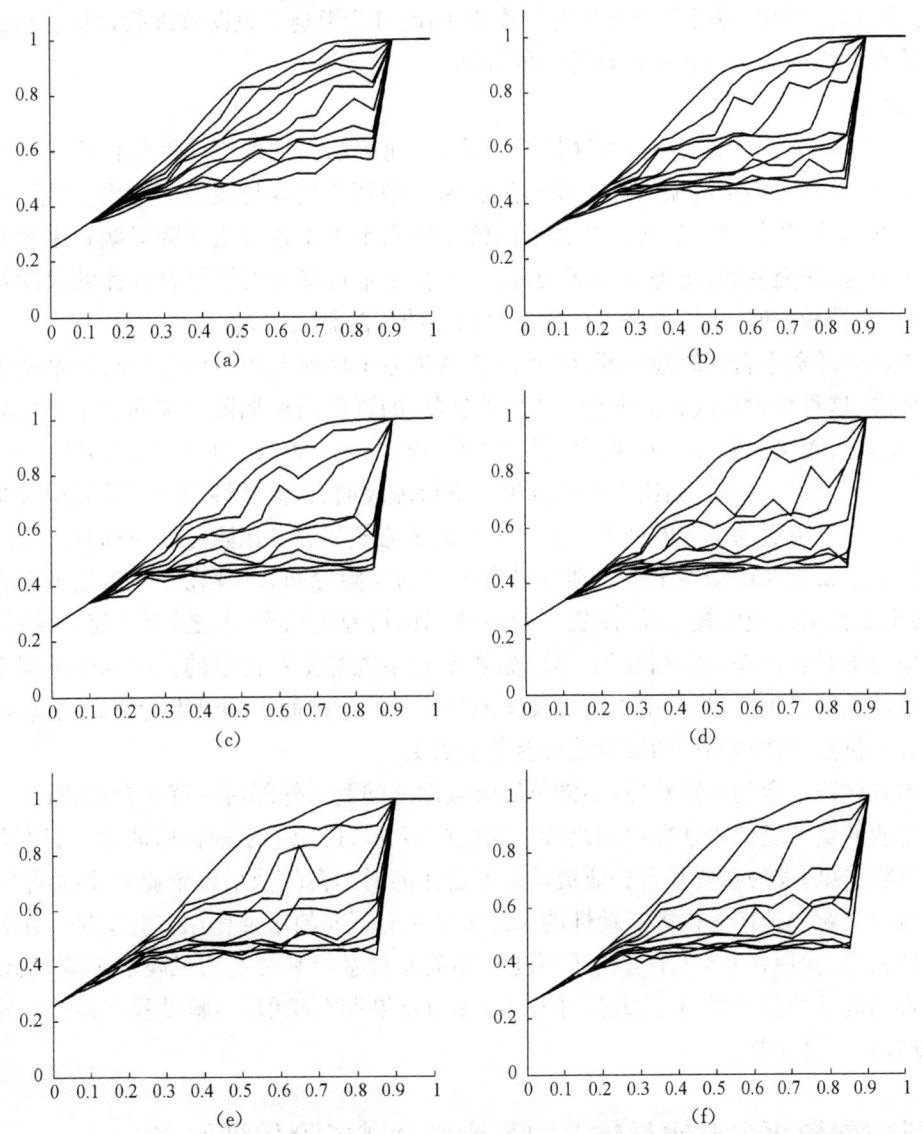

图 6-22　$\eta = 0 \sim 0.5$ 时，所有类型土地价格下降对融资平台企业破产的影响图①

---

① 其中，x 轴表示参数 ρ，y 轴表示融资平台的幸存（未破产）比例，α 取 0 到 1（0.1间隔）对应了图中各图线。从左向右、由上到下依次为 $\eta = 0 \sim 0.5$ 时（0.1间隔）的图像。

在图中观察融资平台幸存公司比例对土地价格下降的图线变化,发现:$\eta=0.1\sim0.5$ 对应的各个图中只有在 $\alpha<0.5$ 时,图线的趋势相比 $\eta=0$ 时才出现显著变化。这一现象表明,只有在土地市场流动性较差时,救助效果才显著。

进一步对 $\eta=0.1\sim0.5$ 时对应的图像进行观察,发现当 $\eta>0.3$ 时,图线的改善趋势不再显著,表明地方融资平台在受到一定程度的外部救助时,风险状况会得到改善。救助效果存在阈值,当救助程度超过一定程度时,救助效果不再显著。

在参数 η 的设定时,由于引入随机数 r 描述外部援助对破产临界值(distress barrier)的影响,并没有对特定的融资平台企业进行救助,因此可能影响了救助效果的评价。后续研究可对系统重要性融资平台企业进行特定的救助。

4) 讨论

在 6.5.4 节第 1)点中我们得到这样的结论:土地市场的供求流动性与价格波动呈现显著的相关性,并且土地市场流动性主要通过影响土地资产变现价值进而作用于融资平台违约风险。在本节,我们进一步通过考察不同流动性水平下土地价格下降对融资平台违约风险的传染效应,研究发现:土地市场流动性较好时,土地价格对融资平台的违约风险影响较小;市场流动性较差时,土地价格对融资平台的违约风险影响较大。

对于地方融资平台的风险判断,学者们普遍认为土地收益的不确定性将给融资平台带来偿付风险,这种偿付风险在商业银行"长贷短存"的资产负债期限错配问题下集中表现为流动性风险(肖耿等,2009;魏加宁,2010;巴曙松,2014;刘煜辉,2014;许成钢,2010)[13,14,16,17,22]。当前,相比土地市场价格下行风险而言,流动性问题可能是引发地方融资平台系统性风险更为主要的因素。为了探讨地方融资平台的风险监管,我们在 6.5.3 节分析了不同土地价格及流动性水平下地方融资平台的风险分布,发现在土地市场流动性极好时,即便土地价格出现大幅下跌,融资平台系统仍保持稳定状态;反之,市场流动性极差时,无论土地价格是否出现一定幅度的下跌,融资平台系统都是不稳定的。尽管市场流动性与价格呈现较强的相关性,现实中不会出现土地价格大幅下跌而市场仍维持较高的流动性,但我们的分析仍然对实践层面的风险监管有重要意义。

对地方融资平台的风险管控,还涉及风险救助的问题。外部对融资平台提供的救助,会使平台企业的资产负债表状况得到改善。我们在第五章讨论了土地价格波动—资产负债表渠道的风险传染,发现融资平台企业流动资产占比的增加会降低平台企业的违约风险,还发现融资流动性对土地市场供求流动性的风险传染具有正向的增强作用。为了进一步探讨风险监管的成本,我们在 6.5.3 节分析了不同外部救助对融资平台违约风险的影响,发现只有在土地市场流动性较差时,救助效果才显著;救助效果存在阈值,当救助程度超过一定程度时,救助效果不再显著。

6.6 地方融资平台对银行体系的系统性金融风险传染效应

我们在前几节主要基于时间维度探讨了土地市场对融资平台违约风险传染问题,本节将基于截面维度研究融资平台违约风险对银行体系的系统性金融风险传染效应。值得指出的是,本节对融资平台违约风险传染效应的探讨,着眼于融资平台违约后对银行体系的风险影响,而并非融资平台违约概率的大小。

在研究样本上,我们在本研究的基础数据库中精选了土地资产占比较高的融资平台企业,由此探讨由土地风险引发的融资平台违约对银行体系的风险传染。

首先,讨论系统性风险传染效应问题中基于网络范式分析系统重要性机构的研究路径;在此基础上,结合中国地方融资平台的风险现状及可能的风险传染方向,进一步讨论二分网络模型用于动态地描述融资平台企业违约风险经由银行体系传染至其他融资平台这一问题的特殊性,进而得到地方融资平台对银行系统性风险传染效应的分析框架。

然后,基于系统重要性企业对系统性风险的传染具有决定性影响这一认知,通过计算系统重要性企业违约对整个地方融资平台信贷系统性风险的贡献度,分析地方融资平台信贷系统的稳定性。我们运用 DebtRank 方法构建"融资平台-银行"二分网络的级联失效模型。通过定义节点的风险水平,基于网络相互关联来量化风险损失的传染,用以评估每家融资平台对系统性风险的贡献度,以及各地区的区域性风险对全国系统性风险的贡献度。

最后,基于实证数据计算每家融资平台的 DebtRank 值,检验并比较基于网络中心性、最小生成树和分层树方法及 PageRank 方法得到的系统重要性企业在抵御选择性风险冲击时对系统性风险控制的有效性,还将得到融资平台系统重要性企业及地区的风险分布。

6.6.1 分析框架

系统性风险的核心就是风险传染效应问题;2008 年金融危机后,对系统性风险的研究更多地聚焦于系统重要性机构。因此,我们对地方融资平台对银行体系的系统性金融风险传染效应的研究核心是对系统重要性融资平台企业的识别。

在对系统性重要性进行网络分析的范式中,学者们主要沿着两类路径:一是基于静态地描述网络中各个机构间的相互关联性来确定系统重要性机构(Newman et al, 2006;Fang He and Xi Chen, 2016)[398,399];二是基于动态地描述金融机构破产对网络中其他机构的影响来识别其系统重要性(Upper, 2007)[362]。

在第 6.4 小节,我们基于改进 PageRank 算法及亚超度量空间的最小生成树和分层树方法对地方融资平台系统重要性的研究,是以上述的第一种路径展开的。在本节,我们将采用第二种路径对融资平台系统重要性做进一步研究。

值得指出的是,现有文献采用网络分析范式时,研究对象以银行间市场为主,采用的是单模网络。在我们的研究问题中,由融资平台和银行构成的信贷系统,涉及融资平台和银行两类主体,是二分网络问题。在现有文献对二分网络的研究中,通常将原始的二分网络映射到单模网络,这就涉及一个风险传染方向的问题:风险是由银行倒闭传染给企业,还是由企业违约传染给银行?

有学者研究了日本和意大利的信贷市场,将"银行—企业"二分网络映射为银行共同贷款的单模网络,探讨的风险传染方向是银行失败对企业的影响。但在中国,地方融资平台系统性风险不大可能出现由某家银行失败引起融资平台企业的风险损失,更可能出现融资平台企业违约对银行体系的风险传染。因此,我们对融资平台和银行构成的信贷系统进行分析时,将二分网络映射为融资平台企业间的单模网络,用以研究融资平台企业违约对银行体系的系统性金融风险传染。

在运用二分网络进行第二种路径(基于动态地描述机构破产对网络中其他机构的影响来识别其系统重要性)分析时,还产生了一个新问题:基于银行间市场的单模网络在分析网络中各主体相继破产时,符合现实情况,即某银行的破产可能引发其他银行的破产;但基于信贷市场分析时,融资平台违约并不一定会引起银行的破产,以及银行破产引起其他融资平台的破产。在模型分析中,如果银行不破产,那么就难以描述风险的多米诺传染效应。

如何在银行体系不出现大规模破产的情景下,描述融资平台违约风险经由银行体系进而传染到其他融资平台和银行的风险传染过程?我们通过文献回顾,找到了这一问题的解决思路。有学者运用 DebtRank 方法分析了美国银行间市场的系统性风险[400];在此基础上,DebtRank 方法被扩展运用到日本的"银行-企业"信贷系统[106]。在对日本的信贷市场进行分析时,DebtRank 方法很好地对企业违约引起的银行系统性风险传染过程进行了动态描述。故本节基于 DebtRank 方法,构建"融资平台—银行"级联失效模型,研究中国地方融资平台违约风险对银行体系的系统性金融风险传染效应。

6.6.2 "融资平台—银行"二分网络的级联失效模型

为了动态地描述地方融资平台企业违约对银行体系的风险传染过程,我们首先给定某个融资平台遭受了最大的损失,并根据网络关联来量化分析由该融资平台的初始冲击对整个网络风险传染的贡献度。

将融资平台 f 的风险损失程度记为 h_f,将银行 β 的风险损失程度记为 h_β,取值范围为 0 到 1,1 表示最大的风险损失程度,即破产;0 表示"健康"的状态。因此,为了分析融资平台 f_0 的系统重要性,首先令 $h_{f_0}=1$,其他的 h_f 及 h_β 为 0。然后,将融资平台 f 对银行 β 的风险传染 h 定义为

$$h_\beta \to h_\beta + \sum_f \omega_{\beta f} h_f \tag{6-26}$$

将银行 β 对融资平台 f 对的风险传染 h 定义为

$$h_f \to h_f + \sum_\beta \omega_{f\beta} h_\beta \tag{6-27}$$

传染矩阵的元素 ω 记为

$$\omega_{f\beta} = \frac{C_{\beta f}}{\sum_{\beta'} C_{\beta' f}} \tag{6-28}$$

$$\omega_{\beta f} = \frac{C_{\beta f}}{\sum_{f'} C_{\beta f'}} \tag{6-29}$$

其中,$C_{\beta f}$ 表示银行 β 对融资平台 f 的贷款,如图 6-23 所示。

值得指出的是,我们的网络研究中不会出现多重的环形路径:一旦风险损失由融资平台 f 传染至银行 β,而后再回到融资平台 f,风险损失不会再传染至银行 β;对于由银行 β 传染至融资平台 f 的情形是

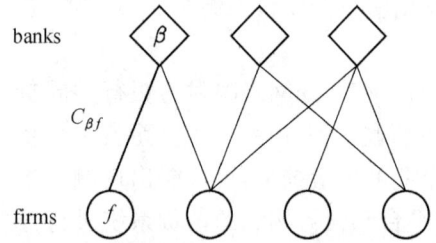

图 6-23 "融资平台—银行"二分网络级联失效模型示意图

类似的。

我们将融资平台和银行的加权平均风险损失分别定义为

$$d_f(f_0) = \frac{\sum_f A_f h_f}{\sum_f A_f} \tag{6-30}$$

$$d_\beta(f_0) = \frac{\sum_\beta A_\beta h_\beta}{\sum_\beta A_\beta} \tag{6-31}$$

其中，A_f 表示融资平台 f 的总资产；A_β 表示银行 β 的总资产。

将 $d_f(f_0)$，$d_\beta(f_0)$ 归一化后相加，得到

$$d(f_0) = \frac{d_f(f_0)}{\text{Max}[d_f(f)]} + \frac{d_\beta(f_0)}{\text{Max}[d_\beta(f)]} \tag{6-32}$$

将 $d(f_0)$ 称为融资平台 f_0 的 DebtRank 值。DebtRank 值越高，表示融资平台 f_0 对系统性风险的贡献程度越大。

6.6.3 结果分析

基于本研究建立的基础数据库，精选出 2013 年土地资产占比较高的样本企业；运用 DebtRank 方法计算每家融资平台的 DebtRank 值，用以评估融资平台违约风险损失对系统性风险的贡献度。

1) 基于系统重要性的融资平台信贷系统稳定性分析

基于系统重要性企业对系统性风险的传染具有决定性影响这一认知，通过计算系统重要性企业违约对整个地方融资平台信贷系统性风险的贡献度，分析地方融资平台信贷系统的稳定性。

首先基于网络中心性识别融资平台系统重要性企业，并结合 6.4 节的分析结果，对不同方法得到的融资平台系统重要性企业汇总。在此基础上，进一步计算系统重要性融资平台的 DebtRank 值。由此分析地方融资平台信贷系统在系统重要性企业违约这一选择性风险冲击下的稳定性，并基于对系统性风险的贡献度来比较不同方法对系统重要性企业识别的有效性。

（1）不同方法分析的融资平台系统重要性企业汇总

为了论证本章选用的最小生成树（MST）法及改进的 PageRank 方法在识别系统重要性企业时相比一般网络统计参数法（网络中心性）具有优越性，本节计算了基于网络中心性识别的系统重要性平台企业。

网络中心性指标是网络分析中的常用统计参数。我们基于度中心性（Degree Centrality）、接近中心性（Closeness Centrality）及中介中心性（Betweenness Centrality）三个网络统计参数来识别系统重要性平台企业，并将排名前 20 的融资平台企业列出，计算结果如下（表 6-9～表 6-11）：

表 6-9 融资平台企业的度中心性排序

序号	融资平台企业名称	网络结点序号	数值
1	重庆两江新区开发投资集团有限公司	43	298
2	营口港务集团有限公司	76	298
3	长沙经济技术开发集团有限公司	119	298
4	云南建工集团有限公司	231	298
5	北京经济技术投资开发总公司	10	297
6	滁州市城市建设投资有限公司	99	297
7	云南省能源投资集团有限公司	228	297
8	南昌城市建设投资发展有限公司	178	296
9	赣州发展投资控股集团有限责任公司	180	296
10	淄博市城市资产运营有限公司	188	296
11	江东控股集团有限责任公司	95	295
12	湖北省联合发展投资集团有限公司	114	295
13	新疆生产建设兵团建设工程(集团)有限责任公司	241	294
14	重庆城市交通开发投资(集团)有限公司	45	293
15	重庆市涪陵国有资产投资经营集团有限公司	52	293
16	安徽省高速公路控股集团有限公司	84	293
17	安徽省皖北煤电集团有限责任公司	87	293
18	芜湖经济技术开发区建设投资公司	91	293
19	浏阳经开区开发投资有限公司	122	293
20	南京市城市建设投资控股(集团)有限责任公司	137	293

表 6-10 融资平台企业的接近中心性排序

序号	融资平台企业名称	网络结点序号	数值
1	重庆两江新区开发投资集团有限公司	43	0.993 4
2	营口港务集团有限公司	76	0.993 4
3	长沙经济技术开发集团有限公司	119	0.993 4
4	云南建工集团有限公司	231	0.993 4
5	北京经济技术投资开发总公司	10	0.990 1
6	滁州市城市建设投资有限公司	99	0.990 1
7	云南省能源投资集团有限公司	228	0.990 1
8	南昌城市建设投资发展有限公司	178	0.986 8
9	赣州发展投资控股集团有限责任公司	180	0.986 8

(续表)

序号	融资平台企业名称	网络结点序号	数值
10	淄博市城市资产运营有限公司	188	0.986 8
11	江东控股集团有限责任公司	95	0.983 6
12	湖北省联合发展投资集团有限公司	114	0.983 6
13	新疆生产建设兵团建设工程(集团)有限责任公司	241	0.980 4
14	重庆城市交通开发投资(集团)有限公司	45	0.977 2
15	重庆市涪陵国有资产投资经营集团有限公司	52	0.977 2
16	安徽省高速公路控股集团有限公司	84	0.977 2
17	安徽省皖北煤电集团有限责任公司	87	0.977 2
18	芜湖经济技术开发区建设投资公司	91	0.977 2
19	浏阳经开区开发投资有限公司	122	0.977 2
20	南京市城市建设投资控股(集团)有限责任公司	137	0.977 2

表6-11 融资平台企业的中介中心性排序

序号	融资平台企业名称	网络结点序号	数值
1	安顺市国有资产管理有限公司	268	0.994 5
2	广西投资集团有限公司	249	0.939 5
3	重庆两江新区开发投资集团有限公司	43	0.677 5
4	重庆市涪陵国有资产投资经营集团有限公司	52	0.638 1
5	重庆城市交通开发投资(集团)有限公司	45	0.543 7
6	重庆市渝南资产经营有限公司	47	0.539 6
7	营口港务集团有限公司	76	0.281 8
8	长沙经济技术开发集团有限公司	119	0.281 8
9	云南建工集团有限公司	231	0.281 8
10	北京经济技术投资开发总公司	10	0.276 7
11	滁州市城市建设投资有限公司	99	0.273 7
12	云南省能源投资集团有限公司	228	0.273 7
13	南昌城市建设投资发展有限公司	178	0.265 3
14	赣州发展投资控股集团有限责任公司	180	0.264 1
15	淄博市城市资产运营有限公司	188	0.264 1
16	四川省水电投资经营集团有限公司	205	0.259 1
17	四川省能源投资集团有限责任公司	206	0.259 1
18	湖北省联合发展投资集团有限公司	114	0.256 1
19	江东控股集团有限责任公司	95	0.255 7
20	龙岩交通发展集团有限公司	113	0.250 2

改进 PageRank 方法识别的系统重要性企业,最小生成树法识别的系统重要性企业见 6.4.3 节分析结果,由于篇幅原因,此处不再重复列出。

(2) 地方融资平台信贷系统在随机性及选择性风险冲击下的稳定性

基于融资平台违约风险冲击对系统性风险的贡献度来分析地方融资平台信贷系统的稳定性。比较样本中前 20 家系统重要性企业和随机选取的 20 家企业的 DebtRank 值,探讨融资平台信贷系统在随机性风险冲击及选择性风险冲击下的稳定性。

首先在融资平台样本中分三次随机地选取了 20 家企业;然后,基于前文分析结果,在只考虑关联度因素($\alpha=1$)、只考虑规模因素($\alpha=0.5$)、规模和关联度因互等权重考虑($\alpha=0$)三种情况的最小生成树中,根据度中心性分别选取排名前 20 的重要性企业;同时,根据融资平台企业的单模网络的中介中心性、接近中心性及 PageRank 值,分别选取排名前 20 的重要性企业(参见表 6-9、表 6-11 及表 6-3);最后,计算了上述不同情况的 20 家企业的 DebtRank 平均值,计算结果如图 6-24 所示。

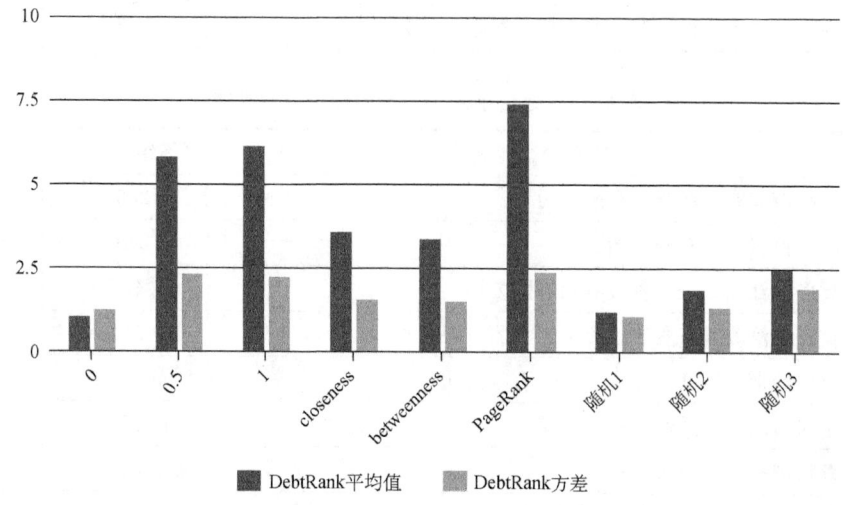

图 6-24 地方融资平台系统在随机性及选择性风险冲击下的稳定性①

将选择性选取和随机性选取的 20 家公司 DebtRank 平均值及方差进行对比,初始冲击为系统重要性节点的选择性冲击下 DebtRank 平均值显著高于随机性冲击的情形。例如,PageRank 值最大的 20 家融资平台企业的 DebtRank 均值为 7.21,为随机性选取的融资平台企业平均值的三倍以上。地方融资平台信贷系统在选择性风险冲击下的风险损失显著大于随机性冲击。此计算结果证明了前文中运用最小生成树、改进 PageRank 等方法分析系统重要性节点的有效性。即,网络中的节点呈现异质性,少数节点对网络稳定性影响大,而多数节点对网络稳定性影响小。少数节点对于网络整体而言具有系统重要性。

根据图 6-24,改进 PageRank 方法在识别融资平台系统重要性企业时最为有效,其次为仅考虑关联度因素(参数 α 取值为 1)及等权重考虑规模和关联度因素时(参数 α 取值为 0.5)

---

① 图中自左向右依次为基于仅关联度因素、等权重的关联度及规模因素、仅关联度因素的最小生成树、接近中心性、中介中心性、改进 PageRank 方法识别的系统重要性企业及三组随机性选取的企业违约损失对融资平台的系统性风险贡献度

的最小生成树方法。

接近中心性和中介中心性的识别结果则接近于随机选取的平台企业,识别效果较差。这一分析结果从中国地方融资平台风险领域印证了 Kobayashi(2013)对网络中介中心性、接近中心性及 PageRank 方法在识别网络中的重要性节点时效果的判断[378]:网络中介中心性及接近中心性难以正确评估一个节点的重要性和传染性,而 PageRank 方法则具有较好的效果。

同时,图 6-24 的计算结果还证明了在运用最小生成树方法分析融资平台系统重要性企业时,参数 α 取值为 0.5 和 1 时的效果显著优于 α 为 0 的情况。相比规模因素而言,关联度因素在识别系统重要性企业时更为重要。

在 DebtRank 的离散程度方面,系统重要性平台企业的方差普遍大于随机性选取的平台企业,表示系统重要性企业 DebtRank 值的变化更大,呈现异质性,风险差异更大。

2) 地方融资平台企业的风险分布

通过计算每家融资平台企业的 DebtRank 值,得到融资平台企业的风险分布,将结果在极坐标中显示,如图 6-25 所示。

在图中,极角越大表示融资平台的资产规模越大,极径越小,表示 DebtRank 值越大,在图中的位置越趋于中心。

我们在此前已经讨论过系统重要性企业识别时兼顾规模因素及关联度因素的重要性,本节基于规模和关联度两方面来识别系统重要性企业。在我们的研究模型中,DebtRank 值描述了由于网络关联而引发的风险传染,由此用 DebtRank 绝对值描述关联度因素,用总资产描述规模因素。

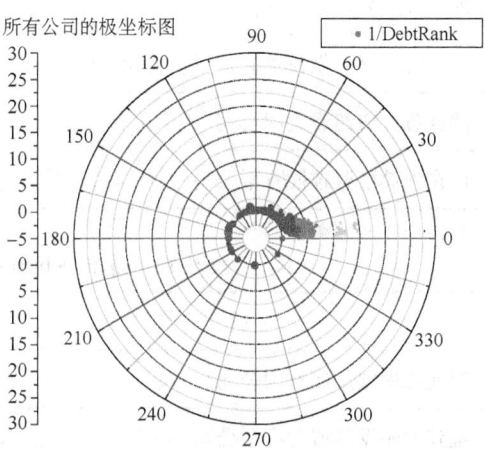

图 6-25 地方融资平台企业的风险分布图①

首先基于关联度因素识别 DebtRank 绝对值大的融资平台,即图 6-25 中靠近极点、颜色趋于红色的点,分析结果见表 6-12;然后,基于规模和关联度两方面来识别 DebtRank 相对值大的融资平台,即考虑 DebtRank 和总资产的比值,分析结果见表 6-13。DebtRank 相对值大的节点,表示资产规模不大、却对系统性风险贡献较大的融资平台。

通过表 6-12 和表 6-13 的对比可以发现,DebtRank 绝对值和相对值的评价标准下,具有系统重要性的融资平台企业呈现完全不同的排列顺序。DebtRank 绝对值大的融资平台企业中,资产规模也较大,多为一线城市或大省份的省级基础设施建设公司。而在 DebtRank 相对值大的融资平台企业中,排名前列的平台在资产规模上并不大,DebtRank 绝对值也不大,在每单位资产对应的 DebtRank 值却比其他平台(尤其是 DebtRank 绝对值大的平台)要大,可以发现此类系统重要性企业中出现不少市级融资平台。由此可发现,在行政层级上,融资平台的风险并不是全集中在省级平台。

---

① 其中,极角表示某个融资平台的总资产,极径表示融资平台的 1/DebtRank 值;颜色由绿色向红色变化依次表示 DebtRank 值由小到大。

表 6-12　基于 DebtRank 绝对值的系统重要性融资平台

公司	总资产	DebtRank
北京市基础设施投资有限公司	3.27E+11	15.847 18
上海城投(集团)有限公司	3.63E+11	20.134 81
上海申通地铁集团有限公司	2.68E+11	17.146 48
河南能源化工集团有限公司	2.69E+11	17.453 03
江苏交通控股有限公司	2.11E+11	15.308 21
江西省高速公路投资集团有限责任公司	1.96E+11	12.783 73
四川高速公路建设开发总公司	1.8E+11	11.713 84
云南省公路开发投资有限责任公司	1.49E+11	12.937
陕西省交通建设集团公司	2.04E+11	13.319 68
广东恒健投资控股有限公司	1.61E+11	9.950 689

表 6-13　基于 DebtRank 相对值的系统重要性融资平台

公司	总资产	DebtRank	DebtRank/资产
黑龙江中盟集团有限公司	3.49E+09	0.521 733	1.495 4E−10
福建漳州发展股份有限公司	3.43E+09	0.640 288	1.868 6E−10
衡阳市湘江水利投资开发有限公司	5.88E+09	0.901 36	1.533 8E−10
南京长江第三大桥有限责任公司	3.21E+09	0.482 752	1.501 9E−10
浙江大唐乌沙山发电有限责任公司	6.82E+09	0.893 193	1.310 6E−10
菏泽市投资开发公司	7.94E+09	0.912 966	1.150 1E−10
山西省交通开发投资集团有限公司	2.14E+10	2.904 286	1.354 3E−10
新华水电投资股份有限公司	8.9E+09	0.996 997	1.119 7E−10
新疆生产建设兵团建设工程(集团)有限责任公司	1.38E+10	1.802 804	1.305 7E−10
广东粤电航运有限公司	6.39E+09	0.702 415	1.098 5E−10

3) 地方融资平台的区域性风险分布

为了评估各地区的区域性风险对全国范围的系统性风险贡献度,我们分析地方融资平台风险损失的地区分布。

按照省级行政区划,汇总融资平台 DebtRank 值的计算结果,见表 6-14 所示。

表 6-14 地方融资平台风险损失的地区分布表

省份	数量	DebtRank 平均值	总资产平均值	DebtRank/总资产
陕西省	1	13.319 7	2.04E+11	6.514 5
河南省	4	5.655 1	1.02E+11	5.554 2
云南省	7	4.615 4	6.97E+10	6.621 4
北京	13	3.873 4	8.51E+10	4.551 6
上海	16	3.279 7	6.39E+10	5.131 6
内蒙古自治区	2	3.254 7	4.83E+10	6.737 6
江西省	7	3.223 0	5.74E+10	5.615 7
青海省	3	2.772 1	8.16E+10	3.398 9
天津	12	2.457 2	5.53E+10	4.445 3
广东省	28	2.351 5	5.08E+10	4.628 3
重庆	13	2.289 1	4.70E+10	4.872 6
江苏省	20	1.856 3	3.81E+10	4.868 0
甘肃省	2	1.819 5	3.52E+10	5.173 3
山西省	6	1.757 6	2.72E+10	6.462 9
广西壮族自治区	10	1.701 7	2.90E+10	5.862 7
四川省	18	1.691 3	2.91E+10	5.806 1
安徽省	18	1.684 5	3.08E+10	5.476 7
湖北省	3	1.656 3	3.38E+10	4.902 0
黑龙江省	6	1.616 4	4.47E+10	3.616 2
福建省	13	1.549 4	2.71E+10	5.723 1
辽宁省	9	1.545 2	3.28E+10	4.716 8
湖南省	18	1.159 8	2.30E+10	5.052 8
山东省	13	1.152 3	2.22E+10	5.198 2
新疆维吾尔自治区	13	1.129 1	2.65E+10	4.255 1
宁夏回族自治区	2	1.013 2	2.42E+10	4.182 2
浙江省	23	0.918 5	2.58E+10	3.554 1
贵州省	9	0.831 2	2.23E+10	3.721 6
河北省	10	0.810 2	1.68E+10	4.835 2
海南省	2	0.685 6	1.19E+10	5.741 1

将融资平台样本数量小于10的地区剔除,分析融资平台DebtRank结果的地区差异,如图6-26和图6-27所示。可以看出,从DebtRank平均水平的绝对值看,不同省份的差异较大。北京、上海、天津和重庆的DebtRank平均水平较高,表明:四个直辖市的区域性风险对全国范围的系统性风险贡献程度最大。DebtRank平均水平较低的地区也包括浙江在内的部分经济发达省份,这一分析结果表明,浙江地区对全国范围的系统性风险贡献程度最小。从DebtRank/总资产的平均水平上看,各省的水平较为平均,无显著差异。

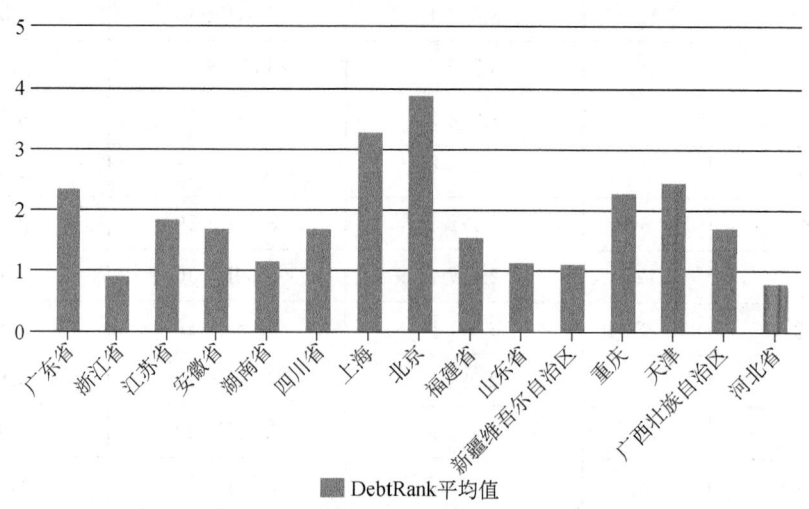

图6-26 不同地区的融资平台DebtRank平均水平图

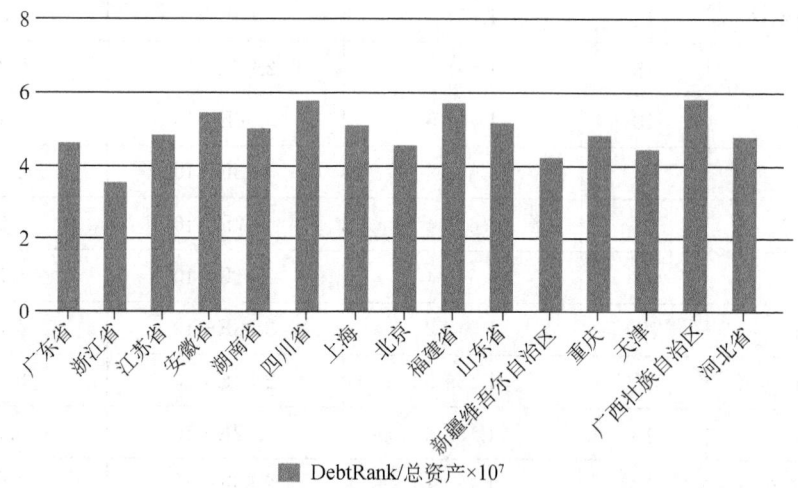

图6-27 不同地区的融资平台DebtRank/总资产的平均水平图

4) 系统重要性地区分析——以北京和上海为例

由上一小节分析结论,北京和上海地区对全国范围的系统性风险贡献最大。本节选取这两个地区做重点分析。

我们基于总资产、总负债、资产负债率与DebtRank值之间的相互关系分析北京和上海的融资平台风险水平,如图6-28~图6-30所示。

6 土地市场波动对城投公司债务系统性风险传染效应与实证

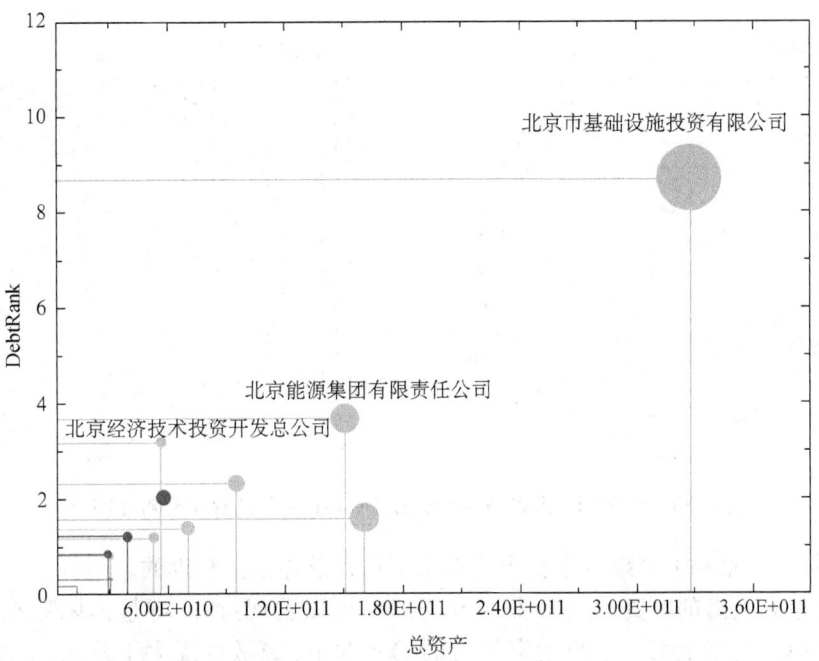

图 6-28 北京市融资平台企业风险的 DebtRank 分析图[①]

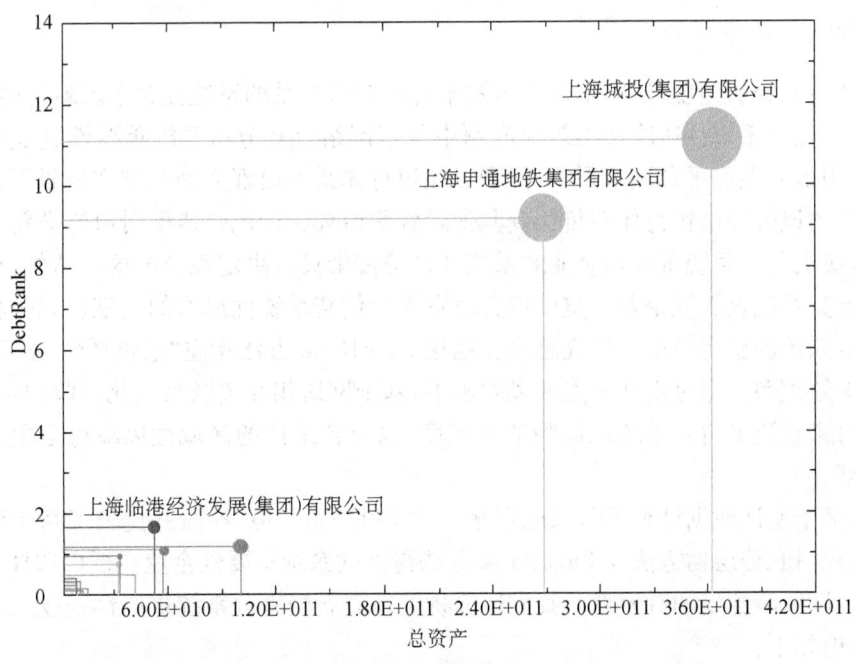

图 6-29 上海市融资平台企业风险的 DebtRank 分析图[②]

---

① 图中节点的大小表示对应融资平台总负债的大小,节点的颜色由浅到深依次表示对应融资平台资产负债率由小到大。
② 图中节点的大小表示对应融资平台负债的大小,节点的颜色由浅到深依次表示对应融资平台资产负债率由小到大。

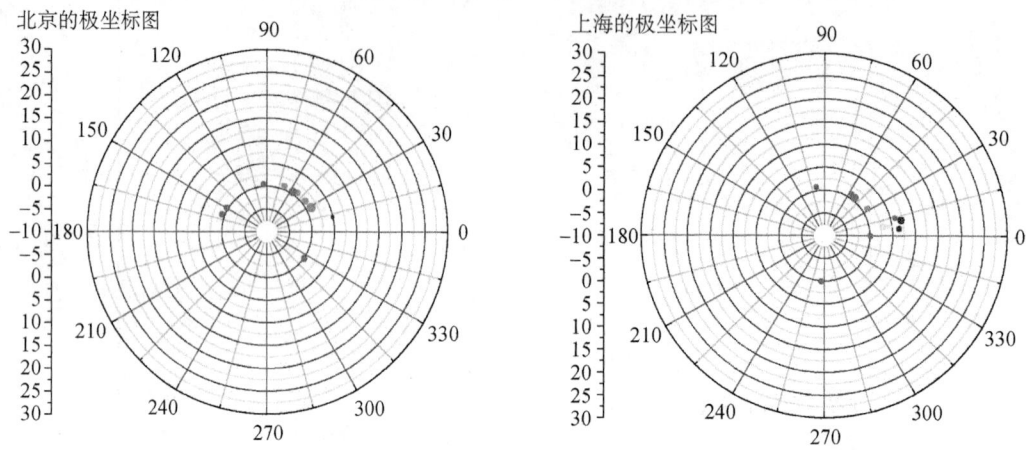

图 6-30　北京和上海融资平台企业 DebtRank 值的极坐标对比图①

可以看出,北京和上海融资平台企业的总资产在总体上是相近的。

对比北京和上海的融资平台 DebtRank 分布,可以发现:在区域整体风险水平上,北京融资平台的风险大于上海。上海融资平台的 DebtRank 离散程度大于北京,上海的一些融资平台企业对系统性风险贡献较小。

6.6.4　结论

本章从情景分析角度,研究了地方融资平台对银行体系的系统性金融风险传染效应。

首先,讨论了系统性风险传染效应问题中基于网络范式分析系统重要性企业的研究路径,结合中国地方融资平台风险现实,得到了在银行体系不出现大规模破产情景下动态描述融资平台违约风险经由银行体系传染到其他融资平台和银行风险传染问题的研究方法。

其次,我们基于系统重要性企业对系统性风险传染具有决定性影响这一认知,创新性地提出通过计算系统重要性企业对整个地方融资平台信贷系统性风险的贡献度来分析地方融资平台信贷系统的稳定性这一研究思路。运用 DebtRank 方法构建"融资平台-银行"二分网络的级联失效模型。通过定义节点的风险水平,基于网络相互关联来量化风险损失的传染,用以评估每家融资平台对系统性风险的贡献度,以及各地区的区域性风险对全国系统性风险的贡献度。

最后,基于实证数据计算了每家融资平台的 DebtRank 值,检验并比较了基于网络中心性、最小生成树和分层树方法及 PageRank 方法得到的系统重要性企业在抵御选择性风险冲击时对系统性风险控制的有效性。我们还分析了地方融资平台系统重要性企业及地区的风险分布,结论如下:

实证研究表明,地方融资平台信贷系统在选择性风险冲击下的风险损失显著大于随机性冲击下的风险损失。

在地方融资平台信贷系统中,平台企业对系统性风险的贡献度呈现显著的异质性,具有

---

① 其中,左侧为北京市的极坐标图,右侧为上海。极角表示某个融资平台的总资产,极径表示融资平台的 1/DebtRank 值;颜色由浅向深色变化依次表示 DebtRank 值由小到大。

系统重要性的企业对整体的系统性风险贡献度最大。

运用改进 PageRank 方法和最小生成树法识别地方融资平台系统重要性企业最为有效；相比规模因素而言，关联度因素在识别系统重要性企业时更为重要。

少数资产规模不大、却对系统性风险贡献度高的融资平台需要重点监管，此类企业多为市级平台。

北京、上海、天津和重庆地区的区域性风险对系统性风险贡献度最大，浙江地区的区域性风险对系统性风险贡献度较小。

6.7 本章小结

本章研究数据收集及构建融资平台复杂网络，分析地方融资平台系统性风险特征，并对宏观审慎框架下地方融资平台的系统重要性进行研究，运用"土地—融资平台"二分网络的级联失效模型讨论土地市场对融资平台违约风险的传染效应，并运用 DebtRank 方法构建"融资平台-银行"二分网络的级联失效模型，研究地方融资平台对银行体系的系统性金融风险传染效应。

首先，对地方融资平台系统性风险的内涵进行界定；阐述本研究的数据来源及收集、整理过程，并对样本数据进行描述性的统计与分析，分析土地资产在融资平台中的占比。基于自下而上的视角构建公司层面的地方融资平台信贷数据库，我们得以基于资产负债表渠道构建地方融资平台的复杂网络模型。之后构建由融资平台企业和对应的贷款银行构成的二分网络信贷系统，进而由二分网络映射到融资平台企业间的单模网络。

其次，研究发现地方融资平台信贷网络不具备无标度特性，但却具有小世界特征，网络中的局部结构可能具有明显的聚集效应。地方融资平台的传染风险，可能并不是由一家或少数几家重要性融资平台企业违约而引起，更可能是由于局部区域性的企业违约，进而通过融资平台与银行之间复杂的信贷关联而传染到整个信贷系统。融资平台系统性风险的识别与监管可能并不聚焦于某个融资平台企业，而是着眼于系统中一部分能够形成风险聚集效应的融资平台企业，这对于有效监管地方融资平台的系统性和区域性风险非常重要。

第三，基于关联度因素采用 PageRank 算法识别地方融资平台的系统重要性企业，研究发现：少数融资平台企业的 PageRank 值较高，而多数企业的 PageRank 值较低。PageRank 值较高的企业具有系统重要性，由此识别了具有系统重要性的 30 家融资平台企业；对 30 家系统重要性企业进一步分析，在行政层级分布上，省级企业占比较大；在区域分布上，东部地区重要性企业占比较大。东部地区的关键区域为广东、北京、浙江和上海，中部地区的关键区域是安徽，西部地区的重点区域是重庆、四川；系统重要性企业与土地资产密切关联，土地市场风险引起的系统重要性融资平台违约易引发系统性风险。因此，加强土地市场的风险管控对减少融资平台系统性风险具有重要意义；融资平台系统重要性企业的资产负债率较高，盈利能力较弱，偿债能力一般，且依赖借新债还旧债，存在一定的偿债风险。

第四，基于规模及关联因素的亚超度量空间分析发现：融资平台企业信贷关联的主干结构具有无标度性，对于选择性冲击呈现脆弱性。由此识别重要性机构和地区及传染路径。因此，有针对性地监管和救助系统重要性平台企业对于防范系统性风险至关重要；融资平台信贷关联的主干结构呈现高度层次化的特征,即信贷关联风险呈现明显的地理集聚特征,更易呈现区域性的暴发。因此,重要地区的监管对防范区域性风险至关重要;平台企业基于关联度因素及规模因素形成的信贷关联结构存在显著差异。因此,监管者可通过采取不同的权重,综合考虑融资平台企业基于关联度和规模两种因素的信贷关联,全面考虑"关联而不倒"和"大而不倒"政策监管。

第五,基于"土地—融资平台"二分网络的级联失效模型讨论土地市场对融资平台违约风险的传染效应。研究发现:土地市场流动性较好时,土地价格波动对融资平台的违约风险影响较小;市场流动性较差时,土地价格波动对平台的违约风险影响较大。对于不同用地性质的土地价格,需重点关注住宅市场价格。另外,通过分析不同土地价格及流动性水平下平台的风险分布发现:在土地市场流动性极好时,即便土地价格出现大幅下跌,融资平台系统仍保持稳定状态;反之,市场流动性极差时,无论土地价格是否出现一定幅度的下跌,融资平台系统都是不稳定的。最后,为了进一步探讨风险监管的成本,分析了不同外部救助对融资平台违约风险的影响,发现只有在土地市场流动性较差时,救助效果才显著;救助效果存在阈值,当救助程度超过一定程度时,救助效果不再显著。

最后,运用 DebtRank 方法构建"融资平台—银行"二分网络的级联失效模型,用以评估每家融资平台对系统性风险的贡献度,以及各地区的区域性风险对全国系统性风险的贡献度;检验基于网络中心性、最小生成树(MST)和分层树(HT)及改进 PageRank 方法等得到的系统重要性企业在抵御选择性风险冲击时的有效性。实证研究发现:地方融资平台信贷系统在选择性风险冲击下的风险损失显著大于随机性冲击下的风险损失;在地方融资平台信贷系统中,平台企业对系统性风险的贡献度呈现显著的异质性,具有系统重要性的企业对整体的系统性风险贡献度最大;运用改进 PageRank 方法和最小生成树法识别地方融资平台系统重要性企业最为有效;相比规模因素而言,关联度因素在识别系统重要性企业时更为重要;少数资产规模不大、却对系统性风险贡献度高的融资平台需要重点监管,此类企业多为市级平台;北京、上海、天津和重庆地区的区域性风险对系统性风险贡献度最大,浙江地区的区域性风险对系统性风险贡献度较小。

7 土地市场波动对地方政府债券系统性风险传染效应与实证

7.1 地方政府债券复杂网络构建

系统性风险在截面维度上体现在网络传染风险。在本书的研究问题中,地方政府与银行间复杂的债务关联易引发系统性风险传染。为了研究地方债务的系统性风险问题,基于网络理论、运用债券渠道数据构建地方债务复杂网络,即基于地方债券系统的二分网络模型。以各省级地方政府和以银行为主的债券主承销商为顶点,以各年地方政府发行的地方政府债券发行额度为边,构建地方债务二分网络,进一步分为无权和赋权债务二分网络,无权网络重点描述节点间,及地方政府和银行间是否存在债务关系,赋权网络具体量化债务关系强度(图7-1)。在此基础上,分析地方债务网络结构,研究地方政府系统性风险特征(为叙述方便,本节部分将"地方政府债务网络"简称为"债务网络")。

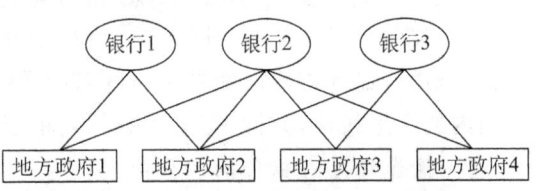

图 7-1 "地方政府—银行"二分网络模型

二分网络的研究通常有两种思路:第一种是把二分网络投影到单顶点网络然后进行网络分析,第二种是直接基于原始二分网络进行分析。将二分网络投影到单顶点网络进行分析会出现如信息丢失、边剧增、额外投影信息等问题,因此直接发展基于原始二分网络的分析方法是研究二分网络的主要方法,能准确把握原始二分网络信息的基本方法。本节构建的地方债务二分网络并分析的主要思路为,在简要的降维分析基础上,主要遵从第二种研究方法,即基于原始二分网络结构进行分析。

7.2 数据采集与说明

1)地方政府债券

2015年,新《预算法》实施,地方政府被赋予举债融资职能。虽然国际上银行贷款与发行债券均可被地方政府用来融资,但国内则是选择发行债券一种方式,即禁止地方政府以除发行地方政府债券以外的方式举债,发行地方政府债券成为地方政府债务性融资的唯一渠道。因此,从2015年来,地方政府除未完成置换的存量债务以外,新增以及部分存量置换的债务都以地方债券形式存在。本节构建地方政府债务网络从地方政府债券出发,搜集2015年和2016年的所有地方政府债券数据,数据来源为Wind数据库。

2)地方政府和银行相关数据

地方政府债券发债主体涵盖了31个省级地方政府和4个计划单列市(青岛、大连、宁波和厦门),为统一范围,将计划单列市发行债券并入所在省份,因此涉及地方政府范围为31个省级地方政府(包括直辖市)。由于地方政府债券的偿债资金主要来自土地出让收入以及其他专项收入,因此涉及地方政府的具体指标主要为财税收入、土地出让、房地产市场等相关的宏观经济指标,包括土地出让金、房地产相关五类税收、地方税收、地方财政收入、地方GDP等,数据来源为Wind数据库。

我国地方政府债券的发行方式包括:公募发行和定向承销。其中,采用公募发行方式的包括新增债券和部分置换债券,另一部分置换债券则采用定向承销的方式发行。定向承销的置换债券即向指定银行发行债券置换存量债务,公募发行的债券也由以银行为主的金融机构承销,虽然名曰银行"承销",实际是由银行"包销",由银行理财或自营资金购买,以换取地方政府存款以及后续的其他合作项目。因此,本书建立债务网络的重要前提之一为银行以承销地方政府债券的方式成为地方政府新增和置换债务的主要债权人。此外,地方政府债券承销商包含主承销商、副主承销商和分销商,由于主承销商是由发行人(地方政府)按照公平竞争的原则,通过竞标或者协商的方式确定。主承销商与副主承销商、分销商之间,通过签订承销协议,具体规定承销过程中相互间的权利和义务。因此,主承销商是地方政府债券发行的直接承销商,本书涉及的银行等金融机构为主承销商范围内的金融机构,共计41家。银行名单以及涉及银行的财务数据来源为Wind数据库。

3)债券额度在银行间的分配

由于主承金额分摊金额披露不充分,披露数据仅有主承销商名单,因此需要设计债券发行额度在主承销商的分配,分配方式借鉴Wind和储蓄国债发行额度分配方式。Wind在无确切数据情况下按照算术平均法在各主承间进行分配,并以此算法得出的债券承销额度对各承销银行进行排名;储蓄国债(电子式)发行额度分为基本代销额度和机动代销额度,基本代销额度按照各承销团成员基本代销额度比例分配给承销团成员,其余发行额度作为机动代销额度在发行期内供各承销团成员抓取。基于以上处理数额分配方式,本书将地方政府债券发行额度分为50%的基本代销额度和50%的机动代销额度(比重参照历年储蓄国债发行规定),基本代销额度部分按算术平均法在主承销商间分配,由基本代销额度分配计算得出的所有银行的债券承销额度排名和在各债券中的平均额度计算各债券中主承销商的占比,进一步分配机动代销额度(图7-2)。

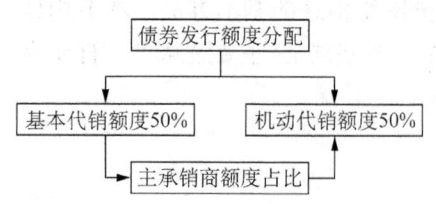

图7-2 地方政府债券发行额度分配原则

根据上述说明,建立2015年和2016年地方政府债务网络。

7.3 地方政府债券网络静态特征分析

7.3.1 地方政府债券网络规模分析

1）容量分析

从无权债务网络角度看,自2015—2016年,发债省份和承销银行(节点)数目基本不变,债券构成的债务关系(边)数目也维持相对稳定(图7-3)。网络中所有地方政府节点的度 k_i 的平均值 $\langle k \rangle = \frac{1}{N}\sum_{i=1}^{N}k_i$ 称为债务网络的平均度,2015年和2016年无权债务网络平均度基本维持不变,分别为7.32和7.39,即平均每一省份发行债券的承销银行数为7.3,观察两年的债务网络的度分布图可得(图7-4、图7-5),债务关系数目近似Poisson分布,具有均匀网络的特质。

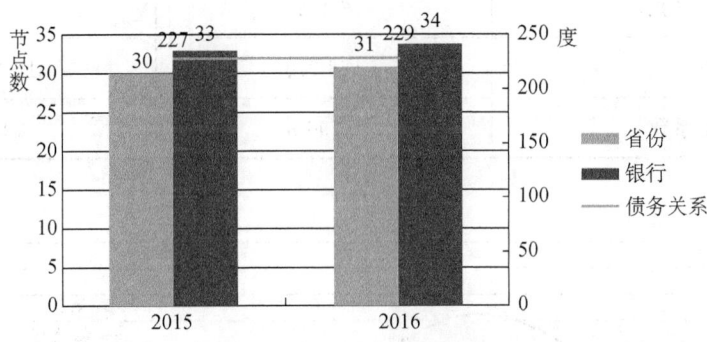

图7-3 无权债务网络规模趋势图

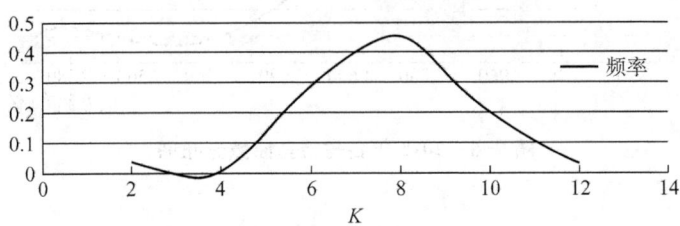

图7-4 2015年债务关系网络度分布图

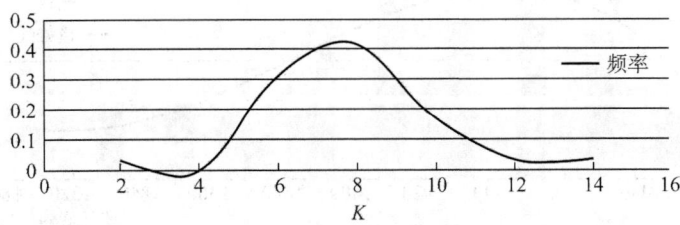

图7-5 2016年债务关系网络度分布图

从赋权债务网络中地方政府角度,债券规模相关统计指标见表7-1。2015—2016年,规模总量从3.8万亿元迅速增长至6万亿元。随规模总量的增长,各省发债规模差距不断加大,各省债务分布呈现分散不均的趋势。两年的债务频数分布均呈现典型的正偏态(图7-6、图7-7),即多数省份发债额度较低,少数省份额度较高。但2016年相较2015年,偏态系数有所下降,同时频数极差减少,说明在债务分布不均的趋势基础上,各省债务规模越发呈现阶梯状分布规律,即规模高低的省份数量趋于一致。

表7-1 各省债券规模统计汇总

年份	2015	2016
总规模(亿元)	37 719	60 101
平均数(亿元)	1 217	1 939
中位数(亿元)	1 212	1 904
极差(亿元)	3 194	4 496
方差	528 910	1 348 444
偏度系数	0.796 8	0.536 3

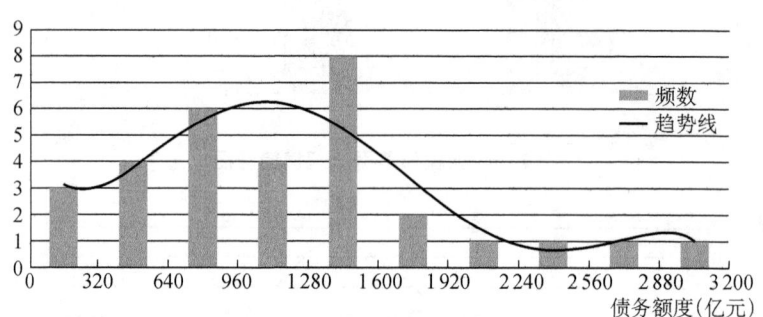

图7-6 2015年各省债务频数分布图

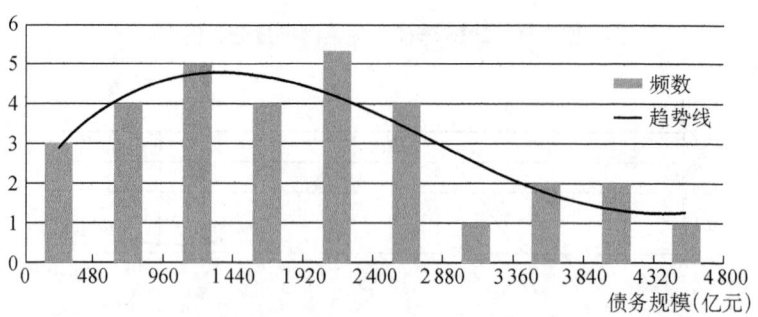

图7-7 2016年各省债务频数分布图

2) 密度分析

从无权债务网络的角度,当网络中有 n 个地方政府节点和 m 银行节点,其中包含的实际债务关系数为 M,则其中包含的关系总数在理论上的最大可能值是 nm,网络密度为: $\rho = \dfrac{M}{nm}$。在无权债务网络中,密度指的是网络中各个地方政府节点和银行节点之间联络的紧密程度。固定规模的点之间的连线越多,该图的密度就越大,该网络对其中节点产生的影响就越大。2015 年无权债务网络密度为 0.229 3,债务关系标准差为 0.420 4;2016 年网络密度为 0.217 3,标准差为 0.412 4。从债务关系数目上两年的密度和差异程度都维持相对稳定。

从赋权债务网络的角度,当网络中有 n 个地方政府节点和 m 银行节点,其中包含的总债务规模为 M(亿元),则其中包含的关系总数在理论上的最大可能值是 nm,网络密度为: $\rho = \dfrac{M}{nm}$。此时,密度量化了所有可能存在的债务关系的平均值。2015 年赋权债务网络密度为 38.099 6(亿元),债务量标准差为 85.730 2(亿元),2016 年密度为 57.022 3(亿元),标准差密度为 138.686 2(亿元)。即在债务总规模扩大、债务关系数目维持相对稳定的情况下,整体网络关系的权重显著增大。同时,不同债务关系所赋权重,即不同省份地方政府对不同银行的发行债务额度的分散化、差异化程度较高(图 7-8)。

3) 路径分析

债务网络中任意两节点间距离 d_{ij} 为连接此两节点的最短路径上的边数,度量了节点间信息(风险等)传递速度。债务网络中任意两节点间距离的最大值成为网络的直径 D,即 $D = \max\limits_{1 \leqslant i<j \leqslant N} d_{ij}$,网络的平均路径长度 L 为任意两节点间距离的平均值,即 $L = \dfrac{1}{C_N^2} \sum\limits_{1 \leqslant i<j \leqslant N} d_{ij}$,网络的直径和平均路径长度度量了网络的宽度(范围)。2015 年和 2016 年的债务网络路径分析结果见表 7-2。两年的网络直径都为 4,平均路径长度也大致相同,分别为 2.594 和 2.604,即风险的传播最多只需经过四步(三个媒介)就能涉及网络的所有节点,平均只需不到三步(两个媒介)风险就能传播遍布网络。

从政府间网络的角度,两年的债务网络直径及平均路线长度均为 2,观察网络可以发现,由于各政府之间不存在直接债务关系,而是通过银行关联各个地方政府,网络直径为 2。说明,存在特定银行节点(或节点群)与所有地方政府存在债务关系。从银行间网络的角度,网络直径为 4,平均路径长度为 3.18 左右。由于在地方政府网络的分析框架下,银行间不存在直接债务关系,而是通过地方政府关联各个银行,因此银行间的路径长度为 2 或 4,平均路径长度为 3.18,说明多数(过半数)银行间需要通过两个地方政府和一个第三方银行来联系。从政府—银行网络的角度,网络直径为 3,平均路径长度为 2.55 左右,由于政府和银行间存在直接债务联系,而政府与政府以及银行和银行间不存在直接债务联系,因此政府—银行的路径长度为 1 或 3,平均路径长度为 2.55,说明大多数(过半数)的政府—银行对应关系并非直接关系,而需要通过另一家银行和地方政府来形成间接联系。

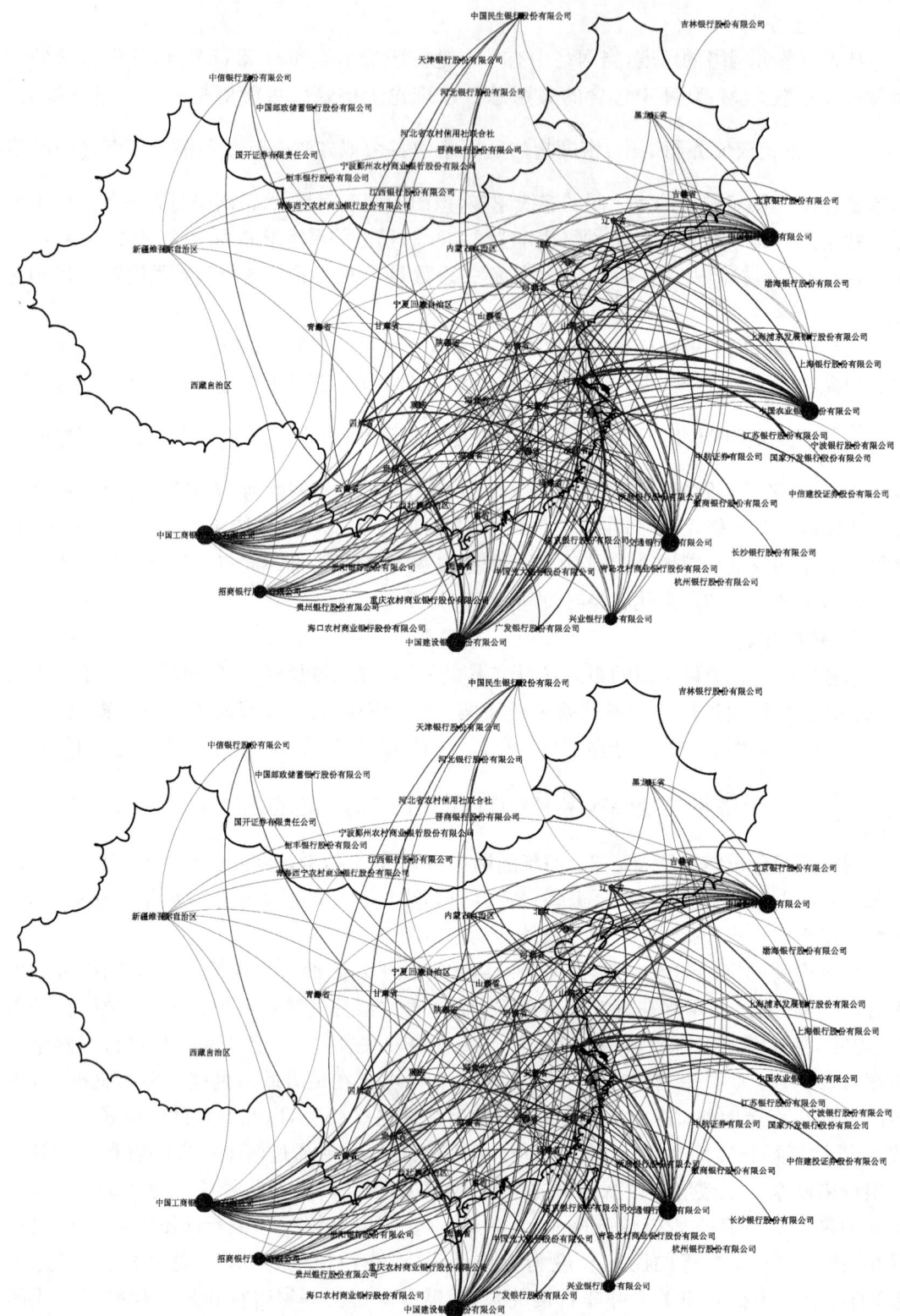

图 7-8 2015 年和 2016 年地方政府债务网络密度示意图

表 7-2 债务网络路径分析结果

年份		2015			2016	
网络直径		4			4	
平均路径长度		2.594			2.604	
基于距离的凝聚力		0.453			0.449	
距离权重离散度		0.547			0.551	
测距频数与频率			频率比例			频率比例
	1	454.000	0.116	1	458.000	0.110
	2	1 302.000	0.333	2	1 392.000	0.335
	3	1 526.000	0.391	3	1 650.000	0.397
	4	624.000	0.160	4	660.000	0.159
政府—政府	网络直径		2			2	
	平均路径长度		2.000			2.000	
	测距频数与频率			频率比例			频率比例
		1	0.000	0.000	1	0.000	0.000
		2	870.000	1.000	2	930.000	1.000
		3	0.000	0.000	3	0.000	0.000
		4	0.000	0.000	4	0.000	0.000
银行—银行	网络直径		4			4	
	平均路径长度		3.182			3.176	
	测距频数与频率			频率比例			频率比例
		1	0.000	0.000	1	0.000	0.000
		2	432.000	0.409	2	462.000	0.412
		3	0.000	0.000	3	0.000	0.000
		4	624.000	0.591	4	660.000	0.588
政府—银行	网络直径		3			3	
	平均路径长度		2.541			2.565	
	测距频数与频率			频率比例			频率比例
		1	454.000	0.229	1	458.000	0.217
		2	0.000	0.000	2	0.000	0.000
		3	1 526.000	0.771	3	1 650.000	0.783
		4	0.000	0.000	4	0.000	0.000

7.3.2 地方政府债券网络结构分析

1) 中心性分析

中心性是复杂网络分析中重要的内容，研究了个体或群体在网络结构中具有怎样的权利或居于如何的中心地位。中心性的量化指标分为两类，分别是针对节点的中心度和针对网络整体的中心势，因此中心度是对个体权利或位置的量化分析，中心度指标有多种；中心势是对群体权利或结构特征的量化分析，指的并不是点的相对重要性，而是图的总体整合度或者一致性。典型的中心性分析有度数中心性（Degree Centrality）、中间中心性（Betweenness Centrality）和接近中心性（Closeness Centrality），具体含义及区别见表 7-3。

表 7-3 三种中心性分析情况说明

	度数中心性	中间中心性	接近中心性
含义	与节点直接相连的其他点的数目	节点在网络中各路径的重要程度	节点和其他节点的距离大小
计算中心度	绝对度数中心度： $C_{AD}(i) = i$ 的度数 相对度数中心度： $C_{RD}(i) = \dfrac{i \text{ 的度数}}{n-1}$	$C_{ABi} = \sum\limits_{j}^{n}\sum\limits_{k}^{n} b_{jk}(i), j \neq k \neq i, j<k$ $b_{jk}(i) = \dfrac{g_{jk}(i)}{g_{jk}}$ g_{jk} 为点 j 和 k 之间存在的最短路径数目	绝对接近中心度： $C_{APi}^{-1} = \sum\limits_{j=1}^{n} d_{ij}$ 相对接近中心度： $C_{BPi}^{-1} = \dfrac{C_{APi}^{-1}}{n-1}$ d_{ij} 为点 i 和 j 之间的最短路径距离
计算中心势	$C = \dfrac{\sum\limits_{i=1}^{n}(C_{\max} - C_i)}{\max\left[\sum\limits_{i=1}^{n}(C_{\max} - C_i)\right]}$	$C_B = \dfrac{\sum\limits_{i=1}^{n}(C_{AB\max} - C_{ABi})}{n^3 - 4n^2 + 5n - 2}$ $= \dfrac{\sum\limits_{i=1}^{n}(C_{RB\max} - C_{RBi})}{n-1}$	$C_C = \dfrac{\sum\limits_{i=1}^{n}(\ddot{C}_{RC\max} - \ddot{C}_{RCi})}{(n-2)(n-1)} \times (2n-3)$

2015 年和 2016 年债务网络度数中心度分布情况见图 7-9，中间中心度与接近中心度具有相似分布情况。从中心度分布图可以看出，各省份中心度差异不大，银行中心度呈现明显差异，五大行以及招商银行、兴业银行和民生银行等大型商业银行中心度显著大于其余区域性银行，同时也存在如浦发银行等大型区域性银行具有较大中心度。$C_{AD}(i) = i$。

7 土地市场波动对地方政府债券系统性风险传染效应与实证

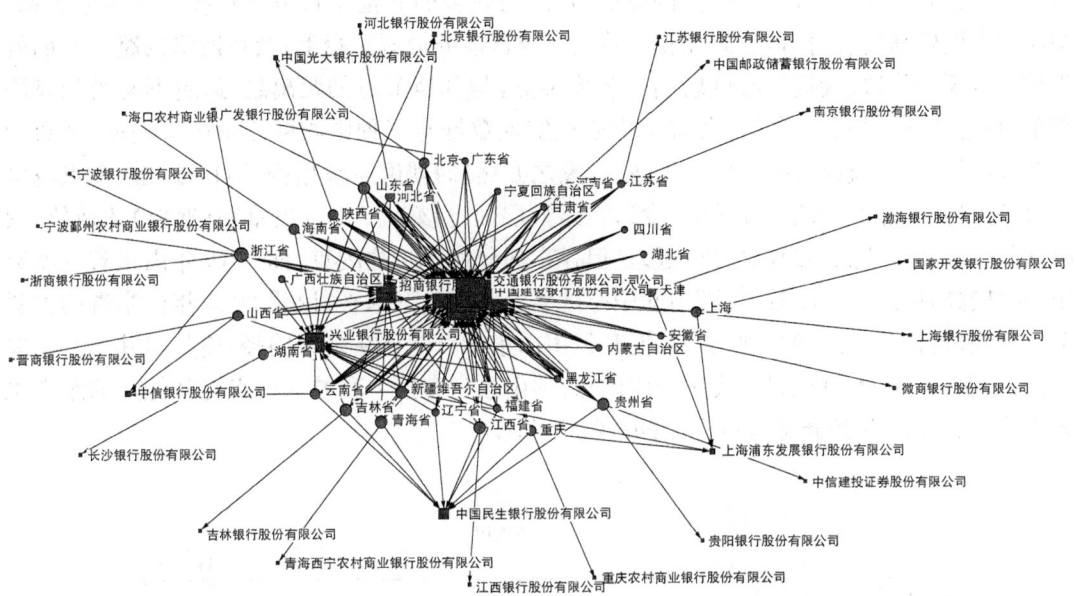

(a) 2015 年债务网络度数中心度分布情况

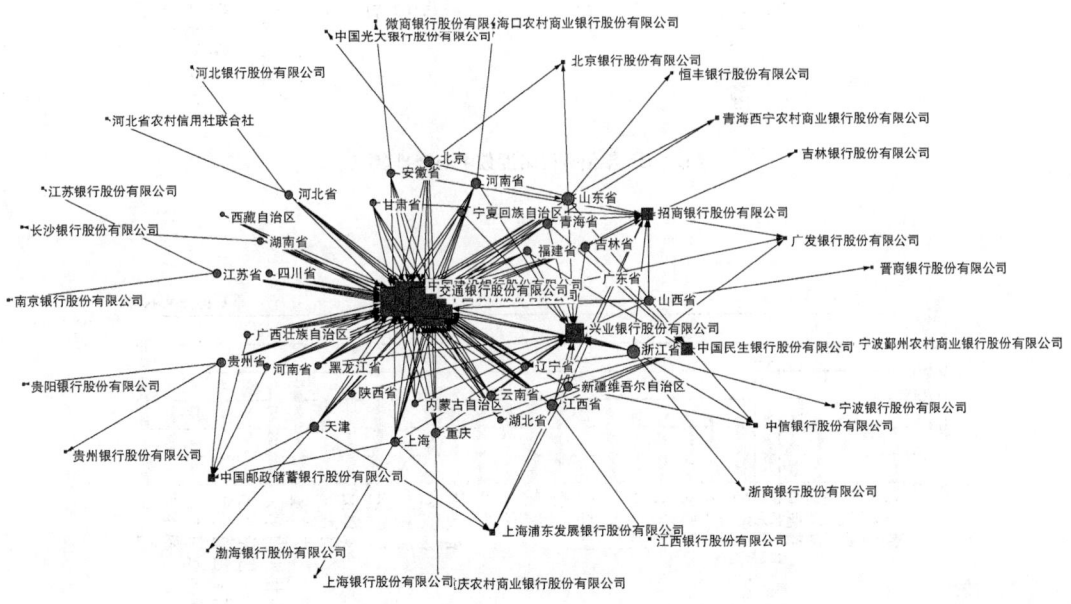

(b) 2016 年债务网络度数中心度分布情况

图 7-9　2015 年和 2016 年债务网络度数中心度分布情况

各省份中心度排名见图7-10(a)~7-10(f),从各省份中心度排名图,结合中心度分布图,可以看出,首先,度数中心度高的政府节点,与较多的其他银行节点存在直接债务关系;中间中心度较高的政府节点,处在较多政府—银行债务最短路径上,及在网络的路径层面处于较为重要的位置;接近中心度较高的政府节点,与其他节点的距离越远,越不易受到风险传染,越远离网络核心。其次,各省份中心性实证数据与三种中心度测量结果相近(度数中心度和中间中心度较高,接近中心度较低,反之亦然)的理论经验相符,即直接关联节点越多(少),通过该节点的最低路径越多(少),在路径层面上该节点位于更重要(次要)的地位,同时该节点与其他节点的距离较近(远)。但存在部分值得关注的点,如2015年山东省的度数中心度较高,接近中心度较低,而中间中心度属于中等偏下水平,说明2015年山东省的关联节点是绕过自身的冗余的关联关系;同时经由山东省可能存在多条路径,使其与其他节点较为接近,但这些点本身也属于高中心度的点,即山东省直接关联的这些点与其他点的距离也较为接近。2016年的新疆也存在相同的特殊状况。

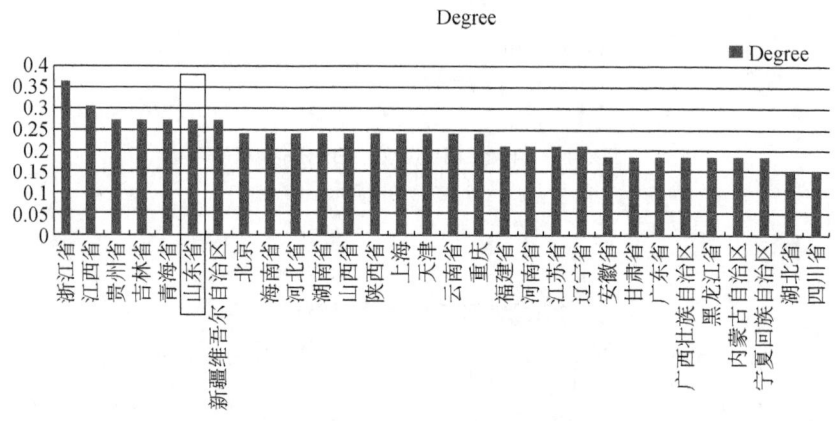

(a) 2015年债务网络度数中心度排名

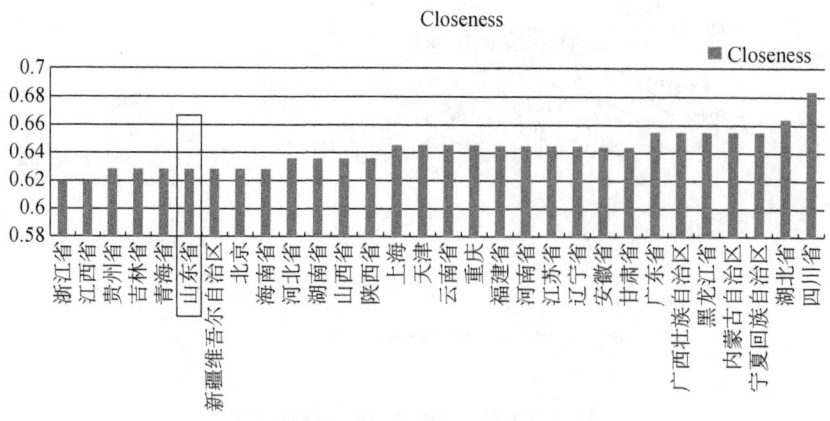

(b) 2015年债务网络接近中心度排名

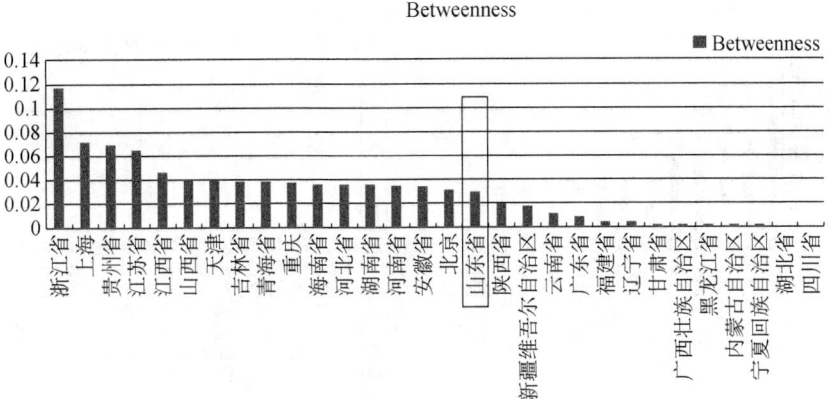

(c) 2015年债务网络中间中心度排名

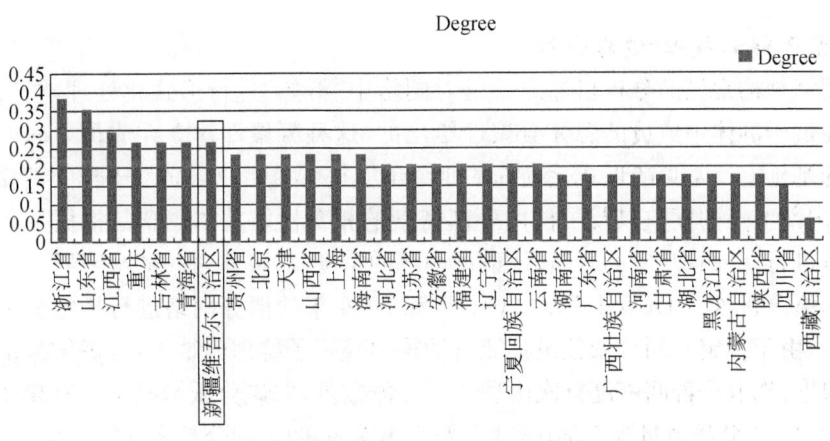

(d) 2016年债务网络度数中心度排名

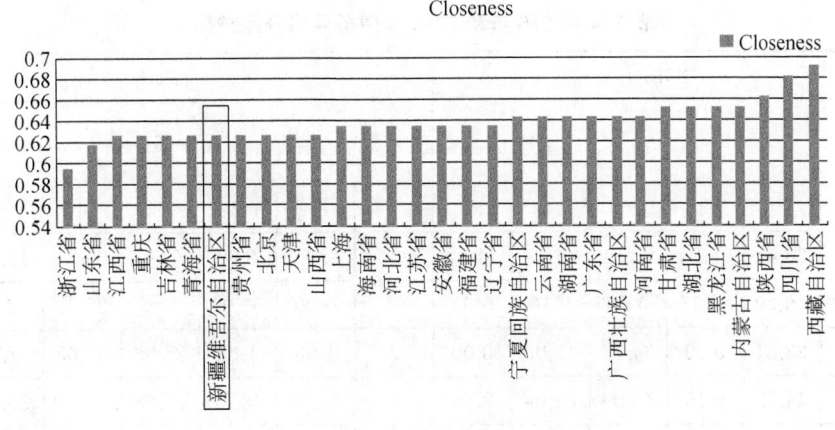

(e) 2016年债务网络接近中心度排名

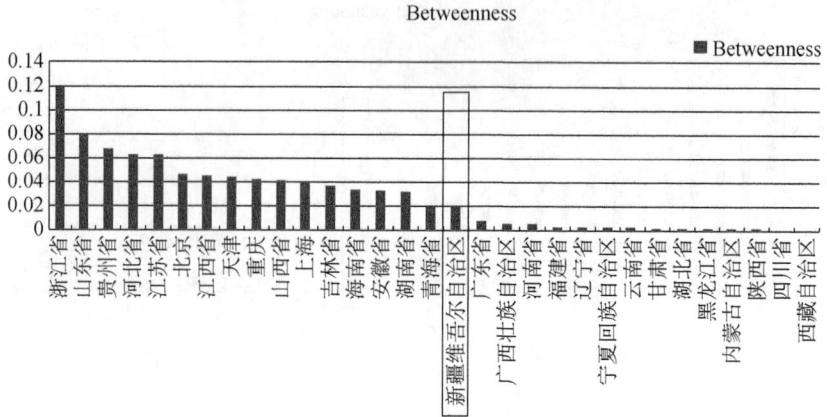

(f) 2016年债务网络中间中心度排名

图 7-10　各省份中心度排名

2）凝聚子群和核心-边缘分析

静态网络结构常见的分析目标之一是对网络中"群体"进行形式化处理，"子群"的形式化概念是通过子群体中成员的总体凝聚性给出的，这种凝聚性建立在成员之间的某些特定关系属性的基础上。常见的形式化处理的四个角度是：关系的互惠性、子群间的接近性或可达性、子群内部节点的度数以及子群内外部密度的相对性。基本概念是根据关系多寡对网络中的节点进行完备且互斥的分组，使群体内部的密度高，群体之间的密度低。

使用网络分析软件 UCINET，对 2015 年和 2016 年的债务网络进行指定分派数量的凝聚子群分析，由于指定不同分派数量都能自动得出凝聚子群划分结果，考虑结果的优良性和分派的有限性，选取子群间密度首次出现 0 的分派数量，取该分派情况下的凝聚子群。经过分析可得，2015 年分派数量为 5，2016 年分派数量为 6，两年的分派密度矩阵见表 7-4 所示，凝聚子群情况见图 7-11(a)和图 7-11(b)。2016 年分派数量增多，说明网络结构分异性扩大，不同范围节点之间差距拉大。

表 7-4　2015 年和 2016 年债务网络分派结果

年份	2015					2016					
分派数目	5					6					
	1	2	3	4	5	1	2	3	4	5	6
密度矩阵 1	63.41	16.39	22.81	44.49	11.92	23.30	0.00	1.96	20.26	17.54	1.77
2	16.39	12.15	0.00	9.16	0.00	0.00	50.07	1.05	28.79	12.71	0.00
3	22.81	0.00	34.75	15.09	0.00	1.96	1.05	25.93	27.68	17.88	0.00
4	44.49	9.16	15.09	59.04	8.76	20.26	28.79	27.68	153.71	85.41	46.52
5	11.92	0.00	0.00	8.76	16.96	17.54	12.71	17.88	85.41	71.92	14.72
6						1.77	0.00	0.00	46.52	14.72	71.47

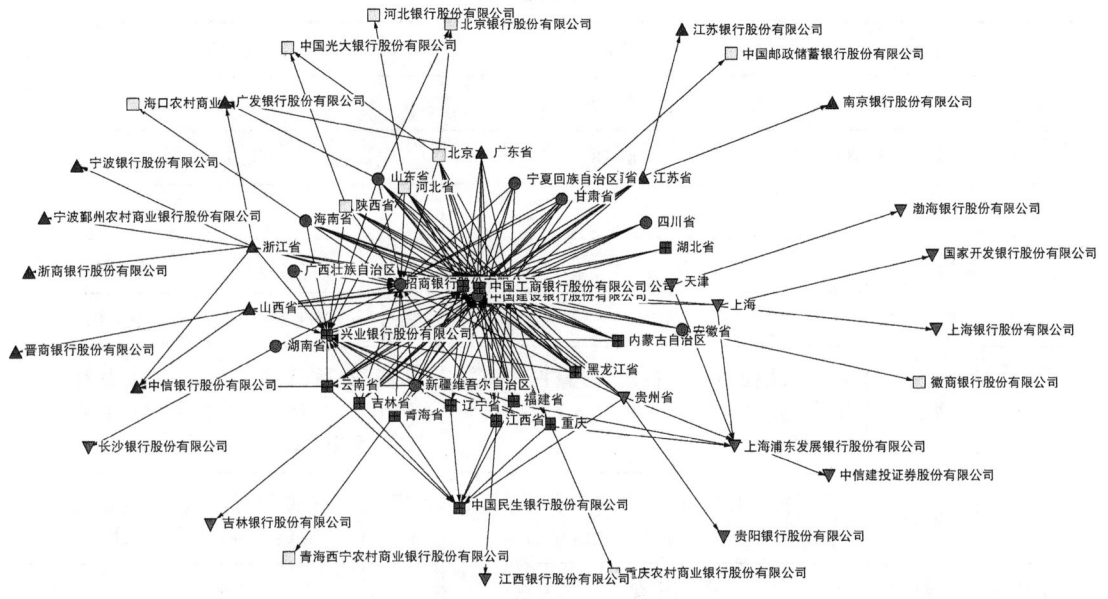

(a) 2015年债务网络凝聚子群情况示意

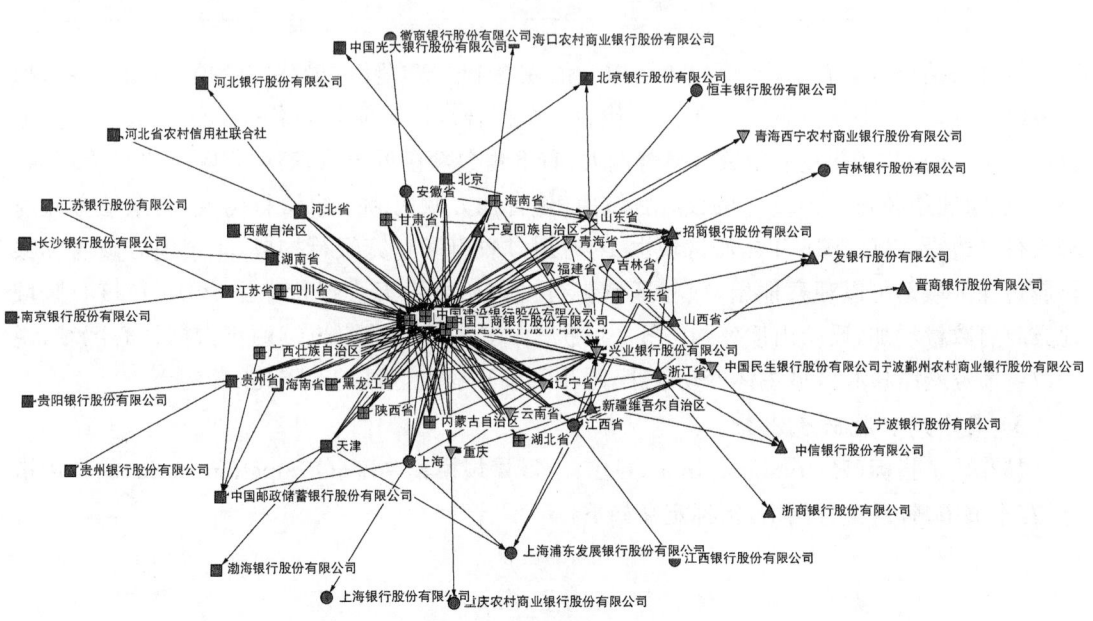

(b) 2016年债务网络凝聚子群情况示意

图 7-11　2015年、2016年债务网络凝聚子群情况

　　核心-边缘分析是"一种解释经济空间结构演变模式的理论,它试图解释区域如何由互不关联、鼓励发展,再变成彼此联系、发展不平衡,最后变成相互关联的、平衡发展的区域系统"。在债务网络分析中,核心-边缘理论是一种理想化的结构模式,核心区域是部分地方政府和银行聚合的区域。使用网络分析软件 UCINET 构建地方政府—银行的二分债务网络的核心-边缘分区,结果见表7-5。

表 7-5 债务网络核心-边缘分析结果

年份		2015		2016	
拟合值	初始	0.472		0.448	
	最终	0.878		0.920	
密度矩阵		1	2	1	2
	1	239.784	21.196	391.191	24.347
	2	137.033	8.001	133.336	10.097
核心区域	政府	14省:陕西、辽宁、福建、内蒙古、广东、山东、贵州、江苏、河北、河南、四川、湖北、云南、浙江		18省:安徽、辽宁、内蒙古、黑龙江、广东、山东、贵州、陕西、河北、河南、四川、湖北、湖南、云南、江苏、重庆、上海、浙江	
	银行	5家:中国工商银行、中国农业银行、中国银行、中国建设银行、交通银行		5家:中国工商银行、中国农业银行、中国银行、中国建设银行、交通银行	
边缘区域	政府	16省		13省	
	银行	28家		29家	

从分析结果可以看出,两年的初始拟合值在 0.4~0.5 范围,最终拟合值在 0.9 左右,拟合值的测度是 0~1(0 代表拟合度低,1 代表完全拟合),说明债务网络的核心-边缘分析的拟合度较高。密度矩阵(左上角数额显著偏大,右下角数额接近于零)表明判断结果较为可靠,核心-边缘现象显著。2015 年的核心区域由 14 省地方政府和 5 家银行构成,其余地方政府和银行属边缘区域;2016 年核心区域由 18 省地方政府和 5 家银行构成,其余地方政府和银行属边缘区域。可以观察地出,核心区域银行主体始终由五大银行占据;2016 年核心区域地方政府数量增加,反映出债务网络核心的扩大;13 省地方政府连续两年占据核心区域,说明政府债务网络核心区域主体变动较小,退出和新进核心区域的节点相对较少。

3)集中度和脆弱度分析

赫芬达尔指标(Herfindahl Index)是一个衡量规模集中度(Occupation Ratio)的常用指标,在本书中,针对债务网络,指标定义如下:

$$H(t)=\frac{\sum_{i=1}^{n}d_i(t)^2}{\left[\sum_{i=1}^{n}d_i(t)\right]^2} \tag{7-1}$$

在这里,$d_i(t)$ 表示地方政府 i 在 t 时刻的债务。当债务在 n 个省地方政府中等量分配时,$H=1/n$。相反的,当除了一省地方政府以外的其他政府都是零负债时,$H=1$。因此,H 的倒数表示主要发债政府的数量。H 值越大,表示债券市场集中程度越高,垄断程度越高。2015 年和 2016 年各省的债务占比见图 7-12(a)和图 7-12(b),两年的 H 指标都为 0.043 8,$1/H$ 为 22.8,表明全国债务主要由近 23 省政府平均发行。

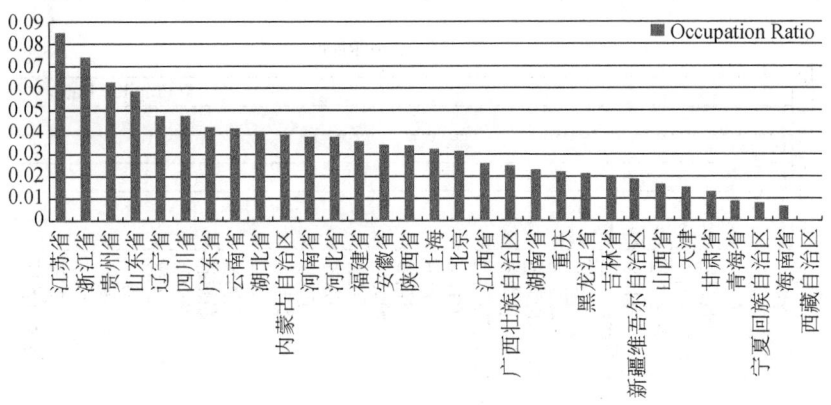

(a) 2015年各省债务集中度分布情况

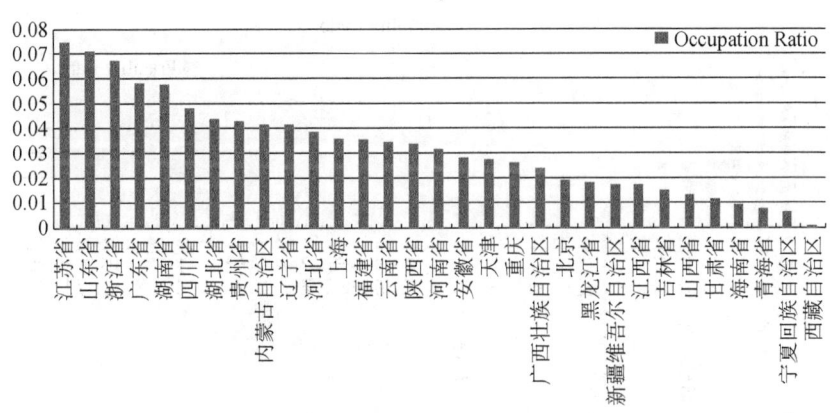

(b) 2016年各省债务集中度分布情况

图 7-12 2015 年、2016 年各省的债务集中度分布情况

在集中度分析基础上,从金融的分析角度出发,债务量越高(与偿债来源总额相对),机构则越脆弱。脆弱度比率(Fragility Ratio) $\phi_i(t)=d_i/e_i$,表示节点在 t 时刻的金融脆弱度(Financial Fragility)。当前地方政府债券的偿还来源主要为土地出让金或地方财政收入,因此节点的脆弱度可以量化为债务额度与土地出让金或地方财政收入比值。脆弱度的加权平均(用债务进行加权平均确保了债务大的政府节点的脆弱度在计算中占据更大的影响),度量了整个债务网络的脆弱度。节点比率越高,则单节点(地方政府)偿债压力大,偿债风险高。整体网络脆弱度越大,则整体网络债务违约风险大。

2015 年和 2016 年各省债务脆弱度分布情况见图 7-13(a) 和 7-13(b),从节点脆弱度分布可以发现,近三分之一省份当年发行债券总额超过土地出让金总额,部分省份甚至达到近 10 倍的高比例,意味着以当年土地出让金收入无法覆盖当年发行债券;且此部分省份多为西北、东北、内陆等区域省份。两年的整体网络脆弱度分别为 2.06 和 2.88,整体网络脆弱度显著提升(同比上升 40%)。脆弱度上升原因主要分两方面,首先 2016 年整体债务规模大幅提升;其次,2015 年和 2016 年全国土地出让收入分别为 3.12 万亿元和 3.68 万亿元,提升相对不大,在偿债来源扩充乏力而债务加速发行的前提下,整体债务网络脆弱度便大幅提升。

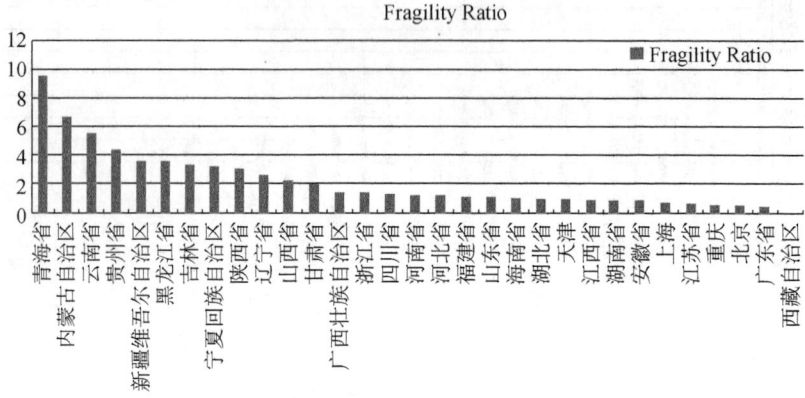

(a) 2015年各省债务脆弱度分布情况

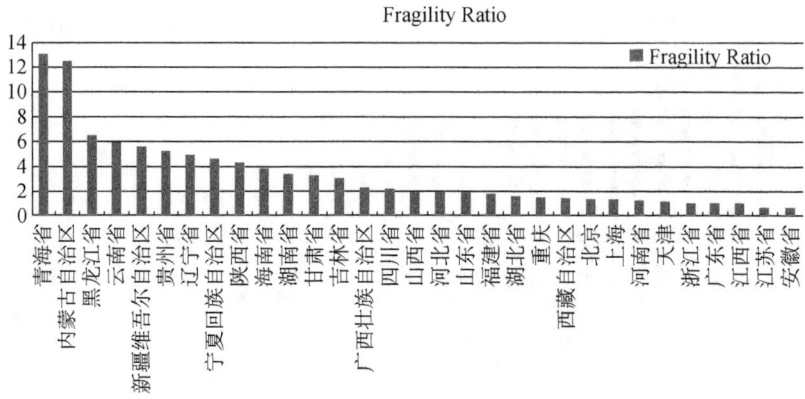

(b) 2016年各省债务脆弱度分布情况

图7-13 2015年、2016年各省债务脆弱度分布情况

7.4 地方政府债券网络降维分析

地方政府债务网络作为典型的二分网络结构,一种较为经典的分析方法是将其降维,即把政府—银行二分网络投影成2个仅由政府节点或银行节点构成的单顶点网络,二分网络矩阵转换为2个一模矩阵。虽然会存在信息丢失的问题,但投影后的单顶点网络可以提供部分特殊的网络结构信息。

将2015年和2016年二分债务矩阵按省份进行降维,可得到省份维度的一模矩阵。无权二分矩阵降维得到的一模矩阵衡量了每一对省份发行债券的承销银行中相同的数量(k),赋权二分矩阵降维得到的一模矩阵衡量了每一对省份给相同银行发行的债务额度(K)。对相同承销银行数量与债务额度范围进行划分并使用网络分析软件UCINET进行网络可视化呈现,可得2015年各省债券承销银行数目单顶点网络结构图(图7-14),2016年承销银行行数目单顶点网络结构图与2015年、2016年各省债券发行额度单顶点网络结构类似。从表7-6无权二分矩阵降维可以发现,两年中,每对省份的债券承销商中相同的银行数目集中在4~8家,2015年6~8家占较多数,2016年为4~6家,同时出现部分相同银行数目的在4家以下,主要来源是西藏等新发行债券省份,其发行债券由较少的银行承销。2016年相同承销银行数目的减少,表明一定程度上各省债券的承销银行数目缩小,债券承销集中度加大。从赋权二分网络降维可以发现,两年中每对省份对相同银行的发债规模多数集中在百亿规模,2016年随债务总规模增加,千亿元级别的相同银行承销额度明显增加,同样体现了债务承销的集中度加大。

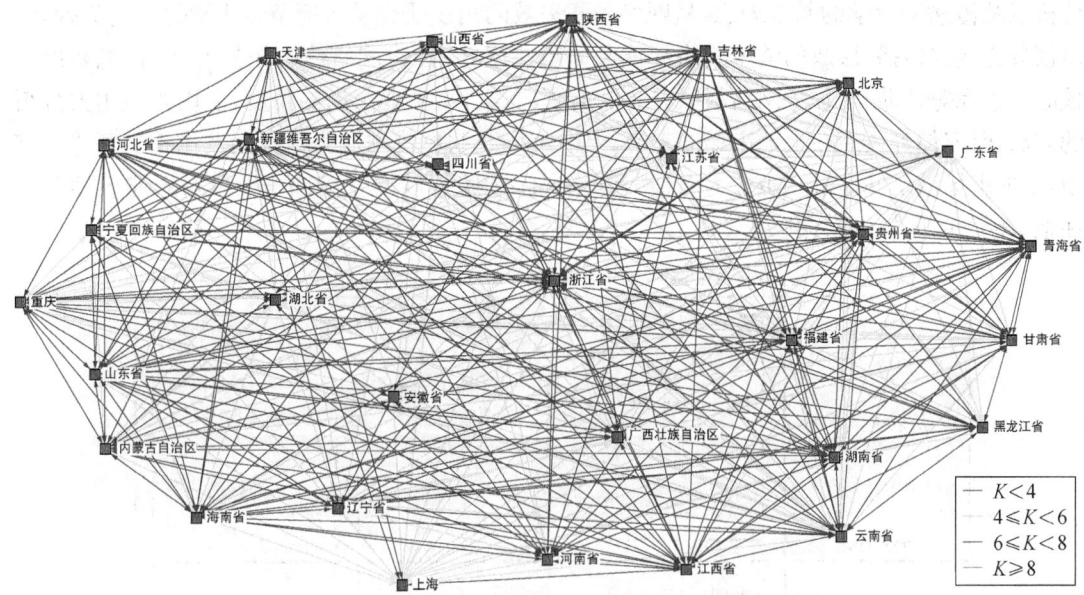

图 7-14 2015 年各省债券承销银行数目单顶点网络结构

表 7-6 2015 年 2016 年地方政府债券网络降维分析

名称	分类	2015	2016
每对省份发行债券的承销银行中的相同的数量(k)	$k<4$	0	61
	$4 \leqslant k < 6$	422	513
	$6 \leqslant k < 8$	449	350
	$k \geqslant 8$	29	37
每对省份给相同银行发行的债务额度(K)	$K<500$	358	245
	$500 \leqslant K < 1\,000$	359	310
	$1\,000 \leqslant K < 1\,500$	157	165
	$1\,500 \leqslant K < 2\,000$	22	148
	$K \geqslant 2\,000$	4	93

7.5 地方政府网络动态结构与土地冲击风险效应

7.5.1 地方政府债券网络动态结构分析框架

复杂网络结构分析的重要一部分是对网络动态结构,即网络结构中的传播动力学的研究。

用节点和连线将现实概念抽象成一张关系网络图,传播动力学就是在"外部刺激"的推动下,或者是"内部消息"的触发下,网络中结点自身信息状态发生改变(信息的传播),或者结点间连接关系的变化(反映在网络拓扑结构图:增长或退化),从而导致整个网络发生明显或者不明显的"质变"。这种改变可以是在某种规则约束下执行的,也可能是随机的。

基于复杂网络传播动力学的研究路径,本书从土地市场波动冲击的角度对债务网络动态结构的分析框架由两个维度组成:首先,承接前述 7.3 部分基于债务网络拓扑性质的静态结构分析以及传播动力学的基本理念,从网络级联失效的角度研究从政府节点土地偿债的失效,经由债务连线的传播,形成的整体网络的债务风险状况,并探讨网络静态拓扑性质,如脆弱度和核心—边缘等性质,与债务网络级联失效的关联;其次,从土地市场的角度,使用典型相关分析的方法,研究债务风险在土地市场的来源、土地市场波动形成的冲击情况以及作用机理等。其中,土地市场波动冲击进一步分为对债务网络风险和脆弱度的直接冲击以及对政府土地财政和地方债务的间接冲击(图 7-15)。

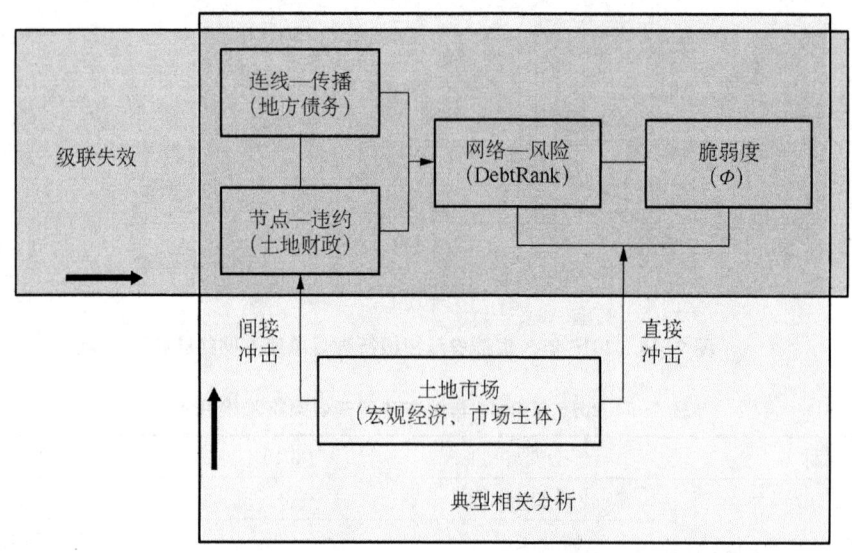

图 7-15 债务网络动态结构分析框架

7.5.2 基于土地财政的地方政府债券网络级联失效分析

1) 地方政府债务网络级联失效模型概述

级联效应(Cascading Effect)是由一个动作影响系统而导致一系列意外事件发生的效应。在网络结构中,一个或少数几个节点或连线的失效会通过节点之间的耦合关系引发其他节点也发生失效,进而产生级联效应,最终导致相当一部分节点甚至整个网络的崩溃,这种现象就称为级联失效(Cascading Failure),有时也形象称之为"雪崩"。

针对我国地方政府债务网络的多数研究在于地方政府层面的偿债风险和违约概率,因此债务网络的主要风险来源于政府节点而非银行节点或债务连线,风险传播途径主要是从地方政府节点通过债务连线和银行节点传播至整个网络形成系统性风险。因此,本书对于债务网络级联失效分析的出发点,是以地方政府偿债风险作为风险暴露和传染根源来考察我国地方债务网络潜在的系统性风险问题。

在使用前述7.1节搭建的二分债务网络结构分析其级联失效效应时,风险的多米诺传染机制如何实现是另一个难点。在单模网络中主体节点的相继违约或失效符合现实同时易于理解,但二分债务网络中,单一政府的失效不完全能引发银行的破产,因此风险在二分网络中的传播,即政府节点的风险如何传播至银行、其他地方政府以及整体网络需要新的解释。通过文献查阅,国外学者在二分网络级联失效分析上,通过引入和运用DebtRank算法,分析了"美联储—企业"美国信贷网络以及"银行—企业"日本信贷网络等,对从企业层面违约引发信贷风险的传染效应进行了合理的说明。因此,我们对于政府层面偿债风险引发的债务网络风险传染效应的级联失效分析应用DebtRank算法,并结合政府的主要偿债资金来源,即土地出让金(土地财政)进行分析。

2) 基于DebtRank算法的地方政府债务网络级联失效模型

(1) 模型算法

对于复杂网络,DebtRank核心算法是赋予网络中部分节点初始风险值(或违约率等指标),依照设定的拒绝重复路径的传播算法,通过债务连线,经过N轮的传播,最终传播停止,所有受波及的节点都有相应的最终风险值。再经过标准化处理后,形成整个网络的风险值,即DebtRank值,也就是节点的个体风险经过传播对于整体网络形成的总体风险。详细算法如下。

政府和银行节点的风险值分别用h_g和h_b表示,取值范围为$[0,1]$,取值从0到1的浮动表示风险从小到大的变化(表7-7),同时债务矩阵表示为$\boldsymbol{C}_{bg}$。

表7-7 风险值h_g和h_b取值含义说明

h_g和h_b取值范围		0	(0, 1)	1
含义	地方政府	无偿债风险	存在偿债风险或部分违约	偿债风险极大或完全违约(破产)
	银行	无坏账风险	存在坏账风险或形成部分地方债坏账	坏账风险极大或形成地方债整体坏账(破产)

计算第1个地方政府节点的DebtRank值,首先初始化风险值设置为:$h_{g1}=1$,其余h_g和h_b为0。第一轮传播,将地方政府初始风险,从地方政府端通过债务连线以式(7-2)向银行端传导:

$$h_b \rightarrow h_b + \sum_g w_{bg} h_g \tag{7-2}$$

第二轮风险从银行端以相仿的方式,即式(7-3),传向政府端:

$$h_g \rightarrow h_g + \sum_b w_{gb} h_b \tag{7-3}$$

其中矩阵w_{bg}和w_{gb}定义为传播权重矩阵,计算如下:

$$w_{gb} = \frac{\boldsymbol{C}_{bg}}{\sum_{b'} \boldsymbol{C}_{b'g}} \tag{7-4}$$

$$w_{bg} = \frac{C_{bg}}{\sum_{g'} C_{bg'}} \tag{7-5}$$

第三轮继续将风险由政府端向银行端按式(7-2)传播,以此规则依次进行。这里值得注意的循环规则是:为避免由相同路径重复传播而导致无限循环,一旦风险经由一个债务连线从政府传播至银行(或从银行传播至政府),则禁止再沿该债务连线返回从银行传播至政府(或从政府传播至银行)。因此,经过有限轮次(N 轮次)的传播,风险停止传播。

此时,分别对政府端和银行端的风险按式(7-6)和式(7-7)进行加权平均处理,作为地方政府 1 诱发银行端和政府端的风险规模。

$$d_b(g_1) = \frac{\sum_b A_b h_b}{\sum_b A_b} \tag{7-6}$$

$$d_g(g_1) = \frac{\sum_g A_g h_g}{\sum_g A_g} \tag{7-7}$$

其中,银行端以银行资产为权重(A_b),显然银行资产是银行端抵御违约风险的资本缓冲(Capital Buffer);由于土地出让金是地方政府债券偿债资金的重要来源,因此,政府端的权重(A_g)采用土地出让收入,即从土地财政的角度出发研究最终的 DebtRank 值的情况。

按上述流程,计算得到 i 个地方政府的 d_b 和 d_g,按式(7-8)计算标准化后的风险值作为第 i 个地方政府的 DebtRank 值(图 7-16)。

$$d(g_i) = \frac{d_b(g_i)}{E[d_b(g)]} + \frac{d_g(g_i)}{E[d_g(g)]} \tag{7-8}$$

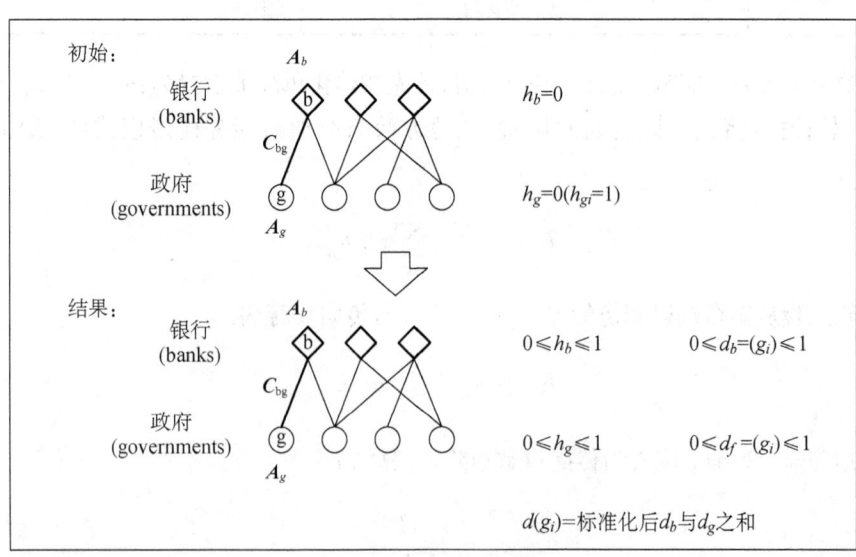

图 7-16　DebtRank 算法示意

(2) 模型解释

定义初始地方政府 i 的风险值 h_{gi} 为 1,代表第 i 个政府的债券无法偿还,研究其违约对其他地方政府、银行以及整个债务网络造成的风险规模;从该政府违约,直接影响对象(第一轮传播对象)为与该政府直接关联的银行,即通过承销该政府发行债券而成为实际债权人的银行,此时该政府违约,承销银行形成债务坏账,进而形成风险值 h_{bj};第二轮传播由银行风险传播至直接相关的地方政府,现实中可理解为银行形成坏账,无法承销其他政府债券或包销资金不足,导致其他政府发债受阻,进一步形成这些政府的资金短缺以及无法偿还已有债务的偿债风险……以此多次传播形成整体网络的债务风险,用 DebtRank 值衡量。

(3) 数据说明

本节对债务网络的级联失效分析以 2016 年数据为例,债务网络结构和数据见 7.3 节,相应地方政府土地出让收入及银行资产数据为 2016 年年度数据,来源为 Wind 数据库。

3) 结果分析和重点节点识别

(1) 级联失效分析

从图 7-17 可以看出,全国 DebtRank 值分布中,以江浙为中心(最高值)向外呈现典型扩散态势。向北基本呈现递减扩散,向西以及西南方向呈现波动递减扩散,即经历递减后又在湖南、湖北、河南等中原省份和广东等南方沿海省份达到较低峰值,随后继续向内陆或西南省份方向递减。各省份 d_g 和 d_b 值,对照图 7-18 可以看出大部分节点的违约或偿债风险。对于银行端造成的风险值显著小于对政府端造成的风险值,这意味:首先,在债务网络中,银行以其资

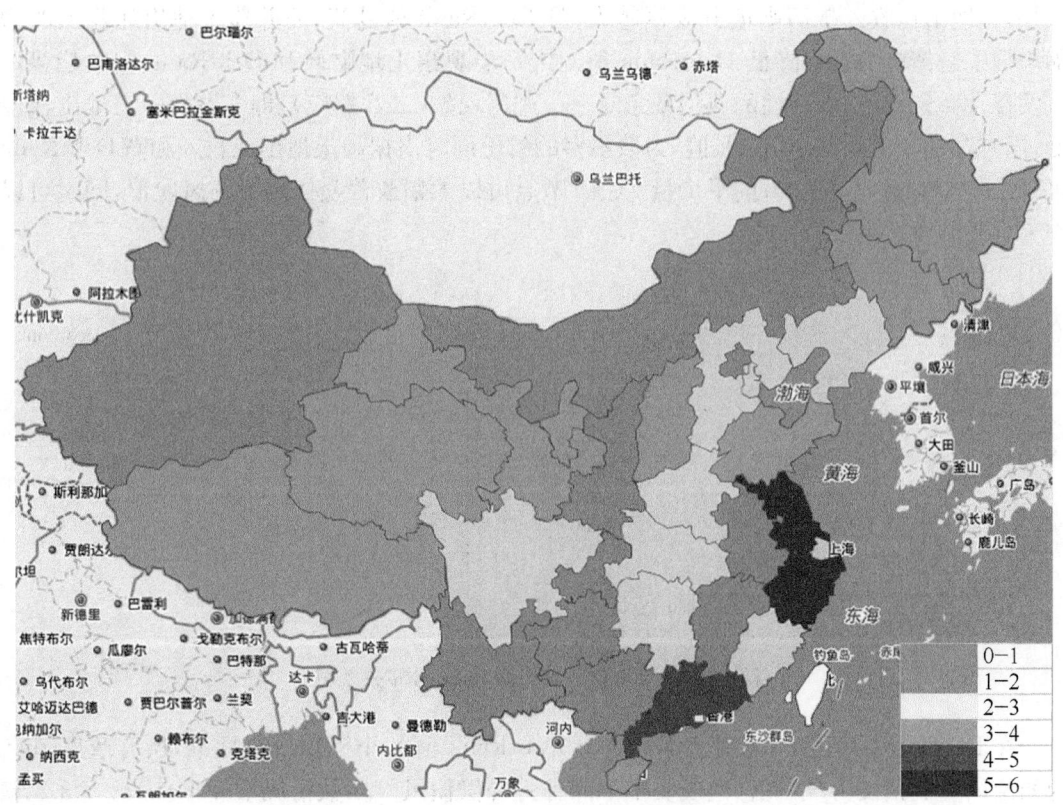

图 7-17　各省 DebtRank 值示意图

产作为抵御风险的资本呈现出较为良好的抗风险能力,而地方政府以土地出让金作为偿债资金的主要来源,一方面容易出现偿债压力导致网络的初始风险值,另一方面一旦出现违约或风险扩散等事件,其抵御风险能力较差;其次,政府端的整体风险值大于银行端,说明在节点失效导致网络级联失效过程中,政府是风险传染的薄弱环节和放大环节,即政府端相较于银行端更容易对风险传播起到蝴蝶效应。

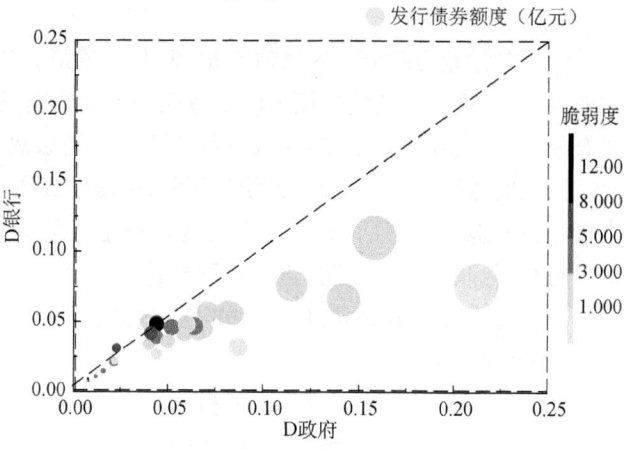

图 7-18　d_g 和 d_b 值情况

本书 DebtRank 算法过程中重要的运算规则之一是政府端采用土地出让收入作为风险分散权重,对照图 7-19 可以发现,首先,DebtRank 值,即特定地方政府的初始风险导致的整体网络的风险值大小,与该省份土地出让收入规模呈现显著的正相关。这一方面说明土地出让收入规模大(土地财政程度高)的省份,发生偿债风险时其相应地对整个网络造成的风险值更大,印证当前地方债务强烈依赖土地出让作为偿债来源;另一方面说明土地出让收入单独无法判断偿债能力的强弱,需要依据债务规模的大小综合判断。当前国内各省份的情况是,土地出让收入越高则债务规模越大,且 DebtRank 值越高,而并非土地出让收入的增加增强了偿债能力进而降低 DebtRank 值。进一步观察土地财政和 DebtRank 相关趋势可以发现,网络节点的重要性的典型现象之———肥尾现象(二八效应),即多数省份土地出让金低,同时存在较低的 DebtRank 值,为数不多的省份同时占据高土地出让收入和高 DebtRank 水平。肥尾现象可以证实,削平少量"尖头"节点可以大幅改善整体网络的风险值,同时可以作为重要节点的识别方式之一。

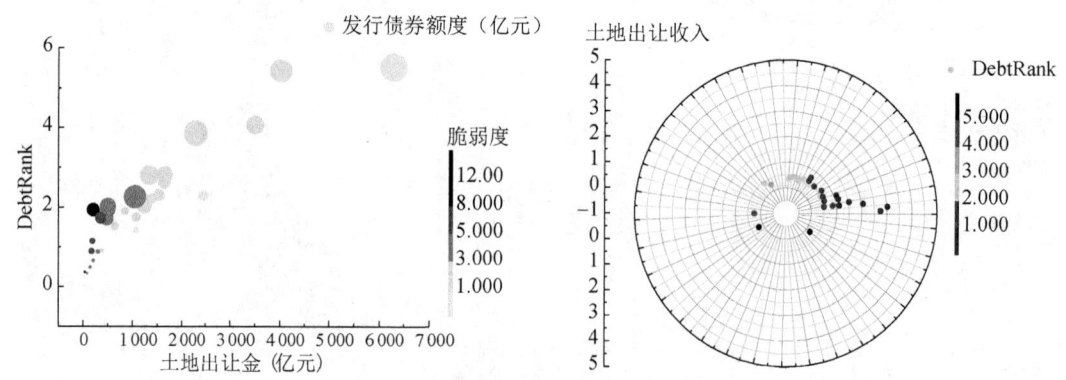

图 7-19　土地财政与 DebtRank 分布关系图

在 DebtRank 算法中,为对比不同省份 DebtRank 值大小提供统一标准,所有政府节点的初始风险值预设为统一值,但现实中不同省份的偿债风险多数情况下并不一致。7.3.2 节中第 3)点对于节点脆弱度的衡量从节点层面一定程度上量化了不同节点存在的初始风险值,将脆弱度、DebtRank 值以及土地财政因素结合考虑。观察图 7-19 可以发现,节点自身脆弱度高的政府节点的 DebtRank 值处于较低水平,土地出让收入亦属于较低规模。这可以解释即使存在高 DebtRank 水平、严重依赖土地财政的节点,但由于其自身脆弱度低,即偿债压力和风险低,因此这部分节点不易发生初始风险而导致高水平的系统性风险;而自身脆弱度高,即偿债压力和风险高的政府节点,即使发生部分违约,由于其 DebtRank 相对处于较低水平,土地财政依赖度低,对于整体网络冲击并不大。此外,土地出让收入低的省份中存在较多脆弱度高的省份,说明一方面债务量与土地出让存在正相关,即土地出让收入越低,地方政府越倾向于依赖发债获取收入弥补开支;另一方面可能存在"土地收入不足—债务扩张—资不抵债—进一步扩张债务"的状况,加之地方政府任期有限导致当期不可持续地借债发展的趋势,最终可能形成地方债务恶性扩张循环的现象。

上述讨论了单一节点的 DebtRank 规律及内在机制,结合 7.3.2 节中第 2)点的核心—边缘分析和凝聚子群分析进一步看群体的级联失效呈现的规律。从图 7-20 可以看到,从核心—边缘群体的角度看,核心群体节点 DebtRank 值普遍偏高,即在风险传播层面同样处于系统性重要地位,由于核心群体和边缘群体的划分在于密度的疏密,核心群体在整体网络中占据较高的密度,节点与节点关联紧密以及债务连线数目多,因此风险传播路径短,初始风险影响度高,最终的 DebtRank 值相较于边缘群体节点来说处于高位;从凝聚子群的角度看,不同凝聚子群在 DebtRank 值方面并未呈现显著的区分,每一子群内部都存在较高和较低 DebtRank 水平的节点,意味着不同子群在风险传播上存在同质性。原因主要来源于分派数目增多以及子群规模减小两方面,首先分派数目加大(从核心—边缘的"二分派"到凝聚子群的"多分派"),不同群体内部密度随群体的分裂划归为群体间密度,导致风险在群体间的传播路径扩大,内外部密度差别减小导致不同子群呈现风险传播结果的同质化趋势;其次子群规模的减小导致子群对于整体网络的影响度下降,进一步趋于一致。进一步极端情况是分派数达到节点数时,即每一个节点成为一个子群,此时网络结构完全分散,节点的 DebtRank 值再次呈现显著的高低分化现象。可以看出,从二分派的 DebtRank 高低分化显著到完全分散时 DebtRank 高低分化显著的过程中,随分派数的增加,子群的差异经过了先趋同、后分化的过程。

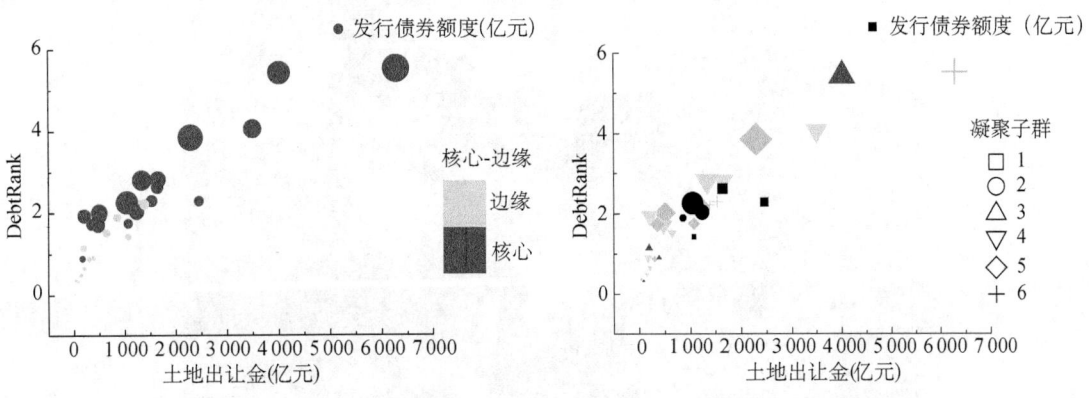

图 7-20 核心—边缘群体节点和凝聚子群节点的 DebtRank 分布情况图

(2) 重要节点识别——基于土地财政视角

DebtRank 量化了单一地方政府初始偿债风险为 1 时对整体网络造成的债务风险大小，不同地方政策偿债压力不同，导致偿债风险不尽相同。脆弱度，即债务与土地出让收入比值，作为单一地方政府偿债压力指标，可以量化该政府的初始偿债风险，即脆弱度越高，偿债压力越大，初始偿债风险越大，DebtRank 与脆弱度乘积度量了现实情况中不同省份不同初始偿债压力的情况下整体网络面临的风险值；狭义土地财政依赖度定义为地方政府土地出让收入与地方财政收入比值，度量了地方财政收入中土地出让收入所占比重，从土地财政角度看地方政府债务风险，可用风险值与土地财政依赖度比值来衡量由土地财政带来的网络整体的风险规模，即每一百分比的土地财政依赖度所对应的债务风险值。因此定义指标土地财政债务风险 DRLF 如下：

$$DRLF = \frac{DebtRank \times \Phi}{LRD} \qquad (7-9)$$

其中，Φ 为脆弱度；LRD 为土地财政依赖度。

DRLF 高的省份，即在债务网络中既存在较高的自身违约的风险，又对网络产生较大冲击的节点，需要首先被关注。图 7-21 显示，这类节点包括内蒙古和东三省在内的北部省份以及云南贵州为代表的西南内陆省份。

进一步研究 DRLF 中土地财政涉及的两部分内容，即 DebtRank/LRD 和 Φ/LRD。DebtRank/LRD 量化土地财政赋予政府节点初始风险对整体网络可能造成的冲击规模，Φ/LRD 量化土地财政可能导致的节点的初始风险规模。从图 7-21 可以观察到，除个别"双高"省份以外，高 DebtRank/LRD 和高 Φ/LRD 节点省份存在明显分异，高 DebtRank/LRD 节点，及潜在冲击规模大的省份，集中在传统意义上经济发达省份和直辖市，如江浙粤和北京、上海等；而高 Φ/LRD 节点，及自身初始风险规模大的省份，则显著集中在经济欠发达的青海、新疆、云南等内陆省以及东北各省份。对于高 DebtRank/LRD 节点，在监控其自身脆

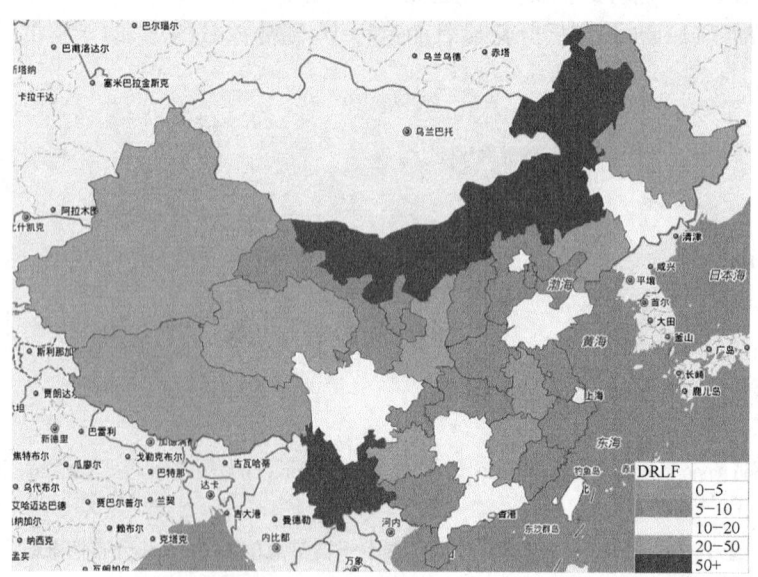

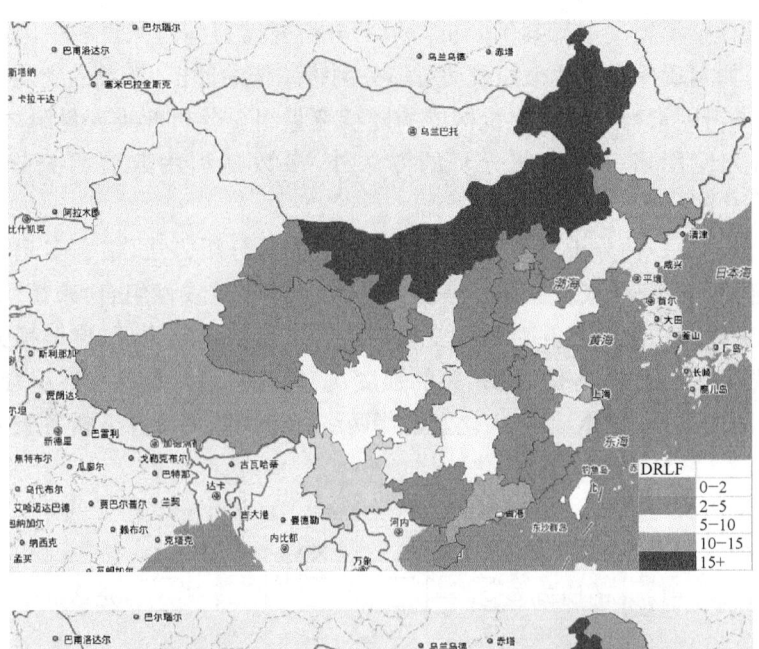

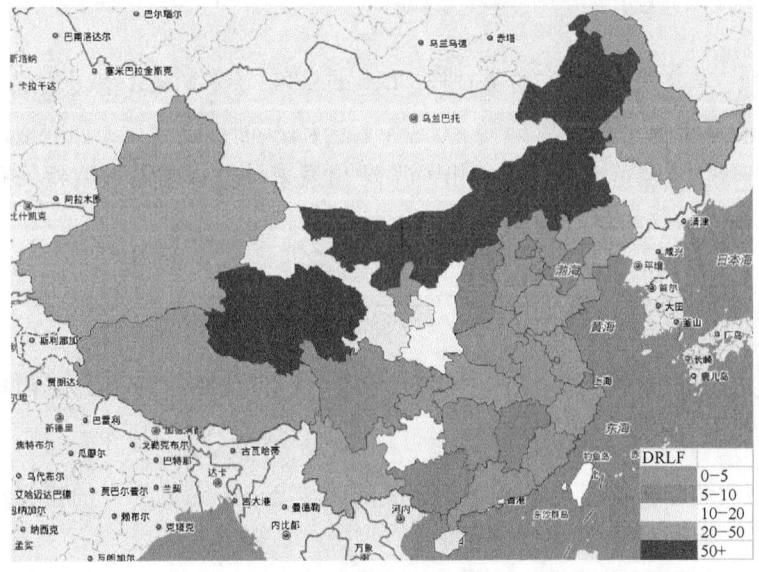

图 7-21　各省土地财政视角下的债务风险分布情况示意图

弱度 Φ 维持低位的同时,应该控制其 DebtRank 不继续升高;对于高 Φ/LRD 节点,首先需要通过降低其发展规模(负债率)以降低其自身风险,其次在一定程度上可放宽其 DebtRank 值控制,降低高 DebtRank/LRD 节点在债务网络中的重要性。

7.5.3　土地市场波动冲击与债券网络级联失效的典型相关分析

1) 典型相关分析概述

在量化科学研究中,分析两个变量间的相关,可以根据两变量的测量尺度,选择适当的相关系数来表示相关的强弱与方向。当对一个因变量与多个自变量间关系进行探讨时,则可根据问题的性质及变量测量尺度,分别选择多元回归分析、判别分析、对数线性模型或

Logit 对数线性模型等方法进行案例分析。但部分研究需要同时探讨多个因变量与多个自变量间的关系,如本章探讨土地市场波动对债务网络结构的冲击,涉及的土地市场波动因素和债务网络受冲击因素都是多个变量构成的随机变量组。分析此类变量组之间的关系时,除了极少数研究使用多变量回归分析的方法外,多数是利用典型相关分析(Canonical Correlation Analysis)进行案例分析的工作。

典型相关分析是一种分析两组变量间关系的多变量分析方法,结合多元回归分析与因子分析原理,通过寻找一个或少数几个综合变量(原始变量的线性组合)来替代原变量,从而将两组变量的关系集中到少数几对综合变量的关系上。基于此原理,典型相关分析的内容包括:①检验两组变量间是否相关及相关的强度;②建构两组变量的线性组合(典型方程),使得两组变量间的关系(变异量)极大化及解释两组变量间的关系并分析各级变量对典型方程的相对影响。

设两组变量用 $X=(X_1, X_2, \cdots, X_p)'$ 及 $Y=(Y_1, Y_2, \cdots, Y_q)'$ 表示(设 $p \leqslant q$)。设 $p+q$ 维随机向量 $Z=\begin{pmatrix}X\\Y\end{pmatrix}$ 的协方差 $\sum = \begin{pmatrix}\sum_{11} & \sum_{12}\\ \sum_{21} & \sum_{22}\end{pmatrix}$,其中 $\sum_{11}$ 是 X 的协差阵,$\sum_{22}$ 是 Y 的协差阵,$\sum_{12}=\sum_{21}'$ 是 X、Y 的协差阵。$U=a'X$ 和 $V=b'Y$ 是 X 和 Y 的线性组合。典型相关分析的目的是找到向量 a 和 b,使 $\rho(U, V)$ 最大,从而找到替代原始变量的典型变量 U 和 V。在实际问题中,也可以从样本的相关阵 R 出发来计算样本的典型相关系数和典型变量。其中典型相关系数 $\rho(U, V)$ 的数学定义为

$$\rho(U, V) = \frac{Cov(U, V)}{\sqrt{Var(U)} \times \sqrt{Var(V)}} = \frac{a'\sum_{12}b}{\sqrt{a'\sum_{11}a} \times \sqrt{b'\sum_{22}b}} \tag{7-10}$$

由于随机变量乘以常数不改变其相关系数,为防止不必要的结果重复出现,需附加约束条件:

$$Var(U) = a'\sum_{11}a = 1 \quad Var(V) = b'\sum_{22}b = 1 \tag{7-11}$$

此时,典型相关分析将研究 X 和 Y 的相关问题转变成研究 U 和 V 的相关问题,通过 a',b' 以及 $\rho(U, V)$ 揭示 X 与 Y 之间的联系。

2) 分析与数据说明

采用典型相关分析方法分析土地市场波动与债务网络级联失效的关系,出发点在于土地市场相关指标复杂多样,涉及层面和主体多样。同时债务网络结构从微观的节点连线到宏观的整体网络存在不同指标可能作为被解释变量,因此对于此两个指标组,即土地市场指标组和债务网络指标组的关联研究,采用了典型相关分析来进行研究。

土地市场指标组的构成采用从宏观经济指标到微观不同市场主体的相关指标,共 10 项,同时考虑到绝对指标(如 GDP)对应的相对指标(GDP 同比)也可能存在影响,因此 10 项指标相应的相对指标,即增幅指标,也作为土地市场指标组(解释变量组)的一部分。债务网络指标组的构成,考虑到网络结构层次、风险传播过程以及量纲的统一,主要包括表征节点的地方政府土地依赖度(地方土地出让收入/地方财政收入)、表征连线的地方负债率(地方发行债券额度/GDP)、表征网络级联失效程度的 DebtRank 值以及表征初始风险的脆弱度

Φ，共四项指标。典型相关分析变量说明见表7-8。

自变量中的部分指标存在严重共线性（与多个其他变量存在高度共线性），包括GDP、税收收入、房地产开发投资额、商品房销售额和住户中长期贷款占存款比重同比，在最终模型中予以剔除。

表7-8 典型相关分析变量说明

变量类型	变量层次	变量名称	变量符号	变量表征	数据来源	备注
自变量	宏观经济	GDP	X01	宏观经济总体形势	Wind	共线，剔除
		同比	X02			
		税收收入	X11	政府财政情况		共线，剔除
		同比	X12			
		贷款利率	X21	货币影响		
		同比	X22			
	微观市场主体（政府）	国有建设用地供应面积	X31	土地一级市场的供应与储备状况		
		同比	X32			
		城市征用土地面积	X41			
		同比	X42			
	（房地产开发企业）	房地产开发投资额	X51	房地产开发企业投资和销售状况		共线，剔除
		同比	X52			
		商品房销售额	X61			共线，剔除
		同比	X62			
	（居民）	住户中长期贷款	X71	居民在房地产的投资规模以及价格水平		
		同比	X72			
		住户中长期贷款占存款比重	X81			
		同比	X82			共线，剔除
		商品房销售价格	X91			
		同比	X92			
因变量	网络风险	DebtRank	Y1	级联失效程度	4.2	
		脆弱度	Y2	初始风险规模	3.5.3	
	连线	负债率	Y3GDP	风险来源之一——债务层面	发债额度/GDP	
	节点	土地依赖度	Y4FR	风险来源之二——土地财政层面	土地出让金收入/财政收入	

3) 结果分析

对于土地市场与债务网络指标组之间的典型相关分析主要分为五个主要内容：两组变量的相关系数、典型相关系数及显著性检验、典型变量的系数、典型结构分析和典型冗余分析。

(1) 两组变量组内和组间的相关系数

从图7-22土地市场指标间的相关系数看，经过剔除部分自变量指标后，绝大多数自变量指标间相关系数(Correlation)较小，即指标间重复程度不大。图7-23债务网络指标间的相关系数阵中，DebtRank(Y1)与土地依赖度(Y4FR)以及脆弱度(Y2)与负债率(Y3GDP)相关系数偏大，说明存在一定内在联系。图7-24土地市场指标和债务网络指标间的相关系数阵表明，除个别土地市场指标与债务网络指标相关度偏大(如城市征用土地面积(X41)与DebtRank(Y1))，绝大多数相关系数较小，说明土地市场指标与债务网络指标间的直接关联不大，更多的关联在于综合影响。而由于变量间的交互作用，图7-24的简单相关系数矩阵仅作为关联参考，不能反映两组变量间的实质联系。

Correlations for Set-1

	X02	X12	X21	X22	X31	X32	X41	X42	X52	X62	X71	X72	X81	X91	X92
X02	1.0000	.1443	-.1784	-.0201	.0876	.1362	.2728	.2512	.6180	.4298	.2026	.1377	.4018	.3325	.2309
X12	.1443	1.0000	-.3777	-.1152	-.0434	-.0174	.1436	-.1375	-.1127	.5507	.3160	.0847	.1622	.3781	.4652
X21	-.1784	-.3777	1.0000	.3770	.2654	-.3353	-.0586	.0698	.0132	-.3516	-.0790	.1580	-.0367	-.3785	-.2649
X22	-.0201	-.1152	.3770	1.0000	-.1929	-.0509	-.3817	-.1437	.0975	.0397	-.2102	.2204	-.2005	-.1167	.0154
X31	.0876	-.0434	.2654	-.1929	1.0000	-.0492	.7003	.0782	.1520	.0254	.4270	.0791	-.0355	-.0058	.3648
X32	.1362	-.0174	-.3353	-.0509	-.0492	1.0000	-.0829	.0261	.3799	.3714	-.1145	-.2847	-.0294	-.1913	.1679
X41	.2728	.1436	-.0586	-.3817	.7003	-.0829	1.0000	.2192	.2054	.1328	.6186	.0245	.2841	.2345	.3062
X42	.2512	-.1375	.0698	-.1437	.0782	.0261	.2192	1.0000	.1840	-.2014	-.1498	-.0114	-.1450	-.1284	-.2065
X52	.6180	-.1127	.0132	.0975	.1520	.3799	.2054	.1840	1.0000	.3942	.1675	-.1923	.1355	.0204	.0154
X62	.4298	.5507	-.3516	.0397	.0254	.3714	.1328	-.2014	.3942	1.0000	.2567	-.0205	.2876	.3104	.5554
X71	.2026	.3160	-.0790	-.2102	.4270	-.1145	.6186	-.1498	.1675	.2567	1.0000	.1080	.5450	.6297	.4258
X72	.1377	.0847	.1580	.2204	.0791	-.2847	.0245	-.0114	-.1923	-.0205	.1080	1.0000	.0369	.1331	.0565
X81	.4018	.1622	-.0367	-.2005	-.0355	-.0294	.2841	-.1450	.1355	.2876	.5450	.0369	1.0000	.4462	.0905
X91	.3325	.3781	-.3785	-.1167	-.0058	-.1913	.2345	-.1284	.0204	.3104	.6297	.1331	.4462	1.0000	.6038
X92	.2309	.4652	-.2649	.0154	.3648	.1679	.3062	-.2065	.0154	.5554	.4258	.0565	.0905	.6038	1.0000

图7-22 土地市场指标间的相关系数阵

Correlations for Set-2

	Y1	Y2	Y3GDP	Y4FR
Y1	1.0000	-.4002	-.2107	.6669
Y2	-.4002	1.0000	.6925	-.5701
Y3GDP	-.2107	.6925	1.0000	-.2380
Y4FR	.6669	-.5701	-.2380	1.0000

图7-23 债务网络指标间的相关系数阵

Correlations Between Set-1 and Set-2

	Y1	Y2	Y3GDP	Y4FR
X02	.1630	-.3858	-.1618	.3146
X12	.2369	-.4079	-.4585	.0969
X21	-.0666	.1794	.1724	.1163
X22	-.3667	.1878	-.2462	-.2252
X31	.6896	-.2877	-.2005	.6433
X32	-.0213	.1746	.2349	.1249
X41	.7297	-.4876	-.3439	.7482
X42	.0127	-.0089	.0643	-.0296
X52	.0889	-.1640	-.1305	.2570
X62	.2063	-.5494	-.4448	.4033
X71	.8419	-.5048	-.4074	.5095
X72	.0465	-.0312	-.0617	-.0006
X81	.3359	-.5143	-.2042	.4151
X91	.5317	-.4601	-.4012	.2606
X92	.5037	-.3892	-.4491	.4924

图7-24 土地市场指标和债务网络指标间的相关系数阵

(2) 典型相关系数及显著性检验

图 7-25 中，首先给出了典型相关系数(Canonical Correlation)的估计值，共四组典型变量，第一到第四的典型相关系数依次为 0.988、0.920、0.851 和 0.719，除第四典型相关系数外，前三项典型相关系数均比土地市场指标组和债务网络指标组的组内和组间任一相关系数大，即综合的典型相关分析好于简单相关分析；此外给出了对系数的检验结果，具体采用的是 Bartlett 卡方检验，零假设为对应的总体典型相关系数 0。由检验结果得知，前三项典型相关系数的检验 P 值具有显著性，第四典型相关系数显著性不强。因此可以主要分析前三对典型相关关系。

```
Correlations for Set-2
          Y1       Y2     Y3GDP    Y4FR
Y1     1.0000   -.4002   -.2107   .6669
Y2     -.4002   1.0000    .6925  -.5701
Y3GDP  -.2107    .6925   1.0000  -.2380
Y4FR    .6669   -.5701   -.2380  1.0000
```

图 7-25 典型相关系数估计值和检验结果

(3) 典型变量的系数

图 7-26 和图 7-27 给出了原始变量(Raw Canonical Coefficients)、标准化变量(Standardized Canonical Coefficients)和典型相关变量的换算系数。为统一量纲通常采用标准化系数。由典型变量的系数，可以研究土地市场指标和债务网络指标之间的相关关系。

```
Standardized Canonical Coefficients for Set-1    Raw Canonical Coefficients for Set-1
         1       2       3       4                       1        2         3        4
X02    .037   -.151    .774   -.157           X02     .567    -2.334   11.965   -2.428
X12   -.042   -.161   -.329    .129           X12    -.407    -1.559   -3.187    1.245
X21    .049    .626    .928    .190           X21     .472     6.037    8.956    1.833
X22   -.050    .069   -.884    .190           X22   -1.442     1.986  -25.301    5.446
X31   -.567   -.443    .002   -.074           X31    -.994     -.776     .004    -.130
X32   -.024    .328    .847    .649           X32    -.127     1.719    4.439    3.401
X41   -.050   1.260    .005    .167           X41    -.118     2.948     .012     .391
X42   -.138   -.390   -.259   -.195           X42    -.354     -.996    -.661    -.497
X52    .208    .207   -.855    .107           X52    1.615     1.601   -6.622     .830
X62   -.294    .069    .310   -.892           X62   -1.398      .326    1.473   -4.239
X71   -.466   -.974    .169    .453           X71    -.592    -1.237     .215     .575
X72    .104    .079   -.050    .087           X72     .546      .414    -.264     .456
X81    .015    .210   -.535   -.588           X81     .101     1.404   -3.589   -3.939
X91   -.410    .019    .660    .187           X91    -.649      .031    1.044     .296
X92    .249    .519   -.787    .140           X92    2.848     5.933   -8.998    1.601
```

图 7-26 土地市场指标组标准化/原始变量与典型变量间的换算系数

```
Standardized Canonical Coefficients for Set-2    Raw Canonical Coefficients for Set-2
         1       2       3       4                       1        2        3        4
Y1    -.880   -.779    .246    .608           Y1     -.666    -.589     .186     .460
Y2     .204    .735   -.610   1.391           Y2      .067     .241    -.200     .456
Y3GDP  .186   -.363   1.289   -.499           Y3GDP  4.449   -8.663   30.797  -11.913
Y4FR   .082   1.543    .020    .100           Y4FR    .403    7.570     .098     .491
```

图 7-27 债务网络指标组标准化/原始变量与典型变量间的换算系数

由输出结果可得，来自土地市场指标和债务网络指标的第一典型变量的计算公式为(此时自变量和因变量都为标准化变量）：

$$U1 = 0.037X02 - 0.042X12 + 0.049X21 - 0.050X22 - 0.579X31 - \\ 0.024X32 - 0.050X41 - 0.138X42 + 0.208X52 - 0.294X62 - \\ 0.466X71 + 0.104X72 + 0.015X81 - 0.410X91 + 0.249X92$$

$$V1 = -0.880Y1 + 0.204Y2 + 0.186Y3GDP + 0.082Y4FR$$

在第一对典型变量中，债务网络指标组中的 DebtRank(Y1) 的系数显著高于其他三项因变量指标，说明第一对典型变量主要表征 DebtRank 受冲击情况。对应的土地市场指标组中，国有建设用地供应面积(X31)、住户中长期贷款(X71)和商品房销售价格(X91)系数较大，作为 DebtRank 的主要冲击来源指标。且 X31，X71，X91 和 Y1 系数同号，说明 DebtRank 受土地市场此三指标冲击方向相同，即国有建设用地供应面积的增大、住户中长期贷款的增加以及商品房销售价格的上升导致 DebtRank 上升，即潜在对于债务网络的冲击上升，反之亦然。

第二典型变量的计算公式为

$$U2 = -0.151X02 - 0.161X12 + 0.626X21 + 0.069X22 - 0.443X31 + \\ 0.328X32 + 1.260X41 - 0.390X42 + 0.207X52 + 0.069X62 - \\ 0.974X71 + 0.079X72 + 0.210X81 + 0.019X91 + 0.519X92$$

$$V2 = -0.779Y1 + 0.735Y2 - 0.363Y3GDP + 1.543Y4FR$$

在第二对典型变量中，债务网络指标组中的土地依赖度(Y4FR)的系数显著高于其他三项因变量指标，说明第二对典型变量主要表征土地依赖度受冲击情况。对应的土地市场指标组中，贷款利率(X21)、城市征用土地面积(X41)、住户中长期贷款(X71)和商品房销售价格同比(X92)系数较大，作为土地依赖度的主要冲击来源指标。其中 X21、X41 和 X92 和 Y4FR 系数同号，说明土地依赖度受土地市场此三指标冲击方向相同，即贷款利率的上升、城市征用土地面积的增大以及商品房销售价格同比增幅扩大(或降幅缩小)导致土地依赖度上升，即地方政府财政收入越发依赖土地出让，反之亦然；X71 和 Y4FR 系数异号，说明土地依赖度受住户中长期贷款指标冲击方向相反，即住户中长期贷款增加，土地依赖度下降，即地方政府财政收入中土地出让收入占比下降，反之亦然。

第三典型变量的计算公式为

$$U3 = 0.774X02 - 0.329X12 + 0.928X21 - 0.884X22 + 0.002X31 + \\ 0.847X32 + 0.005X41 - 0.259X42 - 0.855X52 + 0.310X62 + \\ 0.169X71 - 0.050X72 - 0.535X81 + 0.660X91 - 0.787X92$$

$$V3 = 0.246Y1 - 0.610Y2 + 1.289Y3GDP + 0.020Y4FR$$

在第三对典型变量中，债务网络指标组中的脆弱度(Y2)和负债率(Y3GDP)的系数显著高于其他两项因变量指标，且图 7-23 表明脆弱度和负债率之间存在一定线性相关性，因此说明第三对典型变量主要表征脆弱度和负债率受冲击情况，但二者系数符号相反说明受波动冲击方向相反，这与图 7-23 中 Y2 和 Y3GDP 的简单相关系数同为正以及图 7-28 中 Y2 和 Y3GDP 的典型负载系数同为正矛盾。首先，原因之一是 Y2 和 Y3GD 之间原本存在的紧密相关的联系,其次 Y2 的标准化系数与典型负载系数异号可以理解为是 Y2 作为校正变量对 Y3GDP 在 V3 中影响的一个修正。对应的土地市场指标组中,GDP 同比(X02)、贷款利率(X21)、贷款利率同比(X22)、房地产开发投资额同比(X52)和商品房销售价格同比(X92)系数较大,作为脆弱度和负债率的主要冲击来源指标。其中,X02,X21 和 Y3GDP 系数同号、和 Y2 系数异号,说明负债率受 GDP 和贷款利率波动冲击方向相同,脆弱度受波动冲击方向相反以反向作用于负债率所受冲击,即 GDP 增长和贷款利率的上浮会导致负债率上升(债务占 GDP 比重上升),而同时脆弱度下降(地方政府自身债务风险减小)反向减缓负债率的上升,反之亦然。

```
Canonical Loadings for Set-2          Cross Loadings for Set-2
          1      2      3      4              1      2      3      4
Y1     -.946   .033   .232   .223     Y1    -.935   .030   .198   .160
Y2      .638  -.085   .172   .746     Y2     .631  -.078   .147   .536
Y3GDP   .493  -.057   .810   .313     Y3GDP  .487  -.052   .689   .225
Y4FR   -.665   .691   .225  -.169     Y4FR  -.657   .636   .192  -.121
```

图 7-28 债务网络指标组的典型结构分析结果

根据以上结果可以做出三对典型变量和原始变量的标准系数图,见图 7-29。

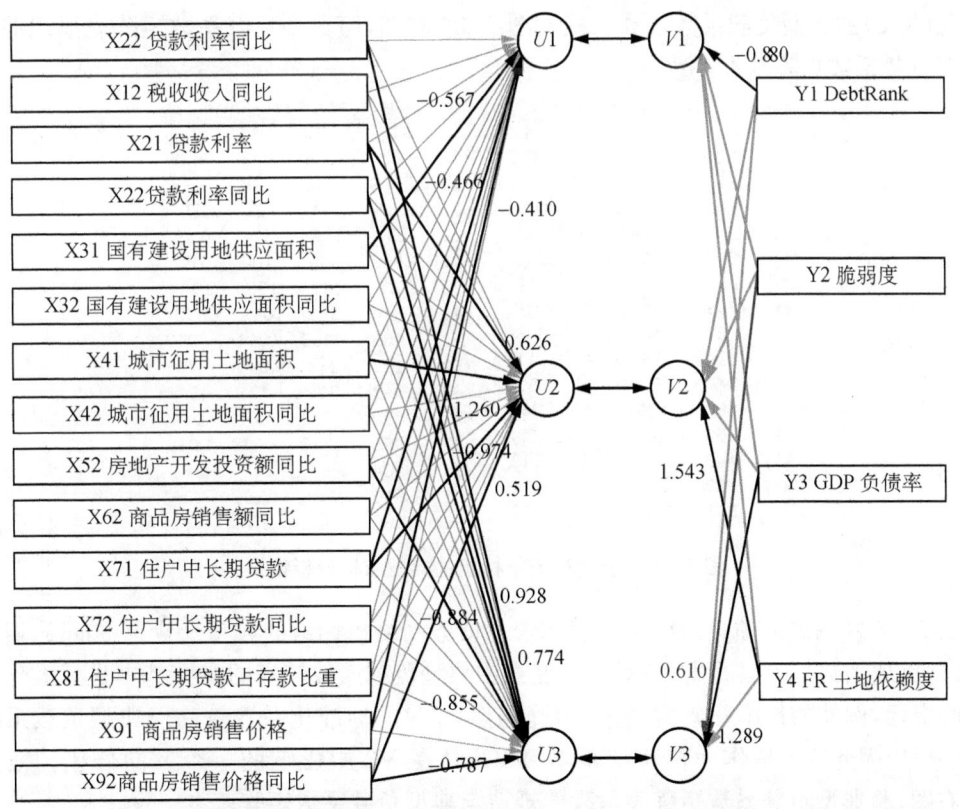

图 7-29 土地市场与债务网络指标的标准系数图

(4) 典型结构分析

典型结构分析即分析原始变量(土地市场指标组 X 和债务网络指标组 Y)和典型变量

(U、V)之间的相关程度,用典型负载系数(Canonical Loading)表示,典型负载系数越大表明该原始变量在解释该典型变量的重要性越大。此外,分析结果还给出跨典型负载系数(Cross Loadings),表明原始变量与其对立的典型变量之间的关系,用于判断原始变量是否可以用其对立的典型变量进行预测。

图7-30左图表示土地市场指标组和表示土地市场指标组的典型变量U之间的相关关系(典型负载系数),可以看出,在第一对典型变量中,标准化系数较高的国有建设用地供应面积(X31)、住户中长期贷款(X71)和商品房销售价格(X91)相应的典型负载系数也较高,此外城市征用土地面积(X41)的典型负载系数也较高,说明虽然X41的标准化系数不高,对U1的影响程度不大,但具有解释U1的重要性;在第二对典型变量中,标准化系数较高的贷款利率(X21)、城市征用土地面积(X41)、住户中长期贷款(X71)和商品房销售价格同比(X92)中除了X71之外,其他三项指标的典型负载系数也较高,此外国有建设用地供应面积(X31)的典型负载系数也较高,但X31的标准化系数与典型负载系数异号,说明X31是作为修正其他四项指标冲击的修正变量;在第三对典型变量中,标准化系数较高的GDP同比(X02)、贷款利率(X21)、贷款利率同比(X22)、房地产开发投资额同比(X52)和商品房销售价格同比(X92)中只有X22的典型负载系数较高,其余都偏低,而标准化系数较低的税收收入同比(X12)的典型负载系数较高。根据图7-30右图,跨典型负载系数矩阵表呈现的规律与典型负载系数矩阵基本一致。

```
          Canonical Loadings for Set-1    Cross Loadings for Set-1
             1      2      3      4          1      2      3      4
    X02   -.229   .145   .086  -.453   X02  -.226   .134   .073  -.325
    X12   -.373  -.183  -.331  -.258   X12  -.369  -.168  -.282  -.185
    X21    .138   .327   .116   .188   X21   .137   .301   .099   .135
    X22    .300   .180  -.619   .193   X22   .297   .165  -.527   .139
    X31   -.658   .345   .117   .255   X31  -.650   .317   .100   .183
    X32    .110   .274   .227   .174   X32   .108   .252   .193   .125
    X41   -.753   .384   .058   .016   X41  -.744   .353   .049   .012
    X42   -.004  -.093   .107  -.055   X42  -.003  -.085   .091  -.040
    X52   -.116   .276  -.048  -.116   X52  -.115   .254  -.041  -.083
    X62   -.347   .238  -.211  -.524   X62  -.343   .219  -.179  -.377
    X71   -.888  -.100   .001   .089   X71  -.878  -.092   .000   .064
    X72   -.060  -.041  -.058   .022   X72  -.059  -.038  -.049   .016
    X81   -.409   .082   .166  -.512   X81  -.404   .075   .142  -.368
    X91   -.622  -.222  -.118  -.126   X91  -.615  -.204  -.100  -.091
    X92   -.573   .266  -.244   .053   X92  -.566   .245  -.207   .038
```

图7-30 土地市场指标组的典型结构分析结果

图7-28左图表示债务网络指标组和表示债务网络指标组的典型变量V之间的相关关系(典型负载系数),可以看出,三对典型变量中典型负载系数较高的指标基本是标准化系数较高的指标,例外的是第三典型变量中,脆弱度(Y2)的标准化系数较高但典型负载系数较低,且异号,因此Y2是作为校正变量对Y3GDP在V3中影响的一个反向修正。根据图7-28右图,跨典型负载系数矩阵表呈现的规律与典型负载系数矩阵基本一致。

根据以上结果可以做出三对典型变量和原始变量的典型结构示意图,见图7-31。

(5)典型冗余分析

典型冗余分析结果表示各典型变量对原始变量组整体的变差解释程度,分为组内变差解释和组间变差解释。

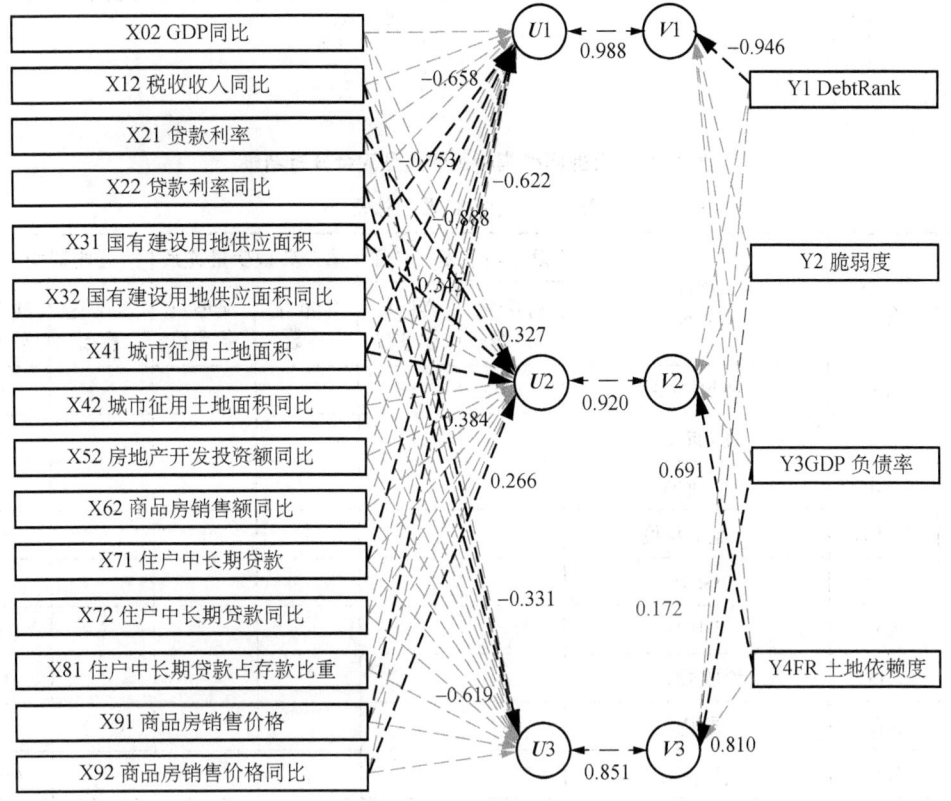

图 7-31 土地市场与债务网络指标的典型结构图

图 7-32 表明,来自土地市场指标组的第一典型变量 $U1$ 可以解释土地市场指标组 20.8% 的组内变差,第二和第三典型变量 $U2$ 和 $U3$ 分别解释土地市场指标组 5.4% 和 5.0% 的组内变差。来自债务网络指标组的第一典型变量 $V1$ 可以解释对立的土地市场指标组 20.3% 的变差,第二和第三典型变量 $V2$ 和 $V3$ 只能解释土地市场指标组 4.6% 和 3.6% 的变差。

Proportion of Variance of Set-1 Explained by Its Own Can. Var.		Proportion of Variance of Set-1 Explained by Opposite Can.Var.	
	Prop Var		Prop Var
CV1-1	.208	CV2-1	.203
CV1-2	.054	CV2-2	.046
CV1-3	.050	CV2-3	.036
CV1-4	.068	CV2-4	.035

图 7-32 土地市场指标组的典型冗余分析结果

图 7-33 表明,来自债务网络指标组的第一典型变量 $V1$ 可以解释债务网络指标组 49.7% 的组内变差,第二和第三典型变量 $V2$ 和 $V3$ 分别解释债务网络指标组 12.2% 和 19.7% 的组内变差。来自土地市场指标组的第一典型变量 $U1$ 可以解释对立的债务网络指标组 48.5% 的变差,第二和第三典型变量 $U2$ 和 $U3$ 只能解释债务网络指标组 10.4% 和 14.3% 的变差。

(6) 结果小结

综合上述结果分析,可将土地市场指标波动对债务网络指标冲击影响的典型相关分析结果汇总,如表 7-9 所示。

Proportion of Variance of Set-2 Explained by Its Own Can. Var.
Prop Var
CV2-1   .497
CV2-2   .122
CV2-3   .197
CV2-4   .183

Proportion of Variance of Set-2 Explained by Opposite Can. Var.
Prop Var
CV1-1   .485
CV1-2   .104
CV1-3   .143
CV1-4   .095

图 7-33 债务网络指标组的典型冗余分析结果

表 7-9 分析结果汇总表

典型变量	原始变量	指标名称	第一典型变量关系		第二典型变量关系		第三典型变量关系	
			标准化系数	典型负载系数	标准化系数	典型负载系数	标准化系数	典型负载系数
V	Y1	DebtRank	—	—				
	Y2	脆弱度					—	＋
	Y3GDP	负债率					＋	＋
	Y4FR	土地依赖度			＋	＋		
U	X01	GDP						
	X02	同比					＋	(＋)
	X11	税收收入						
	X12	同比					(—)	—
	X21	贷款利率			＋	＋	＋	(＋)
	X22	同比					—	—
	X31	国有建设用地供应面积	—	—	(—)	＋		
	X32	同比						
	X41	城市征用土地面积	(—)	—	＋	＋		
	X42	同比						
	X51	房地产开发投资额						
	X52	同比					—	(—)
	X61	商品房销售额						
	X62	同比						
	X71	住户中长期贷款	—	—	—	(—)		
	X72	同比						
	X81	住户中长期贷款占存款比重						
	X82	同比						
	X91	商品房销售价格	—	—				
	X92	同比			＋	＋	—	(—)

注："＋"表示系数为正,"—"表示系数为负,"(＋)"表示系数为正但数值小影响不显著,"(—)"表示系数为负但数值小影响不显著。

4）土地市场波动对债务网络级联失效的冲击分析

(1) 直接冲击分析

土地市场波动对于债务网络级联失效直接冲击主要是对 DebtRank 和脆弱度两方面进行。

根据表 7-8，DebtRank 受冲击主要通过第一对典型变量反映。涉及的土地市场波动指标有国有建设用地供应面积、城市征用土地面积、住户中长期贷款和商品房销售价格，且全部为同向冲击。国有建设用地供应面积与城市征用土地面积涉及政府主体作为土地一级市场的唯一供给者的土地储备和土地供应，储备量和供应量上升，在土地价格、税收等维持相对不变的情况下，土地出让收入增加，财政收入增加，则地方政府在债务网站中的权重增大，对于网络的潜在冲击增大。住户中长期贷款和商品房销售价格涉及居民在商品房市场中的行为影响，长期贷款的增加和价格的增加都意味着对于商品房的消费或投资的投入增加，刺激商品房市场发展，进一步刺激源头土地市场的交易，提升地方政府在债务网络中的权重和其对债务网络的潜在冲击规模。

根据表 7-8，脆弱度受冲击主要通过第三对典型变量反映。涉及的土地市场波动指标有 GDP 同比、税收收入同比、贷款利率、贷款利率同比、房地产开发投资额同比和商品房销售价格同比，其中 GDP 同比和贷款利率是反向冲击，其余为同向冲击。GDP 同比增加（多数情况下指增幅扩大）表征经济总体状况向好，随经济增长土地出让收入和债务量也保持增长，债务量增幅相对小进而脆弱度下降；贷款利率增加表征金融方面货币收紧，宏观面临去杠杆的趋势，脆弱度下降。税收收入同比增加（多数情况下指增幅扩大），从侧面反映财政收入增加，政府偿债能力增强的同时债务性融资扩大，即债务量增加，在土地出让收入相对稳定的情况下，脆弱度增加；贷款利率同比增加（降幅缩小或增幅扩大），表征对于未来货币走向预期看紧，即当前债务量和土地出让收入情况有滞后效应，脆弱度仍处于增长的滞后状态；房地产开发投资额同比增加和商品房销售价格的上升，表征房地产市场火热，政府层面出台调控，土地市场在监管下冷却而导致土地出让收入相较于债务量减少，在债务量维持相对稳定的情况下，脆弱度上升。

此外，如 7.5.3 节中第 3）点典型结构分析中提及，脆弱度的标准化系数和典型结构系数符号相反，因此脆弱度受土地市场波动冲击所呈现特征，更多意义是作为同样在第三对典型变量中涉及的另一主要债务网络指标——负债率的修正指标，即负债率受土地指标波动的冲击还包括土地指标波动对脆弱度的冲击带来的二次反向冲击。

(2) 间接冲击分析

土地市场波动对于债务网络级联失效间接冲击主要是对地方政府节点和债务连线两方面进行，即对土地依赖度和负债率的冲击。

根据表 7-8，土地依赖度受冲击主要通过第二对典型变量反映。涉及的土地市场波动指标有贷款利率、国有建设用地供应面积、城市征用土地面积、住户中长期贷款和商品房销售价格同比，其中，贷款利率、城市征用土地面积和商品房销售价格同比是正向冲击，其余是反向冲击。贷款利率增加表征金融方面货币收紧，宏观面临去杠杆的趋势，整体财政收入涉及更多与货币关系紧密的收入来源，因此财政收入的下降超过土地出让收入的下降，呈现土地依赖度增加的特点。城市征用土地面积增加和商品房销售价格上升表征土地和楼市的火热,土地依赖度随之上升。国有建设用地供应面积的标准化系数和典型负载系数符号相反,由于该指标同样表征土地一级市场的整体情况,因此其反向冲击可以理解为对城市征用土地面积的正向冲击的一个修正。住户中长期贷款直观理解跟商品房销售价格类似,反映了商品房市场的整体状况,但其对于土地依赖度具有反向冲击,可以理解为是由于居民对房地产的资金投入导致政府层面的调控,因此土地市场在监管下冷却而导致土地依赖度的降低。

根据表7-8,负债率受冲击主要通过第三对典型变量反映。涉及的土地市场波动指标有GDP同比、税收收入同比、贷款利率、贷款利率同比、房地产开发投资额同比和商品房销售价格同比,其中GDP同比和贷款利率是同向冲击,其余为反向冲击。如同脆弱度受冲击机理分析,GDP同比增加(多数情况下指涨幅扩大)表征经济总体状况向好,债务量随经济增长呈现较快增长,因此负债率同步增长;贷款利率增加表征金融方面货币收紧,经济(增幅)收紧,因此负债率反而呈现增长。税收收入同比增加(多数情况下指涨幅扩大),从侧面反映财政收入增加,经济面景气,经济总体增幅较大,因此负债率下降;贷款利率同比增加(降幅缩小或增幅扩大),表征对于未来货币走向预期看紧,即当前债务量有滞后效应,负债率仍处于减小的滞后状态;房地产开发投资额同比增加和商品房销售价格的上升,表征房地产市场火热,政府层面出台调控,土地市场在监管下冷却而导致土地出让收入(增幅)减少,债务量(增幅)随之减少,负债率下降。

此外,由于脆弱度作为对负债率受冲击的修正指标,负债率受土地指标波动的冲击的同时还受到脆弱度的反向冲击(图7-34)。

7.6 本章小结

本章构建了地方政府债券复杂网络模型,分析地方政府债务网络静态结构并对地方政府债券网络进行降维分析以研究地方政府债券网络中系统性风险的特征;从债务网络的级联失效以及土地市场波动冲击的典型相关分析两方面出发对地方政府债务网络动态结构进行分析,并确定土地冲击风险效应。

首先,从债券网络整体性特征看,债券网络关系数量的规模与密度稳定,债务额度的规模与密度增加,风险传染路径不长;从债券网络结构性特征看,需加倍关注中心性异常的地方政府风险,且网络整体风险脆弱度上升。各省地方政府的中心性地位差异不大,但存在需要倍加风险控制的中心性异常节点,如山东省(2015年)、新疆维吾尔自治区(2016年);银行中心性存在明显差异,五大行及招商银行、兴业银行、民生银行、浦发银行具有较大中心度,是风险传染路径中的重要节点;债务网络分派数目由5个增加至6个,网络分异性扩大,节点之间差距增加;债务网络核心区域的银行主体不变(五大行),但核心区域的地方政府数量增加,债权网络核心扩大;债券网络的集中度维持稳定但节点和整体网络的脆弱度快速上升。

其次,通过债券网络级联失效模型分析得出:一是东中西部的债务网络系统性风险传染效应存在显著差异。东部发达地区的债务系统性风险传染效应最高,尤其是江苏、浙江和广东;西部欠发达地区的债务系统性风险传染效应最低,尤其是西藏、宁夏和海南;二是大部分节点的违约或偿债风险传染效应,银行端风险值显著小于政府端风险值,即在节点失效导致

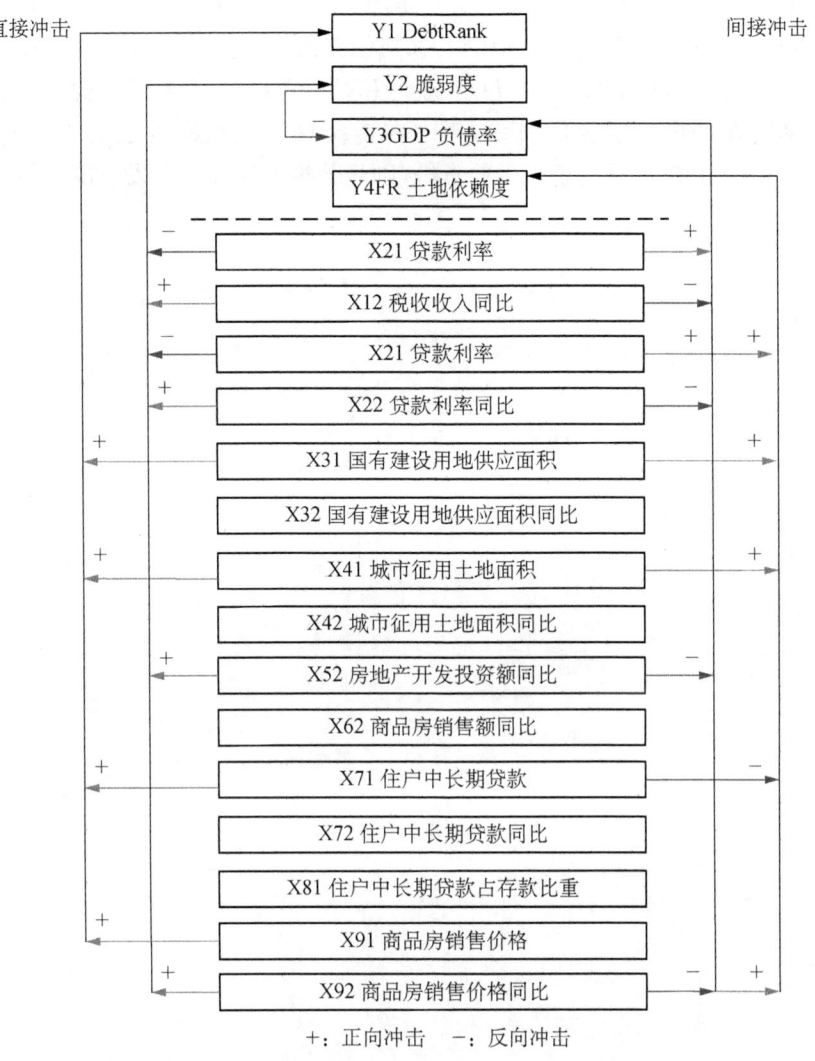

图 7-34 土地市场波动对债务网络冲击示意图

网络级联失效过程中,政府是风险传染的薄弱环节和放大环节;三是 DebtRank 算法充分反映了单个地方政府陷入债务困境对整个债务网络体系的风险传染效应,更接近债务系统性风险发生的实际情况。政府监管部门不仅需要对江苏、浙江、广东和山东等 DebtRank 高、债券规模大的省份进行重点监测,而且要加强对湖北、上海、河南和安徽等 DebtRank 高、债券规模相对较低省份的监测。

最后,通过研究土地财政与债务网络系统性风险关联得出:一是 DebtRank 值与该省份土地出让收入规模呈现显著的正相关,且存在二八效应,即多数省份土地出让金低,同时存在较低的 DebtRank 值,为数不多的省份同时占据高土地出让收入和高 DebtRank 水平;二是政府节点"太关联而不易倒"。DebtRank 值高、严重依赖土地财政的节点,自身脆弱度低,不易发生初始风险而导致高水平的系统性风险。自身脆弱度高的节点即使发生部分违约,由于其 DebtRank 相对处于较低水平,土地财政依赖度低,对于整体网络冲击并不大;三是

"土地财政债务风险"DRLF 最高的五个省份是内蒙古、云南、新疆、辽宁和黑龙江,这些省份既在债券网络中存在较高的自身违约风险,又对债券网络产生较大冲击,需要政府监管部门对其进行首要关注;高 DebtRank/LRD 和高 Φ/LRD 节点省份存在明显分异,高 DebtRank/LRD 节点,即潜在冲击规模大的省份,集中在传统意义上经济发达省份和直辖市;而高 Φ/LRD 节点,即自身初始风险规模大的省份,则显著集中在经济欠发达的省份。

参 考 文 献

[1] 巴曙松.地方政府投融资平台的发展及其风险评估[J].西南金融,2009,7.
[2] 张启迪,孙英隽.地方融资平台的风险分析及风险控制建议[J].金融经济,2013,16.
[3] 王梓,周佳嵋.规范政府财政责任约束　强化地方投融资平台风险控制[J].中国财政,2011,16.
[4] 金兴华.促进地方融资平台公司可持续发展的对策探讨[J].经济问题,2013(12):49-51.
[5] 梅建明,易卫民,黄世为.基于KMV模型的上市类融资平台公司信用风险研究[J].财政研究,2013(10):64-67.
[6] 刘畅."后危机"时代我国商业银行地方政府融资平台贷款风险及防控对策[J].中国经济问题,2011(4):60-66.
[7] 张智威,花长春,陈家瑶.地方融资平台债务风险:自下而上的分析[J].金融发展评论,2013(10):5.
[8] 朱相平.地方投融资平台建设与政府的责任边界——基于风险控制的视角[J].宏观经济研究,2012(7):18.
[9] 刘立峰.地方政府融资平台的规范发展与风险控制[J].经济研究参考,2013(45):22-28.
[10] 吉伦奇.金融视角下以信用组合管理强化地方政府融资平台风险管控研究[J].经济研究参考,2013(10):41-48.
[11] 刘煜辉,张榉成.中国地方政府融资平台分析[J].银行家,2010,6.
[12] 刘煜辉,沈可挺.中国地方政府公共资本融资:问题、挑战与对策——基于地方政府融资平台债务状况的分析[J].金融评论,2011,3.
[13] 巴曙松,牛播坤,余芽芳.探寻中国地方债务的薄弱结点:时间、流量、区域三个维度的观察[J].西南金融,2014,3.
[14] 刘煜辉.求解地方政府债务治理[J].银行家,2014,2.
[15] 巴曙松.地方政府投融资平台的风险评估[J].经济,2009,9.
[16] 许成钢.地方分权的双刃剑[J].新经济导刊,2010,3.
[17] 魏加宁.地方政府投融资平台的风险何在[J].中国金融,2010,16.
[18] 周其仁.地方债务与土地制度之间的关系[J].中国机电工业,2011,8.
[19] 刘煜辉,张榉成.中国地方政府融资平台分[J].银行家,2010(06):48-52,7.
[20] 龚强,王俊,贾珅.财政分权视角下的地方政府债务研究:一个综述[J].经济研究,2011,7.
[21] 时红秀.地方债的风险有多大?[N].中国经济时报,2010,7(12).
[22] 肖耿,李金迎,王洋.采取组合措施化解地方政府融资平台贷款风险[J].中国金融,2009,20:40-41.
[23] 刘煜辉.高度关注地方投融资平台的"宏观风险"[J].中国金融,2010,5.
[24] 巴曙松,陈剑.贷款集中度风险:当前信贷风险管理与监管的关键因素[J].金融管理与研究:杭州金融研修学院学报,2010,8.
[25] 刘堃,巴曙松,任亮.中国信用风险预警模型及实证研究——基于企业关联关系和信贷行为的视角[J].

财经研究,2009.

[26] Hempe. An Evaluation of Municipal Bankruptcy Laws and Proceedings[J]. Journal of Finance,1973,28(5):1339-1351.

[27] Kenneth Daniels, Demissew Dior Ejara, Jayaraman Vijayakumar. Debt Maturity, Credit Risk, and Information Asymmetry: The Case of Municipal Bonds[J]. The financial review,2010,45(3):603-62.

[28] San-lin Chung,Chen-wei Kao,Chunchi Wu, Chung-ying Yeh. Counterparty credit risk in the municipal bond market[J].The journal of fixed income. 2015,25(1):7-33.

[29] 万莎.我国地方政府债券发行风险分析——基于经济学维度的思考[J].金融与经济,2010(2):41-44.

[30] 杨大楷,汪若君,夏存为.基于竞争视角的政府债务研究述评[J].审计与经济研究,2014(1):86-94.

[31] 马亭玉,刘泽龙.基于改进的KMV模型的地方政府债券信用风险的度量的研究[J].财政金融,2012(10):57-58.

[32] 马德功,马敏捷.地方政府债务风险防控机制实证分析:基于KMV模型对四川省地方债风险评估[J].西南民族大学学报,2015(2):139-144.

[33] 刘亚,刘阿钢.自发自还背景下我国地方政府债券信用风险研究[J].科学决策,2015(3):44-58.

[34] 王桂花,周磊.地方债务融资及其风险管理:基于博弈论视角[J].江汉论坛,2015(5):22-27.

[35] 朱洁,李齐云.信用风险视角下地方政府债券发行规模测算[J].中南财经政法大学学报,2016(2):37-42.

[36] 方来,柴娟娟.地方政府自主发债的最优规模与风险控制——基于四省份的实证分析[J].中央财经大学学报,2017(10):12-20.

[37] 周海赟,王晓芳.地方政府债券信用风险研究——基于改进的KMV模型[J].审计与经济研究,2015,30(04):95-102.

[38] 孙东升,徐志伟.地方政府债券信用风险与发行限额研究[J].科研管理,2016,37(05):150-160.

[39] European Central Bank. Credit risk transfer by EU banks: activities, risks, and risk management[R]. Report,2004,5.

[40] Bernanke B. Reflections on a Year of Crisis[N]. National Mortgage News,2009:1-17.

[41] IMF, Assessing the Systemic Implications of Financial Linkages[J]. Global Financial Stability Review,2009:73-110.

[42] 沈悦元莉.中国银行业系统性风险预警指标体系设计及监测分析明[J].西南大学学报(社会科学版).2008,34(一4):139-143.

[43] Bartholomew P F, Mote L R, Whalen G. The definition of systemic risk[C]. Office of the Comptroller of the Currency. Presented at the seventieth annual Western Economic Association International Conference, San Diego, California, 1995,7.

[44] Mishkin F. Comment on systemic risk[J]. Research in Financial Services: Banking, Financial Markets, and Systemic Risk, 1995, 7: 31-45.

[45] Kaufman G G. Comment on systemic risk[J]. Research in Financial Services: Banking, Financial Markets, and Systemic Risk, 1995, 7: 47-52.

[46] Robert L. Hetzel.Should Increased Regulation of Bank Risk-Taking Come from Regulators or from the Market? [J]. Economic Quarterly, 2009, 95:182.

[47] 宋杰.我国系统性金融风险产生的可能性及其预防[J].商业时代,2008(6):32.

[48] IMF.Global Stability Report-Responding to the Financial Crisis and Measuring Systemic Risks[R]. Working Paper,2009.

[49] 朱元倩,苗雨峰.关于系统性风险度量和预警的模型综述[J].国际金融研究,2012(1):79-88.

[50] 刘佳来.政府投融资平台的信贷风险分析与防范[J].经济研究导刊,2009(36):56-58.

[51] 付忠财,刘成玉.地方政府融资平台信贷风险形成机理与化解对策[J].理论探讨,2012(1):32-34.

[52] 李守伟,何建敏.银行系统性风险研究综述[J].南京航空航天大学学报(社会科学版),2009(3):29-32.

[53] 贾拓,姚金楼,王承萍,等.区域系统性金融风险的识别与防范——以泰州为例[J].上海金融,2012(12):102-107.

[54] 章仁俊,马晓冬.商业银行防范系统风险的对策研究[J].南京社会科学,2009(3):24.

[55] 高志勇.系统性风险与宏观审慎监管——基于美国银行业的实证研究[J].财经理论与实践,2010(5):17-18.

[56] 张宗新.金融创新、监管协同与系统性风险控制[J].浙江工商大学学报,2010(11):49.

[57] Nicolo G. D., Kwast M. L.. Systemic risk and financial consolidation: Are they related? [J]. Journal of Banking & Finance,2002(26):861-880.

[58] Lehar A. Measuring Systemic Risk: A Risk Management Approach[J]. Journal of Banking & Finance,2005(29):2577-2603.

[59] Becher C., Millard S., Soramäki K. The network topology of CHAPS Sterling[R]. Working Paper Bank of England,2008(355).

[60] Gray, Dale F., Malone S., Macrofinancial Risk Analysis[M]. State of New Jersey: John Wiley & Sons,2008.

[61] 周小川.金融政策对金融危机的响应——宏观审慎政策框架的形成背景、内在逻辑和主要内容[J].金融研究,2011(1).

[62] Crockett A. Marrying the micro-and macro-prudential dimensions of financial stability[R]. BIS Speeches,2000.

[63] FSB, BCBS. Assessing the Macroeconomic Impact of the Transition to Stronger Capital and Liquidity Requirements[R]. Interim Report,2010,8.

[64] 谭洪涛,蔡利,蔡春.金融稳定监管视角下的系统性风险研究述评[J].经济学动态,2011(10).

[65] 刘昌科,张定胜,邹恒甫.金融系统性风险衡量研究最新进展述评[J].金融研究,2012(11).

[66] 范小云,王道平,刘澜飚.规模、关联性与中国系统重要性银行的衡量[J].金融研究,2012(11).

[67] Bandt O.D., Hartmann P.. Systemic Risk: A Survey, CEPR Discussion Papers,2000.

[68] Boss M., Elsinger H., Summer M. et al.. Network topology of the interbank market[J]. Quantitative Finance,2004(4):677-684.

[69] Soramäki K., Bech M., Arnold J. et al.. The topology of interbank payment flows[J]. Physica A,2007(379):317-333.

[70] Iori G., Masi, G. D., Precup O. V. et al.. A network analysis of the Italian overnight money market[J]. Journal of Economic Dynamics and Control,2008(32):259-278.

[71] Li S., He J., Zhuang, Y.. A network model of the interbank market[J]. Physica A,2010(389):5587-5593.

[72] Galbiati M., Soramäki K.. Clearing networks[J]. Journal of Economic Behavior and Organization,2012(83):609-626.

[73] Allen F., Gale D.. Financial contagion[J]. Journal of Political Economy,2000(108):1-33.

[74] BecherC., Millard S., Soramäki K.. The network topology of CHAPS Sterling[J]. Working Paper, Bank of England,2008.

[75] Leither Y., Financial networks: Contagion, commitment, and private sector bailouts[J]. Journal of Finance,2005(6):2925-2953.

[76] Masi G.D., Fujiwara Y., Gallegati M. et al.. An analysis of the Japanese credit network[J]. Evolutionary & Institutional Economics Review,2008(7):209-232.

[77] Masi G.D., Gallegati M..Bank-firms topology in Italy[J]. Empirical Economics,2007(43):1-16.

[78] Schroder M. Schuler M. The systemic risk potential in European banking-evidence from bivariate GARCH models[J]. SSRN Electronic Journal, 2003(13):3-11.

[79] 吕江,林赖娟.我国金融系统性风险预警指标体系的构建与应用[J].江西财经大学学报,2011(2):5-11.

[80] 马运全.我国银行业系统性风险:预警模型与实证分析[J].华北电力大学学报(社会科学版),2011(5):30-34.

[81] Iori, G., Jafarey, S., and Padilla, F. G. Systemic Risk on the Interbank Market[J]. Journal of Economic Behavior and Organization, 2006(61): 525-542.

[82] Frankel J A, Rose A K. Currency crashes in emerging markets: An empirical treatment[J]. Journal of international Economics, 1996, 41(3): 351-366.

[83] Illing, Liu. An Index of Financial Stress for Canada[R]. Bank of Canada Working, Paper no 2003-14 June,2003.

[84] Rørdam K.B., Bech M.L. The topology of Danish interbank money flows[J]. Finance Researh Unit, 2009, 1.

[85] Mariya, Teteryatnikova. R&D in the Network of International Trade: Multilateral versus Regional Trade Agreements[J]. SSRN Working Paper Series, 2009, 2.

[86] Krause A, Giansante S. Interbank lending and the spread of bank failures: A network model of systemic risk[J]. Journal of Economic Behavior & Organization, 2012, 83(3): 583-608.

[87] Haas R, Lelyveld I. Multinational banks and the global financial crisis: Weathering the perfect storm? [J]. Journal of Money, Credit and Banking, 2014, 46(s1): 333-364.

[88] Watts D.J., Strogatz S H. Collective dynamics of 'small-world' networks[J]. nature, 1998, 393 (6684):440-442.

[89] Barabási A.L., Albert R. Emergence of scaling in random networks[J]. science, 1999, 286(5439): 509-512.

[90] Jin E.M., Girvan M., Newman M.E.J. Structure of growing social networks[J]. Physical review E, 2001, 64(4): 046132.

[91] Lenzu S, Tedeschi G. Systemic risk on different interbank network topologies[J]. Physica A: Statistical Mechanics and its Applications, 2012, 391(18): 4331-4341.

[92] Newman M E J, Park J. Why social networks are different from other types of networks[J]. Physical Review E, 2003, 68(3): 036122.

[93] Aleksiejuk A, Hołyst J A. A simple model of bank bankruptcies[J]. Physica A: Statistical Mechanics and its Applications, 2001, 299(1): 198-204.

[94] Martinez-Jaramillo S, Tsang E P K. An heterogeneous, endogenous and coevolutionary GP-based financial market[J]. IEEE Transactions on Evolutionary Computation, 2009, 13(1): 33.

[95] Gai P, Kapadia S. Contagion in financial networks[J]. Proceedings of the Royal Society A: Mathematical, Physical and Engineering Science, 2010, 466(2120): 2401-2423.

[96] Tarashev N., Borio C., Tsatsaronis K., The systemic importance of financial institutions[J]. Bis

[97] Huang X., Zhou H., Zhu H.. A Framework for Assessing the Systemic Risk of Major Financial Institutions[J]. Social Science Electronic Publishing, 2009(33):2036-2049.

[98] Drehmann M., Tarashev N.. Systemic importance: some simple indicators[J]. BIS Quarterly Review, 2011,3.

[99] May, R.M., Levin, S.A., Sugihara, G.. Complex systems: Ecology for bankers[J]. Nature, 2008(451):893-895.

[100] Fujiwara Y.. Zipf law in firms bankruptcy[J]. Physica A, 2004(337):219-230.

[101] Haldane A.G., May R.M.. Systemic risk in banking ecosystems[J]. Nature, 2011(469):351-355.

[102] Upper C.. Using counterfactual simulations to assess the danger of contagion in interbank markets[J]. Social Science Electronic Publishing,2007(7):111-125.

[103] Battiston S., Puliga M., Kaushik R. et al.. DebtRank: too central to fail? Financial networks, the FED and systemic risk"[J]. Scientific Reports, 2012(2): 541-541.

[104] Mantegna R.N., Stanley H.E.. An Introduction to Econophysics: Correlations and Complexity in Finance[M]. Cambridge University Press, 2000.

[105] 欧阳红兵,刘晓东.基于网络分析的金融机构系统重要性研究[J].管理世界,2014(8).

[106] Fujiwara Y., Aoyama H., Ikeda Y. et al.. Structure and temporal change of the credit network between banks and large firms in Japan[J]. Economics,2009(3): 1-18.

[107] IMF, BIS, FSB. Guidance to Assess the Systemic Importance of Financial Institutions[J]. Markets and Instruments: Initial Considerations-Background Paper, 2009.

[108] Acharya V.V.. A theory of systemic risk and design of prudential bank regulation[J]. Journal of Financial Stability, 2009, 5(3):224-255.

[109] Cocco J.F., Gomes F.J.. Martins N.C. Lending relationships in the interbank market[J]. Ssrn Electronic Journal, 2009, 18(1): 24-48.

[110] Gai, Kapadia. Contagion in financial networks[J]. Bank of England. Quarterly Bulletin, 2010, second quarter 124.

[111] Acharya, Yorulmazer. Information Contagion and Bank Herding[J]. Journal of Money, Credit, and Banking, 2008, 5, 215.

[112] 郭伟.资产价格波动与银行信贷:基于资本约束视角的理论与经验分析[J].国际金融研究,2010(4):22-31.

[113] 严金海.土地抵押、银行信贷与金融风险:理论、实证与政策分析[J].中国土地科学,2007(1):17-23.

[114] Lelyveld, Liedorp. An empirical assessment of reinsurance risk[J]. Journal of Financial Stability, 2011, 7(4): 191-203.

[115] Degryse, Enhancing market power by reducing switching costs[J]. Economics Letters, 2010, 109(2): 131-133.

[116] 周再清,邓文,周云伯.宏观审慎监管框架下银行系统性风险传染测度研究[J].广州大学学报(社会科学版),2012(6):43-47.

[117] 王倩.信用违约风险传染建模[J].金融研究,2008(9):18.

[118] 王倩.信用风险传染模型对债务抵押债权定价影响的比较研究[J].辽宁师范大学学报(社会科学版),2009(3):35-39.

[119] Kiyotaki N., Moore J. Credit Cycles[J]. Journal of Political Economy, 1997,105(2):211-248.

[120] Bernanke B.S., Gertler M., Gilchrist S.G. The Financial Accelerator and the Flight to Quality[J]. The Review of Economic and Statistics, 1996,(78):1-15.

[121] Brunnermeier M.K., Pedersen L.H. Market Liquidity and Funding Liquidity[Z]. NBER Working Papers No.12939, 2007.

[122] 温博慧,柳欣.金融系统性风险产生的原因与传导机制——基于资产价格波动的研究评述[J].中南财经政法大学学报,2009,06:76-81,144.

[123] Goetz V.P. Asset Prices and Banking Distress: A Macroeconomic Approach[Z]. BIS Working Papers No. 167,2004.

[124] Shin H.S. Risk and Liquidity in a System Context[Z]. BIS Working Papers No.212,2006.

[125] Chen N.K. Bank Net Worth, Asset Prices and Economic Activity[J]. Journal of Monetary Economics, 2001, 48(2):415-436.

[126] Krishnamurthy A. Amplification Mechanisms in Liquidity Crises[J]. American Economic Journal, 2009(9).

[127] Sarkar A., Jeffrey. Financial Amplification Mechanisms and the Federal Reserve's Supply of Liquidity during the Crisis[R]. Federal Reserve Bank of New York Staff Reports No. 431, 2010(3).

[128] Brunnermeier M.K. Pedersen L.H., Market Liquidity and Funding Liquidity[J]. Review of Financial Studies, Society for Financial Studies, 2009, 22(6): 2201-2238.

[129] 王玉刚.美国次贷危机的资产负债表放大机制研究[D].中国社会科学院研究生院,2012.

[130] Rijckeghem C.V., Weder B. Sources of contagion: finance or trade? [M]. International Monetary Fund, Researeh Dept., 1999.

[131] Kaminsky G.L., Reinhart C.M. On crises, contagion, and confusion[J]. Journal of International Economics. 2 000, 51(1): 145-168.

[132] Hernandez L.F., Valdes R.O. What drives contagion: Trade, neighborhood, or financial links? [J]. International Review of Financial Analysis. 2001, 10(3): 203-218.

[133] Gropp T, Moerman G. Measurement of contagion in banks' equity priees[J]. Journal of International Money and Finance. 2004, 23(3): 405-459.

[134] 谭福梅.系统性银行危机早期预警系统有效吗?——基于 Logit 模型的实证分析(1980—2007)[J].当代财经,2009(12):49-54.

[135] 董青马,卢满生.金融开放度与发展程度差异对银行危机生成机制影响的实证分析[J].国际金融研究,2010(6):79-55.

[136] 张志波,齐中英.基于 VAR 模型的金融危机传染效应检验方法与实证分析[J].管理工程学报,2005(3):115-120.

[137] 赵新泉,吕嗣孝,辛明辉.基于 SVAR 模型的债务危机国际传导效应实证研究[J].统计与决策,2015(7):155-158.

[138] 张宝林,潘焕学.影子银行与房地产泡沫:诱发系统性金融风险之源[J].现代财经(天津财经大学学报),2013(11):33-44.

[139] 刘守英,蒋省三.土地融资与财政和金融风险——来自东部一个发达地区的个案[J].中国土地科学,2005(5):3-9.

[140] 郑思齐,孙伟增,吴璟,等."以地生财,以财养地"——中国特色城市建设投融资模式研究[J].经济研究,2014(8):14-27.

[141] 孙建飞,袁奕.财政分权、土地融资与中国的城市扩张——基于联立方程组计量模型的实证分析[J].

上海经济研究,2014(12):50-59.

[142] 葛扬,朱弋.论我国城市化进程中土地融资运行模式[J].现代城市研究,2013(9):27-30.

[143] 张玉新.地方政府土地融资风险及其管理[J].中国行政管理,2013(1):89-92.

[144] 曾海舰.房产价值与公司投融资变动——抵押担保渠道效应的中国经验证据[J].管理世界,2012(5):125-136.

[145] 何芳,温修春.基于VaR法的上海市土地出让市场风险评价及其对策[J].同济城市国际论坛:城市开发与地产风险管理,2010(10):223-228.

[146] 王雅龄.地方政府融资与土地资本化:基于财政风险矩阵的分析[J].财政研究,2010(11):32.

[147] 俞瑶.地方融资平台贷款风险的土地视角分析[J].金融纵横,2010(10):36.

[148] 冯兴元.土地财政、地方政府融资平台与规则[J].中国市场,2011(3):19-20.

[149] 荆宝洁.土地财政面临缩水地方融资平台风险敞口彰显[N].21世纪经济报道,2010(4).

[150] 张毅.我国城市土地储备投资风险分析及对策研究[D].华中农业大学硕士学位论文,2004.

[151] 唐在富.中国土地财政基本理论研究——土地财政的起源、本质、风险与未来[J].经济经纬,2012(2):140-145.

[152] 洪源."土地财政"视角下的地方政府融资平台债务风险研究——以中部地区C市融资平台为例[J].西安财经学院学报,2012(5):35-37.

[153] Musgrave R A. THE THEORY OF MULTI-LEVEL PUBLIC FINANCE[C]//National Tax Association,1959:266-278.

[154] Oates W E. An Essay on Fiscal Federalism[J]. Journal of Economic Literature,1999,37(3):1120-1149.

[155] Akai N, Sakata M. Fiscal decentralization contributes to economic growth: evidence from state-level cross-section data for the United States[J].Journal of Urban Economics,2002,52(1):93-108.

[156] Zhang T, Zou H. Fiscal decentralization, public spending, and economic growth in China, Volume 1[J]. 1996.

[157] G. Gulsun Arikan. Fiscal Decentralization: A Remedy for Corruption? [J]. International Tax and Public Finance,2004,11(2):175-195.

[158] Schinasi G J. Defining Financial Stability. Imf Working Papers,2004,04(4/187):.37-55.

[159] 翟金林.银行系统性风险的成因及防范研究[J].南开学报(哲学社会科学版),2001(4):83-89.

[160] 黄金老.论金融脆弱性[J].金融研究,2001(3):41-49.

[161] 伍志文.中国金融脆弱性分析[J].经济科学,2002(3):5-1.

[162] 付芸,赵洪利,杨海涛,等.考虑度相关性的IP网络在相继故障下的弹性研究[J].复杂系统与复杂性科学,2012(4):40-44.

[163] Calomiris C.W. Banking Crises and the Rules of the Game[J]. Social Science Electronic Publishing,2009.

[164] 沈沛龙,任若恩.现代信用风险管理模型和方法的比较研究[J].经济科学,2002(03):32-41.

[165] 程鹏,吴冲锋,李为冰.信用风险度量和管理方法研究[J].管理工程学报,2002(01):70-73,1.

[166] 郭宇,庄亚明.地方政府性债务风险预警系统的构建[J].财经纵横,2014(4).

[167] 林巧龙.地方政府债务风险评估与监控——基于资产负债表的分析[D].厦门大学,2014.

[168] 谢保鹏.基于土地财政的地方政府债务研究:规模、风险及其传导[D].中国农业大学,2017.

[169] 裴育,欧阳华生.地方债务风险预警程序与指标体系的构建[J].当代财经,2006(03):36-39.

[170] 杨林,侯欢.新型城镇化进程中防范地方政府债务风险的对策[J].经济研究参考,2015(48):40-41.

[171] Fischer Black, Myron Scholes. The Pricing of Options and Corporate Liabilities[J]. Journal of Political Economy,1973,81(3):637-654.

[172] Merton R C. Theory of rational option pricing[J]. The Bell Journal of economics and management science,1973:141-183.

[173] Gray D F, Bodie Z, Merton R C. New Framework for Measuring and Managing Macrofinancial Risk and Financial Stability[C]//Central Bank of Chile,2007:125-157.

[174] Wang X.F., Chen G.R. Synchronization in scale-free dynamical networks robustness and fragility[J]. IEEI Transactions Circuits & Systems-I48(1):54-62.

[175] 王晓枫,廖凯亮,徐金池.复杂网络视角下银行同业间市场风险传染效应研究[J].经济学动态,2015(3):71-73.

[176] 龚柳元,毛道维,张家慧.基于复杂网络的银行竞争行为研究[J].软科学,2012(6):105-107.

[177] 张英奎,马茜,姚水洪.基于复杂网络的银行系统风险传染与防范[J].统计与决策,2013(5):149-151.

[178] Newman M.E., Watts D.J. Scaling and percolation in the small-world network model[J]. Physical Review E Statistical Physics Plasmas Fluids & Related Interdisciplinary Topics,1999,60(6):7332-7342.

[179] 华文,范黎,吴群,等.城市地价水平影响因素的相关分析——以江苏省为例[J].经济地理,2005,25(2):203-205.

[180] 肖国荣.经济增长、产业结构和城镇化对土地价格影响的实证研究[J].价格理论与实践,2014(10):42-44.

[181] 岑树田.土地价格增长与经济增长[J].世界经济文汇,2013(5):18-37.

[182] Michael M. Hutchison Asset Price Fluctuation in Japan: What Role for Monetary Policy[J]. BOJ Monetary and Economic Studies,1994,12(02):61-83.

[183] Kazuo Sato. Bubbles in Japan's Urban land Market: An Analysis[J]. Journal of Asian Economics,1995,6(02):153-176.

[184] Eunkyung Kwon. Monetary policy, land prices, and collateral effects on economic fluctuations: evidence from Japan[J]. Journal of the Japanese and International Economies,1998,12(3):175-203.

[185] Asabere P K, Harvey B. Factors Influencing the Value of Urban Land: Evidence from Halifax-Dartmouth, Canada[J]. Real Estate Economics,1985,13(4):361-377.

[186] Rose L A, La Croix S J. A simulation study of the interactive effects of taxes and inflation on the relative price of land[J]. Land Economics,1989,65(2):100-117.

[187] Blackaby D H, Manning D N. Regional earnings and unemployment-a simultaneous approach[J]. Oxford Bulletin of Economics and Statistics,1992,54(4):481-501.

[188] Oikarinen E., Peltola R. Dynamic Linkages between Prices of Vacant Land and Housing:Empirical Evidence from Helsinki[R]. Urban Planning Institute of the Republic of Slovenia,Workshop 22,2006.

[189] Nichols J.B., Oliner S.D., Mulhall M.R. Swings in Commercial and Residential Land Prices in the United States[J]. Journal ofUrban Economics,2013,73(1):57-76.

[190] 严金海.中国的房价与地价:理论、实证和政策分析[J].数量经济技术经济研究,2006,23(1):17-26.

[191] 黄静,屠梅曾.基于非平稳面板计量的中国城市房价与地价关系实证分析[J].统计研究,2009,26(7):13-19.

[192] Rossini P., Kupke V. Understanding the short- and long-run relationship between Vacant Allotment and Established house prices: A case study of Adelaide, Australia[J]. International of Managerial

Finance,2014,10(2):200-217.

[193] 吕萍,周涛.土地城市化与价格机理研究[M].北京:中国人民大学出版社,2008.

[194] 丹尼斯·迪帕斯奎尔,威廉·C.惠顿,迪帕斯奎尔,等.城市经济学与房地产市场[M].北京:经济科学出版社,2002.

[195] Tse R Y C. Housing Price, Land Supply and Revenue from Land Sales[J]. Urban Studies, 2011, 35(8):1377-1392.

[196] 周建成.房地产:属性嬗变、投资活动与市场演进[J].财贸经济,2007(8):115-120.

[197] 杨雪锋,史晋川.地根经济视角下土地政策反周期调节的机理分析[J].经济理论与经济管理,2010,(6):54-57.

[198] 彭俊,殷红梅.城市土地经营的价格原理[M].北京:中国财政经济出版社,2005.

[199] Aoki K, Proudman J, Vlieghe G. House prices, consumption, and monetary policy: a financial accelerator approach[J]. Journal of Financial Intermediation, 2004, 13(4):414-435.

[200] 王惠文.偏最小二乘回归的线性与非线性方法[M].北京:国防工业出版社,2006.

[201] 王攀,付光辉,戴琳.偏最小二乘回归法在商品房销售价格分析中的应用[J].统计与决策,2014(7):84-86.

[202] 汪新,谢昌浩.中国房价的宏观经济影响因素分析——基于PLS方法的实证研究[J].华东经济管理,2010,24(3):53-57.

[203] 冯科.中国房地产市场在货币政策传导机理中的作用研究[J].经济学动态,2011,(04):42-49.

[204] 巴曙松.土地周期是观察中国经济走势的关键[EB/OL].http://www.guandian.cn/article/20120424/120345.html,2012-04-18.

[205] 路倩.基于AHP法的城市土地一级市场风险因素分析[J].现代金融,2015(1):6-8.

[206] 邵挺.土地市场运行的主要风险和政策挑战[J].中国发展观察,2014(2):22-24.

[207] 李元恒,李晓白,袁春,等.城市居住用地价格风险预警研究——以唐山市为例[J].资源与产业,2010,12(6):95-100.

[208] 宋海鹰.成都市中心城区地价监测及预警研究[D].四川师范大学,2007.

[209] 岑树田.土地价格增长与经济增长[J].世界经济文汇,2013(5):18-37.

[210] Zhang W B. Land Price Dynamics in a Two-Sector Growth Model[J]. International Journal of Economics & Empirical Research, 2015, 3:25-38.

[211] 柯善咨,何鸣.市场和政府共同作用下的城市地价——中国城市的实证研究[J].当代经济科学,2008,30(2):25-32.

[212] 公云龙,张绍良,赵松,等.金融发展对城市地价的影响效应分析[J].中国土地科学,2012,26(3):55-62.

[213] 何鑫,朱宏泉.货币政策、住房需求与地价的动态关系研究[J].经济体制改革,2012(6):146-150.

[214] 宋勃,高波.利率冲击与房地产价格波动的理论与实证分析:1998—2006[J].经济评论,2007(4):46-56.

[215] Mills E S, Hamilton B W. Urban Economics[J]. Harpercollins, 1989, 2(1):20-44.

[216] Monkkonen P. Urban land-use regulations and housing markets in developing countries: Evidence from Indonesia on the importance of enforcement[J]. Land Use Policy,2013, 34(12):255-264.

[217] Kok N, Monkkonen P, Quigley J M. Land use regulations and the value of land and housing: An intra-metropolitan analysis[J]. Journal of Urban Economics, 2014, 81: 136-148.

[218] Hui E C M, Wang Z. Price anomalies and effectiveness of macro control policies: Evidence from

Chinese housing markets[J]. Land Use Policy, 2014, 39(3):96-109.

[219] 孔煜,魏锋.预售对房地产开发投资的影响——基于中国房地产市场的考察[J].中央财经大学学报,2013,1(2).

[220] 高波,王文莉,李祥.预期、收入差距与中国城市房价租金"剪刀差"之谜[J].经济研究,2013(6):100-112.

[221] 高金龙,陈江龙,苏曦.2001—2010年南京市区土地出让价格的影响因素[J].地理科学进展,2014,33(2):211-221.

[222] Noguchi Y, Poterba J M, Noguchi Y, et al. Housing Markets in the United States and Japan[J]. Nber Books, 1994.

[223] 何芳,易媛.住宅用地价格决定的周期嬗变特征与调控靶向研究[J].上海经济研究,2018(07):75-85.

[224] 中华人民共和国财政部预算司.财政部代理发行2009年地方政府债券问题.解答[M].北京:中国财政经济出版社,2009:16-23.

[225] 杨十二,李尚蒲.地方政府债务的决定:一个制度解释框架[J].经济体制改革,2013(2).

[226] 邱栎桦,伏润民.财政分权、政府竞争与地方政府债务——基于中国西部D省的县级面板数据分析[J].财贸研究,2015(3).

[227] 陈菁,李建发.财政分权、晋升激励与地方政府债务融资行为——基于城投债视角的省级面板经验证据[J].会计研究,2015(1).

[228] 李吉栋.地方政府债务风险管理与融资创新[M].北京:经济管理出版社,2017.

[229] 李军杰,等.中国地方政府经济行为分析——基于公共选择视角[J].中国工业经济,2004(4).

[230] 王柏杰.制度与债务危机:一个国际比较分析框架[J].当代经济科学,2015(4).

[231] 李中义.我国地方政府债务快速增长的原因分析——基于公共选择理论视角[J].经济视角,2013(5).

[232] 马骏,刘亚平.中国地方政府财政风险研究:逆向软预算约束理论的视角[J].学术研究,2005(11).

[233] 方红生,张军.中国地方政府竞争、预算软约束与扩张偏好的财政行为[J].经济研究,2009(12).

[234] 刘尚希,于国安.地方财政或有负债:隐匿的财政风险[M].北京:中国财政经济出版社,2002.

[235] 《国务院关于加强地方政府融资平台公司管理有关问题的通知》(国发[2010]19号).

[236] 刘尚希,许航敏,葛小南,等.地方政府投融资平台:风险控制机制研究[J].经济研究参考,2011(10):28-38.

[237] 宋樊君.地方政府投融资平台转型探讨——基于平台公司债务风险视角[J].中国流通经济,2018,32(03):70-84.

[238] 马海涛,吕强.我国地方政府债务风险问题研究[J].财贸经济,2004(02):12-17.

[239] 夏颖.地方政府债务风险与地方财政可持续性研究[J].东岳论丛,2010,31(08):102-104.

[240] 赵晔.现阶段中国地方政府债务风险评价与管理研究[D].辽宁大学,2009.

[241] 于海峰,崔迪.防范与化解地方政府债务风险问题研究[J].财政研究,2010(06):56-59.

[242] 贾俊雪,郭庆旺,赵旭杰.地方政府支出行为的周期性特征及其制度根源[J].管理世界,2012(02):7-18.

[243] 缪小林,伏润民.地方政府债务风险的内涵与生成:一个文献综述及权责时空分离下的思考[J].经济学家,2013(08):90-101.

[244] 姜丹.基于修正KMV模型的河北省地方政府债务风险评价[D].燕山大学.2016,(05):9-15.

[245] 张春霖.如何评估我国政府债务的可持续性?[J].经济研究,2000(02):66-71.

[246] Goldberg P K, Pavcnik N. Distributional effects of globalization in developing countries[J]. Journal of economic Literature, 2007, 45(1):39-82.

[247] Moulin L, Zakharova D, Flanagan M. Strengthening Ukraine's Fiscal Framework[J]. IMF, Ukraine-Selected Issues, 2008: 37-59.

[248] Nosbusch Y. Interest costs and the optimal maturity structure of government debt[J]. The Economic Journal, 2008, 118(527): 477-498.

[249] 刘尚希.中国财政风险的制度特征:"风险大锅饭"[J].管理世界,2004(05):39-44,49.

[250] 杜威,姚健.地方政府债务风险——基于可持续性研究[J].东北财经大学学报,2007(05):43-46.

[251] 庞保庆,陈硕.央地财政格局下的地方政府债务成因、规模及风险[J].经济社会体制比较,2015(05):45-57.

[252] 杜思正,冷艳丽.地方政府性债务风险预警评价研究[J].上海金融,2017,(03):34-44.

[253] 刘纪学,李娜.地方政府债务风险评价体系研究[J].现代管理科学,2014(01):35-37.

[254] 葛克昌.税法基本问题[M].北京:北京大学出版社,2004.

[255] 管斌.金融法的风险逻辑[M].北京:法律出版社,2015.

[256] 汪东华.信用风险度量的理论模型及应用[M].上海:上海财经大学出版社,2007.

[257] 叶蜀君.信用风险的博弈分析与度量模型[M].北京:中国经济出版社,2008.

[258] 崔萌.基于CPV模型和压力测试的我国商业银行信用风险研究[D].吉林大学,2013.

[259] 韩鹏飞,胡奕明.政府隐性担保一定能降低债券的融资成本吗?——关于国有企业和地方城投公司债券的实证研究[J].金融研究,2015,03:116-130.

[260] 李玉辉.我国的土地储备制度与融资问题研究[D].北京交通大学,2012.

[261] 王懿栋.城市土地储备融资方式探索[D].首都经济贸易大学,2007.

[262] 崔润琼.兰州市城投公司投融资模式创新研究[D].兰州大学,2013.

[263] 贾银萍.关注地方城投公司贷款风险[J].银行家,2009(07):26-28,6.

[264] 凡晓俊.地方城投公司的银行信用风险研究[D].安徽财经大学,2013.

[265] 段忠东,曾令华,等.房地产价格波动与银行信贷增长的实证研究[J].金融论坛,2007,02:40-45.

[266] 雷迟.基于资产负债表法的美国次贷危机传染机制研究[D].辽宁大学,2013.

[267] 叶华.金融杠杆视角下的流动性危机形成机制[D].南开大学,2013.

[268] 宋彤.杠杆化与系统性风险的监管反思[J].新金融,2010,05:17-22.

[269] 王玉刚.美国次贷危机的资产负债表放大机制研究[D].中国社会科学院研究生院,2012.

[270] Blanchard, Olivier. "The Crisis: Basic Mechanisms, and Appropriate Policies[R].", IMF Working Paper WP/09/80, 2009.

[271] 董玲.流动性、抵押品价值和银行信贷配置研究[D].华中科技大学,2012.

[272] Lutkepohl H. New Introduction to Multiple Time Series[M]. Berlin: Springer Verlag, 2005.

[273] Hoover K.D. Automatic Inference Of The Contemporaneous Causal Order Of A System Of Equations[J]. Econometric Theory, 2005, 21(1):69-77.

[274] Swanson N R, Granger C W J. Impulse response functions based on a causal approach to residual orthogonalization in vector autoregressions[J]. Journal of the American Statistical Association, 1997, 92(437): 357-367.

[275] 郭小东,武少岑.中国公共投资与经济增长关系的PVAR分析[J].学术研究,2007,(3):40-48.

[276] 车维汉,王茜.1980—2006年东亚经济波动的原因——基于面板VAR的分析[J].财经研究,2009,11:59-70.

[277] Abrigo M R M, Love I. Estimation of panel vector autoregression in Stata: A package of programs[J]. manuscript, Febr 2015 available on http://paneldataconference2015. ceu. hu/Program/Michael-

Abrigo. pdf,2015.

[278] Sims C A.Macroeconomics and Reality[J].Econometrica,1980,(48):1-48.

[279] 任雅慧.基于有向无环图的京津冀经济关系实证研究[D].燕山大学,2012.

[280] 潘红宇.时间序列分析[M].北京:对外经济贸易大学出版社,2006.

[281] 曹源芳,蔡则祥.基于VAR模型的区域金融风险传染效应与实证分析——以金融危机前后数据为例[J].经济问题,2013,10:59-64.

[282] Granger, Clive W. J. Investigating Causal Relations by Econometric Models and Cross-spectral Methods. Econometrica(The Econometric Society). 1969, 37(3): 424-438.

[283] Spirtes P,Glymour C N,Scheines R, et al. Causation, prediction, and search[M]. Cambridge: MIT press, 2000.

[284] Pearl J. Causality: Models, Reasoning, and Inference [M]. Cambridge: Cambridge University Press, 2000.

[285] 杨子晖.财政政策与货币政策对私人投资的影响研究——基于有向无环图的应用分析[J].经济研究,2008,05:81-93.

[286] 张毅.我国城市土地储备投资风险分析及对策研究[D].华中农业大学,2004.

[287] 冷奥琳,张俊瑞,邢光远.公司对外担保违约风险传递机理和影响效应研究——基于上市公司债券利差数据的实证分析[J].管理评论,2015,07:3-14.

[288] 冯宗宪,郭建伟,孙克.企业债的信用价差及其动态过程研究[J].金融研究,2009(3):54-71.

[289] Zheng X., Chau K.W., Eddie C.M.H. Liquidity risk and cross-sectional return in the housing market [J]. Habitat International, 2015, 49:426-434.

[290] Abrigo M R M, Love I. Estimation of panel vector autoregression in Stata: A package of programs [J]. manuscript, Febr 2015 available on http://paneldataconference2015. ceu. hu/Program/Michael-Abrigo. pdf, 2015.

[291] Andrews D W K, Lu B. Consistent model and moment selection procedures for GMM estimation with application to dynamic panel data models[J]. Journal of Econometrics, 2001, 101(1): 123-164.

[292] Basel Committee on Banking Supervision. Amendment to the Capital Accord to Incorporate Market Risks. Basel: BIS, 1996.

[293] Bank for International Settlements Committee on the Global Financial System. Stress testing by Large Financial Institutions: Current Practice and Aggregation [R]. Consultative Document, Basle, Switzerland, 2 000.

[294] Basel Committee on Banking Supervision. International Convergence of Capital Measurement and Capital Standards: A Revised Framework. www.bis.org, 2004-06-05.

[295] 孙连友.金融体系压力测试:概念与方法[J].济南金融,2006(2):13-14,18.

[296] 任宇航,孙孝坤,程功,等.信用风险压力测试方法与应用研究[J].统计与决策,2007,14:101-103.

[297] 李江,刘丽平.中国商业银行体系信用风险评估——基于宏观压力测试的研究[J].当代经济科学,2008,06:66-73,124.

[298] 周子元.商业银行信用风险压力测试的方法和实践[J].金融理论与实践,2009(8):68-70.

[299] 邵彩虹.利率风险压力测试方法探讨[J].金融管理与研究,2009,02:24-26.

[300] 刘莲花.基于压力测试的商业银行汇率风险管理分析[J].开封大学学报,2009(02):14-16.

[301] 舒特华.基于压力测试法的商业银行汇率风险衡量分析[J].中国商界(下半月),2009,03:64.

[302] Kupiec, Paul. Stress-testing in a value at risk framework[J]. Journal of Derivatives, 1999.

[303] Kim, Finger.A Stress Test to Incorporate Correlation Breakdown[J]. Journal of risk, 2000.
[304] 许友传,陈可桢.资产跳跃情景下的地方城投公司风险压力测试[J].财经研究,2013,02:26-36.
[305] 蒋斌.X银行城投公司信贷压力测试应用研究[D].西南交通大学,2014.
[306] 孙萌.城投公司信用风险的宏观压力测试[D].对外经济贸易大学,2013.
[307] 孙东升,陈昊,徐素萍.经济下行压力下城投公司违约率的估算[J].经济与管理研究,2015,06:97-103.
[308] 贺一枝.有担保类城投债城投公司的宏观压力测试[D].对外经济贸易大学,2014.
[309] 孙继伟,王波.政府城投公司贷款的信用风险指标评价及实证研究[J].世界经济文汇,2011,(03):98-109.
[310] 王琳.城投公司的贷款信用风险研究[D].华东交通大学,2013.
[311] 徐亚鹏.我国GDP分析及预测[D].山东大学,2006.
[312] 赵全新.居民消费价格指数偏高的原因分析[J].北京物价,1995,(10):14-15.
[313] 雷辉.关于我国固定资产投资结构变化的分析[J].投资研究,2009,(08):61-64.
[314] 吴慧娟.地方政府投城投公司信用评价及风险管理[D].天津大学,2010.
[315] 何问陶,刘朝阳.货币供应量作为我国货币政策中介目标的实证研究[J].西南金融,2007,(02):24-25.
[316] 谢琴花.信用等级转移概率预测模型的构建与应用[D].南京理工大学,2012.
[317] IMF. Gobal Stability report: Responding To The Financial Crisis And Measeuring Systemic Risk. Washington, DC: International Monetary Fund, 2009.
[318] Antunes, A. and Silva, N. An application of contingent claim analysis to the Portuguese banking system. Financial Stability Report, 2010(141).
[319] 宫晓琳.宏观金融风险联动综合传染机制[J].金融研究,2012,05:56-69.
[320] 巴曙松,居姗,朱元倩.SCCA方法与系统性风险度量[J].金融监管研究,2013,(03):1-12.
[321] 苏健,姬明,钟恩庚.我国银行业整体风险的度量——基于CCA方法的定量测算[J].金融理论与实践,2012,(10):12-17.
[322] 付忠财,刘成玉.城投公司信贷风险形成机理与化解对策[J].理论探讨,2012(01):32-34.
[323] 俞瑶.地方城投公司贷款风险的土地视角分析[J].金融纵横,2010(10):36.
[324] 李守伟,何建敏.银行系统性风险研究综述[J].南京航空航天大学学报(社会科学版),2009,(3):29-32.
[325] 冯兴元.土地财政、城投公司与规则[J].中国市场,2011(3):19-20.
[326] 薛昶.四川省新型城镇化中融资方式的选择[J].经济研究导刊,2015(22):100-101.
[327] 于瑶.弱化我国商业银行顺周期经营模式研究[D].东北财经大学,2010.
[328] 郭家.基于Wilson模型的商业银行信用风险压力测试实证研究[D].西南财经大学,2013.
[329] 常婷婷,乔忠,李拓.基于SUR的商业银行信用风险宏观压力测试研究[J].统计与决策,2011(11):23-26.
[330] 孙东升,丁岚,徐素萍.地方城投公司违约率的度量与估算[J].统计与决策,2016,(10):146-149.
[331] 方芳.我国商业银行信用风险宏观压力测试研究[D].湖南大学,2012.
[332] 胡谍.房地产市场对宏观经济的影响机制研究[D].清华大学,2011.
[333] 詹世鸿.中国房地产市场与宏观经济运行的关联性研究[D].吉林大学,2012.
[334] 郭其友,陈婧.土地供给与经济周期:土地政策参与宏观调控的理论诠证[J].复印报刊资料:农业经济导刊,2008,141(1):65-68.
[335] 何怡瑶.中国土地政策与经济波动[D].浙江大学,2016.
[336] 柴志春,赵松,李众敏,吴凌燕.土地价格与经济增长关系的实证分析——以东部地区为例[J].中国土

地科学,2009,23(01):9-13,18.

[337] 原鹏飞.房地产价格波动对宏观经济影响的一般均衡分析[D].厦门大学,2009.

[338] 郝毅,李政.土地财政、地方政府债务与宏观经济波动研究——以地方政府投融资平台为例[J].当代经济科学.2017(1):1-12.

[339] 徐占东,王雪标.中国省级政府债务风险测度与分析[J].数量经济技术经济研究,2014,31(12):38-54.

[340] 李腊生,耿晓媛,郑杰.我国地方政府债务风险评价[J].统计研究,2013,30(10):30-39.

[341] 韩立岩,郑承利,罗雯,杨哲彬.中国市政债券信用风险与发债规模研究[J].金融研究.2003,(2):85-94.

[342] 李腊生,耿晓媛,郑杰.我国地方政府债务风险评价[J].统计研究,2013,30(10):30-39.

[343] 巴曙松.十八届三中全会后中国金融改革的趋势展望[N].光明日报,2013(11).

[344] 张健华,贾彦东.宏观审慎政策的理论与实践进展[J].金融研究,2012(1).

[345] 张晓朴.系统性金融风险研究:演进、成因与监管[J].国际金融研究,2010(7).

[346] Souma W., Fujiwara Y., Aoyama H. Complex networks and economics. Physica A, 2003(324):396-401.

[347] 刘洋,任达.中国房地产信贷网络特征及演化规律[J].重庆理工大学学报(自然科学),2014(12).

[348] 江若尘,陆煊.我国信贷关系网络宏观拓扑特征及系统性信贷风险鉴别[J].财贸经济,2014(11).

[349] Barabási A.L., Albert R, Jeong H.. Mean-field theory for scale-free random networks[J]. Physica A, 1999(272):173-187.

[350] Inaoka H., Takayasu H., Shimizu T., et al. Self-similarity of banking network[J]. Physica A, 2004(339):621-634.

[351] Masi G.D.,Gallegati M.Bank-firms topology in Italy[J]. Empirical Economics,2007(43):1-16.

[352] Gabaix X. Gopikrishnan P., Stanley H.E.. A theory of power-law distributions in financial market fluctuations[J]. Nature, 2003(423):267.

[353] Goldstein M.L., Morris S.A., Yen G.G.. Problems with Fitting to the Power-Law Distribution[J]. Physics of Condensed Matter, 2004(41): 255-258.

[354] Klaus A., Yu S., Plenz D.Statistical Analyses Support Power Law Distributions Found in Neuronal Avalanches, Plos One, 2011(6):e19779.

[355] Alstott J., Bullmore E., Plenz D. powerlaw: A Python Package for Analysis of Heavy-Tailed Distributions, Plos One,2014(9):e85777.

[356] Barabási A.L., Albert R, Jeong H.. Mean-field theory for scale-free random networks[J]. Physica A, 1999(272):173-187.

[357] Watts D.J.. 1999, Small Worlds: The Dynamics of Networks Between Order and Randomness[M]. Princeton, Princeton University Press, 1999.

[358] Newman M.E.J. Mixing paterns in networks[J]. Physical Review E, 2003,67(2):026126/1~13.

[359] Colizza V., Flammini A, Serrano M.A, et al. Detecting rich-club ordering in complex networks[J]. Nature Physics, 2006, 2(2):110-115.

[360] 刘海二,苗文龙.区域性、系统性风险的生成与演化[J].西南金融,2014(7).

[361] Kaufman G.G.. Too big to fail in banking: what does it mean? [J]. Journal of Financial Stability, 2013(13):214-223.

[362] Upper C.. Using counterfactual simulations to assess the danger of contagion in interbank markets, Social Science Electronic Publishing,2007(7):111-125.

[363] Mistrulli P. E., Assessing Financial Contagion in the Interbank Market: Maximum Entropy versus Observed Interbank Lending Patterns[J].Journal of Banking & Finance, 2011(35):1114-1127.

[364] Newman M., Barabasi A.L., Watts D.J.. The Structure and Dynamics of Networks[M].Princeton and Oxford: Princeton University Press, 2006.

[365] 蒋昌礼.微博网络关键节点和关键链路识别方法研究与软件研制[D].电子科技大学,2013.

[366] 易军凯,周文彬,万静.基于核数与 PageRank 的重要节点挖掘方法[J].北京化工大学学报(自然科学版),2015(5):110-112.

[367] 李鹏翔,任玉晴,席酉民.网络节点(集)重要性的一种度量指标[J].系统工程,2004(4):44-46.

[368] Caccioli F, Shrestha M, Moore C, et al. Stability analysis of financial contagion due to overlapping portfolios[J]. Journal of Banking & Finance, 2012, 46(3):233-245.

[369] 范小云,王道平,刘澜飚.规模、关联性与中国系统重要性银行的衡量[M].金融研究,2012(11).

[370] Battiston S., Puliga M., Kaushik R. et al.DebtRank: too central to fail? Financial networks, the FED and systemic risk[R]. 2012(2): 541-541.

[371] Fujiwara Y., Aoyama H., Ikeda Y. et al., Structure and temporal change of the credit network between banks and large firms in Japan, Economics, 2009(3): 1-18.

[372] 胡满玉.基于链接关系的有向加权复杂网络关键节点识别技术研究[D].南京理工大学,2012.

[373] 张翼.复杂网络节点重要性评估及其应用研究[D].华中师范大学,2011:12-15.

[374] 王林,张婧婧.复杂网络的中心化[J].复杂系统与复杂性科学,2006(1):13-20.

[375] 何大韧,刘宗华,汪秉宏.复杂系统与复杂网络[M].北京:高等教育出版社,2009.

[376] Kleinberg J. Authoritative sources in a hyperlinked environment. Journal of the ACM, 1999,46(5): 604-632.

[377] 何建军.复杂网络节点重要性评价研究[D].湖南大学,2010.

[378] Kobayashi T.. Network versus portfolio structure in financial systems[J]. The European Physical Journal B, 2013, 86:1-12.

[379] Brin S., Page L.. The anatomy of a large-scale hypertextual Web search engine[J]. Computer Networks & Isdn Systems, 1998, 30:107-117.

[380] Kruskal J.B.. On the shortest spanning subtree of a graph and the travelling salesman problem[J]. Proceedings of the American Mathematical Society,1956(7): 48-50.

[381] Prim R.C., Shortest connection networks and some generalizations[J].Bell System Technical Journal, 1957(36): 1389-1401.

[382] Battiston S.,Glattfelder J. B.,Garlaschelli D., et al. The Structure of Financial Networks[J].Network Science, 2010: 131-163.

[383] Mantegna R.N.,Hierarchical structure in financial markets[J].Eur. Phys. J.B., 1999(11): 193-197.

[384] Mantegna R.N., Stanley H.E., An Introduction to Econophysics: Correlations and Complexity in Finance[M].Cambridge University Press, 2000.

[385] Onnela J. P., Chakraborti A., Kaski K., Dynamics of market correlations: taxonomy and portfolio analysis[J].Physical Review E, 2003(68): 056-110.

[386] Jang W., Lee J., Chang W.. Currency crises and the evolution offoreign exchange market: evidence from minimum spanning tree[J].Physica A, 2011(390): 707-718.

[387] Kwapié J., Gworek S., Droada S.. Structure and evolution of the foreign exchange networks[J].Acta Physica Polonica B, 2009(40): 175-194.

[388] Watts D. J.. Small Worlds: The Dynamics of Networks Between Order and Randomness[M]. Princeton University Press, Princeton, 1999.

[389] Watts D. J.. Small Worlds: The Dynamics of Networks Between Order and Randomness[M]. Princeton University Press, Princeton, 1999.

[390] Everitt B. S., Landau S., Leese M. et al.. Cluster Analysis, 5th ed., John Wiley & Sons, 2011.

[391] Gabaix X. Gopikrishnan P., Stanley H.E.. A theory of power-law distributions in financial market fluctuations[J]. Nature, 2003(423): 267.

[392] Masi G.D., Gallegati M.. Bank-firms topology in Italy[J]. Empirical Economics, 2007(43): 1-16.

[393] Fujiwara Y., Aoyama H., Ikeda Y. et al.. Structure and temporal change of the credit network between banks and large firms in Japan[J]. Economics,2009(3): 1-18.

[394] Chan-Lau J. A.. Regulatory Capital Charges for too-Connected-To-Fail Institutions, IMF Working Papers, 2010(19): 355-379.

[395] FSB, BCBS, Assessing the Macroeconomic Impact of the Transition to Stronger Capital and Liquidity Requirements[R]. Interim Report, 2010, August.

[396] Zhao Z., Zhang W.. Shi S. Common Asset Holdings and Systemic Risk of Financial Network[J]. Procedia Computer Science, 2013, 17:1010-1014.

[397] Huang X., Vodenska I., Havlin S., et al. Cascading failures in bi-partite graphs: model for systemic risk propagation[J]. Scientific Reports, 2013, 3(2):1219-1219.

[398] Newman M., Barabasi A.L., Watts D.J., The Structure and Dynamics of Networks[M]. Princeton and Oxford: Princeton University Press, 2006.

[399] Fang He, Xi Chen. Credit networks and systemic risk of Chinese local financing platforms: too central or too big to fail? —based on different credit correlations using hierarchical method[J]. Physica A: Statistical Mechanics and its Applications. 2016(461):158-170.

[400] Battiston S., Puliga M., Kaushik R., et al. Debtrank: too central to fail? Financial networks, the fed and systemic risk[R]. Sci Rep.2012, 2:541.

后 记

本书主要内容源自国家自然基金委 2015 年立项的项目(批准号:71473179)"土地市场对地方融资平台系统性风险传染效应及控制研究——基于复杂网络模型"的研究成果。2014 年选题是基于政府融资平台快速扩张、融资平台公司积累的政府直接债务、或有债务直接或间接加大了地方政府债务风险的实践背景。

正是注意到地方政府融资平台发展的不规范和风险性,国家下发一系列的政策管制文件。2014 年 8 月 31 日颁布新预算(2015 年 1 月 1 日起实施)规定地方政府"经国务院批准的省、自治区、直辖市的预算中必需的建设投资的部分资金,可以在国务院确定的限额内,通过发行地方政府债券举借债务的方式筹措"。地方政府及其所属部门不得以任何方式举借债务。除法律另有规定外,地方政府及其所属部门不得为任何单位和个人的债务以任何方式提供担保。《国务院关于加强地方政府性债务管理的意见》(国发〔2014〕43 号)规定,"政府债务只能通过政府及其部门举借,不得通过企事业单位等举借;融资平台公司不得新增政府债务;金融机构不得违法违规向地方政府融资,不得要求地方政府违法违规提供担保等"。同时,锁定并置换存量政府债务,清理甄别认定截至 2014 年末各地非政府债券形式存量政府债务,用 3 年左右时间置换成地方政府债券。截至 2017 年 10 月末,全国地方累计发行置换债券 10.5 万亿元。给予了融资平台债务与政府债务进行切割的时间和通道。《财政部关于规范土地储备和资金管理等相关问题的通知》(财综〔2016〕4 号)规定,"各类城投公司等其他机构一律不得再从事新增土地储备工作。土地储备机构不得在土地储备职能之外,承担与土地储备职能无关的事务;自 2016 年 1 月 1 日起,各地不得再向银行业金融机构举借土地储备贷款等"。新政切断了土地储备抵押贷款的大额融资通道,再一次剥离融资平台的融资功能。《地方政府一般债务预算管理办法》(财预〔2016〕154 号)和《地方政府专项债务预算管理办法》(财预〔2016〕155 号)颁布和生效之后,进一步阻隔和明确了融资平台为政府举债的路径。同时明确,2015 年以后政府平台的举借债务依法不属于政府债务。2017 年一些地方政府公开声明与融资平台没有信用担保关系,一些融资平台也声明与政府没有信用关系。国家发展改革委等 6 部门印发《关于进一步规范地方政府举债融资行为的通知》(财预〔2017〕50 号)等多个文件。至此,地方融资平台的政府融资功能已经被法律彻底切割。融资平台的原有融资债务也完成了置换。

上述背景下,原基金项目土地风险对融资平台的系统性风险传染直接研究已经失去了理论和实践意义。而且,2015—2016 年度关于融资平台的几篇论文也因此无法被杂志录用,基金成果进展受到影响。因此,在 2017 年下半年将先期花费大量精力采集的融资平台数据库和融资平台的研究前期成果废弃，开始转向新的研究方向，寻求新的研究路径，落实新的研究内容，重新撰写新论文。这一过程给本选题研究带来了一些挫折。

考虑我国分税制仍然存在，地方政府财权与事权分离的体制并未发生根本改变，地方政府举债冲动与土地财政依赖的怪圈仍然没有打破，土地市场的波动对地方政府的偿债能力仍然存在直接或间接影响。因此，延续立题方向，我们开始将研究转向土地市场对地方政府性债务系统性风险的研究。重新采集研究数据，包括政府债券、货币指标信息、地方政府性债务数据、土地信息及房地产信息等；重新拟定研究内容，将研究对象从土地、融资平台转向土地、地方性政府债务（地方政府债券、专项债券、城投债券、PPP和融资平台展期债务）。

本书在研究和调查过程中得到了国开行、上海市地质调查研究院、上海房屋信息研究中心和上海住建委等相关课题的支持以及业内专家的大力支持，在此，一并表示衷心感谢！

本书的研究成果虽然耗费了研究团队的大量精力，形成了完善的理论研究体系，积累了大量数据和模型实证成果，但仍存在很多研究缺陷。当前国家经济发展仍然处于低谷，国家地方政府债务、企业债务以及居民债务处于历史以来的最高状态，防范金融系统性风险是国家的首要任务。本研究团队成员针对这一课题仍将继续深化研究，以期在本专著研究基础上，在新的政策背景和国家经济发展背景下，取得更加具有理论和实践价值的研究成果。